国家社科基金
GUOJIA SHEKE JIJIN HOUQI ZIZHU XIANGMU
后期资助项目

供应链多模型鲁棒切换策略

Robust Switching Strategy of Multi-Model Supply Chain

张松涛　著

WUHAN UNIVERSITY PRESS
武汉大学出版社

图书在版编目(CIP)数据

供应链多模型鲁棒切换策略/张松涛著.—武汉：武汉大学出版社，2023.11
国家社科基金后期资助项目
ISBN 978-7-307-23812-1

Ⅰ.供…　Ⅱ.张…　Ⅲ.供应链管理—研究　Ⅳ.F252.1

中国国家版本馆 CIP 数据核字(2023)第 112210 号

责任编辑:唐　伟　　责任校对:汪欣怡　　版式设计:韩闻锦

出版发行：**武汉大学出版社**　(430072　武昌　珞珈山)
(电子邮箱：cbs22@ whu.edu.cn　网址：www.wdp. com.cn)
印刷:武汉邮科印务有限公司
开本:720×1000　1/16　印张:19.5　字数:339 千字　插页:1
版次:2023 年 11 月第 1 版　2023 年 11 月第 1 次印刷
ISBN 978-7-307-23812-1　定价:88.00 元

国家社科基金后期资助项目(21FGLB035)

国家社科基金后期资助项目
出版说明

后期资助项目是国家社科基金设立的一类重要项目，旨在鼓励广大社科研究者潜心治学，支持基础研究多出优秀成果。它是经过严格评审，从接近完成的科研成果中遴选立项的。为扩大后期资助项目的影响，更好地推动学术发展，促进成果转化，全国哲学社会科学工作办公室按照“统一设计、统一标识、统一版式、形成系列”的总体要求，组织出版国家社科基金后期资助项目成果。

全国哲学社会科学工作办公室

目　录

第 2 编 拓展编

第3编 应用编

引　言

供应链(Supply Chain, SC)系统在运作的过程中，会不可避免地遭受到如机器故障、人员短缺、不确定的生产成本、不确定的订购成本、不确定的客户需求、突发事件、生产提前期、订购提前期等一种或多种因素的干扰，这些不确定因素和提前期因素严重影响着 SC 系统的正常运作，如 2020 年因新冠疫情而引发的大量海外订单的取消导致了我国诸多出口产业 SC 崩溃。稳定高效的 SC 决定了产业链的安全性和延展性，也成为了国际竞争中基础性、决定性的一环。因此，在世界百年未有之大变局的加速期所带来的不稳定性不确定性的双循环新发展格局中，急需一种有效的鲁棒策略以提高我国 SC 系统的安全稳定性和市场竞争力。

鲁棒性是衡量一个系统对各种干扰因素的抵御能力(Tang, 2006; Bertsimas 和 Thiele, 2006)。而 SC 的鲁棒性，则是衡量 SC 系统对不确定因素和提前期因素的抵御能力。截至目前，共有以下 3 种提高 SC 鲁棒性的运作策略。

(1)鲁棒优化策略。

诸多学者从优化的角度研究了静态 SC 系统的鲁棒运作策略。

① 对于 SC 的优化设计，Huang 和 Goetschalckx (2014)应用 Pareto 鲁棒优化均衡策略设计了一种不确定战略性 SC；Kisomi 等(2016)基于数学规划的鲁棒优化策略设计了一种供应链网络(Supply Chain Network, SCN)结构；结合数据包络模型，Omrani 等(2017)基于场景的鲁棒优化策略设计了一种兼顾效率和成本的具有不确定数据的 SCN；Alavi 和 Jabbarzadeh (2018)通过随机鲁棒优化策略来确定 SCN 的设施选址位置和数量以及融资决策；Heidari-Fathian 和 Pasandideh (2018)应用随机鲁棒优化策略来协调血液 SCN 规划中的总成本和温室气体排放量；李进(2018)提出了一种多目标鲁棒模糊优化策略来解决低碳经济环境下多

级闭环 SCN 设计的设施选址和配置问题；基于布谷鸟优化算法，Sangaiah 等(2020)设计了一种液化天然气 SC 鲁棒优化策略；Mohseni 和 Pishvaee (2020)应用数据驱动的鲁棒优化策略设计了一种不确定下废水污泥生物柴油 SC 系统。

② 对于 SC 的优化运作，朱雷等(2015)提出了一种不确定应急管理人力 SC 的多功能资源鲁棒优化配置策略；Niknamfar 等(2015)提出了一种三级 SC 生产-配送鲁棒优化策略；在不确定需求下的血小板 SC 中，Ensafian 和 Yaghoubi (2017)提出了一种集成采购、生产和配送的鲁棒优化策略；邱若臻等(2018)基于经济增加值提出了一种 SC 销售与运营计划鲁棒优化策略；Jabbarzadeh 等(2019)研究了一种双目标鲁棒优化策略以实现 SC 成本和温室气体排放量的最小化；Abbassi 等(2019)研究了一种联合货运鲁棒优化策略以解决 SC 中运输成本和运输承包商运输能力的不确定性问题；基于循环经济，Atabaki 等(2020)提出了一种耐用产品闭环 SCN 的鲁棒优化策略。

鲁棒优化策略主要是针对静态 SC 系统的决策策略，而鲁棒控制策略在抑制各种扰动对动态 SC 系统的影响方面比鲁棒优化策略更为有效。

(2)鲁棒控制策略。

少部分学者从控制的角度研究了动态单模型 SC 的鲁棒运作策略。Li 和 Marlin (2009)提出了一种鲁棒模型预测控制策略来提高不确定 SC 的经济性能；Huang 等(2009)应用鲁棒 H_∞ 控制策略来抑制系统成本参数、提前期和需求的不确定对动态闭环供应链(Closed-Loop Supply Chain, CLSC)的干扰；刘春玲等(2009)研究了顾客需求不确定下多级集群式 SC 的跨链库存合作鲁棒 H_∞ 控制策略；唐亮和靖可(2012)研究了不确定扰动下基于网络化制造模式的动态 SC 偏差系统的鲁棒 H_∞ 控制策略；徐君群(2012)基于线性矩阵不等式研究了一种需求不确定性下 CLSC 动态网络的鲁棒 H_∞ 控制策略；Pishvaee 等(2012)应用鲁棒可能规划方法设计了一种 CLSC 动态网络的鲁棒控制策略；Li 和 Liu (2013)研究了一种抑制不确定 SC 牛鞭效应的鲁棒控制策略；张曙红(2015)设计了一种不确定 CLSC 系统制造/再制造产品的横向交互库存补货鲁棒控制策略；靖可等(2016)研究了一种不确定提前期扰动下三层动态 SC 系统的鲁棒 H_∞ 控制策略；张宝琳等(2017)研究了一种线性提前期下不确定 SC 系统的鲁棒控制策略；Nav 等(2017)提出了一种抑制 SCN 混沌行为的鲁棒控制策略；Xu 等(2018)应用一种鲁棒控制策略跟踪不确定 SC

的目标库存；Wei 等(2019)提出了一种具有多重提前期和不确定需求的 SCN 的鲁棒控制策略。

上述文献是基于单模型 SC 进行的鲁棒控制策略设计。SC 系统内外不确定因素和提前期因素导致了节点企业的库存水平经常变化。节点企业针对不同的库存水平将采取相应的不同的生产和订购策略以降低成本。进而，SC 系统实际上是一个动态切换系统。相较于多模型 SC 系统，单模型 SC 系统难以精确描述 SC 系统的全部动态特性。

(3)鲁棒切换策略。

极少数学者从切换控制的角度研究了动态多模型 SC 的鲁棒运作策略。切换控制，就是在不同的误差范围内，通过工况的切换，实现对被控对象的控制(Sanchez 等，2020)。切换控制从切换方式上可分为硬切换和软切换两种。硬切换是系统通过跳变的方式将一种工况直接切换到另外一种工况(Freidovich 和 Khalil，2007)。对于硬切换在 SC 中的应用，葛汝刚和黄小原(2009)对不确定 CLSC 设计了一种在自行回收和第三方回收之间切换的鲁棒策略，刘春玲等(2012)基于库存切换提出了一种鲁棒切换策略来抑制多 SC 库存决策系统的牛鞭效应，李庆奎等(2015)设计了一种 Markov 鲁棒切换策略来抑制回收再制造不确定 CLSC 的牛鞭效应，Li 等(2018)设计了一种在两个不同运行时间长度的设备组成的生产-库存 Markov 系统间切换的鲁棒策略，Zemzam 等(2019)在多重时变提前期和不确定需求下提出了一种在二级 SCN 拓扑间切换的鲁棒策略。由于切换过程瞬间完成而没有过渡过程，硬切换在切换过程中将导致系统变量出现较大的波动，因此降低了系统的动态性能，不利于系统的平稳运行。而软切换一般是采用加权函数将各个控制单元进行线性组合后再作为控制输出，能够减少硬切换下的工况切换给系统带来的扰动(Clason 等，2017)。截至目前，尚未发现其他学者关于 SC 多模型软切换的相关研究。

日本学者 Takagi 和 Sugeno 提出了一种 Takagi-Sugeno (T-S) 模糊控制模型。该模型是用一组将线性子系统作为后件的 IF-THEN 模糊规则描述的多模型动态系统。鉴于 IF-THEN 模糊规则的隶属度函数可以实现多模型间的软切换，具有较强的鲁棒性，所以本成果基于 T-S 模糊控制理论提出了 SC 动态多模型系统的鲁棒软切换策略，具体的研究框架如图 0.1 所示。

在图 0.1 中，SCF (Supply Chain Finance)代表供应链金融。

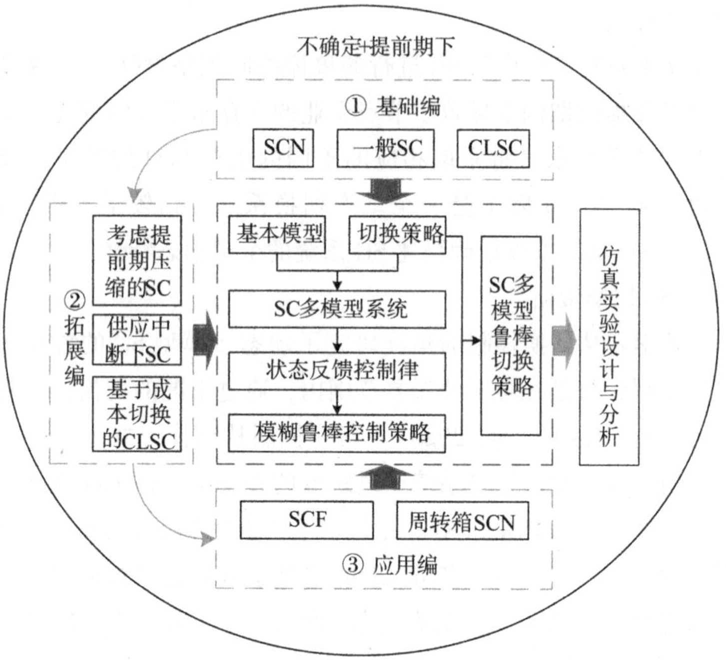
不确定+提前期下
① 基础编
SCN
一般SC
CLSC
② 拓展编
考虑提前期压缩的SC
供应中断下SC
基于成本切换的CLSC
基本模型
切换策略
SC多模型系统
状态反馈控制律
模糊鲁棒控制策略
SC多模型鲁棒切换策略
仿真实验设计与分析
SCF
周转箱SCN
③ 应用编

图 0.1 成果的研究框架

第 1 编　基础编

第1章　多重不确定SC多模型鲁棒切换策略

对于SC这一复杂的系统(刘会新等，2004)，来自系统内的诸多不确定因素和来自系统外的客户需求不确定因素(邱若臻和黄小原，2008)，均会对系统的运作过程产生不同程度的影响。

对于不确定SC的研究成果较多，例如，对于具有双渠道且不确定需求下的SC，申强等(2019)分别分析了线下渠道的批发价格契约和线上渠道的收益共享契约对产品质量控制水平的影响；对于供需不确定下的由一个制造商和一个零售商组成的SC系统，刘家国等(2019)研究了原材料投入量和产成品订购量的最优决策问题；Lin等(2022)提出了一种采购策略来协调产量和需求不确定下的流感疫苗SC；Xie等(2021)应用回购契约来协调下游节点企业面临不确定需求和收益率的二阶SC系统。

基于引言中已梳理的应用鲁棒策略研究不确定SC的相关文献，本章将同时考虑系统内外不确定因素对SC运作的影响，在构建一般SC、SCN、CLSC的基本模型的基础上，结合对每个系统制定的制造商的生产切换策略和零售商的订购切换策略，统一由T-S模糊模型表示为多重不确定SC多模型系统。通过设计库存状态反馈控制律，提出由2个定理所描述的鲁棒控制策略，且仿真实验验证了由库存切换策略和鲁棒控制策略组成的可实现软切换的鲁棒切换策略可以有效抑制多重不确定因素对上述3种SC系统的影响。

1.1　多重不确定SC基本模型

1.1.1　多重不确定一般SC基本模型

考虑二阶的一般SC系统的微观结构如图1.1所示。

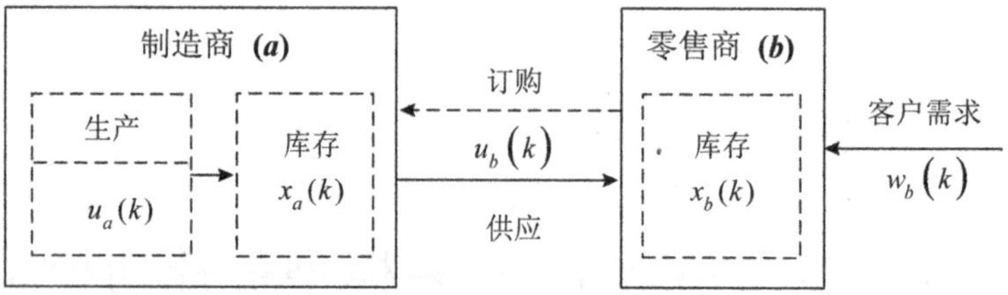

图 1.1　二阶的一般 SC 系统的微观结构

在图 1.1 中，$x_a(k)$ 和 $x_b(k)$ 分别代表制造商(a)和零售商(b)在周期 k 的库存水平，$u_a(k)$ 代表制造商(a)在周期 k 的生产量，$u_b(k)$ 代表零售商(b)在周期 k 的订购量，$w_b(k)$ 代表客户在周期 k 的需求量，$a=1, 2, \cdots, s$，$b=1, 2, \cdots, t$。

注 1.1　图 1.1 可以表示如下 4 种类型的 SC 系统：① 当 $s=1$ 且 $t=1$ 时，图 1.1 表示链式 SC 系统；② 当 $s=1$ 且 $t\geqslant 2$ 时，图 1.1 表示以制造商为核心企业的分销式 SC 系统，如以汽车制造商为核心企业的分销式 SC 系统；③ 当 $s\geqslant 2$ 且 $t=1$ 时，图 1.1 表示以零售商为核心企业的 SC 系统，如以超市为核心企业的 SC 系统；④ 当 $s\geqslant 2$ 且 $t\geqslant 2$ 时，图 1.1 表示 SCN 系统。

基于图 1.1，建立一般 SC 系统的库存状态动态演变基本模型如下：

$$\begin{cases} x_a(k+1)=x_a(k)+u_a(k)-u_b(k) \\ x_b(k+1)=x_b(k)+u_b(k)-w_b(k) \end{cases} \tag{1.1}$$

1.1.2　多重不确定 SCN 基本模型

基于图 1.1 所示的一般 SC 系统，考虑由 s 个制造商和 t 个零售商构成的 SCN 的微观结构如图 1.2 所示。

在图 1.2 中，$x_a(k)$ 和 $y_b(k)$ 分别为制造商 a 和零售商 b 在周期 k 的库存水平；$u_a(k)$ 为制造商 a 在周期 k 的生产量，$u_{ab}(k)$ 为零售商 b 在周期 k 从制造商 a 订购产品的订购量，$w_b(k)$ 为零售商 b 的客户在周期 k 的需求量，$l_{ab}(k)$ 为制造商 a 和零售商 b 在周期 k 的供应与需求关系，其取值范围为 $[0, 1]$，$0<l_{ab}\leqslant 1$ 表示制造商 a 和零售商 b 存在供需关系，而 $l_{ab}=0$ 则表示制造商 a 和分销商 b 不存在供需关系。

基于图 1.2，建立 SCN 的库存状态动态演变基本模型如下：

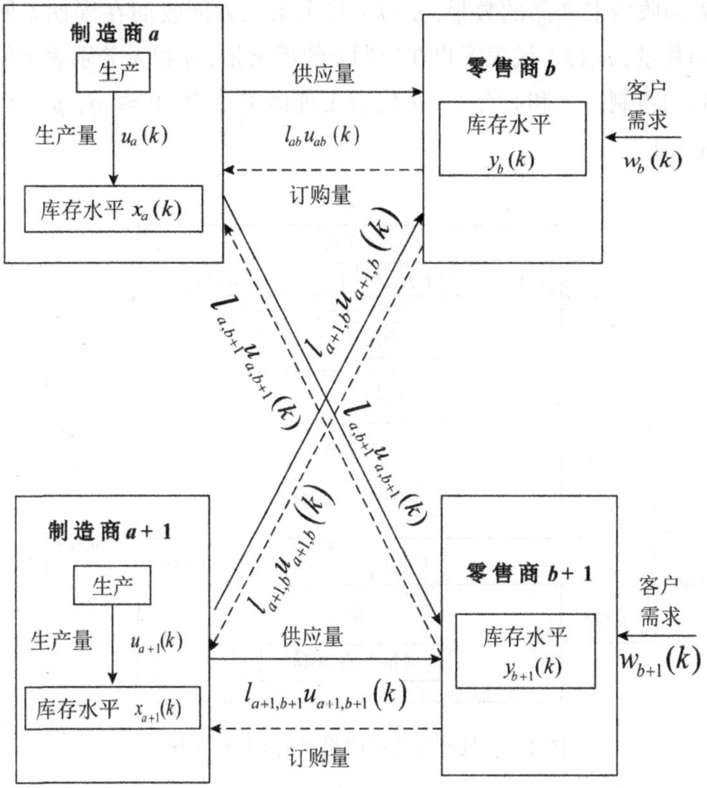

图 1.2　SCN 微观结构

$$\begin{cases} x_a(k+1) = x_a(k) + u_a(k) - \sum_{b=1}^{t} l_{ab}u_{ab}(k),\ a = 1,\ 2,\ \cdots,\ s \\ y_b(k+1) = y_b(k) + \sum_{a=1}^{s} l_{ab}(k)u_{ab} - w_b(k),\ b = 1,\ 2,\ \cdots,\ t \end{cases} \tag{1.2}$$

1.1.3　多重不确定 CLSC 基本模型

考虑具有混合回收渠道的 CLSC 系统如图 1.3 所示。在该系统中，制造商和第三方回收商同时负责回收废旧产品。此外，为了提高客户的满意度，该系统允许客户购买的新产品无理由退货给零售商。

在图 1.3 中，$x_1(k)$、$x_2(k)$、$x_3(k)$ 和 $x_4(k)$ 分别代表制造商、零售商、客户和第三方回收商在周期 k 的库存水平，$u_1(k)$ 代表制造商在周期 k

的新产品生产量，$u_2(k)$ 代表零售商在周期 k 的订购量，$u_3(k)$ 代表制造商在周期 k 回收废旧产品的数量，$u_4(k)$ 代表第三方回收商在周期 k 回收废旧产品的数量，$w_1(k)$ 代表客户在周期 k 的需求量，η 和 λ 分别表示回收的废旧产品的再制造率和废弃率，μ 代表无理由退货率，$0 \leqslant \eta,\ \mu,\ \lambda \leqslant 1$，且 $\eta + \lambda = 1$。

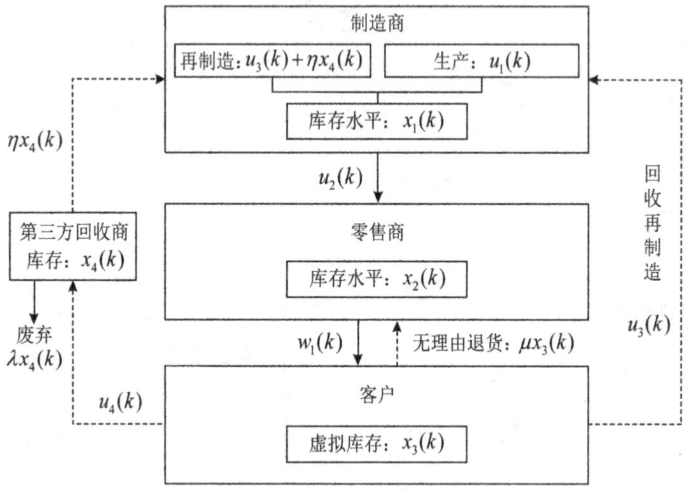

图 1.3 具有混合回收渠道的 CLSC 系统

基于图 1.3，建立 CLSC 的库存状态动态演变基本模型如下：

$$\begin{cases} x_1(k+1) = x_1(k) + u_1(k) + u_3(k) + \eta x_4(k) - u_2(k) \\ x_2(k+1) = x_2(k) + u_2(k) + \mu x_3(k) - w_1(k) \\ x_3(k+1) = x_3(k) + w_1(k) - u_3(k) - u_4(k) - \mu x_3(k) \\ x_4(k+1) = x_4(k) + u_4(k) - \eta x_4(k) - \lambda x_4(k) \end{cases} \tag{1.3}$$

1.2 多重不确定 SC 库存切换策略

1.2.1 多重不确定一般 SC 库存切换策略

对于图 1.1 所示的一般 SC 系统，通过设置制造商和零售商各自的理想库存值，设计的制造商的生产切换策略和零售商的订购切换策略如下：

(1)制造商的生产切换策略。

当制造商的库存水平大于其理想库存值时，制造商停止生产；当制造商的库存水平介于 0 和其理想库存值之间时，制造商正常生产；当制造商的库存水平小于 0 时，制造商 JIT 生产。

(2)零售商的订购切换策略。

当零售商的库存水平大于其理想库存值时，零售商不订购；当零售商的库存水平介于 0 和其理想库存值之间时，零售商正常订购；当零售商的库存水平小于 0 时，零售商既向本链制造商正常订购，又向它链制造商紧急订购。

由制造商的生产切换策略和零售商的订购切换策略构成的一般 SC 系统的库存切换策略如图 1.4 所示。

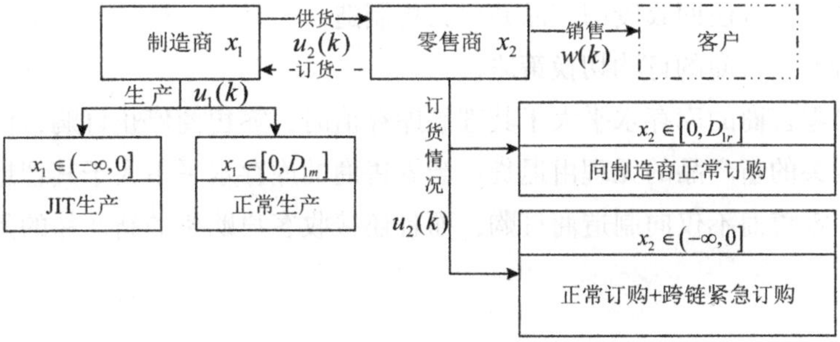

图 1.4　一般 SC 系统的库存切换策略

在图 1.4 中，D_{1m} 和 D_{1r} 分别表示制造商和零售商的理想库存值。

1.2.2　多重不确定 SCN 库存切换策略

对于图 1.2 所示的 SCN，通过对一般 SC 的库存切换策略分别增设制造商的安全库存值和零售商的安全库存值，设计的制造商的生产切换策略和零售商的订购切换策略如下：

(1) 制造商的生产切换策略。

当制造商的库存水平大于其理想库存值时，制造商不生产；当制造商的库存水平介于其安全库存值和其理想库存值之间时，制造商正常生产；当制造商的库存水平小于其安全库存值时，制造商 JIT 生产。

(2) 零售商的订购切换策略。

当零售商的库存水平大于其理想库存值时，零售商不订购；当零售商的库存水平介于其安全库存值和其理想库存值之间时，零售商向制造商正常订购；当零售商的库存水平小于其安全库存值时，零售商不仅向本链制造商订购，还向它链制造商紧急订购。

1.2.3 多重不确定 CLSC 库存切换策略

对于图 1.3 所示的 CLSC 系统，设计的制造商的生产切换策略和零售商的订购切换策略如下：

(1) 制造商的生产切换策略。

当制造商的库存水平大于其理想库存值时，制造商不生产新产品，仅回收废旧产品并对其再制造；当制造商的库存水平介于其安全库存值和其理想库存值之间时，制造商不仅生产新产品，而且还回收废旧产品并对其再制造；当制造商的库存水平小于其安全库存值时，制造商不仅扩大生产新产品，而且还回收废旧产品并对其再制造。

(2) 零售商的订购切换策略。

当零售商的库存水平大于其理想库存值时，零售商停止订购，仅接收客户购买的新产品的无理由退货；当零售商的库存水平不大于其理想库存值时，零售商不仅向制造商订购，而且还接收客户购买的新产品的无理由退货。

1.3 多重不确定 SC 多模型系统

1.3.1 多重不确定一般 SC 多模型系统

由于系统内外多重不确定因素的影响，SC 各节点企业的库存水平不断变化。对于不断变化的库存水平，各节点企业通过执行库存切换策略来降低成本，因此，在不同的库存水平下采取不同的生产和订购策略，导致了 SC 动态多模型系统的形成。

同时考虑 SC 系统的总成本，式(1.1)的第 i 个多重不确定 SC 模型用矩阵形式表达如下：

$$\begin{cases}\boldsymbol{x}(k+1)=(\boldsymbol{A}_i+\Delta\boldsymbol{A}_i)\boldsymbol{x}(k)+(\boldsymbol{B}_i+\Delta\boldsymbol{B}_i)\boldsymbol{u}(k)+(\boldsymbol{B}_{wi}+\Delta\boldsymbol{B}_{wi})\boldsymbol{w}(k)\\ z(k)=(\boldsymbol{C}_i+\Delta\boldsymbol{C}_i)\boldsymbol{x}(k)+(\boldsymbol{D}_i+\Delta\boldsymbol{D}_i)\boldsymbol{u}(k)+(\boldsymbol{D}_{wi}+\Delta\boldsymbol{D}_{wi})\boldsymbol{w}(k)\end{cases} \tag{1.4}$$

其中，$\boldsymbol{x}(k)=[x_1(k)\quad x_2(k)\quad\cdots\quad x_n(k)]^{\mathrm{T}}(n=s+t)$ 代表库存的状态向

量，$\boldsymbol{u}(k)=[u_1(k)\quad u_2(k)\quad \cdots\quad u_n(k)]^{\mathrm{T}}$ 代表生产和订购的控制向量，n 代表SC中节点企业的数量，$\boldsymbol{w}(k)$ 代表客户的需求量，$z(k)$ 代表SC系统的总成本，$\boldsymbol{A}_i$、$\boldsymbol{B}_i$、$\boldsymbol{B}_{wi}$、$\boldsymbol{C}_i$、$\boldsymbol{D}_i$ 和 $\boldsymbol{D}_{wi}$ 为系数矩阵；$\Delta\boldsymbol{A}_i$、$\Delta\boldsymbol{B}_i$、$\Delta\boldsymbol{B}_{wi}$、$\Delta\boldsymbol{C}_i$、$\Delta\boldsymbol{D}_i$ 和 $\Delta\boldsymbol{D}_{wi}$ 分别代表 $\boldsymbol{A}_i$、$\boldsymbol{B}_i$、$\boldsymbol{B}_{wi}$、$\boldsymbol{C}_i$、$\boldsymbol{D}_i$ 和 $\boldsymbol{D}_{wi}$ 的不确定系数矩阵，$i=1,\ 2,\ \cdots,\ r$，r 代表一般SC系统的模型个数。式(1.4)中的所有变量均是偏差量，即表示每个变量的实际值与其标称值之差。

注1.2 对于式(1.4)具体表示为如注1.1所描述的哪种类型的SC系统，将由参数矩阵 $\boldsymbol{A}_i$、$\boldsymbol{B}_i$、$\boldsymbol{C}_i$ 和 $\boldsymbol{D}_i$ 的取值来决定，如系数矩阵 $\boldsymbol{A}_i$ 中的不同值将代表各节点企业之间的上下游供需关系、同级横向转运关系等。

1.3.2 多重不确定SCN多模型系统

式(1.2)的第 i 个多重不确定SCN模型可用式(1.4)描述。在用于描述第 i 个多重不确定SCN模型的式(1.4)中，与一般SC模型中不同的矩阵表达式如下所示：$\boldsymbol{x}^{\mathrm{T}}(k)=[x_1(k),\ x_2(k),\ \cdots,\ x_s(k),\ y_1(k),\ y_2(k),\ \cdots,\ y_t(k)]$，$\boldsymbol{u}^{\mathrm{T}}(k)=[\boldsymbol{u}'(k),\ \boldsymbol{O}_1(k),\ \cdots,\ \boldsymbol{O}_a(k),\ \cdots,\ \boldsymbol{O}_s(k)]$($\boldsymbol{O}_a^{\mathrm{T}}=[u_{a1}(k),\ u_{a2}(k),\ \cdots,\ u_{at}(k)]$，$\boldsymbol{u}'^{\mathrm{T}}(k)=[u_1(k),\ u_2(k),\ \cdots,\ u_s(k)]$)，$\boldsymbol{A}_i=\begin{bmatrix}1 & & & \\ & 1 & & \\ & & \ddots & \\ & & & 1\end{bmatrix}_{(s+t)\times(s+t)}$，$\boldsymbol{B}_i=\begin{bmatrix}\boldsymbol{I}_s & -\boldsymbol{M}_1\\ \boldsymbol{O} & \boldsymbol{M}_2\end{bmatrix}_{(s+t)\times(s+st)}$ $\left(\boldsymbol{I}_s=\begin{bmatrix}1 & & & \\ & 1 & & \\ & & \ddots & \\ & & & 1\end{bmatrix}_{s\times s}\right.$，

$\boldsymbol{M}_1=\begin{bmatrix}\boldsymbol{L}_1 & & & & \\ & \ddots & & & \\ & & \boldsymbol{L}_a & & \\ & & & \ddots & \\ & & & & \boldsymbol{L}_s\end{bmatrix}_{s\times st}$，$\boldsymbol{L}_a=[l_{a1}\quad\cdots\quad l_{ab}\quad\cdots\quad l_{at}]_{1\times t}$，$\boldsymbol{M}_2=$

$\left.[\boldsymbol{H}_1\quad\cdots\quad\boldsymbol{H}_a\quad\cdots\quad\boldsymbol{H}_s]_{t\times ts}，\boldsymbol{H}_a=\begin{bmatrix}l_{a1} & & & & \\ & \ddots & & & \\ & & l_{ab} & & \\ & & & \ddots & \\ & & & & l_{at}\end{bmatrix}_{t\times t}\right)$ 是生产和订购及其上下游供需关系的系数矩阵，$\boldsymbol{C}_i=[c_{h1}\quad\cdots\quad c_{ha}\quad\cdots\quad c_{hs}\quad c_{r1}\quad\cdots\quad c_{rb}\quad\cdots\quad c_{rt}]_{1\times(s+t)}$（$c_{ha}$ 和 c_{rb} 分别代表制造商 a 和零售商 b 的单位库存成本）表示库存成本的系数矩阵，$\boldsymbol{D}_i=[c_{m1}\quad\cdots\quad c_{ma}\quad\cdots\quad c_{ms}$

$c_{o1} \quad \cdots \quad c_{oa} \quad \cdots \quad c_{os}]_{1\times(s+st)}$（$c_{ma}$ 代表制造商 a 的单位生产成本，$c_{oa} = [l_{a1}c_{oa1} \quad \cdots \quad l_{ab}c_{oab} \quad \cdots \quad l_{at}c_{oat}]_{1\times t}$，$c_{oab}$ 代表零售商 b 向制造商 a 订购的单位订购成本）表示制造商生产成本和零售商订购成本的系数矩阵。

1.3.3 多重不确定 CLSC 多模型系统

式(1.3)的第 i 个多重不确定 CLSC 模型可用式(1.4)描述。

1.4 多重不确定 SC 多模型鲁棒控制策略

1.4.1 多重不确定 SC 模糊控制模型

基于式(1.4)，将一般 SC、SCN、CLSC 统一用 T-S 模糊控制模型表示如下：

R_i：If $x_1(k)$ is M_1^i，⋯，$x_j(k)$ is M_j^i，⋯，and $x_n(k)$ is M_n^i，then

$$\begin{cases} \boldsymbol{x}(k+1) = (\boldsymbol{A}_i + \Delta\boldsymbol{A}_i)\boldsymbol{x}(k) + (\boldsymbol{B}_i + \Delta\boldsymbol{B}_i)\boldsymbol{u}(k) + (\boldsymbol{B}_{wi} + \Delta\boldsymbol{B}_{wi})\boldsymbol{w}(k) \\ z(k) = (\boldsymbol{C}_i + \Delta\boldsymbol{C}_i)\boldsymbol{x}(k) + (\boldsymbol{D}_i + \Delta\boldsymbol{D}_i)\boldsymbol{u}(k) + (\boldsymbol{D}_{wi} + \Delta\boldsymbol{D}_{wi})\boldsymbol{w}(k) \\ \boldsymbol{x}(k) = \boldsymbol{\varphi}(k),\ i = 1, 2, \cdots, r,\ k \in \{0, 1, \cdots, \mathrm{N}\} \end{cases} \tag{1.5}$$

其中，$R_i(i=1, 2, \cdots, r)$ 代表 SC 系统的第 i 条模糊规则，r 代表系统的模糊规则数量，$M_j^i(j=1, 2, \cdots, n)$ 代表状态变量的模糊集合，$\boldsymbol{\varphi}(k)$ 代表系统的初始状态向量。

基于单点模糊化、乘积推理和加权平均反模糊化的推理，式(1.5)可进一步表示为：

$$\begin{cases} \boldsymbol{x}(k+1) = \sum_{i=1}^{r} h_i(\boldsymbol{x}(k))[(\boldsymbol{A}_i + \Delta\boldsymbol{A}_i)\boldsymbol{x}(k) + (\boldsymbol{B}_i + \Delta\boldsymbol{B}_i)\boldsymbol{u}(k) + (\boldsymbol{B}_{wi} + \Delta\boldsymbol{B}_{wi})\boldsymbol{w}(k)] \\ z(k) = \sum_{i=1}^{r} h_i(\boldsymbol{x}(k))[(\boldsymbol{C}_i + \Delta\boldsymbol{C}_i)\boldsymbol{x}(k) + (\boldsymbol{D}_i + \Delta\boldsymbol{D}_i)\boldsymbol{u}(k) + (\boldsymbol{D}_{wi} + \Delta\boldsymbol{D}_{wi})\boldsymbol{w}(k)] \end{cases} \tag{1.6}$$

式中，$h_i(\boldsymbol{x}(k)) = \dfrac{\mu_i(\boldsymbol{x}(k))}{\sum_{i=1}^{r}\mu_i(\boldsymbol{x}(k))}$，$\mu_i(\boldsymbol{x}(k)) = \prod_{j=1}^{n} M_j^i(x_j(k))$，$M_j^i(x_j(k))$ 是 $x_j(k)$ 关于模糊集合 M_j^i 的隶属度函数，$\mu_i(\boldsymbol{x}(k))$ 是第 i 条规则的隶属度，

$\mu_i(\boldsymbol{x}(k)) \geqslant 0$，$h_i(\boldsymbol{x}(k)) \geqslant 0$，$\sum_{i=1}^{r} h_i(\boldsymbol{x}(k)) = 1$。为了表达的简洁，之后将 $h_i(\boldsymbol{x}(k))$ 表述为 h_i 。

1.4.2　多重不确定 SC 鲁棒控制策略

假设 1.1　假定式(1.6)中的不确定矩阵满足如下等式：

$$\begin{cases}[\Delta \boldsymbol{A}_i(k) \quad \Delta \boldsymbol{B}_i(k) \quad \Delta \boldsymbol{B}_{wi}(k)] = \boldsymbol{H}_{1i}\boldsymbol{F}_{1i}(k)[\boldsymbol{E}_{11i} \quad \boldsymbol{E}_{12i} \quad \boldsymbol{E}_{13i}] \\ [\Delta \boldsymbol{C}_i(k) \quad \Delta \boldsymbol{D}_i(k) \quad \Delta \boldsymbol{D}_{wi}(k)] = \boldsymbol{H}_{2i}\boldsymbol{F}_{2i}(k)[\boldsymbol{E}_{21i} \quad \boldsymbol{E}_{22i} \quad \boldsymbol{E}_{23i}]\end{cases} \tag{1.7}$$

其中，$\boldsymbol{H}_{1i}$、$\boldsymbol{H}_{2i}$、$\boldsymbol{E}_{11i}$、$\boldsymbol{E}_{12i}$、$\boldsymbol{E}_{13i}$、$\boldsymbol{E}_{21i}$、$\boldsymbol{E}_{22i}$ 和$\boldsymbol{E}_{23i}$ 为实常数矩阵。$\boldsymbol{F}_{1i}(k)$ 和$\boldsymbol{F}_{2i}(k)$ 是 Lebesgue 可测的时变矩阵，且满足 $\boldsymbol{F}_{1i}^{\mathrm{T}}(k)\boldsymbol{F}_{1i}(k) \leqslant \boldsymbol{I}$ 和$\boldsymbol{F}_{2i}^{\mathrm{T}}(k)\boldsymbol{F}_{2i}(k) \leqslant \boldsymbol{I}$，$i = 1, 2, \cdots, r$ 。

因此，式(1.6)中的不确定参数可由式(1.7)表示。

面对内外部不确定因素的影响，鲁棒 H_∞ 控制能有效保证 SC 系统的渐近稳定，其管理意义是通过库存变量 $\boldsymbol{x}(k)$ 控制制造商的生产量和零售商的订购量 $\boldsymbol{u}(k)$ ，来实现供应链系统的闭环负反馈控制。采用标量 γ 来表征 SC 系统的鲁棒性能如下：

$$\frac{\|\text{供应链总成本}\|_2}{\|\text{客户需求}\|_2} \leqslant \gamma \tag{1.8}$$

其中 $\|\cdot\|_2$ 是函数的 ℓ_2范数(Li 和 Tian，2010)。由式(1.8)可知，γ 越小则 SC 系统的鲁棒性越强。

为了以后表述的简便，SC 的系统参数矩阵做如下变换：$\boldsymbol{A}_i + \Delta \boldsymbol{A}_i = \widetilde{\boldsymbol{A}}_i$、$\boldsymbol{B}_i + \Delta \boldsymbol{B}_i = \widetilde{\boldsymbol{B}}_i$、$\boldsymbol{B}_{wi} + \Delta \boldsymbol{B}_{wi} = \widetilde{\boldsymbol{B}}_{wi}$、$\boldsymbol{C}_i + \Delta \boldsymbol{C}_i = \widetilde{\boldsymbol{C}}_i$、$\boldsymbol{D}_i + \Delta \boldsymbol{D}_i = \widetilde{\boldsymbol{D}}_i$、$\boldsymbol{D}_{wi} + \Delta \boldsymbol{D}_{wi} = \widetilde{\boldsymbol{D}}_{wi}$ ，则式(1.6)可表示为：

$$\begin{cases}\boldsymbol{x}(k+1) = \sum_{i=1}^{r} h_i[\widetilde{\boldsymbol{A}}_i\boldsymbol{x}(k) + \widetilde{\boldsymbol{B}}_i\boldsymbol{u}(k) + \widetilde{\boldsymbol{B}}_{wi}\boldsymbol{w}(k)] \\ z(k) = \sum_{i=1}^{r} h_i[\widetilde{\boldsymbol{C}}_i\boldsymbol{x}(k) + \widetilde{\boldsymbol{D}}_i\boldsymbol{u}(k) + \widetilde{\boldsymbol{D}}_{wi}\boldsymbol{w}(k)]\end{cases} \tag{1.9}$$

采用并行分布补偿方法对式(1.9)设计如下的模糊控制律：

K^i：If $x_1(k)$ is M_1^i ，$\cdots$，$x_j(k)$ is M_j^i ，$\cdots$，and $x_n(k)$ is M_n^i ，then

$$\boldsymbol{u}(k) = -\boldsymbol{K}_i\boldsymbol{x}(k),\ i = 1, 2, \cdots, r$$

其中 $\boldsymbol{K}_i$ 代表库存状态反馈增益矩阵。

采用与式(1.6)相同的推理方法，则 SC 系统的控制律变为

$$u(k) = -\sum_{i=1}^{r} h_i K_i x(k) \tag{1.10}$$

将式(1.10)代入式(1.9)则有：

$$\begin{cases} x(k+1) = \sum_{i=1}^{r}\sum_{j=1}^{r} h_i h_j [\widetilde{G}_{ij} x(k) + \widetilde{B}_{wi} w(k)] \\ z(k) = \sum_{i=1}^{r}\sum_{j=1}^{r} h_i h_j [\widetilde{M}_{ij} x(k) + \widetilde{D}_{wi} w(k)] \end{cases} \tag{1.11}$$

其中，$\widetilde{G}_{ij} = \widetilde{A}_i - \widetilde{B}_i K_j$，$\widetilde{M}_{ij} = \widetilde{C}_i - \widetilde{D}_i K_j$。

将式(1.11)进一步表示为：

$$\begin{cases} x(k+1) = \sum_{i=1}^{r}\sum_{j=1}^{r} h_i h_j \approx{G}_{ij} \bar{x}(k) \\ z(k) = \sum_{i=1}^{r}\sum_{j=1}^{r} h_i h_j \approx{M}_{ij} \bar{x}(k) \end{cases} \tag{1.12}$$

式中，$\approx{G}_{ij} = \begin{bmatrix} \widetilde{G}_{ij} & \widetilde{B}_{wi} \end{bmatrix}$，$\approx{M}_{ij} = \begin{bmatrix} \widetilde{M}_{ij} & \widetilde{D}_{wi} \end{bmatrix}$，$\bar{x}(k) = \begin{bmatrix} x(k) \\ w(k) \end{bmatrix}$。

以下给出之后的定理证明中需要用到的性质和引理。

定义 1.1 （Xiu 和 Ren，2005）称模糊集组 $\{F_j^m, m = 1, 2, \cdots, q_j\}$ 为论域 X 的一个标准模糊分划(Standard Fuzzy Partition，SFP)，如果每个 F_j^m 均为正规模糊集且 $F_j^m(m = 1, 2, \cdots, q_j)$ 在论域 X 上是全交叠的，称 q_j 为论域 X 的第 j 个输入变量的模糊分划数。

定义 1.2 （Xiu 和 Ren，2005）在所有交叠规则组(Overlapped-Rules Group，ORG)中，包含规则数最多的 ORG 称为最大交叠规则组(Maximal Overlapped-Rules Group，MORG)。

定义 1.3 （Liu 和 Zhang，2003）对于给定的标量 $\gamma > 0$，如果满足以下两个条件，则称不确定 SC 模糊系统(1.12)在 H_∞ 范数下具有 γ 约束的鲁棒渐近稳定。

(1)如果 $w(k) \equiv 0$，式(1.12)鲁棒渐近稳定；

(2)如果初始条件为 0，对于任意非零 $w(k) \in \ell_2[0, \infty)$ 和所有可容许不确定因素，式(1.12)的总成本 $z(k)$ 满足 $\| z(k) \|_2^2 < \gamma \| w(k) \|_2^2$。

性质 1.1 （Xiu 和 Ren，2005）如果模糊控制系统的各输入变量均采用 SFP，则任一 ORG 中所包含的规则均包含于某一 MORG。

引理 1.1 （Guan 和 Chen，2004）如果存在任意实矩阵 X_i、Y_i、Y_j、X_{ij}、Y_{ij}、Y_{pq} $(1 \leqslant i, j, p, q \leqslant n)$ 和适当维数的正定矩阵 P，那么以下不

等式成立：

$$\begin{cases} 2\sum_{i,\ j=1}^{n} h_i h_j \boldsymbol{X}_i^{\mathrm{T}} \boldsymbol{P} \boldsymbol{Y}_j \leqslant \sum_{i=1}^{n} h_i (\boldsymbol{X}_i^{\mathrm{T}} \boldsymbol{P} \boldsymbol{X}_i + \boldsymbol{Y}_i^{\mathrm{T}} \boldsymbol{P} \boldsymbol{Y}_i) \\ 2\sum_{i,\ j=1}^{n} h_i h_j \sum_{p,\ q=1}^{n} h_p h_q \boldsymbol{X}_{ij}^{\mathrm{T}} \boldsymbol{P} \boldsymbol{Y}_{pq} \leqslant \sum_{i,\ j=1}^{n} h_i h_j (\boldsymbol{X}_{ij}^{\mathrm{T}} \boldsymbol{P} \boldsymbol{X}_{ij} + \boldsymbol{Y}_{ij}^{\mathrm{T}} \boldsymbol{P} \boldsymbol{Y}_{ij}) \end{cases}$$

引理 1.2　(Xie, 1996) 如果存在对称矩阵 $\boldsymbol{Y}$、适当维数的实矩阵 $\boldsymbol{Y}$、$\boldsymbol{H}$ 和 $\boldsymbol{E}$，当且仅当存在标量 $\varepsilon > 0$ 满足 $\boldsymbol{Y} + \varepsilon \boldsymbol{H}\boldsymbol{H}^{\mathrm{T}} + \varepsilon^{-1}\boldsymbol{E}^{\mathrm{T}}\boldsymbol{E} < \boldsymbol{0}$，则对所有满足 $\boldsymbol{F}^{\mathrm{T}}\boldsymbol{F} \leqslant \boldsymbol{I}$ 的矩阵 $\boldsymbol{F}$，以下不等式成立：

$$\boldsymbol{Y} + \boldsymbol{H}\boldsymbol{F}\boldsymbol{E} + \boldsymbol{E}^{\mathrm{T}}\boldsymbol{F}^{\mathrm{T}}\boldsymbol{H}^{\mathrm{T}} < \boldsymbol{0}$$

本节将针对多重不确定 SC 系统提出一种新的模糊鲁棒 H_∞ 控制策略，该策略通过以下的定理 1.1 和定理 1.2 来描述。

定理 1.1　对于给定的标量 $\gamma > 0$，如果在如下不等式中求解出正定矩阵 $\boldsymbol{P}_c$，那么输入采用 SFP 的多重不确定 SC 模糊系统(1.12)在 H_∞ 性能指标 γ 下鲁棒渐近稳定。

$$\begin{bmatrix} \widetilde{\boldsymbol{G}}_{ii}^{\mathrm{T}} \boldsymbol{P}_c \widetilde{\boldsymbol{G}}_{ii} + \widetilde{\boldsymbol{M}}_{ii}^{\mathrm{T}} \widetilde{\boldsymbol{M}}_{ii} - \boldsymbol{P}_c & * \\ \widetilde{\boldsymbol{B}}_{wi}^{\mathrm{T}} \boldsymbol{P}_c \widetilde{\boldsymbol{G}}_{ii} + \widetilde{\boldsymbol{D}}_{wi}^{\mathrm{T}} \widetilde{\boldsymbol{M}}_{ii} & \widetilde{\boldsymbol{B}}_{wi}^{\mathrm{T}} \boldsymbol{P}_c \widetilde{\boldsymbol{B}}_{wi} + \widetilde{\boldsymbol{D}}_{wi}^{\mathrm{T}} \widetilde{\boldsymbol{D}}_{wi} - \gamma^2 \boldsymbol{I} \end{bmatrix} < \boldsymbol{0}, \quad i \in I_c \tag{1.13}$$

$$\begin{bmatrix} \boldsymbol{L}_{ij}^{\mathrm{T}} \boldsymbol{P}_c \boldsymbol{L}_{ij} + \boldsymbol{T}_{ij}^{\mathrm{T}} \boldsymbol{T}_{ij} - 4\boldsymbol{P}_c & * \\ \boldsymbol{O}_{ij}^{\mathrm{T}} \boldsymbol{P}_c \boldsymbol{L}_{ij} + \boldsymbol{W}_{ij}^{\mathrm{T}} \boldsymbol{T}_{ij} & \boldsymbol{O}_{ij}^{\mathrm{T}} \boldsymbol{P}_c \boldsymbol{O}_{ij} + \boldsymbol{W}_{ij}^{\mathrm{T}} \boldsymbol{W}_{ij} - 4\gamma^2 \boldsymbol{I} \end{bmatrix} < \boldsymbol{0}, \quad i<j,\ i,\ j \in I_c \tag{1.14}$$

其中，$\boldsymbol{L}_{ij} = \widetilde{\boldsymbol{G}}_{ij} + \widetilde{\boldsymbol{G}}_{ji}$，$\boldsymbol{T}_{ij} = \widetilde{\boldsymbol{M}}_{ij} + \widetilde{\boldsymbol{M}}_{ji}$，$\boldsymbol{O}_{ij} = \widetilde{\boldsymbol{B}}_{wi} + \widetilde{\boldsymbol{B}}_{wj}$，$\boldsymbol{W}_{ij} = \widetilde{\boldsymbol{D}}_{wi} + \widetilde{\boldsymbol{D}}_{wj}$，$I_c$ 为 G_c 中包含的规则序号集，G_c 为第 c 个 MORG，$c = 1,\ 2,\ \cdots,\ \prod_{j=1}^{n}(m_j - 1)$，$m_j$ 为第 j 个库存变量的模糊分划数。

证明：设 SC 模糊系统的第 m 个 ORG 的作用域为 g_m($m = 1,\ 2,\ \cdots,\ f$)，且 $L_m = \{g_m$ 中包含的规则序号$\}$。

如果 $\boldsymbol{x}(k)$ 和 $\boldsymbol{x}(k+1)$ 均处于第 m 个 ORG 中，则 SC 模糊系统表示如下：

$$\begin{cases} \boldsymbol{x}(k+1) = \sum_{i \in L_m} \sum_{j \in L_m} h_i h_j \widetilde{\widetilde{\boldsymbol{G}}}_{ij} \bar{\boldsymbol{x}}(k) \\ z(k) = \sum_{i \in L_m} \sum_{j \in L_m} h_i h_j \widetilde{\widetilde{\boldsymbol{M}}}_{ij} \bar{\boldsymbol{x}}(k) \end{cases} \tag{1.15}$$

其中，$\widetilde{\widetilde{\boldsymbol{G}}}_{ij}=[\widetilde{\boldsymbol{G}}_{ij}\quad \widetilde{\boldsymbol{B}}_{wi}]$，$\widetilde{\widetilde{\boldsymbol{M}}}_{ij}=[\widetilde{\boldsymbol{M}}_{ij}\quad \widetilde{\boldsymbol{D}}_{wi}]$，$\bar{\boldsymbol{x}}(k)=[\boldsymbol{x}(k)\quad \boldsymbol{w}(k)]^{\mathrm{T}}$。

设 $V_m(\boldsymbol{x}(k))=\boldsymbol{x}^{\mathrm{T}}(k)\boldsymbol{P}_c\boldsymbol{x}(k)$，则：

$$
\begin{aligned}
\Delta V_m(\boldsymbol{x}(k)) &= V_m(\boldsymbol{x}(k+1))-V_m(\boldsymbol{x}(k))\\
&=\boldsymbol{x}^{\mathrm{T}}(k+1)\boldsymbol{P}_c\boldsymbol{x}(k+1)-\boldsymbol{x}^{\mathrm{T}}(k)\boldsymbol{P}_c\boldsymbol{x}(k)\\
&=\sum_{i\in L_m,\ j\in L_m}h_ih_j\sum_{p\in L_m,\ q\in L_m}h_ph_q\bar{\boldsymbol{x}}^{\mathrm{T}}(k)\widetilde{\widetilde{\boldsymbol{G}}}_{ij}^{\mathrm{T}}\boldsymbol{P}_c\widetilde{\boldsymbol{G}}_{pq}\bar{\boldsymbol{x}}(k)-\boldsymbol{x}^{\mathrm{T}}(k)\boldsymbol{P}_c\boldsymbol{x}(k)\\
&=\sum_{i\in L_m,\ j\in L_m}h_ih_j\sum_{p\in L_m,\ q\in L_m}h_ph_q\bar{\boldsymbol{x}}^{\mathrm{T}}(k)[\widetilde{\widetilde{\boldsymbol{G}}}_{ij}^{\mathrm{T}}\boldsymbol{P}_c\widetilde{\widetilde{\boldsymbol{G}}}_{pq}-\bar{\boldsymbol{P}}]\bar{\boldsymbol{x}}(k)
\end{aligned}
$$

其中 $\bar{\boldsymbol{P}}=\begin{bmatrix}\boldsymbol{P}_c & \boldsymbol{0}\\ \boldsymbol{0} & \boldsymbol{0}\end{bmatrix}$。

对 $\Delta V_m(\boldsymbol{x}(k))$ 做如下变换：

$$
\begin{aligned}
\Delta V_m(\boldsymbol{x}(k)) = &\sum_{\substack{i=j,\ i\in L_m\\ j\in L_m}}h_i^2\sum_{\substack{p=q,\ p\in L_m\\ q\in L_m}}h_p^2\bar{\boldsymbol{x}}^{\mathrm{T}}(k)\left[\widetilde{\widetilde{\boldsymbol{G}}}_{ii}^{\mathrm{T}}\boldsymbol{P}_c\widetilde{\widetilde{\boldsymbol{G}}}_{pp}-\bar{\boldsymbol{P}}\right]\bar{\boldsymbol{x}}(k)+\\
&4\sum_{\substack{i<j,\ i\in L_m\\ j\in L_m}}h_ih_j\sum_{\substack{p<q,\ p\in L_m\\ q\in L_m}}h_ph_q\bar{\boldsymbol{x}}^{\mathrm{T}}(k)\left[\hat{\hat{\boldsymbol{G}}}_{ij}^{\mathrm{T}}\boldsymbol{P}_c\hat{\hat{\boldsymbol{G}}}_{pq}-\bar{\boldsymbol{P}}\right]\bar{\boldsymbol{x}}(k)
\end{aligned}
\tag{1.16}
$$

其中，$\hat{\hat{\boldsymbol{G}}}_{ij}=\dfrac{\widetilde{\widetilde{\boldsymbol{G}}}_{ij}+\widetilde{\widetilde{\boldsymbol{G}}}_{ji}}{2}$，$\hat{\hat{\boldsymbol{G}}}_{pq}=\dfrac{\widetilde{\widetilde{\boldsymbol{G}}}_{pq}+\widetilde{\widetilde{\boldsymbol{G}}}_{qp}}{2}$。

以下将围绕定义 1.3 中所须满足的两个条件展开证明。

当客户需求 $\boldsymbol{w}(k)\neq\boldsymbol{0}$ 时，基于式(1.8)，设 SC 模糊系统(1.15)的 H_∞ 性能指标如下所示：

$$
J_1=\sum_{k=0}^{\mathrm{N}-1}[z^{\mathrm{T}}(k)z(k)-\gamma^2\boldsymbol{w}^{\mathrm{T}}(k)\boldsymbol{w}(k)]\tag{1.17}
$$

将式(1.17)做如下变换：

$$
\begin{aligned}
J_1&=\sum_{k=0}^{\mathrm{N}-1}[z^{\mathrm{T}}(k)z(k)-\gamma^2\boldsymbol{w}^{\mathrm{T}}(k)\boldsymbol{w}(k)+\Delta V_m(\boldsymbol{x}(k))]-V_m(\boldsymbol{x}(\mathrm{N}))\\
&\leqslant\sum_{k=0}^{\mathrm{N}-1}[z^{\mathrm{T}}(k)z(k)-\gamma^2\boldsymbol{w}^{\mathrm{T}}(k)\boldsymbol{w}(k)+\Delta V_m(\boldsymbol{x}(k))]
\end{aligned}
\tag{1.18}
$$

把式(1.16)代入式(1.18)则有：

$$
J_1\leqslant\sum_{k=0}^{\mathrm{N}-1}\left\{\sum_{\substack{i=j,\ j\in L_m\\ j\in L_m}}h_i^2\sum_{\substack{p=q,\ p\in L_m\\ q\in L_m}}h_p^2\bar{\boldsymbol{x}}^{\mathrm{T}}(k)[\widetilde{\widetilde{\boldsymbol{G}}}_{ii}^{\mathrm{T}}\boldsymbol{P}_c\widetilde{\widetilde{\boldsymbol{G}}}_{pp}-\widetilde{\boldsymbol{P}}+\widetilde{\widetilde{\boldsymbol{M}}}_{ii}^{\mathrm{T}}\widetilde{\widetilde{\boldsymbol{M}}}_{pp}]\bar{\boldsymbol{x}}(k)\right\}+
$$

$$4\sum_{k=0}^{N-1}\left\{\sum_{\substack{i<j,\ j\in L_m\\ j\in L_m}} h_i h_j \sum_{\substack{p<q,\ p\in L_m\\ q\in L_m}} h_p h_q \bar{\boldsymbol{x}}^{\mathrm{T}}(k)\,[\hat{\hat{\boldsymbol{G}}}_{ij}^{\mathrm{T}}\boldsymbol{P}_c\hat{\hat{\boldsymbol{G}}}_{pq} - \widetilde{\boldsymbol{P}} + \hat{\hat{\boldsymbol{M}}}_{ij}^{\mathrm{T}}\hat{\hat{\boldsymbol{M}}}_{pq}]\,\bar{\boldsymbol{x}}(k)\right\} \tag{1.19}$$

其中，$\widetilde{\boldsymbol{P}} = \begin{bmatrix}\boldsymbol{P}_c & \boldsymbol{0}\\ \boldsymbol{0} & \gamma^2\boldsymbol{I}\end{bmatrix}$，$\hat{\hat{\boldsymbol{M}}}_{ij} = \dfrac{\widetilde{\widetilde{\boldsymbol{M}}}_{ij} + \widetilde{\widetilde{\boldsymbol{M}}}_{ji}}{2}$，$\hat{\hat{\boldsymbol{M}}}_{pq} = \dfrac{\widetilde{\widetilde{\boldsymbol{M}}}_{pq} + \widetilde{\widetilde{\boldsymbol{M}}}_{qp}}{2}$。

应用引理1.1，式(1.19)可表示如下：

$$J_1 \leqslant \sum_{k=0}^{N-1}\left\{\sum_{\substack{i=j,\ i\in L_m\\ j\in L_m}} h_i^2\,\bar{\boldsymbol{x}}^{\mathrm{T}}(k)\,[\widetilde{\widetilde{\boldsymbol{G}}}_{ii}^{\mathrm{T}}\boldsymbol{P}_c\widetilde{\widetilde{\boldsymbol{G}}}_{ii} - \widetilde{\boldsymbol{P}} + \widetilde{\widetilde{\boldsymbol{M}}}_{ii}^{\mathrm{T}}\widetilde{\widetilde{\boldsymbol{M}}}_{ii}]\,\bar{\boldsymbol{x}}(k)\right\} + 4\sum_{k=0}^{N-1}\left\{\sum_{\substack{i<j,\ i\in L_m\\ j\in L_m}} h_i h_j\,\bar{\boldsymbol{x}}^{\mathrm{T}}(k)\,[\hat{\hat{\boldsymbol{G}}}_{ij}^{\mathrm{T}}\boldsymbol{P}_c\hat{\hat{\boldsymbol{G}}}_{ij} - \widetilde{\boldsymbol{P}} + \hat{\hat{\boldsymbol{M}}}_{ij}^{\mathrm{T}}\hat{\hat{\boldsymbol{M}}}_{ij}]\,\bar{\boldsymbol{x}}(k)\right\} \tag{1.20}$$

不等式(1.13)和不等式(1.14)在矩阵变换后分别可得 $\widetilde{\widetilde{\boldsymbol{G}}}_{ii}^{\mathrm{T}}\boldsymbol{P}_c\widetilde{\widetilde{\boldsymbol{G}}}_{ii} - \widetilde{\boldsymbol{P}} + \widetilde{\widetilde{\boldsymbol{M}}}_{ii}^{\mathrm{T}}\widetilde{\widetilde{\boldsymbol{M}}}_{ii} < \boldsymbol{0}$ 和 $\hat{\hat{\boldsymbol{G}}}_{ij}^{\mathrm{T}}\boldsymbol{P}_c\hat{\hat{\boldsymbol{G}}}_{ij} - \widetilde{\boldsymbol{P}} + \hat{\hat{\boldsymbol{M}}}_{ij}^{\mathrm{T}}\hat{\hat{\boldsymbol{M}}}_{ij} < \boldsymbol{0}$，那么 $J_1 < 0(z^{\mathrm{T}}(k)z(k) < \gamma^2\boldsymbol{w}^{\mathrm{T}}(k)\boldsymbol{w}(k))$；当 $\mathrm{N}\to+\infty$ 时，$\|z(k)\|_2^2 < \gamma^2\|\boldsymbol{w}(k)\|_2^2$，所以，第 m 个ORG中的SC模糊系统(1.15)的总成本 $z(k)$ 满足 $\|z(k)\|_2^2 < \gamma^2\|\boldsymbol{w}(k)\|_2^2$。

当 $\boldsymbol{w}(k)\equiv\boldsymbol{0}$ 时，应用引理1.1将式(1.16)变为：

$$\Delta V_m(\boldsymbol{x}(k)) \leqslant \sum_{k=0}^{N-1}\left\{\sum_{\substack{i=j,\ i\in L_m\\ j\in L_m}} h_i^2\,\boldsymbol{x}^{\mathrm{T}}(k)\,[\widetilde{\boldsymbol{G}}_{ii}^{\mathrm{T}}\boldsymbol{P}_c\widetilde{\boldsymbol{G}}_{ii} - \boldsymbol{P}_c]\,\boldsymbol{x}(k)\right\} + 4\sum_{k=0}^{N-1}\left\{\sum_{\substack{i<j,\ i\in L_m\\ j\in L_m}} h_i h_j\,\boldsymbol{x}^{\mathrm{T}}(k)\left[\frac{1}{4}\boldsymbol{L}_{ij}^{\mathrm{T}}\boldsymbol{P}_c\boldsymbol{L}_{ij} - \boldsymbol{P}_c\right]\boldsymbol{x}(k)\right\}$$

根据条件(1.13)和条件(1.14)可以得出 $\widetilde{\boldsymbol{G}}_{ii}^{\mathrm{T}}\boldsymbol{P}_c\widetilde{\boldsymbol{G}}_{ii} - \boldsymbol{P}_c < 0$ 和 $\boldsymbol{L}_{ij}^{\mathrm{T}}\boldsymbol{P}_c\boldsymbol{L}_{ij} - 4\boldsymbol{P}_c < 0$，进而可知 $\Delta V_m(\boldsymbol{x}(k)) < 0$，那么，在该ORG中的SC模糊系统(1.15)鲁棒渐近稳定。

如果 $\boldsymbol{x}(k)$ 和 $\boldsymbol{x}(k+1)$ 分处于不同的ORG中，则引入一种分段函数如下：

$$\lambda_m = \begin{cases}1,\ \boldsymbol{x}(k)\in g_m\\ 0,\ \boldsymbol{x}(k)\notin g_m\end{cases}$$

其中 $\sum_{m=1}^{f}\lambda_m=1$。那么，SC 模糊系统(1.15)可表示为：

$$\begin{cases}\boldsymbol{x}(k+1)=\sum_{m=1}^{f}\lambda_m\left[\sum_{i\in L_m}\sum_{j\in L_m}h_ih_j\widetilde{\widetilde{\boldsymbol{G}}}_{ij}\bar{\boldsymbol{x}}(k)\right]\\ z(k)=\sum_{m=1}^{f}\lambda_m\left[\sum_{i\in L_m}\sum_{j\in L_m}h_ih_j\widetilde{\widetilde{\boldsymbol{M}}}_{ij}\bar{\boldsymbol{x}}(k)\right]\end{cases}\tag{1.21}$$

设 $\boldsymbol{P}_l=\sum_{m=1}^{f}\lambda_m\boldsymbol{P}_c$，则有：

$$\begin{aligned}V(\boldsymbol{x}(k))&=\boldsymbol{x}^{\mathrm{T}}(k)\boldsymbol{P}_l\boldsymbol{x}(k)=\boldsymbol{x}^{\mathrm{T}}(k)\left(\sum_{m=1}^{f}\lambda_m\boldsymbol{P}_c\right)\boldsymbol{x}(k)\\&=\sum_{m=1}^{f}\lambda_m\boldsymbol{x}^{\mathrm{T}}(k)\boldsymbol{P}_c\boldsymbol{x}(k)=\sum_{m=1}^{f}\lambda_mV_m(\boldsymbol{x}(k))\end{aligned}$$

当客户需求 $\boldsymbol{w}(k)\neq\boldsymbol{0}$ 时，基于式(1.8)，设 SC 模糊系统(1.21)的 H_∞ 性能指标 $J=\sum_{k=0}^{N-1}[z^{\mathrm{T}}(k)z(k)-\gamma^2\boldsymbol{w}^{\mathrm{T}}(k)\boldsymbol{w}(k)]$，则 $J=\sum_{k=0}^{N-1}\sum_{m=1}^{f}\lambda_mJ_1$。基于之前相同的证明思路，可得 $J<0(z^{\mathrm{T}}(k)z(k)<\gamma^2\boldsymbol{w}^{\mathrm{T}}(k)\boldsymbol{w}(k))$。当 $N\to+\infty$时，$\|z(k)\|_2^2<\gamma^2\|\boldsymbol{w}(k)\|_2^2$，所以，SC 模糊系统(1.21)的总成本 $z(k)$ 满足 $\|z(k)\|_2^2<\gamma\|\boldsymbol{w}(k)\|_2^2$。

当 $\boldsymbol{w}(k)\equiv\boldsymbol{0}$ 时，对 $\Delta V_m\boldsymbol{x}(k)$ 做如下变换：

$$\begin{aligned}\Delta V(\boldsymbol{x}(k))&=V(\boldsymbol{x}(k+1))-V(\boldsymbol{x}(k))\\&=\sum_{m=1}^{f}\lambda_mV_m(\boldsymbol{x}(k+1))-\sum_{m=1}^{f}\lambda_mV_m(\boldsymbol{x}(k))\\&=\sum_{m=1}^{f}\lambda_m[V_m(\boldsymbol{x}(k+1))-V_m(\boldsymbol{x}(k))]\\&=\sum_{m=1}^{f}\lambda_m\Delta V_m(k)<0\end{aligned}$$

所以，SC 模糊系统(1.21)鲁棒稳定。基于性质 1.1，判别多重不确定 SC 模糊系统(1.12)是否鲁棒稳定的条件是在 G_c 中存在 $\boldsymbol{P}_c$ 满足不等式(1.13)和不等式(1.14)，证毕。

由于定理 1.1 不能直接求解出库存状态反馈矩阵，因此，将定理 1.1 变换为如下的可直接求解出库存状态反馈矩阵的定理 1.2。

定理 1.2　对于给定的标量 $\gamma>0$，如果在如下不等式中求解出正定矩阵 $\boldsymbol{X}_c$ 、矩阵 $\boldsymbol{Y}_{ic}$ 以及常数 $\varepsilon_{ijc}>0$，那么输入采用 SFP 的多重不确定 SC 模糊系统(1.12)在 H_∞ 性能指标 γ 下鲁棒渐近稳定。

$$\begin{bmatrix} -X_c & * & * & * & * & * \\ 0 & -\gamma^2 I & * & * & * & * \\ LS_{ii} & B_{wi} & -X_c+\varepsilon_{iic}H_{1i}H_{1i}^{\mathrm{T}} & * & * & * \\ TS_{ii} & D_{wi} & 0 & -I+\varepsilon_{iic}H_{2i}H_{2i}^{\mathrm{T}} & * & * \\ U_{ii} & E_{13i} & 0 & 0 & -\varepsilon_{iic}I & * \\ V_{ii} & E_{23i} & 0 & 0 & 0 & -\varepsilon_{iic}I \end{bmatrix} < \boldsymbol{0},\quad i \in I_c \tag{1.22}$$

$$\begin{bmatrix} -4X_c & * & * & * \\ 0 & -4\gamma^2 I & * & * \\ LS_{ij}+LS_{ji} & B_{wi}+B_{wj} & -X_c+\varepsilon_{ijc}H_{1i}H_{1i}^{\mathrm{T}}+\varepsilon_{jic}H_{1j}H_{1j}^{\mathrm{T}} & * \\ TS_{ij}+TS_{ji} & D_{wi}+D_{wj} & 0 & -I+\varepsilon_{ijc}H_{2i}H_{2i}^{\mathrm{T}}+\varepsilon_{jic}H_{2j}H_{2j}^{\mathrm{T}} \rightarrow \\ U_{ij} & E_{13i} & 0 & 0 \\ V_{ij} & E_{23i} & 0 & 0 \\ U_{ji} & E_{13j} & 0 & 0 \\ V_{ji} & E_{23j} & 0 & 0 \end{bmatrix}$$

$$\begin{matrix} & * & * & * & * \\ & * & * & * & * \\ & * & * & * & * \\ & * & * & * & * \\ \leftarrow & -\varepsilon_{ijc}I & * & * & * \\ & 0 & -\varepsilon_{ijc}I & * & * \\ & 0 & 0 & -\varepsilon_{jic}I & * \\ & 0 & 0 & 0 & -\varepsilon_{jic}I \end{matrix}\Bigg] < \boldsymbol{0},\ i<j,\ i,\ j\in I_c \tag{1.23}$$

其中，$LS_{ij}=A_iX_c-B_iY_{jc}$，$TS_{ij}=C_iX_c-D_iY_{jc}$，$U_{ij}=E_{11i}X_c-E_{12i}Y_{jc}$，$V_{ij}=E_{21i}X_c-E_{22i}Y_{jc}$，$I_c$ 为 G_c 中包含的规则序号集，G_c 为第 c 个 MORG，$c=1,2,\cdots,\prod_{j=1}^{n}(m_j-1)$，$m_j$ 为第 j 个库存变量模糊分划数，$K_i=Y_{ic}X_c^{-1}$。

证明：矩阵变换后的式(1.13)可表示如下：

$$\widetilde{\widetilde{G}}_{ii}^{\mathrm{T}} P_c \widetilde{\widetilde{G}}_{ii} - \widetilde{P} + \widetilde{\widetilde{M}}_{ii}^{\mathrm{T}} \widetilde{\widetilde{M}}_{ii} < \boldsymbol{0} \tag{1.24}$$

其中 $\widetilde{P}=\begin{bmatrix} P_c & \boldsymbol{0} \\ \boldsymbol{0} & \gamma^2 I \end{bmatrix}$。

应用 Schur 补引理将式(1.24)表达如下：

$$\begin{bmatrix} -\tilde{P} & * & * \\ \tilde{\tilde{G}}_{ii} & -P_c^{-1} & * \\ \tilde{\tilde{M}}_{ii} & 0 & -I \end{bmatrix} < 0 \tag{1.25}$$

对式(1.25)两端同乘 $diag\{P_c^{-1}, I, I, I\}$，则有：

$$\begin{bmatrix} -X_c & * & * & * \\ 0 & -\gamma^2 I & * & * \\ \tilde{A}_i X_c - \tilde{B}_i Y_{ic} & \tilde{B}_{wi} & -X_c & * \\ \tilde{C}_i X_c - \tilde{D}_i Y_{ic} & \tilde{D}_{wi} & 0 & -I \end{bmatrix} < 0$$

其中，$X_c = P_c^{-1}$，$Y_{ic} = K_i X_c$。

令 $\Phi_{ii} = \begin{bmatrix} -X_c & * & * & * \\ 0 & -\gamma^2 I & * & * \\ A_i X_c - B_i Y_{ic} & B_{wi} & -X_c & * \\ C_i X_c - D_i Y_{ic} & D_{wi} & 0 & -I \end{bmatrix}$ 和 $\tilde{\Phi}_{ii} = \begin{bmatrix} -X_c & * & * & * \\ 0 & -\gamma^2 I & * & * \\ \tilde{A}_i X_c - \tilde{B}_i Y_{ic} & \tilde{B}_{wi} & -X_c & * \\ \tilde{C}_i X_c - \tilde{D}_i Y_{ic} & \tilde{D}_{wi} & 0 & -I \end{bmatrix}$，

那么有如下不等式成立：

$$\tilde{\Phi}_{ii} = \Phi_{ii} + \bar{H}_{ii}\bar{F}_i(k)\bar{E}_{ii} + \bar{E}_{ii}^{\mathrm{T}}\bar{F}_i^{\mathrm{T}}(k)\bar{H}_{ii}^{\mathrm{T}} < 0 \tag{1.26}$$

其中，$\bar{E}_{ii} = \begin{bmatrix} E_{11i}X_c - E_{12i}Y_{ic} & E_{13i} & 0 & 0 \\ E_{21i}X_c - E_{22i}Y_{ic} & E_{23i} & 0 & 0 \end{bmatrix}$，$\bar{H}_{ii} = \begin{bmatrix} 0 & 0 & H_{1i}^{\mathrm{T}} & 0 \\ 0 & 0 & 0 & H_{2i}^{\mathrm{T}} \end{bmatrix}^{\mathrm{T}}$，

$\bar{F}_i(k) = \begin{bmatrix} F_{1i}(k) & 0 \\ 0 & F_{2i}(k) \end{bmatrix}$。

基于引理 1.2，式(1.26)对 $F_{1i}(k)$ 和 $F_{2i}(k)$ 成立，当且仅当存在常数 $\varepsilon_{iic} > 0$ 满足 $\Phi_{ii} + \varepsilon_{iic}^{-1}\bar{E}_{ii}^{\mathrm{T}}\bar{E}_{ii} + \varepsilon_{iic}\bar{H}_{ii}\bar{H}_{ii}^{\mathrm{T}} < 0$。

基于 Schur 补引理可知：

$$\begin{bmatrix} \Phi_{ii} + \varepsilon_{iic}\bar{H}_{ii}\bar{H}_{ii}^{\mathrm{T}} & * \\ \bar{E}_{ii} & -\varepsilon_{iic} \end{bmatrix} < 0 \tag{1.27}$$

那么，式(1.27)可矩阵变换为式(1.22)。

另一方面，矩阵变换后的式(1.14)可表示如下：

$$4\hat{\hat{G}}_{ij}^{\mathrm{T}}P_c\hat{\hat{G}}_{ij}-4\widetilde{P}+4\hat{\hat{M}}_{ij}^{\mathrm{T}}\hat{\hat{M}}_{ij}<\mathbf{0}$$

其中 $\widetilde{P}=\begin{bmatrix}P_c & 0\\ 0 & \gamma^2 I\end{bmatrix}$。

基于 Schur 补引理，上式可变换为：

$$\begin{bmatrix}-4\widetilde{P} & * & *\\ 2\hat{\hat{G}}_{ij} & -P_c^{-1} & *\\ 2\hat{\hat{M}}_{ij} & 0 & -I\end{bmatrix}<\mathbf{0} \tag{1.28}$$

对式(1.28)两端同乘 $diag\{P_c^{-1}, I, I, I\}$，则有：

$$\begin{bmatrix}-4X_c & * & * & *\\ 0 & -4\gamma^2 I & * & *\\ \widetilde{A}_i X_c-\widetilde{B}_i Y_{jc}+\widetilde{A}_j X_c-\widetilde{B}_j Y_{ic} & \widetilde{B}_{wi}+\widetilde{B}_{wj} & -X_c & *\\ \widetilde{C}_i X_c-\widetilde{D}_i Y_{jc}+\widetilde{C}_j X_c-\widetilde{D}_j Y_{ic} & \widetilde{D}_{wi}+\widetilde{D}_{wj} & 0 & -I\end{bmatrix}<\mathbf{0}$$

其中，$X_c=P_c^{-1}$，$Y_{ic}=K_i X_c$。

令 $\Phi_{ij}=\begin{bmatrix}-4X_c & * & * & *\\ 0 & -4\gamma^2 I & * & *\\ A_i X_c-B_i Y_{jc}+A_j X_c-B_j Y_{ic} & B_{wi}+B_{wj} & -X_c & *\\ C_i X_c-D_i Y_{jc}+C_j X_c-D_j Y_{ic} & D_{wi}+D_{wj} & 0 & -I\end{bmatrix}$ 和

$\widetilde{\Phi}_{ij}=\begin{bmatrix}-4X_c & * & * & *\\ 0 & -4\gamma^2 I & * & *\\ \widetilde{A}_i X_c-\widetilde{B}_i Y_{jc}+\widetilde{A}_j X_c-\widetilde{B}_j Y_{ic} & \widetilde{B}_{wi}+\widetilde{B}_{wj} & -X_c & *\\ \widetilde{C}_i X_c-\widetilde{D}_i Y_{jc}+\widetilde{C}_j X_c-\widetilde{D}_j Y_{ic} & \widetilde{D}_{wi}+\widetilde{D}_{wj} & 0 & -I\end{bmatrix}$，那么有如下不等式成立：

$$\widetilde{\Phi}_{ij}=\Phi_{ij}+\overline{H}_{ij}\overline{F}_i(k)\overline{E}_{ij}+\overline{E}_{ij}^{\mathrm{T}}\overline{F}_i^{\mathrm{T}}(k)\overline{H}_{ij}^{\mathrm{T}}+\overline{H}_{ji}\overline{F}_j(k)\overline{E}_{ji}+\overline{E}_{ji}^{\mathrm{T}}\overline{F}_j^{\mathrm{T}}(k)\overline{H}_{ji}^{\mathrm{T}}<\mathbf{0} \tag{1.29}$$

其中，$\overline{E}_{ij}=\begin{bmatrix}E_{11i}X_c-E_{12i}Y_{jc} & E_{13i} & 0 & 0\\ E_{21i}X_c-E_{22i}Y_{jc} & E_{23i} & 0 & 0\end{bmatrix}$，$\overline{H}_{ij}=\begin{bmatrix}0 & 0 & H_{1i}^{\mathrm{T}} & 0\\ 0 & 0 & 0 & H_{2i}^{\mathrm{T}}\end{bmatrix}^{\mathrm{T}}$，

$\overline{\boldsymbol{F}}_i(k)=\begin{bmatrix}\boldsymbol{F}_{1i}(k) & 0\\ 0 & \boldsymbol{F}_{2i}(k)\end{bmatrix}$。

基于引理 1.2，式(1.29)对 $\boldsymbol{F}_{1i}(k)$ 和 $\boldsymbol{F}_{2i}(k)$ 成立，当且仅当存在常数 $\varepsilon_{ijc}>0$ 和 $\varepsilon_{jic}>0$，满足 $\boldsymbol{\Phi}_{ij}+\varepsilon_{ijc}^{-1}\overline{\boldsymbol{E}}_{ij}^{\mathrm{T}}\overline{\boldsymbol{E}}_{ij}+\varepsilon_{ijc}\overline{\boldsymbol{H}}_{ij}\overline{\boldsymbol{H}}_{ij}^{\mathrm{T}}+\varepsilon_{jic}^{-1}\overline{\boldsymbol{E}}_{ji}^{\mathrm{T}}\overline{\boldsymbol{E}}_{ji}+\varepsilon_{jic}\overline{\boldsymbol{H}}_{ji}\overline{\boldsymbol{H}}_{ji}^{\mathrm{T}}<\boldsymbol{0}$。

基于 schur 补引理可知有：

$$\begin{bmatrix}\boldsymbol{\Phi}_{ij}+\varepsilon_{ijc}\overline{\boldsymbol{H}}_{ij}\overline{\boldsymbol{H}}_{ij}^{\mathrm{T}}+\varepsilon_{jic}\overline{\boldsymbol{H}}_{ji}\overline{\boldsymbol{H}}_{ji}^{\mathrm{T}} & * & *\\ \overline{\boldsymbol{E}}_{ij} & -\varepsilon_{ijc}\boldsymbol{I} & *\\ \overline{\boldsymbol{E}}_{ji} & 0 & -\varepsilon_{jic}\boldsymbol{I}\end{bmatrix}<\boldsymbol{0} \tag{1.30}$$

那么，式(1.30)通过矩阵变换可得式(1.23)。证毕。

如果给定一个适当的 γ 值，通过求解线性矩阵不等式(1.22)和不等式(1.23)，可以得到库存状态反馈增益矩阵，进而应用库存状态反馈控制律(1.10)进行负反馈控制，实现多重不确定 SC 系统(1.12)的鲁棒稳定。

优化抑制率 γ 可以提高多重不确定 SC 系统的鲁棒性。抑制率的优化流程如图 1.5 所示。

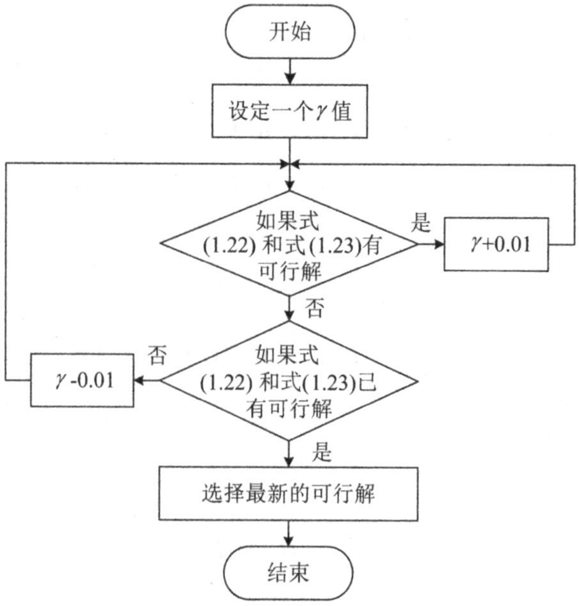

图 1.5 抑制率的优化流程

SC 系统的鲁棒控制策略的设计流程如下：

步骤 1：确定库存状态变量的模糊分划，判别 MORG 的个数；

步骤 2：基于库存切换策略，制定模糊控制规则；

步骤 3：按照图 1.5 的流程优化抑制率；

步骤 4：通过求解定理 1.2 中的不等式(1.22)和不等式(1.23)，判定 SC 系统的鲁棒稳定性，同时得到库存状态反馈增益矩阵；

步骤 5：在初始条件下，应用库存状态反馈控制律(1.10)控制不确定 SC 系统(1.9)。

至此，为了使多重不确定 SC 多模型系统能够低成本鲁棒运作，提出了由库存切换策略和鲁棒控制策略组成的可实现软切换的鲁棒切换策略。

1.5　仿真分析

1.5.1　多重不确定一般 SC 仿真分析

本节在压缩机行业中选取由一个制造商和一个零售商组成的二阶 SC 系统为研究对象。

如图 1.6 所示，$x_1(k)$ 和 $x_2(k)$ 分别为制造商和零售商的库存水平，其模糊分划分别为 $F_1^t(x_1(k))$ 和 $F_2^s(x_2(k))(t,\ s=1,\ 2)$，且均满足 SFP 的条件。设 $M_1^1=M_1^2=F_1^1$，$M_1^3=M_1^4=F_1^2$，$M_2^1=M_2^3=F_2^1$，$M_2^2=M_2^4=F_2^2$，制造商的理想库存值 $D_{1m}=0.1(\times 10^6$ 台)，零售商的理想库存值 $D_{1r}=0.8$ $(\times 10^5$ 台)，$D_{m\max}$ 代表制造商的最大库存值，$D_{r\max}$ 代表零售商的最大库存值。

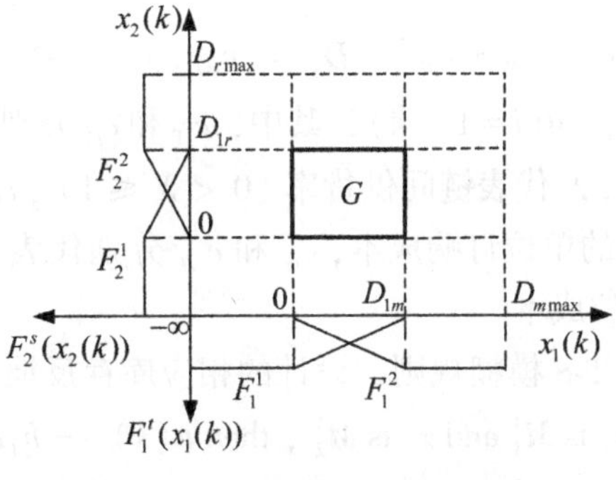

图 1.6　库存模糊分划

由图 1.6 可知，该系统中仅有 1 个 MORG G，且 G 中包含 R_1、R_2、R_3 和 R_4 共 4 个规则。

基于式(1.1)的一般 SC 的基本模型、图 1.4 的库存切换策略和式(1.5)的 T-S 模糊模型，用以下 4 个 T-S 模糊规则描述该多重不确定 SC 系统：

R_1: If x_1 is M_1^1 and x_2 is M_2^1, then

$$\begin{cases}\boldsymbol{x}(k+1)=h_1[(\boldsymbol{A}_1+\Delta\boldsymbol{A}_1)\boldsymbol{x}(k)+(\boldsymbol{B}_1+\Delta\boldsymbol{B}_1)\boldsymbol{u}(k)+(\boldsymbol{B}_{w1}+\Delta\boldsymbol{B}_{w1})\boldsymbol{w}(k)]\\ z(k)=h_1[(\boldsymbol{C}_1+\Delta\boldsymbol{C}_1)\boldsymbol{x}(k)+(\boldsymbol{D}_1+\Delta\boldsymbol{D}_1)\boldsymbol{u}(k)]\end{cases}$$

R_2: If x_1 is M_1^2 and x_2 is M_2^2, then

$$\begin{cases}\boldsymbol{x}(k+1)=h_2[(\boldsymbol{A}_2+\Delta\boldsymbol{A}_2)\boldsymbol{x}(k)+(\boldsymbol{B}_2+\Delta\boldsymbol{B}_2)\boldsymbol{u}(k)+(\boldsymbol{B}_{w2}+\Delta\boldsymbol{B}_{w2})\boldsymbol{w}(k)]\\ z(k)=h_2[(\boldsymbol{C}_2+\Delta\boldsymbol{C}_2)\boldsymbol{x}(k)+(\boldsymbol{D}_2+\Delta\boldsymbol{D}_2)\boldsymbol{u}(k)]\end{cases}$$

R_3: If x_1 is M_1^3 and x_2 is M_2^3, then

$$\begin{cases}\boldsymbol{x}(k+1)=h_3[(\boldsymbol{A}_3+\Delta\boldsymbol{A}_3)\boldsymbol{x}(k)+(\boldsymbol{B}_3+\Delta\boldsymbol{B}_3)\boldsymbol{u}(k)+(\boldsymbol{B}_{w3}+\Delta\boldsymbol{B}_{w3})\boldsymbol{w}(k)]\\ z(k)=h_3[(\boldsymbol{C}_3+\Delta\boldsymbol{C}_3)\boldsymbol{x}(k)+(\boldsymbol{D}_3+\Delta\boldsymbol{D}_3)\boldsymbol{u}(k)]\end{cases}$$

R_4: If x_1 is M_1^4 and x_2 is M_2^4, then

$$\begin{cases}\boldsymbol{x}(k+1)=h_4[(\boldsymbol{A}_4+\Delta\boldsymbol{A}_4)\boldsymbol{x}(k)+(\boldsymbol{B}_4+\Delta\boldsymbol{B}_4)\boldsymbol{u}(k)+(\boldsymbol{B}_{w4}+\Delta\boldsymbol{B}_{w4})\boldsymbol{w}(k)]\\ z(k)=h_4[(\boldsymbol{C}_4+\Delta\boldsymbol{C}_4)\boldsymbol{x}(k)+(\boldsymbol{D}_4+\Delta\boldsymbol{D}_4)\boldsymbol{u}(k)]\end{cases}$$

其中，$\boldsymbol{x}^{\mathrm{T}}(k)=[x_1(k),\ x_2(k)]$，$\boldsymbol{u}^{\mathrm{T}}(k)=[u_1(k),\ u_2(k)]$，$u_1(k)$ 为制造商的生产量，$u_2(k)$ 为零售商的订购量，$\boldsymbol{w}^{\mathrm{T}}(k)=[0,\ w_2(k)]$，$w_2(k)$ 为客户的需求量。

该系统的系数矩阵可表示如下：$\boldsymbol{A}_1=\boldsymbol{0}$，$\boldsymbol{A}_2=\begin{bmatrix}0&0\\0&1\end{bmatrix}$，$\boldsymbol{A}_3=\begin{bmatrix}1&0\\0&0\end{bmatrix}$，$\boldsymbol{A}_4=\begin{bmatrix}1&0\\0&1\end{bmatrix}$，$\boldsymbol{B}_1=\boldsymbol{B}_3=\begin{bmatrix}1&-1\\0&1+\lambda\end{bmatrix}$，$\boldsymbol{B}_2=\boldsymbol{B}_4=\begin{bmatrix}1&-1\\0&1\end{bmatrix}$，$\boldsymbol{B}_{wi}=\begin{bmatrix}0&0\\0&-1\end{bmatrix}(i=1\sim4)$，$\boldsymbol{C}_1=\boldsymbol{0}$，$\boldsymbol{C}_2=[0\quad c_{r2}]$，$\boldsymbol{C}_3=[c_{r1}\quad 0]$，$\boldsymbol{C}_4=[c_{r1}\quad c_{r2}]$，$\boldsymbol{D}_1=[c_{mJ}\quad c_0+c_{0L}]$，$\boldsymbol{D}_2=[c_{mJ}\quad c_0]$，$\boldsymbol{D}_3=[c_m\quad c_0+c_{0L}]$，$\boldsymbol{D}_4=[c_m\quad c_0]$，$\boldsymbol{D}_{wi}=\boldsymbol{0}(i=1\sim4)$，其中，$c_{r1}$ 和 c_{r2} 分别代表制造商和零售商的单位库存成本，λ 代表链间供货率 $(0<\lambda\leqslant1)$，c_0 和 c_{0L} 分别代表零售商在链内和链间的单位订购成本，c_m 和 c_{mJ} 分别代表制造商在正常生产和 JIT 生产下的单位成本。

对于以上 4 个 T-S 模糊规则，设计的相应库存反馈模糊控制律如下：

K^1: If x_1 is M_1^1 and x_2 is M_2^1, then $\boldsymbol{u}(k)=-h_1\boldsymbol{K}_1\boldsymbol{x}(k)$

K^2: If x_1 is M_1^2 and x_2 is M_2^2, then $\boldsymbol{u}(k)=-h_2\boldsymbol{K}_2\boldsymbol{x}(k)$

K^3: If x_1 is M_1^3 and x_2 is M_2^3, then $\boldsymbol{u}(k)=-h_3\boldsymbol{K}_3\boldsymbol{x}(k)$

K^4 : If x_1 is M_1^4 and x_2 is M_2^4 , then $\boldsymbol{u}(k) = -h_4\boldsymbol{K}_4\boldsymbol{x}(k)$

根据该压缩机 SC 系统运作过程的统计数据，设定如下参数值：$\lambda = 0.58$，$c_{r1} = 0.015$，$c_{r2} = 0.045$，$c_m = 0.68$，$c_{mJ} = 0.79$，$c_0 = 0.77$，$c_{0L} = 0.84(\times 10^6$ 元)，$\boldsymbol{E}_{11i} = [0.002\ \ 0;\ \ 0\ \ 0.002]$，$\boldsymbol{E}_{12i} = [0.002\ \ 0.001;\ \ 0\ \ 0.001]$，$\boldsymbol{E}_{13i} = [0\ \ 0;\ \ 0\ \ 0.002]$，$\boldsymbol{E}_{21i} = [0.001\ \ 0.0015]$，$\boldsymbol{E}_{22i} = [0.001\ \ 0.002]$，$\boldsymbol{E}_{23i} = \boldsymbol{0}$，$H_{1i} = 0.002$，$H_{2i} = 0.004$，$F_{1i} = F_{2i} = \sin(k)$ $(i = 1 \sim 4)$。

当 $\gamma = 0.85$ 时，通过求解定理 1.2 中的式(1.22)和式(1.23)，得到了局部公共正定矩阵 $\boldsymbol{X}_1$，所以该二阶 SC 系统在多重不确定因素的影响下是鲁棒稳定的。具体的求解结果如下：$\boldsymbol{X}_1 = \begin{bmatrix} 112.5454 & 4.5059 \\ 4.5059 & 107.5042 \end{bmatrix}$，$\boldsymbol{K}_1 = \begin{bmatrix} 0.0902 & -0.1170 \\ -0.0337 & 0.0459 \end{bmatrix}$，$\boldsymbol{K}_2 = \begin{bmatrix} 0.0402 & -0.1392 \\ -0.0801 & 0.1831 \end{bmatrix}$，$\boldsymbol{K}_3 = \begin{bmatrix} 0.4797 & -0.1394 \\ -0.2084 & 0.0448 \end{bmatrix}$，$\boldsymbol{K}_4 = \begin{bmatrix} 0.3814 & -0.1383 \\ -0.2643 & 0.1663 \end{bmatrix}$。

下面将通过仿真实验来检验本章提出的鲁棒切换策略对二阶多重不确定 SC 系统的控制效果。因为本章建立的供应链模型为偏差值描述的，所以，为了实现仿真结果的输出为实际值，设系统变量的初始值和标称值如下：$x_1(0) = 0.7$，$x_2(0) = 1$，$\vec{x}_1(k) = 1.3$，$\vec{x}_2(k) = 1.2$，$\vec{u}_1(k) = \vec{u}_2(k) = 0.9$ $(\times 10^5$ 台)。并设客户的需求 $w_2(k) \sim N(5,\ 0.2^2)$，不确定参数 $\Delta\boldsymbol{B}_{wi}(k) \sim U[-0.1,\ 0.1](i = 1 \sim 4)$。仿真结果如图 1.7 至图 1.9 所示。

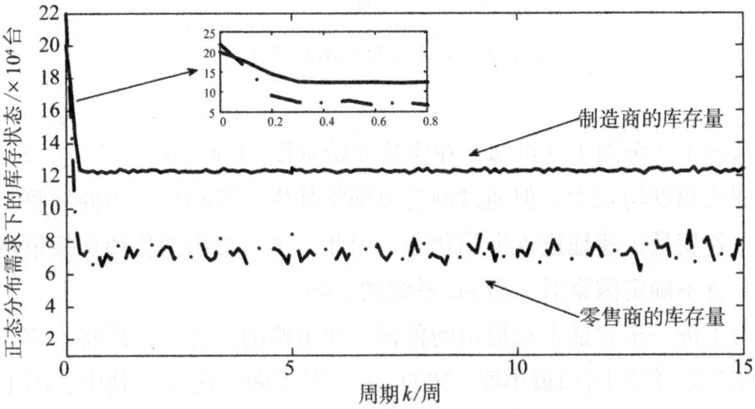

图 1.7　库存量的变化过程

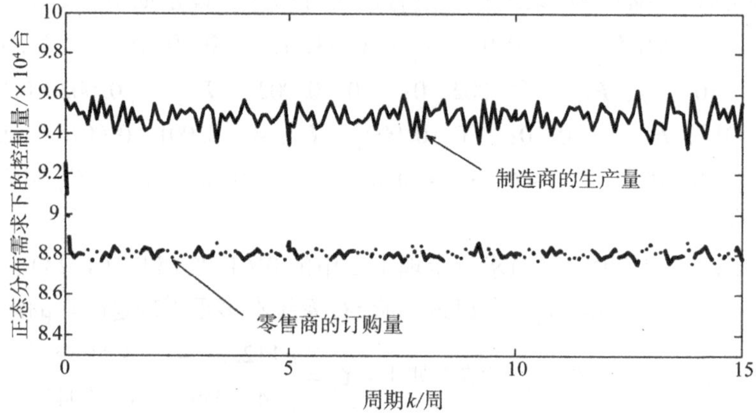

图 1.8 生产量和订购量的变化过程

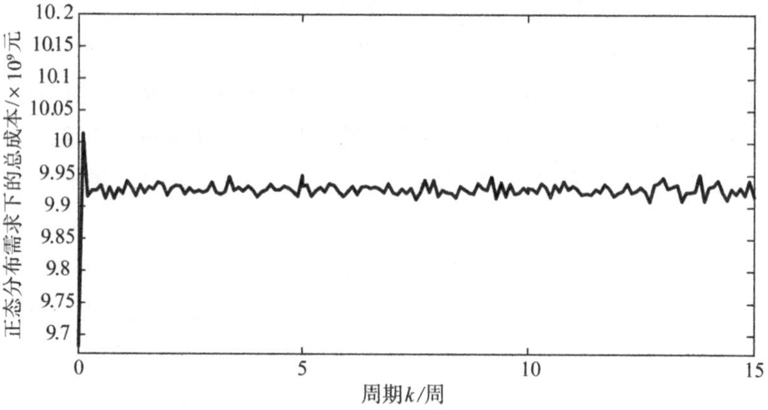

图 1.9 SC 系统总成本的变化过程

从图 1.7 至图 1.9 可知，在实验开始阶段($k \in [0,\ 0.5]$)，SC 各变量的变化幅度均较大，但通过制造商调整其生产策略和零售商调整其订购策略，各变量快速地进入平稳状态。因此，本章提出的鲁棒切换策略可以降低多重不确定因素对二阶 SC 系统的影响。

为了进一步验证本章提出的鲁棒切换策略的优越性，现将本节中的图 1.7 与论文(葛汝刚和黄小原，2009)中的图 1 做一比较，其中，图 1 中应用的是鲁棒硬切换策略。(1) 波形幅值的比较。图 1 中的客户需求满足正态分布 $w(k) \sim N(0,\ 1^2)$ ，而本节图 1.7 中的客户需求是波形相对较陡的正态分布 $w(k) \sim N(5,\ 0.2^2)$ 。由图 1.7 和图 1 可知，在仿真实验开始时库存变量的暂态变化过程中，图1.7中的库存量的波动幅值比图1的更小，其原因是在本章提出的鲁棒切换策略中，SC模糊模型中存在 $\sum_{i=1}^{r} h_i$ 项，而 $\sum_{i=1}^{r} h_i$ 类似于各模型的权重，其可以实现模型间的软切换。(2) 收敛时间的比较。从图1可知，系统波动趋于稳定的时间大约在 $k = 20$ 处，占到总时长的2/15，大于图1.7的1/30，即图1.7中的库存量从暂态到稳态的变化过程更短，可以更快速地达到稳定状态。从以上两点来看，本章所设计的鲁棒软切换策略较之鲁棒硬切换策略具有较好的控制效果。

1.5.2 多重不确定SCN仿真分析

本节选取钢铁行业中由2个制造企业和2个销售企业构成的二阶SCN为研究对象，该网络系统的库存状态动态演变方程可表示如下：

$$\begin{cases} x_1(k+1) = x_1(k) + u_1(k) - l_{11}u_{11}(k) - l_{12}u_{12}(k) \\ x_2(k+1) = x_2(k) + u_2(k) - l_{21}u_{21}(k) - l_{22}u_{22}(k) \\ y_1(k+1) = y_1(k) + l_{11}u_{11}(k) + l_{21}u_{21}(k) - w_1(k) \\ y_2(k+1) = y_2(k) + l_{12}u_{12}(k) + l_{22}u_{22}(k) - w_2(k) \end{cases} \tag{1.31}$$

其中，$x_1(k)$、$x_2(k)$、$y_1(k)$ 和 $y_2(k)$ 分别是制造商1、制造商2、零售商1和零售商2在周期 k 的库存水平，$u_1(k)$ 和 $u_2(k)$ 分别是制造商1和制造商2在周期 k 的生产量，$u_{11}(k)$ 和 $u_{21}(k)$ 是零售商1在周期 k 分别向制造商1和制造商2订购的订购量，$u_{12}(k)$ 和 $u_{22}(k)$ 是零售商2在周期 k 分别向制造商1和制造商2订购的订购量，$w_1(k)$ 和 $w_2(k)$ 分别是零售商1和零售商2在周期 k 的客户需求；l_{11} 和 l_{21} 是零售商1分别向制造商1和制造商2订购的订购率，l_{12} 和 l_{22} 是零售商2分别向制造商1和制造商2订购的订购率。

制造商1和制造商2的库存模糊分划分别为 $F_1^t(x_1(k))$ 和 $F_2^s(x_2(k))(t, s = 1, 2)$，如图1.10所示。在图1.10中，$D_{0m}$、$D_{1m}$ 和 $D_{m\max}$ 分别表示制造商1的安全库存值、理想库存值和最大库存值，D_{0r}、D_{1r} 和 $D_{r\max}$ 分别表示制造商2的安全库存值、理想库存值和最大库存值。制造商1和制造商2的库存模糊分划均满足SFP的条件。设 $M_1^1 = M_1^2 = F_1^1$，$M_1^3 = M_1^4 = F_1^2$，$M_2^1 = M_2^4 = F_2^1$，$M_2^2 = M_2^3 = F_2^2$。

从图1.10可知，该二阶SCN仅有一个MORG G，其包含系统所有的4个模糊规则。

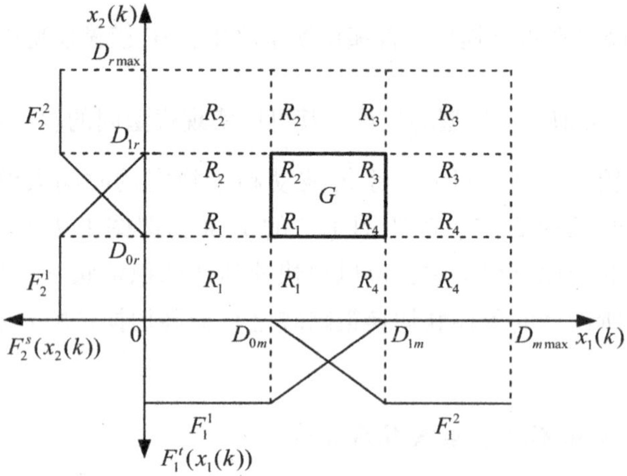

图 1.10 库存模糊分划

基于式(1.2)的 SCN 基本模型、SCN 库存切换策略和式(1.5)的 T-S 模糊模型，以下 4 个 T-S 模糊规则可以描述该具有多重不确定的二阶多模型 SCN：

R_i : If $x_1(k)$ is M_1^i and $x_2(k)$ is M_2^i, then

$$\begin{cases} \boldsymbol{x}(k+1)=\sum_{i=1}^{4}h_i[(\boldsymbol{A}_1+\Delta\boldsymbol{A}_1)\boldsymbol{x}(k)+(\boldsymbol{B}_1+\Delta\boldsymbol{B}_1)\boldsymbol{u}(k)+(\boldsymbol{B}_{w1}+\Delta\boldsymbol{B}_{w1})\boldsymbol{w}(k)] \\ z(k)=\sum_{i=1}^{4}h_i[(\boldsymbol{C}_1+\Delta\boldsymbol{C}_1)\boldsymbol{x}(k)+(\boldsymbol{D}_1+\Delta\boldsymbol{D}_1)\boldsymbol{u}(k)] \end{cases}$$

式中，$\boldsymbol{x}^{\mathrm{T}}(k)=[x_1(k),\ x_2(k),\ y_1(k),\ y_2(k)]$，$\boldsymbol{u}^{\mathrm{T}}(k)=[u_1(k),\ u_2(k),\ u_{11}(k),\ u_{12}(k),\ u_{21}(k),\ u_{22}(k)]$，$\boldsymbol{w}^{\mathrm{T}}(k)=[0,\ 0,\ w_1(k),\ w_2(k)]$。当 $i=1$ 时，$l_{11}=l_{12}=l_{21}=l_{22}=0.5$；当 $i=2$ 时，$l_{11}=0.3$，$l_{12}=0.4$，$l_{21}=0.7$，$l_{22}=0.6$；当 $i=3$ 时，$l_{11}=0.7$，$l_{12}=0.6$，$l_{21}=0.3$，$l_{22}=0.4$；当 $i=4$ 时，$l_{11}=l_{12}=l_{21}=l_{22}=0.5$，那么系统参数矩阵可表示如下：

$$\boldsymbol{A}_1=\boldsymbol{A}_2=\boldsymbol{A}_3=\boldsymbol{A}_4=\begin{bmatrix}1&0&0&0\\0&1&0&0\\0&0&1&0\\0&0&0&1\end{bmatrix},\quad \boldsymbol{B}_1=\begin{bmatrix}1&0&-0.5&-0.5&0&0\\0&1&0&0&-0.5&-0.5\\0&0&0.5&0&0.5&0\\0&0&0&0.5&0&0.5\end{bmatrix},$$

$$\boldsymbol{B}_2=\begin{bmatrix}1&0&-0.3&-0.4&0&0\\0&1&0&0&-0.7&-0.6\\0&0&0.3&0&0.7&0\\0&0&0&0.4&0&0.6\end{bmatrix},\quad \boldsymbol{B}_3=\begin{bmatrix}1&0&-0.7&-0.6&0&0\\0&1&0&0&-0.3&-0.4\\0&0&0.7&0&0.3&0\\0&0&0&0.6&0&0.4\end{bmatrix},$$

$$B_4=\begin{bmatrix}1&0&-0.5&-0.5&0&0\\0&1&0&0&-0.5&-0.5\\0&0&0.5&0&0.5&0\\0&0&0&0.5&0&0.5\end{bmatrix},\ B_{w1}=B_{w2}=B_{w3}=B_{w4}=\begin{bmatrix}0&0&0&0\\0&0&0&0\\0&0&-1&0\\0&0&0&-1\end{bmatrix},$$

$C_1=C_2=C_3=C_4=[c_{r1}\quad c_{r2}\quad c_{r3}\quad c_{r4}]$,

$D_1=[c_{mJ1}\quad c_{mJ2}\quad 0.5c_{o1}\quad 0.5c_{o2}\quad 0.5c_{o3}\quad 0.5c_{o4}]$,

$D_2=[c_{mJ1}\quad c_{m2}\quad 0.3c_{o1}\quad 0.4c_{o2}\quad 0.7c_{o3}\quad 0.6c_{o4}]$,

$D_3=[c_{m1}\quad c_{mJ2}\quad 0.7c_{o1}\quad 0.6c_{o2}\quad 0.3c_{o3}\quad 0.4c_{o4}]$,

$D_4=[c_{mJ1}\quad c_{mJ2}\quad 0.5c_{o1}\quad 0.5c_{o2}\quad 0.5c_{o3}\quad 0.5c_{o4}]$,

$$E_{11i}=\begin{bmatrix}0.01&0&0&0\\0&0.02&0&0\\0&0&0.03&0\\0&0&0&0.01\end{bmatrix},\ E_{12i}=\begin{bmatrix}0.03&0&0.01&0.015&0&0\\0&0.03&0&0&0.02&0.01\\0&0&0.01&0&0.02&0\\0&0&0&0.015&0&0.01\end{bmatrix},$$

$$E_{13i}=\begin{bmatrix}0&0&0&0\\0&0&0&0\\0&0&0.01&0\\0&0&0&0.03\end{bmatrix},\ E_{21i}=[0.015\quad 0.01\quad 0.02\quad 0.01],\ E_{22i}=$$

$[0.01\quad 0.015\quad 0.02\quad 0.03\quad 0.02\quad 0.01]$，$E_{23i}=0$，$H_{1i}=[0.1]$，$H_{2i}=[0.2]$，$F_{1i}=F_{2i}=\sin(k)\,(i=1\sim4)$，其中，$c_{r1}$、$c_{r2}$、$c_{r3}$和$c_{r4}$分别表示制造商1、制造商2、零售商1和零售商2的单位库存成本，c_{m1}、c_{mJ1}、c_{m2}和c_{mJ2}分别表示制造商1正常生产的单位成本、制造商1 JIT生产的单位成本、制造商2正常生产的单位成本和制造商2 JIT生产的单位成本，c_{o1}表示零售商1向制造商1订购的单位订购成本，c_{o2}表示零售商2向制造商1订购的单位订购成本，c_{o3}表示零售商1向制造商2订购的单位订购成本，c_{o4}表示零售商2向制造商2订购的单位订购成本。

对于SCN模糊系统，设计如下的库存状态反馈模糊控制律：

$$K^i:\ \text{If } x_1(k) \text{ is } M_1^i \text{ and } x_2(k) \text{ is } M_2^i,\ \text{then } u(k)=-\sum_{i=1}^{4}h_i K_{ic}x(k)$$

依据钢铁行业的实际经营情况，系统参数选取如下：$c_{r1}=1$，$c_{r2}=1.2$，$c_{r3}=0.8$，$c_{r4}=0.95$，$c_{m1}=2.1$，$c_{mJ1}=2.8$，$c_{m2}=2$，$c_{mJ2}=2.5$，$c_{o1}=3.5$，$c_{o2}=4$，$c_{o3}=3.8$，$c_{o4}=3.6$（$\times10^3$元/吨）。设$D_{0m}=10$，$D_{1m}=30$，$D_{0r}=8$，$D_{1r}=33$（$\times10^4$吨）。当$\gamma=0.65$时，通过求解定理1.2中的式(1.22)和式(1.23)，得到了局部公共正定矩阵X_1，所以该二阶SCN在多

重不确定因素的影响下是鲁棒稳定的。具体的求解结果如下：

$$\boldsymbol{X}_1=\begin{bmatrix} 5.1380 & -0.0517 & -0.0224 & -0.0288 \\ -0.0517 & 5.0962 & -0.0135 & 0.0088 \\ -0.0224 & -0.0135 & 5.3844 & -0.2008 \\ -0.0288 & 0.0088 & -0.2008 & 5.4293 \end{bmatrix},$$

$$\boldsymbol{K}_{11}=\begin{bmatrix} -0.1196 & -0.6462 & -2.9625 & -2.9879 \\ 1.0121 & 1.5482 & 3.6554 & 3.6839 \\ 1.1902 & 0.9018 & 5.5672 & 4.5636 \\ -3.4254 & -2.1857 & -11.3962 & -10.4426 \\ -1.2790 & -0.9788 & -3.7598 & -4.7538 \\ 3.3321 & 2.1052 & 11.2017 & 12.2511 \end{bmatrix},$$

$$\boldsymbol{K}_{21}=\begin{bmatrix} -0.0476 & -0.5549 & -2.9179 & -2.8088 \\ 1.0305 & 1.6080 & 4.0028 & 3.9111 \\ 1.7082 & 1.2838 & 7.3790 & 6.3959 \\ -3.9902 & -2.4845 & -13.3116 & -0.6726 \\ -0.7603 & -0.5388 & -1.7384 & -2.7513 \\ 2.6325 & 1.6658 & 8.8609 & 9.8678 \end{bmatrix},$$

$$\boldsymbol{K}_{31}=\begin{bmatrix} -0.2271 & -0.8017 & -3.2829 & -3.4669 \\ 1.0825 & 1.5957 & 3.5429 & 3.7084 \\ 0.6541 & 0.4607 & 3.4724 & 2.4255 \\ -2.8175 & -1.8674 & -9.5215 & -8.6169 \\ -1.7002 & -1.3037 & -5.5514 & -6.4977 \\ 4.0765 & 2.5941 & 13.5538 & 14.6624 \end{bmatrix},$$

$$\boldsymbol{K}_{41}=\begin{bmatrix} -0.1232 & -0.6753 & -3.1015 & -3.1468 \\ 1.0784 & 1.6286 & 3.7723 & 3.8227 \\ -1.1920 & 0.8720 & 5.4014 & 4.3743 \\ -3.4054 & -2.2005 & -11.5639 & -10.6330 \\ -1.2055 & -0.8920 & -3.6387 & -4.6103 \\ 3.3937 & 2.1805 & 11.3137 & 12.3838 \end{bmatrix}。$$

以下对客户需求为正态随机分布（$w_1(k)=w_2(k)\sim N(6,1^2)$）且不确定系统参数为 $\Delta\boldsymbol{B}_{wi}(k)\sim U[0.05, 0.15]$（$i=1\sim4$）的多重不确定SCN 模糊系统进行仿真实验。设 $x_1(0)=2.5$，$x_2(0)=2.0$，$y_1(0)=1.1$，$y_2(0)=1.5$，$\vec{x}_1(k)=17.5$，$\vec{x}_2(k)=18.3$，$\vec{y}_1(k)=16.5$，$\vec{y}_2(k)=15.8$（$\times10^4$ 吨）。仿真结果如图 1.11 至图 1.13 所示。

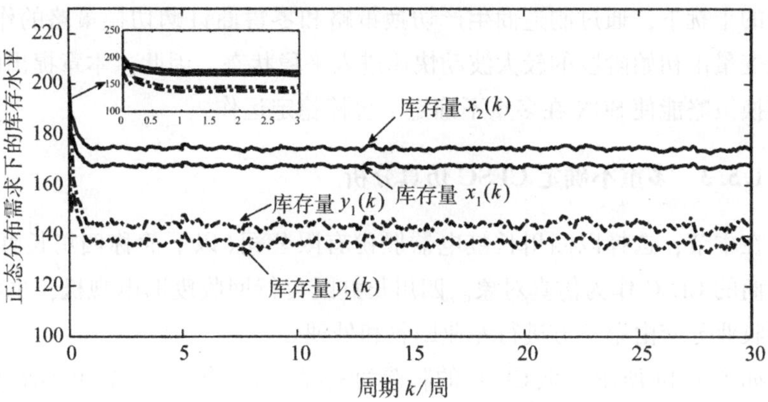

图1.11　库存量的变化过程（$\times10^3$吨）

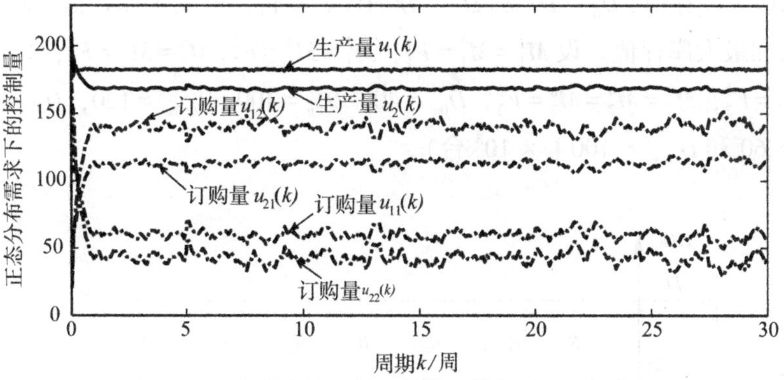

图1.12　生产量和订购量的变化过程（$\times10^3$吨）

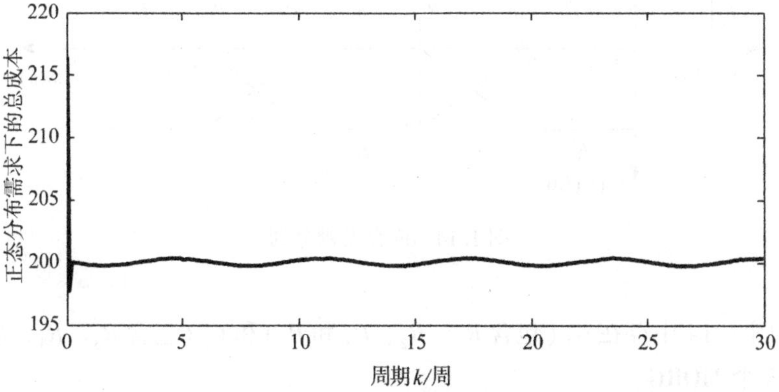

图1.13　系统总成本的变化过程（$\times10^7$元）

如图 1. 11 至图 1. 13 所示，在客户的正态随机需求和系统参数的均匀分布的干扰下，通过制造商生产切换策略和零售商订购切换策略的作用，系统变量由初始阶段的较大波动快速进入平稳状态。因此，本章提出的鲁棒切换策略能使 SCN 在多重不确定下鲁棒稳定运作。

1.5.3 多重不确定 CLSC 仿真分析

在本节，选择以四川长虹电器股份有限公司(以下简称四川长虹)为制造商的 CLSC 作为仿真对象。四川长虹既自行回收废旧电视机，也将一些回收业务交由第三方进行专业回收和处理。

如图 1. 14 所示，该 CLSC 的制造商 $x_1(k)$ 和零售商 $x_2(k)$ 的库存模糊分划分别为 $F_1^t(x_1(k))$ $(t=1, 2, 3)$ 和 $F_2^s(x_2(k))$ $(s=1, 2)$，均满足 SFP 的条件。D_{0m}、D_{1m} 和 $D_{m\max}$ 分别代表制造商的安全库存值、理想库存值和最大库存值，D_{0r}、D_{1r} 和 $D_{r\max}$ 分别代表零售商的安全库存值、理想库存值和最大库存值。设 $M_1^1=M_1^2=F_1^1$，$M_1^3=M_1^4=F_1^2$，$M_1^5=M_1^6=F_1^3$，$M_2^1=M_2^3=M_2^5=F_2^1$，$M_2^2=M_2^4=M_2^6=F_2^2$，$D_{0m}=40$，$D_{1m}=100$，$D_{m\max}=120$，$D_{0r}=15$，$D_{1r}=60$ 和 $D_{r\max}=100$ ($\times 10^3$ 台)。

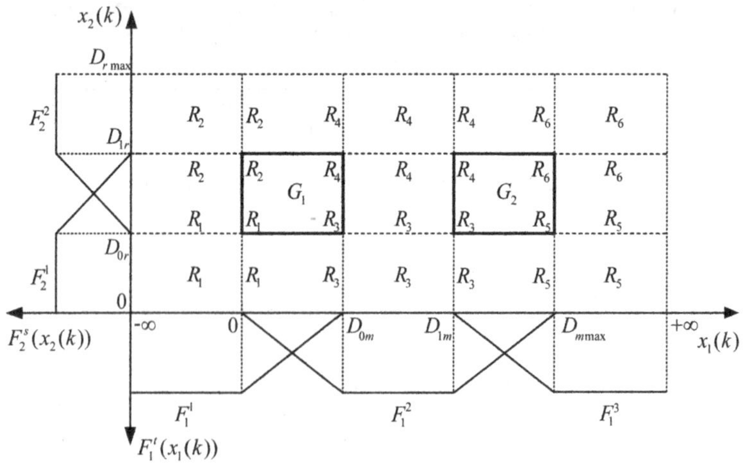

图 1. 14 库存模糊分划

图 1. 14 中存在 G_1 (包含 R_1、R_2、R_3 和 R_4) 和 G_2 (包含 R_3、R_4、R_5 和 R_6) 2 个 MORG。

基于式(1. 3)的 CLSC 基本模型、CLSC 库存切换策略和式(1. 5)的T-S 模糊模型，以下 6 个 T-S 模糊规则可以描述该具有多重不确定的二阶多模型 CLSC：

R_1：If x_1 is M_1^1 and x_2 is M_2^1，then

$$\begin{cases}\boldsymbol{x}(k+1)=h_1[(\boldsymbol{A}_1+\Delta\boldsymbol{A}_1)\boldsymbol{x}(k)+(\boldsymbol{B}_1+\Delta\boldsymbol{B}_1)\boldsymbol{u}(k)+(\boldsymbol{B}_{w1}+\Delta\boldsymbol{B}_{w1})\boldsymbol{w}(k)]\\ z(k)=h_1[(\boldsymbol{C}_1+\Delta\boldsymbol{C}_1)\boldsymbol{x}(k)+(\boldsymbol{D}_1+\Delta\boldsymbol{D}_1)+\boldsymbol{u}(k)]\end{cases}$$

R_2：If x_1 is M_1^2 and x_2 is M_2^2，then

$$\begin{cases}\boldsymbol{x}(k+1)=h_2[(\boldsymbol{A}_2+\Delta\boldsymbol{A}_2)\boldsymbol{x}(k)+(\boldsymbol{B}_2+\Delta\boldsymbol{B}_2)\boldsymbol{u}(k)+(\boldsymbol{B}_{w2}+\Delta\boldsymbol{B}_{w2})\boldsymbol{w}(k)]\\ z(k)=h_2[(\boldsymbol{C}_2+\Delta\boldsymbol{C}_2)\boldsymbol{x}(k)+(\boldsymbol{D}_2+\Delta\boldsymbol{D}_2)\boldsymbol{u}(k)]\end{cases}$$

R_3：If x_1 is M_1^3 and x_2 is M_2^3，then

$$\begin{cases}\boldsymbol{x}(k+1)=h_3[(\boldsymbol{A}_3+\Delta\boldsymbol{A}_3)\boldsymbol{x}(k)+(\boldsymbol{B}_3+\Delta\boldsymbol{B}_3)\boldsymbol{u}(k)+(\boldsymbol{B}_{w3}+\Delta\boldsymbol{B}_{w3})\boldsymbol{w}(k)]\\ z(k)=h_3[(\boldsymbol{C}_3+\Delta\boldsymbol{C}_3)\boldsymbol{x}(k)+(\boldsymbol{D}_3+\Delta\boldsymbol{D}_3)\boldsymbol{u}(k)]\end{cases}$$

R_4：If x_1 is M_1^4 and x_2 is M_2^4，then

$$\begin{cases}\boldsymbol{x}(k+1)=h_4[(\boldsymbol{A}_4+\Delta\boldsymbol{A}_4)\boldsymbol{x}(k)+(\boldsymbol{B}_4+\Delta\boldsymbol{B}_4)\boldsymbol{u}(k)+(\boldsymbol{B}_{w4}+\Delta\boldsymbol{B}_{w4})\boldsymbol{w}(k)]\\ z(k)=h_4[(\boldsymbol{C}_4+\Delta\boldsymbol{C}_4)\boldsymbol{x}(k)+(\boldsymbol{D}_4+\Delta\boldsymbol{D}_4)\boldsymbol{u}(k)]\end{cases}$$

R_5：If x_1 is M_1^5 and x_2 is M_2^5，then

$$\begin{cases}\boldsymbol{x}(k+1)=h_5[(\boldsymbol{A}_5+\Delta\boldsymbol{A}_5)\boldsymbol{x}(k)+(\boldsymbol{B}_5+\Delta\boldsymbol{B}_5)\boldsymbol{u}(k)+(\boldsymbol{B}_{w5}+\Delta\boldsymbol{B}_{w5})\boldsymbol{w}(k)]\\ z(k)=h_5[(\boldsymbol{C}_5+\Delta\boldsymbol{C}_5)\boldsymbol{x}(k)+(\boldsymbol{D}_5+\Delta\boldsymbol{D}_5)\boldsymbol{u}(k)]\end{cases}$$

R_6：If x_1 is M_1^6 and x_2 is M_2^6，then

$$\begin{cases}\boldsymbol{x}(k+1)=h_6[(\boldsymbol{A}_6+\Delta\boldsymbol{A}_6)\boldsymbol{x}(k)+(\boldsymbol{B}_6+\Delta\boldsymbol{B}_6)\boldsymbol{u}(k)+(\boldsymbol{B}_{w6}+\Delta\boldsymbol{B}_{w6})\boldsymbol{w}(k)]\\ z(k)=h_6[(\boldsymbol{C}_6+\Delta\boldsymbol{C}_6)\boldsymbol{x}(k)+(\boldsymbol{D}_6+\Delta\boldsymbol{D}_6)\boldsymbol{u}(k)]\end{cases}$$

对于上述 6 个 CLSC 的模糊模型，应用式(1.10)进行库存状态反馈控制。

根据该 CLSC 实际运行情况，设定系统参数如下：$\eta=0.98$，$\mu=0.01$，$\lambda=0.02$，$c_{h1}=0.015$，$c_{h2}=0.020$，$c_{h3}=0.015$，$c_{n1}=0.150$，$c_{n2}=0.310$，$c_r=0.005$，$c_m=0.100$，$c_{mt}=0.100$，$c_t=0.095$，$c_q=0.020$，$c_d=0.007$，$c_s=0.180$($\times 10^3$ 元)，其中，c_{h1}、c_{h2} 和 c_{h3} 分别代表制造商、零售商和第三方回收商的电视机单位库存成本，c_n 代表制造商生产新电视机时的单位生产成本(c_{n1} 代表制造商正常生产时的单位生产成本，c_{n2} 代表制造商紧急生产时的单位生产成本)，c_r 代表制造商在废旧电视机再制造时的单位生产成本，c_m、c_t 和 c_{mt} 分别代表制造商自行回收废旧电视机的单位回收成本、第三方回收方回收废旧电视机的单位回收成本以及制造商向第三方回收方回收废旧电视机的单位回收成本，C_q 代表零售商在接收客户购买的新电视机无理由退货时产生的单位退货成本，c_d 代表第三方回收方处理废旧电视机时产生的单位处理成本，c_s 代表零售商的单位订购成本。那么系统参数矩阵可表示如下：

$$A_1 = A_2 = \begin{bmatrix} 0 & 0 & 0 & 0.98 \\ 0 & 1 & 0.01 & 0 \\ 0 & 0 & 0.99 & 0 \\ 0 & 0 & 0 & 0 \end{bmatrix},$$

$$A_3 = A_4 = A_5 = A_6 = \begin{bmatrix} 1 & 0 & 0 & 0.98 \\ 0 & 1 & 0.01 & 0 \\ 0 & 0 & 0.99 & 0 \\ 0 & 0 & 0 & 0 \end{bmatrix},$$

$$B_1 = B_3 = \begin{bmatrix} 1 & -1 & 1 & 0 \\ 0 & 1 & 0 & 0 \\ 0 & 0 & -1 & -1 \\ 0 & 0 & 0 & 1 \end{bmatrix}, \ B_2 = B_4 = \begin{bmatrix} 1 & 0 & 1 & 0 \\ 0 & 0 & 0 & 0 \\ 0 & 0 & -1 & -1 \\ 0 & 0 & 0 & 1 \end{bmatrix},$$

$$B_5 = \begin{bmatrix} 0 & -1 & 1 & 0 \\ 0 & 1 & 0 & 0 \\ 0 & 0 & -1 & -1 \\ 0 & 0 & 0 & 1 \end{bmatrix}, \ B_6 = \begin{bmatrix} 0 & 0 & 1 & 0 \\ 0 & 0 & 0 & 0 \\ 0 & 0 & -1 & -1 \\ 0 & 0 & 0 & 1 \end{bmatrix},$$

$$B_{w1} = B_{w2} = B_{w3} = B_{w4} = B_{w5} = B_{w6} = \begin{bmatrix} 0 & 0 & 0 & 0 \\ 0 & -1 & 0 & 0 \\ 0 & 1 & 0 & 0 \\ 0 & 0 & 0 & 0 \end{bmatrix},$$

$C_1 = C_2 = [0 \quad c_{h2} \quad \mu c_q \quad c_{h3} + \eta c_r + \eta c_{mt} + \lambda c_d]$，

$C_3 = C_4 = C_5 = C_6 = [c_{h1} \quad c_{h2} \quad \mu c_q \quad c_{h3} + \eta c_r + \eta c_{mt} + \lambda c_d]$，$D_1 = [c_{n2} \quad c_s \quad c_r + c_m \quad c_t]$，$D_2 = [c_{n2} \quad 0 \quad c_r + c_m \quad c_t]$，$D_3 = [c_{n1} \quad c_s \quad c_r + c_m \quad c_t]$，$D_4 = [c_{n1} \quad 0 \quad c_r + c_m \quad c_t]$，$D_5 = [0 \quad c_s \quad c_r + c_m \quad c_t]$，$D_6 = [0 \quad 0 \quad c_r + c_m \quad c_t]$，$E_{11i} = \begin{bmatrix} 0 & 0 & 0 & 0.02 \\ 0 & 0 & 0.02 & 0 \\ 0 & 0 & -0.02 & 0 \\ 0 & 0 & 0 & -0.03 \end{bmatrix}$，$E_{12i} = E_{13i} = \boldsymbol{0}$，

$E_{211} = E_{212} = [0 \quad 0.004 \quad 0.002 \quad 0.007]$，$E_{213} = E_{214} = E_{215} = E_{216} = [0.004 \quad 0.004 \quad 0.002 \quad 0.007]$，$E_{221} = [0.003 \quad 0.002 \quad 0.015 \quad 0.015]$，$E_{222} = [0.003 \quad 0 \quad 0.015 \quad 0.015]$，$E_{223} = [0.001 \quad 0.002 \quad 0.015 \quad 0.015]$，

$E_{224} = [0.001 \quad 0 \quad 0.015 \quad 0.015]$，$E_{225} = [0 \quad 0.002 \quad 0.015 \quad 0.015]$，$E_{226} = [0 \quad 0 \quad 0.015 \quad 0.015]$，$E_{23i} = 0$，$H_{1i} = 0.1$，$H_{2i} = 0.2$，$F_{1i} = F_{2i} = \sin(k)$ $(i = 1 - 6)$。

当 $\gamma = 0.5$ 时，通过求解定理 1.2 中的式(1.22)和式(1.23)，得到了如下的局部公共正定矩阵 X_1 和 X_2，所以该 CLSC 系统在多重不确定因素下是鲁棒稳定的。

$$X_1 = \begin{bmatrix} 3.4911 & -0.2428 & 1.0189 & -4.1874 \\ -0.2428 & 6.0307 & -7.8885 & -1.3506 \\ 1.0189 & -7.8885 & 190.2422 & -182.9306 \\ -4.1874 & -1.3506 & -182.9306 & 193.9683 \end{bmatrix},$$

$$X_2 = \begin{bmatrix} 3.4913 & -0.2429 & 1.0218 & -4.1905 \\ -0.2429 & 6.0307 & -7.8885 & -1.3505 \\ 1.0218 & -7.8885 & 190.2320 & -182.9232 \\ -4.1905 & -1.3505 & -182.9232 & 193.9636 \end{bmatrix}。$$

通过应用 Zhang 等(2016)提出的方法对库存状态反馈增益矩阵进行选择，选择的结果如下：

$$K_{11} = \begin{bmatrix} 0.1808 & 1.3180 & 0.9726 & 0.9507 \\ -0.3983 & 0.3614 & -0.0194 & -0.0194 \\ -0.7790 & -1.3338 & -1.0337 & -0.0297 \\ 2.5399 & -0.7470 & -0.5581 & -0.4339 \end{bmatrix},$$

$$K_{21} = \begin{bmatrix} 0.1101 & 1.5060 & 0.9471 & 0.9247 \\ -0.2273 & 0.6787 & 0.1679 & 0.1636 \\ -0.7311 & -1.8106 & -1.1629 & -0.1546 \\ 1.2392 & -2.1297 & -1.4802 & -1.3371 \end{bmatrix},$$

$$K_{31} = \begin{bmatrix} 0.8150 & 1.3377 & 0.9859 & 0.9636 \\ 0.3393 & 0.4207 & 0.0188 & 0.0175 \\ 0.6386 & -1.2556 & -0.9749 & 0.0261 \\ -2.1614 & 0.6365 & 0.3675 & 0.4691 \end{bmatrix},$$

$$K_{41} = \begin{bmatrix} 0.8163 & 1.5287 & 0.9669 & 0.9446 \\ 0.4898 & 0.7283 & 0.1980 & 0.1924 \\ 0.3910 & -1.7422 & -1.1389 & -0.1330 \\ -2.9727 & -0.6810 & -0.5060 & -0.3841 \end{bmatrix},$$

$$K_{52}=\begin{bmatrix}1.1478 & 2.3235 & 1.6310 & 1.5933\\ 0.6360 & 1.1216 & 0.6683 & 0.6528\\ 2.0196 & 1.8680 & 1.0966 & 2.0499\\ -4.5663 & -6.1754 & -4.0373 & -3.8447\end{bmatrix},$$

$$K_{62}=\begin{bmatrix}1.3509 & 2.8732 & 1.8253 & 1.7825\\ 0.5142 & 1.0283 & 0.6208 & 0.6061\\ 1.0958 & 0.2218 & 0.1167 & 1.0945\\ -4.2623 & -5.3689 & -3.5369 & -3.3824\end{bmatrix}。$$

在以下的仿真实验中，通过与常规鲁棒控制策略对比来检验本章提出的鲁棒切换策略的优越性。

常规鲁棒控制策略可描述为：

K^i：If $x_1(k)$ is $\boldsymbol{M}_1^i$ and $x_2(k)$ is $\boldsymbol{M}_2^i$, then $\boldsymbol{u}(k)=-\boldsymbol{K}_{ic}\boldsymbol{x}(k)$，$i=1\sim6$，$c=1, 2$。

设各变量的初始值和标称值如下：$x_1(0)=7$，$x_2(0)=4$，$x_3(0)=1.5$，$x_4(0)=0.5$，$\vec{x}_1(k)=110$，$\vec{x}_2(k)=100$，$\vec{x}_3(k)=55$，$\vec{x}_4(k)=40$，$\vec{u}_1(k)=70$，$\vec{u}_2(k)=60$，$\vec{u}_3(k)=15$，$\vec{u}_4(k)=35$（$\times10^3$）。并设客户的不确定需求满足 $w_1(k)\sim N(6,\ 0.3^2)$，且不确定系统参数满足 $\Delta\boldsymbol{B}_{wi}(k)\sim U[0.02,\ 0.13]$ $(i=1\sim6)$。在常规鲁棒控制策略下的仿真结果如图 1.15 至图 1.17 所示，而在本章提出的鲁棒切换策略下的仿真结果如图 1.18 至图 1.20 所示。

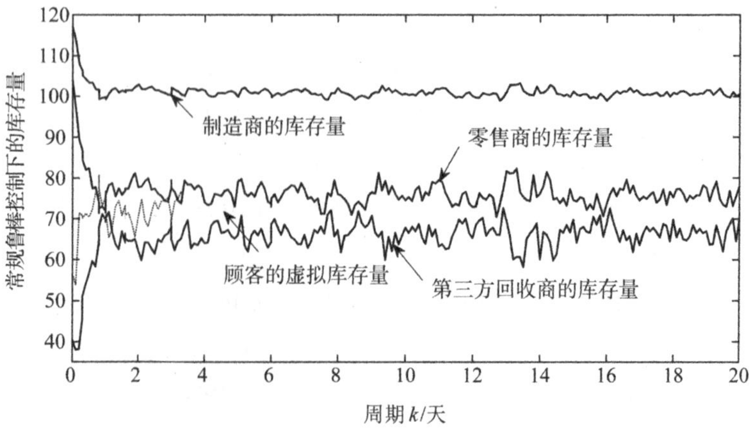

图 1.15　常规鲁棒控制下库存量的变化过程（$\times10^3$ 台）

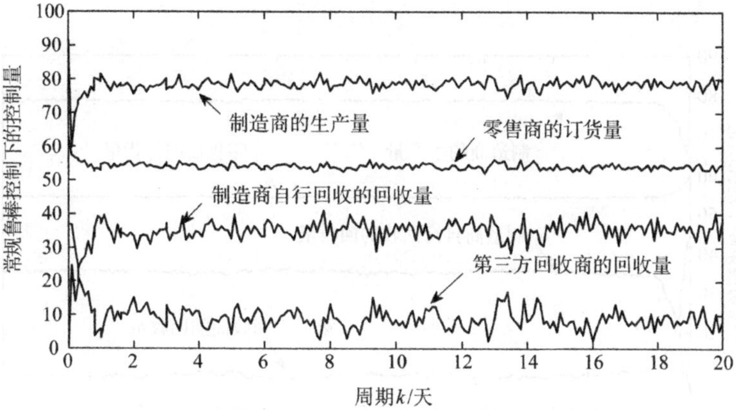

图 1.16　常规鲁棒控制下控制量的变化过程（×10³ 台）

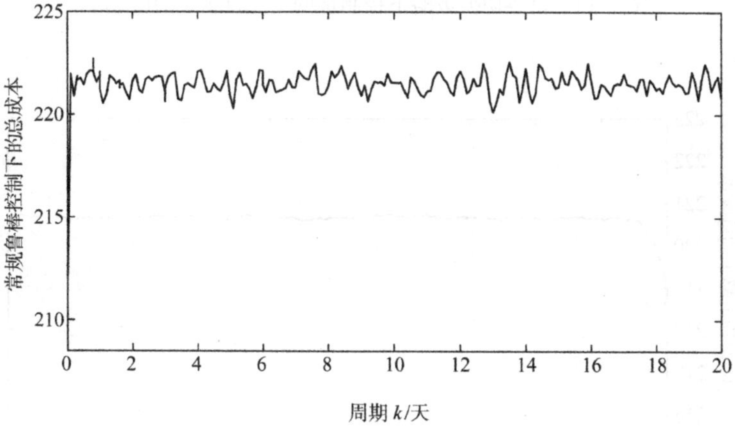

图 1.17　常规鲁棒控制下系统总成本的变化过程（×10⁵ 元）

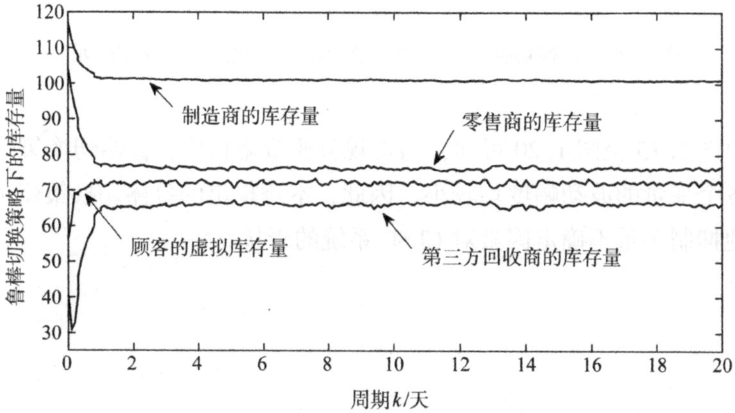

图 1.18　鲁棒切换策略下库存量的变化过程（×10³ 台）

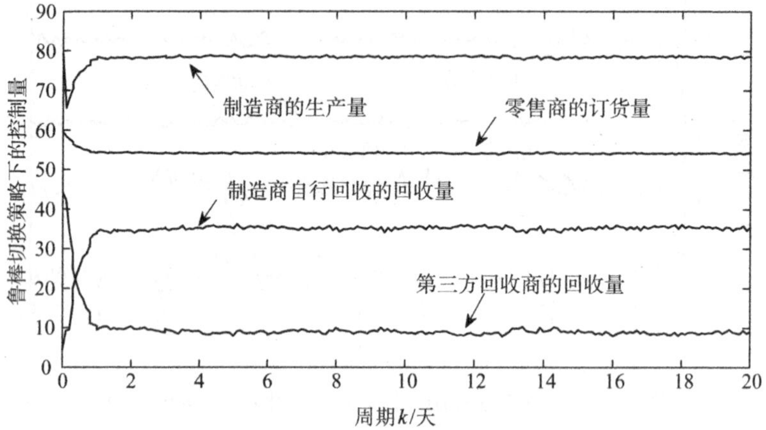

图 1.19　鲁棒切换策略下控制量的变化过程（$\times 10^3$ 台）

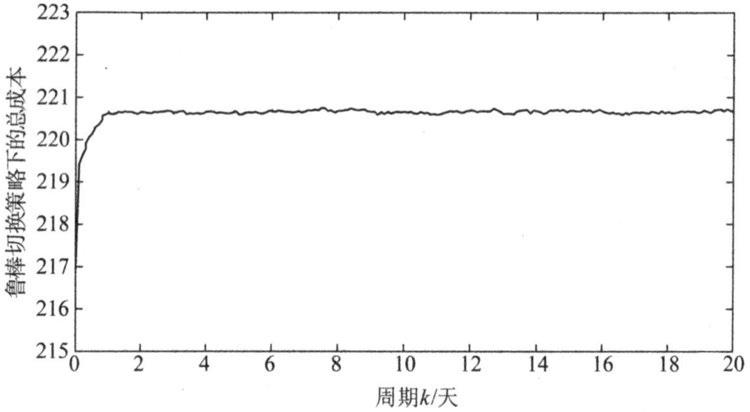

图 1.20　鲁棒切换策略下系统总成本的变化过程（$\times 10^5$ 元）

由图 1.15 至图 1.20 可知，与常规鲁棒策略相比，鲁棒切换策略下的系统各个变量的波动幅度均较小，因此，本章提出的鲁棒切换策略可以更有效地抑制多重不确定因素对 CLSC 系统的干扰。

第 2 章　需求不确定下含提前期的 SC多模型鲁棒切换策略

在 SC 系统的诸多环节中，不可避免地存在着时间延迟的现象，如制造商的生产提前期、零售商的订购提前期等。提前期的长短将直接影响 SC 系统的稳定，它受上下游企业间的运输距离、运输手段、制造商的正常生产能力等诸多因素左右(Park 等，2010)。因而，在提前期下如何保持 SC 系统的稳定是 SC 运作过程中不可忽视的一个主要研究内容(Tersine 和 Hummingbird，1995)。

Taleizadeh 等(2010)用粒子群算法求解了机会约束下单供应商-单客户具有可变提前期的库存问题。Garcia 等(2012)提出了一种可以实现提前期在线辨识的内模控制(IMC)方法来控制 SC 中具有提前期的生产库存。为了抑制具有订购提前期的不确定 SC 的牛鞭效应，Li 和 Liu (2013)提出了一种鲁棒优化策略。Han 等(2015)针对具有提前期的 SCN 提出了一种次优库存补充策略。Movahed 和 Zhang (2015)应用鲁棒混合整数线性规划方法来确定需求和提前期不确定的 SC 库存参数的最优 s，S 值。在具有随机提前期的状态空间 SC 模型中，Wang 和 Disney (2017)利用比例控制方法减缓订单和库存的波动。马士华等(2019)提出了一种降低订购提前期的 MTS-MTO 混合生产策略来加强 SC 的快速响应能力。

基于引言中已梳理的应用鲁棒策略研究含提前期的 SC 系统的相关文献，本章将同时考虑多提前期和客户不确定需求对 SC 运作的影响，在构建一般 SC、SCN、CLSC 的基本模型的基础上，结合对每个系统制定的制造商生产切换策略和零售商订购切换策略，由 T-S 模糊系统统一表示为多重提前期下 SC 多模型系统。通过设计提前期下的库存状态反馈控制律，提出由 2 个定理所描述的鲁棒控制策略，且在仿真实验中，通过与常规鲁棒控制策略比较，验证了由库存切换策略和鲁棒控制策略组成的可实现软切换的鲁棒切换策略可以更有效地抑制多重提前期对上述 3 种 SC 系统的影响。

2.1 需求不确定下含提前期的 SC 基本模型

2.1.1 需求不确定下含提前期的一般 SC 基本模型

基于图 1.1，含提前期(生产提前期和订购提前期)的二阶 SC 系统如图 2.1 所示。

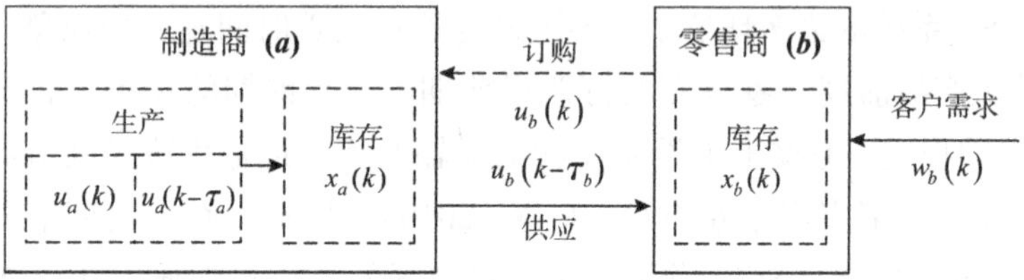

图 2.1 含提前期的二阶 SC 系统

在图 2.1 中，$u_a(k-\tau_a)$ 代表制造商(a)在周期 k 具有生产提前期 τ_a 的产量，$u_b(k-\tau_b)$ 代表零售商(b)在周期 k 具有订购提前期 τ_b 的订购量，其他变量的含义与 1.1.1 节相同。

构建图 2.1 所示的含提前期的一般 SC 系统的库存状态动态演变基本模型如下：

$$\begin{cases} x_a(k+1) = x_a(k) + u_a(k) + u_a(k-\tau_a) - u_b(k) \\ x_b(k+1) = x_b(k) + u_b(k) + u_b(k-\tau_b) - w_b(k) \end{cases} \tag{2.1}$$

2.1.2 需求不确定下含提前期的 SCN 基本模型

基于图 1.2，含多提前期的 SCN 的库存状态动态演变基本模型可表示如下：

$$\begin{cases} x_a(k+1) = x_a(k) + u_a(k) + u_a(k-\tau_a) - \sum_{b=1}^{t} l_{ab}u_{ab}(k), \ a = 1, 2, \cdots, s \\ y_b(k+1) = y_b(k) + \sum_{a=1}^{s} l_{ab}u_{ab}(k) + \sum_{a=1}^{s} l_{ab}u_{ab}(k-\tau_b) - w_b(k), \ b = 1, 2, \cdots, t \end{cases} \tag{2.2}$$

其中，τ_a 代表生产提前期，τ_b 代表订购提前期，其他变量的含义与 1.1.2 节相同。

2.1.3　需求不确定下含提前期的 CLSC 基本模型

基于图 1.3，含多提前期的 CLSC 系统的库存状态动态演变基本模型可表示如下：

$$
\begin{cases}
x_1(k+1)=x_1(k)+u_1(k)+u_1(k-\tau_1)+u_3(k)+u_3(k-\tau_3)+\eta x_4(k)-u_2(k)\\
x_2(k+1)=x_2(k)+u_2(k)+u_2(k-\tau_2)+\mu x_3(k)-w_1(k)\\
x_3(k+1)=x_3(k)+w_1(k)-u_3(k)-u_4(k)-\mu x_3(k)\\
x_4(k+1)=x_4(k)+u_4(k)+u_4(k-\tau_4)-\eta x_4(k)-\lambda x_4(k)
\end{cases}
\tag{2.3}
$$

其中，τ_1 代表制造商的生产提前期，τ_2 代表零售商的订购提前期、τ_3 代表制造商的回收提前期，τ_4 代表第三方回收商的回收提前期，其他变量的含义与 1.1.3 节相同。

2.2　需求不确定下含提前期的 SC 库存切换策略

需求不确定下含提前期的一般 SC 库存切换策略、SCN 库存切换策略和 CLSC 库存切换策略分别与 1.2.1 节设计的一般 SC 库存切换策略、1.2.2 节设计的 SCN 库存切换策略和 1.2.3 节设计的 CLSC 库存切换策略相同。

2.3　需求不确定下含提前期的 SC 多模型系统

2.3.1　需求不确定下含提前期的一般 SC 多模型系统

由于客户需求的不确定和提前期对 SC 系统的作用，制造商的库存水平和零售商的库存水平将不断随时间变化，那么，依据 1.2.1 节设计的库存切换策略，利用矩阵理论，并考虑 SC 系统的总成本，具有提前期的式(2.1)的第 i 个模型可描述为：

$$
\begin{cases}
\boldsymbol{x}(k+1)=\boldsymbol{A}_i\boldsymbol{x}(k)+\boldsymbol{B}_i\boldsymbol{u}(k)+\sum\limits_{e=1}^{n}\boldsymbol{B}_{ie}\boldsymbol{u}(k-\tau_e)+\boldsymbol{B}_{wi}\boldsymbol{w}(k)\\
z(k)=\boldsymbol{C}_i\boldsymbol{x}(k)+\boldsymbol{D}_i\boldsymbol{u}(k)+\sum\limits_{e=1}^{n}\boldsymbol{D}_{ie}\boldsymbol{u}(k-\tau_e)
\end{cases}
\tag{2.4}
$$

其中，$\boldsymbol{u}(k-\tau_e)=[u_1(k-\tau_1) \quad \cdots \quad u_e(k-\tau_e) \quad \cdots \quad u_n(k-\tau_n)]^{\mathrm{T}}$ 代表具有提前期的生产量和订购量，为控制变量，$\tau_e(e=1,\ 2,\ \cdots,\ n)$ 为因生产、交货或订单处理延迟而产生的提前期，$\boldsymbol{B}_{ie}$ 为具有提前期的生产和订购系数矩阵，$\boldsymbol{D}_{ie}$ 为具有提前期的生产和订购成本系数矩阵，其他变量的含义与 1.3.1 节相同。

2.3.2 需求不确定下含提前期的 SCN 多模型系统

由于客户需求不确定因素、生产提前期和订购提前期对 SCN 系统的影响，制造商和零售商的库存水平将不断随时间变化，因此，依据 1.2.2 节设计的 SCN 库存切换策略，具有提前期的式(2.2)的第 i 个模型可用式(2.4)描述。在式(2.4)描述的含提前期的 SCN 模型中，对于生产提前期，$\boldsymbol{B}_{ie}=\begin{bmatrix}\boldsymbol{I}_s & \boldsymbol{0}\\ \boldsymbol{0} & \boldsymbol{0}\end{bmatrix}_{(s+t)\times(s+st)}$ 和 $\boldsymbol{D}_{ie}=[c_{m1} \quad c_{m2} \quad \cdots \quad c_{ms} \quad \boldsymbol{0}]_{1\times(s+st)}$，而对于订购提前期，$\boldsymbol{B}_{ie}=\begin{bmatrix}\boldsymbol{0} & -\boldsymbol{M}_1\\ \boldsymbol{0} & \boldsymbol{M}_2\end{bmatrix}_{(s+t)\times(s+st)}$ 和 $\boldsymbol{D}_{ie}=[\boldsymbol{0} \quad c_{o1} \quad c_{o2} \quad \cdots \quad c_{oa} \quad \cdots \quad c_{os}]_{1\times(s+st)}$，其他系数矩阵的含义与 1.3.2 节相同。

2.3.3 需求不确定下含提前期的 CLSC 多模型系统

由于客户需求不确定因素以及生产提前期、订购提前期、回收提前期对 CLSC 系统的影响，制造商和分销商的库存水平将不断随时间变化，因此，基于 1.2.3 节设计的 CLSC 库存切换策略，式(2.3)的第 i 个具有提前期的模型可用式(2.4)描述。

2.4 需求不确定下含提前期的 SC 多模型鲁棒控制策略

2.4.1 需求不确定下含提前期的 SC 模糊控制模型

基于式(2.4)，将含提前期的一般 SC 系统、SCN、CLSC 统一用 T-S 模糊控制模型表示如下：

R_i：If $x_1(k)$ is M_1^i，$\cdots$，$x_j(k)$ is M_j^i，$\cdots$，and $x_n(k)$ is M_n^i，then

$$\begin{cases} \boldsymbol{x}(k+1)=\boldsymbol{A}_i\boldsymbol{x}(k)+\boldsymbol{B}_i\boldsymbol{u}(k)+\sum_{e=1}^{n}\boldsymbol{B}_{ie}\boldsymbol{u}(k-\tau_e)+\boldsymbol{B}_{wi}\boldsymbol{w}(k) \\ z(k)=\boldsymbol{C}_i\boldsymbol{x}(k)+\boldsymbol{D}_i\boldsymbol{u}(k)+\sum_{e=1}^{n}\boldsymbol{D}_{ie}\boldsymbol{u}(k-\tau_e) \\ \boldsymbol{x}(k)=\boldsymbol{\varphi}(k),\ i=1,\ 2,\ \cdots,\ r,\ k\in\{0,\ 1,\ \cdots,\ \mathrm{N}\} \end{cases} \tag{2.5}$$

采用与 1.4.1 节相同的推理方法，式(2.5)可进一步表示如下：

$$\begin{cases} \boldsymbol{x}(k+1)=\sum_{i=1}^{r}h_i\left[\boldsymbol{A}_i\boldsymbol{x}(k)+\boldsymbol{B}_i\boldsymbol{u}(k)+\sum_{e=1}^{n}\boldsymbol{B}_{ie}\boldsymbol{u}(k-\tau_e)+\boldsymbol{B}_{wi}\boldsymbol{w}(k)\right] \\ z(k)=\sum_{i=1}^{r}h_i\left[\boldsymbol{C}_i\boldsymbol{x}(k)+\boldsymbol{D}_i\boldsymbol{u}(k)+\sum_{e=1}^{n}\boldsymbol{D}_{ie}\boldsymbol{u}(k-\tau_e)\right] \end{cases} \tag{2.6}$$

2.4.2 需求不确定下含提前期的 SC 鲁棒控制策略

采用并行分布补偿方法对式(2.6)设计如下的模糊控制律：

K^i：If $x_1(k)$ is M_1^i，…，$x_j(k)$ is M_j^i，…，and $x_n(k)$ is M_n^i，then

$$\begin{cases} \boldsymbol{u}(k)=-\sum_{i=1}^{r}h_i\boldsymbol{K}_i\boldsymbol{x}(k) \\ \boldsymbol{u}(k-\tau_e)=-\sum_{i=1}^{r}h_i\boldsymbol{K}_{ie}\boldsymbol{x}(k-\tau_e) \end{cases} \tag{2.7}$$

其中 $\boldsymbol{K}_{ie}$ 是具有提前期的库存反馈增益矩阵。

应用模糊控制律(2.7)，本节拟使以下具有提前期的 SC 系统鲁棒渐近稳定：

$$\begin{cases} \boldsymbol{x}(k+1)=\sum_{i=1}^{r}\sum_{j=1}^{r}h_ih_j\left[(\boldsymbol{A}_i-\boldsymbol{B}_i\boldsymbol{K}_j)\boldsymbol{x}(k)-\sum_{e=1}^{n}\boldsymbol{B}_{ie}\boldsymbol{K}_{je}\boldsymbol{x}(k-\tau_e)+\boldsymbol{B}_{wi}\boldsymbol{w}(k)\right] \\ z(k)=\sum_{i=1}^{r}\sum_{j=1}^{r}h_ih_j\left[(\boldsymbol{C}_i-\boldsymbol{D}_i\boldsymbol{K}_j)\boldsymbol{x}(k)-\sum_{e=1}^{n}\boldsymbol{D}_{ie}\boldsymbol{K}_{je}\boldsymbol{x}(k-\tau_e)\right] \end{cases} \tag{2.8}$$

以下给出之后定理证明中需要用到的引理：

引理 2.1　(Guan 和 Chen, 2004)对于任意的实矩阵 $\boldsymbol{X}_i$、$\boldsymbol{Y}_i(1\leqslant i\leqslant n)$ 和具有恰当维数的 $\boldsymbol{S}>\boldsymbol{0}$，以下不等式成立：

$$2\sum_{i=1}^{n}\sum_{j=1}^{n}\sum_{k=1}^{n}\sum_{l=1}^{n}h_ih_jh_kh_l\boldsymbol{X}_{ij}^{\mathrm{T}}\boldsymbol{S}\boldsymbol{Y}_{kl}\leqslant\sum_{i=1}^{n}\sum_{j=1}^{n}h_ih_j(\boldsymbol{X}_{ij}^{\mathrm{T}}\boldsymbol{S}\boldsymbol{X}_{ij}+\boldsymbol{Y}_{ij}^{\mathrm{T}}\boldsymbol{S}\boldsymbol{Y}_{ij})$$

其中 $h_i(1\leqslant i\leqslant n)$ 被定义为 $h_i(M(k))\geqslant 0$，且 $\sum_{i=1}^{n}h_i(M(k))=1$。

引理 2.2　对于任意的实矩阵 $\boldsymbol{X}_{ij}(1\leqslant i,\ j\leqslant n)$ 和具有恰当维数的

$\boldsymbol{S}>\boldsymbol{0}$,以下不等式成立：

$$\sum_{i=1}^{n}\sum_{j=1}^{n}\sum_{k=1}^{n}\sum_{l=1}^{n}h_ih_jh_kh_l\,\boldsymbol{X}_{ij}^{\mathrm{T}}\boldsymbol{S}\,\boldsymbol{X}_{kl}\leqslant\sum_{i=1}^{n}\sum_{j=1}^{n}h_ih_j\,\boldsymbol{X}_{ij}^{\mathrm{T}}\boldsymbol{S}\,\boldsymbol{X}_{ij}$$

证明：对于引理 2.1，令 $\boldsymbol{X}=\boldsymbol{Y}$，那么有：

$$2\sum_{i=1}^{n}\sum_{j=1}^{n}\sum_{k=1}^{n}\sum_{l=1}^{n}h_ih_jh_kh_l\,\boldsymbol{X}_{ij}^{\mathrm{T}}\boldsymbol{S}\,\boldsymbol{X}_{kl}\leqslant\sum_{i=1}^{n}\sum_{j=1}^{n}h_ih_j(\boldsymbol{X}_{ij}^{\mathrm{T}}\boldsymbol{S}\,\boldsymbol{X}_{ij}+\boldsymbol{X}_{ij}^{\mathrm{T}}\boldsymbol{S}\,\boldsymbol{X}_{ij})$$
$$=2\sum_{i=1}^{n}\sum_{j=1}^{n}h_ih_j\,\boldsymbol{X}_{ij}^{\mathrm{T}}\boldsymbol{S}\,\boldsymbol{X}_{ij}$$

因此，可以得到 $\sum_{i=1}^{n}\sum_{j=1}^{n}\sum_{k=1}^{n}\sum_{l=1}^{n}h_ih_jh_kh_l\,\boldsymbol{X}_{ij}^{\mathrm{T}}\boldsymbol{S}\,\boldsymbol{X}_{kl}\leqslant\sum_{i=1}^{n}\sum_{j=1}^{n}h_ih_j\,\boldsymbol{X}_{ij}^{\mathrm{T}}\boldsymbol{S}\,\boldsymbol{X}_{ij}$。

证毕。

本节拟提出的需求不确定下含提前期的 SC 的鲁棒控制策略，是通过以下的定理 2.1 和定理 2.2 来描述的。

定理 2.1　对于给定的标量 $\gamma>0$，如果在如下不等式中求解出正定矩阵 $\boldsymbol{P}_c$ 和 $\boldsymbol{Q}_{ec}$，那么具有提前期和 SFP 输入的 SC 多模型系统(2.8)在 H_∞ 性能指标 γ 下鲁棒渐近稳定。

$$\begin{bmatrix}-\bar{\bar{\boldsymbol{P}}}^{*} & * & * \\ \overline{\boldsymbol{M}}_{ii} & -\boldsymbol{P}_c^{-1} & * \\ \overline{\boldsymbol{N}}_{ii} & \boldsymbol{0} & -\boldsymbol{I}\end{bmatrix}<\boldsymbol{0},\ i\in I_c \tag{2.9}$$

$$\begin{bmatrix}-4\bar{\bar{\boldsymbol{P}}} & * & * \\ 2\bar{\bar{\boldsymbol{M}}}_{ij} & -\boldsymbol{P}_c^{-1} & * \\ 2\bar{\bar{\boldsymbol{N}}}_{ij} & \boldsymbol{0} & -\boldsymbol{I}\end{bmatrix}<\boldsymbol{0},\ i<j,\ i,\ j\in I_c \tag{2.10}$$

其中，$\bar{\bar{\boldsymbol{P}}}=\begin{bmatrix}\boldsymbol{P}_c-\sum_{e=1}^{n}\boldsymbol{Q}_{ec} & * & * \\ \boldsymbol{0} & \hat{\boldsymbol{Q}} & * \\ \boldsymbol{0} & \boldsymbol{0} & \gamma^2\boldsymbol{I}\end{bmatrix}$，$\hat{\boldsymbol{Q}}=diag\{\boldsymbol{Q}_{1c}\ \cdots\ \boldsymbol{Q}_{ec}\ \cdots\ \boldsymbol{Q}_{nc}\}$，

$\overline{\boldsymbol{M}}_{ij}=[\boldsymbol{M}_{ij}\ \ -\boldsymbol{B}_{i1}\boldsymbol{K}_{j1c}\ \cdots\ -\boldsymbol{B}_{ie}\boldsymbol{K}_{jec}\ \cdots\ -\boldsymbol{B}_{in}\boldsymbol{K}_{jnc}\ \ \boldsymbol{B}_{wi}]$，$\boldsymbol{M}_{ij}=\boldsymbol{A}_i-\boldsymbol{B}_i\boldsymbol{K}_{jc}$，$\overline{\boldsymbol{N}}_{ij}=[\boldsymbol{N}_{ij}\ \ -\boldsymbol{D}_{i1}\boldsymbol{K}_{j1c}\ \cdots\ -\boldsymbol{D}_{ie}\boldsymbol{K}_{jec}\ \cdots\ -\boldsymbol{D}_{in}\boldsymbol{K}_{jnc}\ \ \boldsymbol{0}]$，$\boldsymbol{N}_{ij}=\boldsymbol{C}_i-\boldsymbol{D}_i\boldsymbol{K}_{jc}$，$\bar{\bar{\boldsymbol{M}}}_{ij}=\dfrac{\overline{\boldsymbol{M}}_{ij}+\overline{\boldsymbol{M}}_{ji}}{2}$，$\bar{\bar{\boldsymbol{N}}}_{ij}=\dfrac{\overline{\boldsymbol{N}}_{ij}+\overline{\boldsymbol{N}}_{ji}}{2}$，$I_c$ 为 G_c 中包含的规则序号集，

G_c 为第 c 个 MORG, $c=1, 2, \cdots, \prod_{j=1}^{n}(m_j-1)$, m_j 为第 j 个库存变量模糊分划数。

证明：定理 2.1 的证明思路为，无论库存状态变量 $\boldsymbol{x}(k)$ 与 $\boldsymbol{x}(k+1)$ 是否在同一个 ORG 中，均证明 SC 多模型系统(2.8)是鲁棒渐近稳定的。

令 SC 多模型系统(2.8)的第 d 个 ORG 的作用域为 $v_d(d=1, 2, \cdots, f)$，且 $L_d=\{$第 d 个 ORG 中包含的规则序号$\}$。

(1)库存状态变量 $\boldsymbol{x}(k)$ 与 $\boldsymbol{x}(k+1)$ 均处于第 d 个 ORG 中。

第 d 个 ORG 中的 SC 模型可表示如下：

$$\begin{cases}\boldsymbol{x}(k+1)=\sum_{i\in L_d}\sum_{j\in L_d}h_ih_j\left[\boldsymbol{M}_{ij}\boldsymbol{x}(k)-\sum_{e=1}^{n}\boldsymbol{B}_{ie}\boldsymbol{K}_{jec}\boldsymbol{x}(k-\tau_e)+\boldsymbol{B}_{wi}\boldsymbol{w}(k)\right]\\ z(k)=\sum_{i\in L_d}\sum_{j\in L_d}h_ih_j\left[\boldsymbol{N}_{ij}\boldsymbol{x}(k)-\sum_{e=1}^{n}\boldsymbol{D}_{ie}\boldsymbol{K}_{jec}\boldsymbol{x}(k-\tau_e)\right]\end{cases}\tag{2.11}$$

其中，$\boldsymbol{K}_{jec}$ 是在第 c 个 MORG 中的生产提前期和订购提前期的库存反馈增益矩阵。

式(2.11)可进一步简化为：

$$\begin{cases}\boldsymbol{x}(k+1)=\sum_{i\in L_d}\sum_{j\in L_d}h_ih_j\overline{\boldsymbol{M}}_{ij}\bar{\boldsymbol{x}}(k)\\ z(k)=\sum_{i\in L_d}\sum_{j\in L_d}h_ih_j\overline{\boldsymbol{N}}_{ij}\bar{\boldsymbol{x}}(k)\end{cases}\tag{2.12}$$

其中，$\bar{\boldsymbol{x}}(k)=[\boldsymbol{x}(k)\quad \boldsymbol{x}(k-\tau_1)\quad\cdots\quad \boldsymbol{x}(k-\tau_e)\quad\cdots\quad \boldsymbol{x}(k-\tau_n)\quad \boldsymbol{w}(k)]^{\mathrm{T}}$。

设 $V_d(\boldsymbol{x}(k))=\boldsymbol{x}^{\mathrm{T}}(k)\boldsymbol{P}_c\boldsymbol{x}(k)+\sum_{e=1}^{n}\sum_{\xi=k-\tau_e}^{k-1}\boldsymbol{x}^{\mathrm{T}}(\xi)\boldsymbol{Q}_{ec}\boldsymbol{x}(\xi)$，则应用引理 2.2 可知：

$$\begin{aligned}\Delta V_d(\boldsymbol{x}(k))&=V_d(\boldsymbol{x}(k+1))-V_d(\boldsymbol{x}(k))\\&=\boldsymbol{x}^{\mathrm{T}}(k+1)\boldsymbol{P}_c\boldsymbol{x}(k+1)-\boldsymbol{x}^{\mathrm{T}}(k)\boldsymbol{P}_c\boldsymbol{x}(k)+\\&\quad\sum_{e=1}^{n}\left[\boldsymbol{x}^{\mathrm{T}}(k)\boldsymbol{Q}_{ec}\boldsymbol{x}(k)-\boldsymbol{x}^{\mathrm{T}}(k-\tau_e)\boldsymbol{Q}_{ec}\boldsymbol{x}(k-\tau_e)\right]\\&=\sum_{i\in L_d}\sum_{j\in L_d}h_ih_j\sum_{p\in L_d}\sum_{q\in L_d}h_ph_q\left[\bar{\boldsymbol{x}}^{\mathrm{T}}(k)\overline{\boldsymbol{M}}_{ij}^{\mathrm{T}}\boldsymbol{P}_c\overline{\boldsymbol{M}}_{pq}\bar{\boldsymbol{x}}(k)-\boldsymbol{x}^{\mathrm{T}}(k)\boldsymbol{P}_c\boldsymbol{x}(k)\right]+\\&\quad\sum_{e=1}^{n}\left[\boldsymbol{x}^{\mathrm{T}}(k)\boldsymbol{Q}_{ec}\boldsymbol{x}(k)-\boldsymbol{x}^{\mathrm{T}}(k-\tau_e)\boldsymbol{Q}_{ec}\boldsymbol{x}(k-\tau_e)\right]\\&=\sum_{i\in L_d}\sum_{j\in L_d}h_ih_j\sum_{p\in L_d}\sum_{q\in L_d}h_ph_q\bar{\boldsymbol{x}}^{\mathrm{T}}(k)(\overline{\boldsymbol{M}}_{ij}^{\mathrm{T}}\boldsymbol{P}_c\overline{\boldsymbol{M}}_{pq}-\overline{\boldsymbol{P}})\bar{\boldsymbol{x}}(k)\end{aligned}$$

$$= \sum_{i\in L_d}\sum_{j\in L_d} h_i h_j \sum_{p\in L_d}\sum_{q\in L_d} h_p h_q \bar{\boldsymbol{x}}^{\mathrm{T}}(k)\left[\left(\frac{\bar{\boldsymbol{M}}_{ij}+\bar{\boldsymbol{M}}_{ji}}{2}\right)^{\mathrm{T}} \boldsymbol{P}_c\left(\frac{\bar{\boldsymbol{M}}_{pq}+\bar{\boldsymbol{M}}_{qp}}{2}\right)-\bar{\boldsymbol{P}}\right]\bar{\boldsymbol{x}}(k)$$

$$= \sum_{i\in L_d}\sum_{j\in L_d} h_i h_j \sum_{p\in L_d}\sum_{q\in L_d} h_p h_q \bar{\boldsymbol{x}}^{\mathrm{T}}(k)(\bar{\bar{\boldsymbol{M}}}_{ij}^{\mathrm{T}}\boldsymbol{P}_c\bar{\bar{\boldsymbol{M}}}_{pq}-\bar{\boldsymbol{P}})\bar{\boldsymbol{x}}(k)$$

$$\leqslant \sum_{i\in L_d}\sum_{j\in L_d} h_i h_j \bar{\boldsymbol{x}}^{\mathrm{T}}(k)(\bar{\bar{\boldsymbol{M}}}_{ij}^{\mathrm{T}}\boldsymbol{P}_c\bar{\bar{\boldsymbol{M}}}_{ij}-\bar{\boldsymbol{P}})\bar{\boldsymbol{x}}(k)$$

其中，$\bar{\boldsymbol{P}}=\begin{bmatrix}\boldsymbol{P}_c-\sum_{e=1}^{n}\boldsymbol{Q}_{ec} & * & * \\ \boldsymbol{0} & \hat{\boldsymbol{Q}} & * \\ \boldsymbol{0} & \boldsymbol{0} & \boldsymbol{0}\end{bmatrix}$，$\bar{\bar{\boldsymbol{M}}}_{pq}=\dfrac{\bar{\boldsymbol{M}}_{pq}+\bar{\boldsymbol{M}}_{qp}}{2}$。

$\Delta V_d(\boldsymbol{x}(k))$ 满足如下不等式：

$$\Delta V_d(\boldsymbol{x}(k)) \leqslant \sum_{i=j,\ i\in L_d} h_i^2 \bar{\boldsymbol{x}}^{\mathrm{T}}(k)[\bar{\boldsymbol{M}}_{ii}^{\mathrm{T}}\boldsymbol{P}_c\bar{\boldsymbol{M}}_{ii}-\bar{\boldsymbol{P}}]\bar{\boldsymbol{x}}(k) + 2\sum_{\substack{i<j\\ i\in L_d,\ j\in L_d}} h_i h_j \bar{\boldsymbol{x}}^{\mathrm{T}}(k)[\bar{\bar{\boldsymbol{M}}}_{ij}^{\mathrm{T}}\boldsymbol{P}_c\bar{\bar{\boldsymbol{M}}}_{ij}-\bar{\boldsymbol{P}}]\bar{\boldsymbol{x}}(k) \tag{2.13}$$

当客户需求 $\boldsymbol{w}(k)\neq\boldsymbol{0}$ 时，基于式(1.8)，设 SC 模糊系统(2.12)的 H_∞ 性能指标如下：

$$J_1=\sum_{k=0}^{\mathrm{N}-1}[z^{\mathrm{T}}(k)z(k)-\gamma^2\boldsymbol{w}^{\mathrm{T}}(k)\boldsymbol{w}(k)] \tag{2.14}$$

将式(2.14)做如下变换：

$$J_1=\sum_{k=0}^{\mathrm{N}-1}[z^{\mathrm{T}}(k)z(k)-\gamma^2\boldsymbol{w}^{\mathrm{T}}(k)\boldsymbol{w}(k)+\Delta V_d(\boldsymbol{x}(k))]-V_d(\boldsymbol{x}(\mathrm{N}))$$
$$\leqslant \sum_{k=0}^{\mathrm{N}-1}[z^{\mathrm{T}}(k)z(k)-\gamma^2\boldsymbol{w}^{\mathrm{T}}(k)\boldsymbol{w}(k)+\Delta V_d(\boldsymbol{x}(k))] \tag{2.15}$$

把式(2.13)代入式(2.15)中，则有：

$$J_1\leqslant \sum_{k=0}^{\mathrm{N}-1}\left\{\sum_{i=j,\ i\in L_d} h_i^2\bar{\boldsymbol{x}}^{\mathrm{T}}(k)[\bar{\boldsymbol{M}}_{ii}^{\mathrm{T}}\boldsymbol{P}_c\bar{\boldsymbol{M}}_{ii}-\bar{\bar{\boldsymbol{P}}}+\bar{\boldsymbol{N}}_{ii}^{\mathrm{T}}\bar{\boldsymbol{N}}_{ii}]\bar{\boldsymbol{x}}(k)\right\}+ 2\sum_{k=0}^{\mathrm{N}-1}\left\{\sum_{\substack{i<j,\ i\in L_d\\ j\in L_d}} h_i h_j\bar{\boldsymbol{x}}^{\mathrm{T}}(k)[\bar{\bar{\boldsymbol{M}}}_{ij}^{\mathrm{T}}\boldsymbol{P}_c\bar{\bar{\boldsymbol{M}}}_{ij}-\bar{\bar{\boldsymbol{P}}}+\bar{\bar{\boldsymbol{N}}}_{ij}^{\mathrm{T}}\bar{\bar{\boldsymbol{N}}}_{ij}]\bar{\boldsymbol{x}}(k)\right\} \tag{2.16}$$

对式(2.9)和式(2.10)应用 Schur 补引理可得 $\bar{\boldsymbol{M}}_{ii}^{\mathrm{T}}\boldsymbol{P}_c\bar{\boldsymbol{M}}_{ii}-\bar{\bar{\boldsymbol{P}}}+\bar{\boldsymbol{N}}_{ii}^{\mathrm{T}}\bar{\boldsymbol{N}}_{ii}<\boldsymbol{0}$

和 $\overline{\overline{M}}_{ij}^{T} P_c \overline{\overline{M}}_{ij} - \overline{\overline{P}} + \overline{\overline{N}}_{ij}^{T} \overline{\overline{N}}_{ij} < \boldsymbol{0}$，那么 $J_1 < 0(z^T(k)z(k) < \gamma^2 \boldsymbol{w}^T(k)\boldsymbol{w}(k))$。当 $N \to +\infty$ 时，$\| z(k) \|_2^2 < \gamma^2 \| \boldsymbol{w}(k) \|_2^2$。因此，第 d 个 ORG 中的 SC 模糊系统(2.12)的总成本 $z(k)$ 满足 $\| z(k) \|_2^2 < \gamma^2 \| \boldsymbol{w}(k) \|_2^2$。

当 $\boldsymbol{w}(k) \equiv \boldsymbol{0}$ 时，式(2.13)可变为如下不等式：

$$\Delta V_d(\boldsymbol{x}(k)) \leqslant \sum_{i=j,\ i \in L_d} h_i^2 \bar{\boldsymbol{x}}^T(k) [\overline{\boldsymbol{M}}_{ii}^T \boldsymbol{P}_c \overline{\boldsymbol{M}}_{ii} - \overline{\overline{\boldsymbol{P}}}] \bar{\boldsymbol{x}}(k) + 2 \sum_{\substack{i<j \\ i \in L_d,\ j \in L_d}} h_i h_j \bar{\boldsymbol{x}}^T(k) [\overline{\overline{\boldsymbol{M}}}_{ij}^T \boldsymbol{P}_c \overline{\overline{\boldsymbol{M}}}_{ij} - \overline{\overline{\boldsymbol{P}}}] \bar{\boldsymbol{x}}(k)$$

根据式(2.9)和式(2.10)，可知 $\overline{\boldsymbol{M}}_{ii}^T \boldsymbol{P}_c \overline{\boldsymbol{M}}_{ii} - \overline{\overline{\boldsymbol{P}}} < \boldsymbol{0}$ 和 $\overline{\overline{\boldsymbol{M}}}_{ij}^T \boldsymbol{P}_c \overline{\overline{\boldsymbol{M}}}_{ij} - \overline{\overline{\boldsymbol{P}}} < \boldsymbol{0}$，那么 $\Delta V_d(\boldsymbol{x}(k)) < 0$，因此，库存状态反馈控制律可使 SC 局部系统(2.12)在第 d 个 ORG 中鲁棒渐近稳定。

(2)库存状态变量 $\boldsymbol{x}(k)$ 与 $\boldsymbol{x}(k+1)$ 不在同一个 ORG。

引入一种分段函数如下：

$$\lambda_d = \begin{cases} 1, & \boldsymbol{x}(k) \in v_d \\ 0, & \boldsymbol{x}(k) \notin v_d \end{cases}$$

其中 $\sum_{d=1}^{f} \lambda_d = 1$，那么，SC 模糊系统(2.12)可表示为：

$$\begin{cases} \boldsymbol{x}(k+1) = \sum_{d=1}^{f} \lambda_d \left[\sum_{i \in L_d} \sum_{j \in L_d} h_i h_j \overline{\boldsymbol{M}}_{ij} \bar{\boldsymbol{x}}(k) \right] \\ z(k) = \sum_{d=1}^{f} \lambda_d \left[\sum_{i \in L_d} \sum_{j \in L_d} h_i h_j \overline{\boldsymbol{N}}_{ij} \bar{\boldsymbol{x}}(k) \right] \end{cases} \tag{2.17}$$

设 $\boldsymbol{P}_m = \sum_{d=1}^{f} \lambda_d \boldsymbol{P}_c$ 和 $\boldsymbol{Q}_{em} = \sum_{d=1}^{f} \lambda_d \boldsymbol{Q}_{ec}$，则有：

$$\begin{aligned} V(\boldsymbol{x}(k)) &= \boldsymbol{x}^T(k) \boldsymbol{P}_m \boldsymbol{x}(k) + \sum_{e=1}^{n} \sum_{\xi=k-\tau_e}^{k-1} \boldsymbol{x}^T(\xi) \boldsymbol{Q}_{em} \boldsymbol{x}(\xi) \\ &= \boldsymbol{x}^T(k) \left(\sum_{d=1}^{f} \lambda_d \boldsymbol{P}_c \right) \boldsymbol{x}(k) + \sum_{e=1}^{n} \sum_{\xi=k-\tau_e}^{k-1} \boldsymbol{x}^T(\xi) \left(\sum_{d=1}^{f} \lambda_d \boldsymbol{Q}_{ec} \right) \boldsymbol{x}(\xi) \\ &= \sum_{d=1}^{f} \lambda_d \left[\boldsymbol{x}^T(k) \boldsymbol{P}_c \boldsymbol{x}(k) + \sum_{e=1}^{n} \sum_{\xi=k-\tau_e}^{k-1} \boldsymbol{x}^T(\xi) \boldsymbol{Q}_{ec} \boldsymbol{x}(\xi) \right] \\ &= \sum_{d=1}^{f} \lambda_d V_d(\boldsymbol{x}(k)) \end{aligned}$$

当客户需求 $\boldsymbol{w}(k) \neq \boldsymbol{0}$ 时，基于 $J_1 = \sum_{k=0}^{N-1} [z^T(k)z(k) - \gamma^2 \boldsymbol{w}^T(k)\boldsymbol{w}(k)]$，设式(2.17)的 H_∞ 性能指标函数 $J_2 =$

$\sum_{k=0}^{N-1}\sum_{d=1}^{f}\lambda_d[z^T(k)z(k) - \gamma^2 \boldsymbol{w}^T(k)\boldsymbol{w}(k)]$。遵循之前相同的证明思路，$J_2 < 0(z^T(k)z(k) < \gamma^2 \boldsymbol{w}^T(k)\boldsymbol{w}(k))$。当 $N \to +\infty$ 时，$\| z(k) \|_2^2 < \gamma^2 \| \boldsymbol{w}(k) \|_2^2$，所以，SC 模糊系统(2.17)的总成本 $z(k)$ 满足 $\| z(k) \|_2^2 < \gamma^2 \| \boldsymbol{w}(k) \|_2^2$。

当 $\boldsymbol{w}(k) \equiv \boldsymbol{0}$ 时，对 $\Delta V(\boldsymbol{x}(k))$ 做如下变换：

$$\begin{aligned}\Delta V(\boldsymbol{x}(k)) &= V(\boldsymbol{x}(k+1)) - V(\boldsymbol{x}(k)) \\ &= \sum_{d=1}^{f}\lambda_d V_d(\boldsymbol{x}(k+1)) - \sum_{d=1}^{f}\lambda_d V_d(\boldsymbol{x}(k)) \\ &= \sum_{d=1}^{f}\lambda_d [V_d(\boldsymbol{x}(k+1)) - V_d(\boldsymbol{x}(k))] \\ &= \sum_{d=1}^{f}\lambda_d \Delta V_d(\boldsymbol{x}(k)) < 0\end{aligned}$$

因此，在任意 ORG 中，在式(2.7)的作用下，外部需求 $\boldsymbol{w}(k) \equiv \boldsymbol{0}$ 的 SC 系统(2.17)鲁棒渐近稳定。

那么，依据性质 1.1，如果通过求解式(2.9)和式(2.10)在 G_c 中发现局部公共正定矩阵 $\boldsymbol{P}_c$ 和 $\boldsymbol{Q}_{ec}$，则 SC 系统(2.8)是鲁棒渐近稳定的。

证毕。

在定理 2.1 中，对于给定的 H_∞ 性能指标 γ，须求解不等式(2.9)和不等式(2.10)以得到 SC 系统(2.8)的稳定条件。接下来，为了方便设计 SC 系统的状态反馈控制律，将不等式(2.9)和不等式(2.10)转换为线性矩阵不等式的形式，而线性矩阵不等式的求解可以应用软件 MATLAB 中的工具箱来实现。因此，将定理 2.1 的不等式求解问题转化为下面的定理 2.2 的线性矩阵不等式求解问题。

定理 2.2 对于给定的标量 $\gamma>0$，如果在如下不等式中求解出正定矩阵 $\boldsymbol{P}_c$ 和 $\boldsymbol{Q}_{ec}$、矩阵 $\boldsymbol{K}_{ic}$、$\boldsymbol{K}_{jc}$、$\boldsymbol{K}_{iec}$ 和 $\boldsymbol{K}_{jec}$，那么具有提前期和 SFP 输入的 SC 多模型系统(2.8)在 H_∞ 性能指标 γ 下鲁棒渐近稳定。

$$\begin{bmatrix} -\boldsymbol{P}_c + \sum_{e=1}^{n}\boldsymbol{Q}_{ec} & * & * & * & * \\ \boldsymbol{0} & -\hat{\boldsymbol{Q}} & * & * & * \\ \boldsymbol{0} & \boldsymbol{0} & -\gamma^2\boldsymbol{I} & * & * \\ \boldsymbol{A}_i - \boldsymbol{B}_i\boldsymbol{K}_{ic} & -\boldsymbol{\Pi}_1 & \boldsymbol{B}_{wi} & -\boldsymbol{P}_c & * \\ \boldsymbol{C}_i - \boldsymbol{D}_i\boldsymbol{K}_{ic} & -\boldsymbol{\Pi}_2 & \boldsymbol{0} & \boldsymbol{0} & -\boldsymbol{I}\end{bmatrix} < \boldsymbol{0},\ i \in I_c \quad (2.18)$$

$$
\begin{bmatrix}
-4P_c+4\sum_{e=1}^{n}Q_{ec} & * & * & * & * \\
0 & -4\hat{Q} & * & * & * \\
0 & 0 & -4\gamma^2 I & * & * \\
A_i-B_iK_{jc}+A_j-B_jK_{ic} & -\Phi_1 & B_{wi}+B_{wj} & -P_c & * \\
C_i-D_iK_{jc}+C_j-D_jK_{ic} & -\Phi_2 & 0 & 0 & -I
\end{bmatrix} < 0,\ i<j,\ i,\ j\in I_c \tag{2.19}
$$

其中，$\hat{Q} = diag\{Q_{1c}\ \cdots\ Q_{ec}\ \cdots\ Q_{nc}\}$，$\Pi_1 = [B_{i1}K_{i1c}\ \cdots\ B_{ie}K_{iec}\ \cdots\ B_{in}K_{in}]$，$\Pi_2 = [D_{i1}K_{i1c}\ \cdots\ D_{ie}K_{iec}\ \cdots\ D_{in}K_{inc}]$，$\Phi_1 = [B_{i1}K_{j1c}+B_{j1}K_{i1c}\ \cdots\ B_{ie}K_{jec}+B_{je}K_{iec}\ \cdots\ B_{in}K_{jnc}+B_{jn}K_{inc}]$，$\Phi_2 = [D_{i1}K_{j1c}+D_{j1}K_{i1c}\ \cdots\ D_{ie}K_{jec}+D_{je}K_{iec}\ \cdots\ D_{in}K_{jnc}+D_{jn}K_{inc}]$，$I_c$ 为 G_c 中包含的规则序号集，G_c 为第 c 个 MORG，$c = 1, 2, \cdots, \prod_{j=1}^{n}(m_j-1)$，$m_j$ 为第 j 个库存变量模糊分划数。

证明：定理 2.2 的证明思路与定理 2.1 相似。在定理 2.1 的基础上，定理 2.2 可用矩阵变换和 Schur 补引理得到。为了简洁起见，略去其证明过程。

至此，为了使客户不确定需求下含提前期的 SC 多模型系统能够低成本鲁棒运作，提出了由库存切换策略和鲁棒控制策略组成的鲁棒切换策略。

注 2.1　(1) 与常规鲁棒控制策略相比，本章提出的鲁棒切换策略能够实现多模型的软切换，使 SC 系统更好地实现鲁棒渐近稳定；(2) 本章提出的鲁棒切换策略只需在每个 MORG 中找到局部公共正定矩阵来检验系统的鲁棒稳定性。因此，该策略可以减少常规李雅普诺夫函数方法的保守性和难度。

注 2.2　本节提出的定理 2.2 与 Zhang 和 Xu (2009) 提出的定理 3 在检验系统稳定过程中需求解的线性矩阵不等式的数量分别是 $\prod_{j=1}^{n}(m_j-1)2^{(n-1)}(2^n+1) + 6\prod_{j=1}^{n}(m_j-1)$ 和 $\frac{1}{2}\left(\prod_{j=1}^{n}(m_j)\right)^3 + \frac{1}{2}\left(\prod_{j=1}^{n}(m_j)\right)^2 + 2\prod_{j=1}^{n}(m_j) + 5$。

表 2.1 给出了本节提出的定理 2.2 与 Zhang 和 Xu(2009) 提出的定理 3 在求解线性矩阵不等式数量上的比较结果，其中，n 代表状态变量的数量，

v 和 ϑ 分别代表 Zhang 和 Xu(2009)提出的定理 3 和本节提出的定理 2.2 需满足的线性矩阵不等式的数量。

表 2.1 两个定理求解线性矩阵不等式数量的比较结果

n	m	r	v	ϑ
1	3	3	29	18
1	4	4	53	27
2	3	9	428	64
2	4	16	2213	144

由表 2.1 可知，随着规则数 r 的增加，v 和 ϑ 的差值将越来越大。

2.5 仿真分析

2.5.1 需求不确定下含提前期的一般 SC 仿真分析

本节选择与 1.5.1 节中相同的压缩机行业的二阶 SC 为研究对象。在该 SC 系统中，考虑了生产提前期和订购提前期，以及客户需求的不确定性。

采取与图 1.6 相同的库存模糊分划，基于式(2.1)的一般 SC 基本模型、图 1.4 的库存切换策略和式(2.5)的 T-S 模糊模型，以下 4 个 T-S 模糊规则可以描述该客户需求不确定下具有生产提前期和订购提前期的二阶多模型 SC 系统：

R_i : If $x_1(k)$ is M_1^i and $x_2(k)$ is M_2^i, then

$$
\begin{cases}
\boldsymbol{x}(k+1)=\sum_{i=1}^{4}h_i\left[\boldsymbol{A}_i\boldsymbol{x}(k)+\boldsymbol{B}_i\boldsymbol{u}(k)+\boldsymbol{B}_{i1}\boldsymbol{u}(k-\tau_1)+\boldsymbol{B}_{i2}\boldsymbol{u}(k-\tau_2)+\boldsymbol{B}_{wi}\boldsymbol{w}(k)\right]\\
z(k)=\sum_{i=1}^{4}h_i\left[\boldsymbol{C}_i\boldsymbol{x}(k)+\boldsymbol{D}_i\boldsymbol{u}(k)+\boldsymbol{D}_{i1}\boldsymbol{u}(k-\tau_1)+\boldsymbol{D}_{i2}\boldsymbol{u}(k-\tau_2)\right]
\end{cases}
$$

其中，$\boldsymbol{x}(k)=[x_1(k)\quad x_2(k)]^{\mathrm{T}}$，$\boldsymbol{u}(k)=[u_1(k)\quad u_2(k)]^{\mathrm{T}}$，$\tau_1$ 代表生产提前期，τ_2 代表订购提前期，$\boldsymbol{w}(k)=[0\quad w_2(k)]^{\mathrm{T}}$。

系统参数矩阵可表示如下：$\boldsymbol{A}_1=\boldsymbol{0}$，$\boldsymbol{A}_2=\begin{bmatrix}0&0\\0&1\end{bmatrix}$，$\boldsymbol{A}_3=\begin{bmatrix}1&0\\0&0\end{bmatrix}$，$\boldsymbol{A}_4=$

$\begin{bmatrix}1 & 0\\0 & 1\end{bmatrix}$，$\boldsymbol{B}_1=\boldsymbol{B}_3=\begin{bmatrix}1 & -1\\0 & 1+\lambda\end{bmatrix}$，$\boldsymbol{B}_2=\boldsymbol{B}_4=\begin{bmatrix}1 & -1\\0 & 1\end{bmatrix}$，$\boldsymbol{B}_{11}=\boldsymbol{B}_{21}=\boldsymbol{B}_{31}=\boldsymbol{B}_{41}=\begin{bmatrix}1 & 0\\0 & 0\end{bmatrix}$，$\boldsymbol{B}_{12}=\boldsymbol{B}_{22}=\boldsymbol{B}_{32}=\boldsymbol{B}_{42}=\begin{bmatrix}0 & 0\\0 & 1\end{bmatrix}$，$\boldsymbol{B}_{w1}=\boldsymbol{B}_{w2}=\boldsymbol{B}_{w3}=\boldsymbol{B}_{w4}=\begin{bmatrix}0 & 0\\0 & -1\end{bmatrix}$，$\boldsymbol{C}_1=\boldsymbol{0}$，$\boldsymbol{C}_2=[0\quad c_{r2}]$，$\boldsymbol{C}_3=[c_{r1}\quad 0]$，$\boldsymbol{C}_4=[c_{r1}\quad c_{r2}]$，$\boldsymbol{D}_1=[c_{mJ}\quad c_0+c_{0L}]$，$\boldsymbol{D}_2=[c_{mJ}\quad 0]$，$\boldsymbol{D}_3=[c_m\quad c_0+c_{0L}]$，$\boldsymbol{D}_4=[c_m\quad c_0]$，$\boldsymbol{D}_{11}=\boldsymbol{D}_{21}=[c_{mJ}\quad 0]$，$\boldsymbol{D}_{31}=\boldsymbol{D}_{41}=[c_m\quad 0]$，$\boldsymbol{D}_{12}=\boldsymbol{D}_{32}=[0\quad c_0+c_{0L}]$，$\boldsymbol{D}_{22}=\boldsymbol{D}_{42}=[0\quad c_0]$。以上各成本变量的含义详见 1.5.1 节。设 $c_{r1}=0.13$，$c_{r2}=0.30$，$c_m=1.06$，$c_{mJ}=1.87$，$c_0=1.66$，$c_{0L}=1.91$（$\times 10^6$ 元）。

对于上述一般 SC 模糊系统，设计库存状态反馈控制律如下：

K^i：If $x_1(k)$ is M_1^i and $x_2(k)$ is M_2^i, then

$$\begin{cases}\boldsymbol{u}(k)=-\sum_{i=1}^{4}h_i\boldsymbol{K}_{i1}\boldsymbol{x}(k)\\ \boldsymbol{u}(k-\tau_1)=-\sum_{i=1}^{4}h_i\boldsymbol{K}_{i11}\boldsymbol{x}(k-\tau_1)\\ \boldsymbol{u}(k-\tau_2)=-\sum_{i=1}^{4}h_i\boldsymbol{K}_{i21}\boldsymbol{x}(k-\tau_2)\end{cases}$$

当 $\gamma=0.6$ 时，通过求解定理 2.2 中的式(2.18)和式(2.19)，得到了局部公共正定矩阵，所以该二阶 SC 在客户不确定需求和提前期的影响下是鲁棒稳定的。具体的求解结果如下：

$\boldsymbol{P}_1=\begin{bmatrix}292.5161 & -55.5053\\-55.5053 & 119.3743\end{bmatrix}$，$\boldsymbol{Q}_{11}=\boldsymbol{Q}_{21}=\begin{bmatrix}55.8514 & -17.0739\\-17.0739 & 11.1860\end{bmatrix}$，$\boldsymbol{K}_{11}=\begin{bmatrix}0.2213 & -0.4811\\-0.1261 & 0.2337\end{bmatrix}$，$\boldsymbol{K}_{21}=\begin{bmatrix}0.1112 & -0.0346\\-0.1338 & 0.2118\end{bmatrix}$，$\boldsymbol{K}_{31}=\begin{bmatrix}0.3374 & -0.3112\\-0.0651 & 0.0883\end{bmatrix}$，$\boldsymbol{K}_{41}=\begin{bmatrix}0.2207 & 0.0788\\-0.0698 & 0.1163\end{bmatrix}$，$\boldsymbol{K}_{111}=\boldsymbol{K}_{211}=\boldsymbol{K}_{311}=\boldsymbol{K}_{411}=\boldsymbol{K}_{121}=\boldsymbol{K}_{221}=\boldsymbol{K}_{321}=\boldsymbol{K}_{421}=\boldsymbol{0}$。

下面通过与常规鲁棒控制策略进行对比仿真实验，以验证所提出的鲁棒切换策略对客户需求不确定下含提前期的 SC 多模型系统的控制效果的优越性。

常规鲁棒控制策略可描述为：

K^i：If $x_1(k)$ is M_1^i and $x_2(k)$ is M_2^i, then

$$\begin{cases}\boldsymbol{u}(k)=-\boldsymbol{K}_{i1}\boldsymbol{x}(k)\\ \boldsymbol{u}(k-\tau_1)=-\boldsymbol{K}_{i11}\boldsymbol{x}(k-\tau_1)\\ \boldsymbol{u}(k-\tau_2)=-\boldsymbol{K}_{i21}\boldsymbol{x}(k-\tau_2)\end{cases}$$

其中 $i=1\sim4$。

设各变量的初始值和标称值如下：$x_1(0)=0.9$，$x_2(0)=0.1$，$\vec{x}_1(k)=1.5$，$\vec{x}_2(k)=0.5$，$\vec{u}_1(k)=1$，$\vec{u}_2(k)=0.6(\times10^5$ 套)。生产提前期和订购提前期设定为 $\tau_1=\tau_2=2$(天)，并设客户的需求满足 $w_2(k)\sim N(3,0.5^2)$。

图 2.2、图 2.4 和图 2.6 显示了在常规鲁棒控制策略下的 SC 系统各变量的变化过程，而在本章提出的鲁棒切换策略下，仿真结果如图 2.3、图 2.5 和图 2.7 所示。

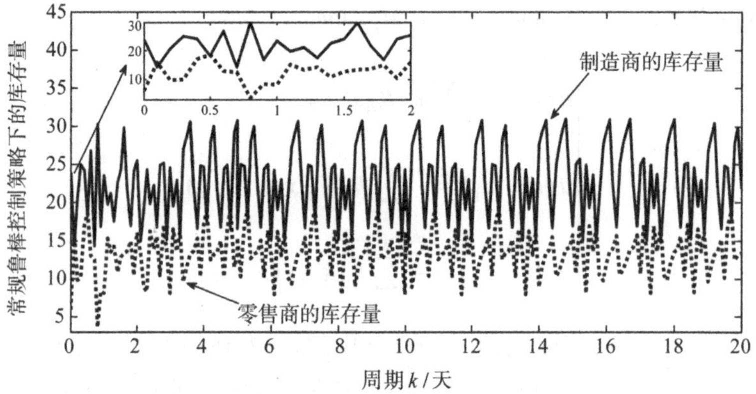

图 2.2 常规鲁棒控制策略下库存水平的变化过程（$\times10^4$ 套）

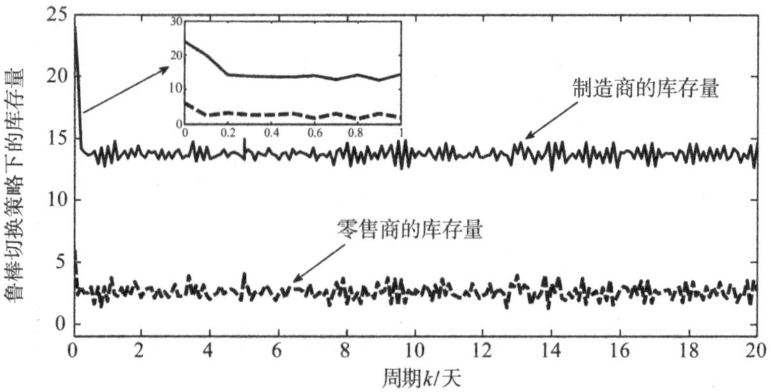

图 2.3 鲁棒切换控制策略下库存水平的变化过程（$\times10^4$ 套）

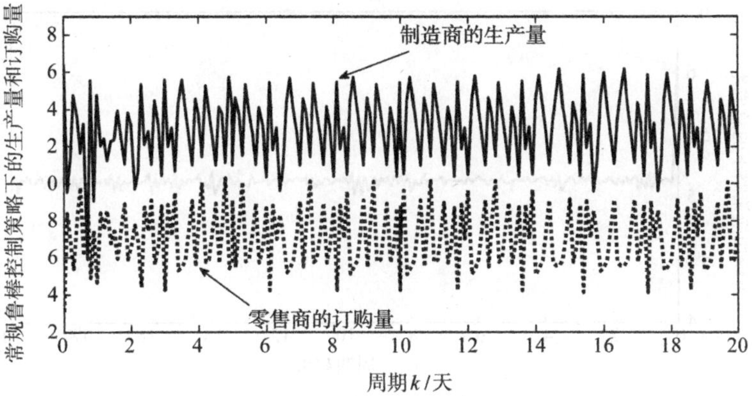

图 2.4　常规鲁棒控制策略下生产量和订购量的变化过程（ $\times 10^4$ 套）

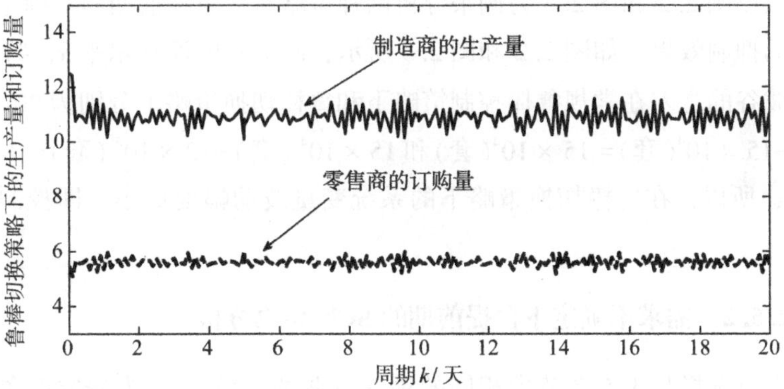

图 2.5　鲁棒切换策略下生产量和订购量的变化过程（ $\times 10^4$ 套）

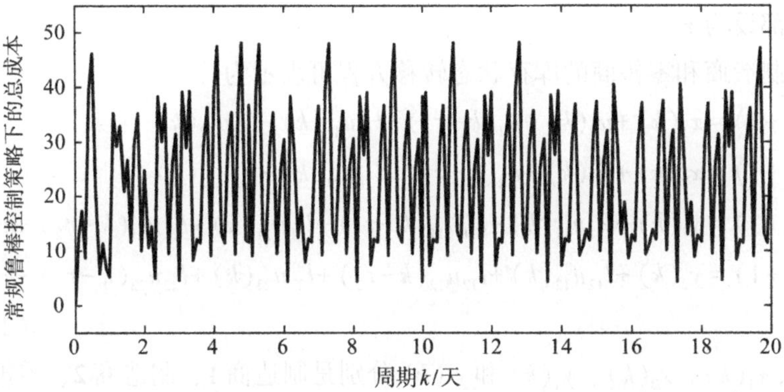

图 2.6　常规鲁棒控制策略下系统总成本的变化过程（ $\times 10^5$ 元）

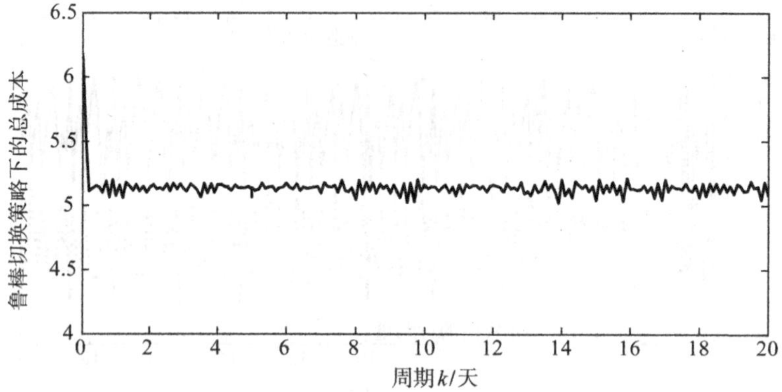

图 2.7　鲁棒切换策略下系统总成本的变化过程（$\times 10^5$ 元）

仅以图 2.2 和图 2.3 为例来分析两种策略对多重提前期和不确定客户需求的抑制效果。如图 2.2 和图 2.3 所示，制造商的库存水平 $x_1(k)$ 的波峰和波谷的之差在常规鲁棒控制策略下和鲁棒切换策略下分别为 30×10^4（套）-15×10^4（套）$=15\times 10^4$（套）和 15×10^4（套）-12×10^4（套）$=3\times 10^4$（套），所以，在鲁棒切换策略下的系统变量波动幅度更小，即控制效果更好。

2.5.2　需求不确定下含提前期的 SCN 仿真分析

本节选择与 1.5.2 节中相同的钢铁行业的二阶 SCN 为研究对象。在该 SCN 中，考虑了生产提前期、订购提前期以及客户需求的不确定性。为了表述方便，将制造商的生产提前期全部设为 τ_1，零售商的订购提前期全部设为 τ_2。

制造商和零售商的库存状态转移方程可表示为：

$$\begin{cases} x_1(k+1)=x_1(k)+u_1(k)+u_1(k-\tau_1)-l_{11}u_{11}(k)-l_{12}u_{12}(k) \\ x_2(k+1)=x_2(k)+u_2(k)+u_2(k-\tau_1)-l_{21}u_{21}(k)-l_{22}u_{22}(k) \\ y_1(k+1)=y_1(k)+l_{11}u_{11}(k)+l_{11}u_{11}(k-\tau_2)+l_{21}u_{21}(k)+l_{21}u_{21}(k-\tau_2)-w_1(k) \\ y_2(k+1)=y_2(k)+l_{12}u_{12}(k)+l_{12}u_{12}(k-\tau_2)+l_{22}u_{22}(k)+l_{22}u_{22}(k-\tau_2)-w_2(k) \end{cases} \tag{2.20}$$

其中，$x_1(k)$、$x_2(k)$、$y_1(k)$ 和 $y_2(k)$ 分别是制造商 1、制造商 2、零售商 1 和零售商 2 在周期 k 的库存水平，$u_1(k)$ 和 $u_2(k)$ 分别是制造商 1 和制造商 2 在周期 k 的生产量，$u_1(k-\tau_1)$ 和 $u_2(k-\tau_1)$ 代表存在生产提前期的生

产量，$u_{11}(k)$ 和 $u_{21}(k)$ 是零售商 1 在周期 k 分别向制造商 1 和制造商 2 订购的订购量，$u_{12}(k)$ 和 $u_{22}(k)$ 是零售商 2 在周期 k 分别向制造商 1 和制造商 2 订购的订购量，$u_{11}(k-\tau_2)$、$u_{12}(k-\tau_2)$、$u_{21}(k-\tau_2)$ 和 $u_{22}(k-\tau_2)$ 代表存在订购提前期的订购量，$w_1(k)$ 和 $w_2(k)$ 分别是零售商 1 和零售商 2 在周期 k 的客户需求量，l_{11} 和 l_{21} 是零售商 1 分别向制造商 1 和制造商 2 订购的订购率，l_{12} 和 l_{22} 是零售商 2 分别向制造商 1 和制造商 2 订购的订购率。

采取与图 1.10 相同的库存模糊分划，基于式(2.2)的 SCN 的基本模型、1.2.2 节设计的 SCN 库存切换策略和式(2.5)的 T-S 模糊模型，以下 4 个 T-S 模糊规则可以描述该客户需求不确定下具有生产提前期和订购提前期的二阶多模型 SCN：

R_i：If $x_1(k)$ is M_1^i and $x_2(k)$ is M_2^i, then

$$\begin{cases} \boldsymbol{x}(k+1)=\sum\limits_{i=1}^{4} h_i\,[\boldsymbol{A}_i\boldsymbol{x}(k)+\boldsymbol{B}_i\boldsymbol{u}(k)+\boldsymbol{B}_{i1}\boldsymbol{u}(k-\tau_1)+\boldsymbol{B}_{i2}\boldsymbol{u}(k-\tau_2)+\boldsymbol{B}_{wi}\boldsymbol{w}(k)] \\ z(k)=\sum\limits_{i=1}^{4} h_i\,[\boldsymbol{C}_i\boldsymbol{x}(k)+\boldsymbol{D}_i\boldsymbol{u}(k)+\boldsymbol{D}_{i1}\boldsymbol{u}(k-\tau_1)+\boldsymbol{D}_{i2}\boldsymbol{u}(k-\tau_2)] \end{cases}$$

式中，$\boldsymbol{x}^{\mathrm{T}}(k)=[x_1(k),\ x_2(k),\ y_1(k),\ y_2(k)]$，$\boldsymbol{u}^{\mathrm{T}}(k)=[u_1(k),\ u_2(k),\ u_{11}(k),\ u_{12}(k),\ u_{21}(k),\ u_{22}(k)]$。在不同的模糊规则下 l_{ab} 的取值如下：当 $i=1$ 时，$l_{11}=l_{12}=l_{21}=l_{22}=0.5$；当 $i=2$ 时，$l_{11}=0.35$，$l_{12}=0.43$，$l_{21}=0.65$，$l_{22}=0.57$；当 $i=3$ 时，$l_{11}=0.65$，$l_{12}=0.57$，$l_{21}=0.35$，$l_{22}=0.43$；当 $i=4$ 时，$l_{11}=l_{12}=l_{21}=l_{22}=0.5$，则系统的系数矩阵可表示为：

$$\boldsymbol{A}_1=\boldsymbol{A}_2=\boldsymbol{A}_3=\boldsymbol{A}_4=\begin{bmatrix}1&0&0&0\\0&1&0&0\\0&0&1&0\\0&0&0&1\end{bmatrix},$$

$$\boldsymbol{B}_1=\begin{bmatrix}1&0&-0.5&-0.5&0&0\\0&1&0&0&-0.5&-0.5\\0&0&0.5&0&0.5&0\\0&0&0&0.5&0&0.5\end{bmatrix},$$

$$\boldsymbol{B}_2=\begin{bmatrix}1&0&-0.35&-0.43&0&0\\0&1&0&0&-0.65&-0.57\\0&0&0.35&0&0.65&0\\0&0&0&0.43&0&0.57\end{bmatrix},$$

$$\boldsymbol{B}_3=\begin{bmatrix}1&0&-0.65&-0.57&0&0\\0&1&0&0&-0.35&-0.43\\0&0&0.65&0&0.35&0\\0&0&0&0.57&0&0.43\end{bmatrix},$$

$$\boldsymbol{B}_4=\begin{bmatrix}1&0&-0.5&-0.5&0&0\\0&1&0&0&-0.5&-0.5\\0&0&0.5&0&0.5&0\\0&0&0&0.5&0&0.5\end{bmatrix},$$

$$\boldsymbol{B}_{11}=\boldsymbol{B}_{21}=\boldsymbol{B}_{31}=\boldsymbol{B}_{41}=\begin{bmatrix}1&0&0&0&0&0\\0&1&0&0&0&0\\0&0&0&0&0&0\\0&0&0&0&0&0\end{bmatrix},$$

$$\boldsymbol{B}_{12}=\begin{bmatrix}0&0&0&0&0&0\\0&0&0&0&0&0\\0&0&0.5&0&0.5&0\\0&0&0&0.5&0&0.5\end{bmatrix},$$

$$\boldsymbol{B}_{22}=\begin{bmatrix}0&0&0&0&0&0\\0&0&0&0&0&0\\0&0&0.35&0&0.65&0\\0&0&0&0.43&0&0.57\end{bmatrix},$$

$$\boldsymbol{B}_{32}=\begin{bmatrix}0&0&0&0&0&0\\0&0&0&0&0&0\\0&0&0.65&0&0.35&0\\0&0&0&0.57&0&0.43\end{bmatrix},$$

$$\boldsymbol{B}_{42}=\begin{bmatrix}0&0&0&0&0&0\\0&0&0&0&0&0\\0&0&0.5&0&0.5&0\\0&0&0&0.5&0&0.5\end{bmatrix},$$

$$\boldsymbol{B}_{w1}=\boldsymbol{B}_{w2}=\boldsymbol{B}_{w3}=\boldsymbol{B}_{w4}=\begin{bmatrix}0&0&0&0\\0&0&0&0\\0&0&-1&0\\0&0&0&-1\end{bmatrix},$$

$\boldsymbol{C}_1=\boldsymbol{C}_2=\boldsymbol{C}_3=\boldsymbol{C}_4=[c_{r1}\quad c_{r2}\quad c_{r3}\quad c_{r4}]$,

$\boldsymbol{D}_1=[c_{mJ1}\quad c_{mJ2}\quad 0.5c_{o11}\quad 0.5c_{o12}\quad 0.5c_{o21}\quad 0.5c_{o22}]$,

$\boldsymbol{D}_2=[c_{mJ1}\quad c_{mN2}\quad 0.35c_{o11}\quad 0.43c_{o12}\quad 0.65c_{o21}\quad 0.57c_{o22}]$,

$\boldsymbol{D}_3=[c_{mN1}\quad c_{mJ2}\quad 0.65c_{o11}\quad 0.57c_{o12}\quad 0.35c_{o21}\quad 0.43c_{o22}]$,

$\boldsymbol{D}_4=[c_{mN1}\quad c_{mN2}\quad 0.5c_{o11}\quad 0.5c_{o12}\quad 0.5c_{o21}\quad 0.5c_{o22}]$,

$\boldsymbol{D}_{11}=[c_{mJ1}\quad c_{mJ2}\quad 0\quad 0\quad 0\quad 0]$,

$\boldsymbol{D}_{21}=[c_{mJ1}\quad c_{mN2}\quad 0\quad 0\quad 0\quad 0]$,

$\boldsymbol{D}_{31}=[c_{mN1}\quad c_{mJ2}\quad 0\quad 0\quad 0\quad 0]$,

$\boldsymbol{D}_{41}=[c_{mN1}\quad c_{mN2}\quad 0\quad 0\quad 0\quad 0]$,

$\boldsymbol{D}_{12}=[0\quad 0\quad 0.5c_{o11}\quad 0.5c_{o12}\quad 0.5c_{o21}\quad 0.5c_{o22}]$,

$\boldsymbol{D}_{22}=[0\quad 0\quad 0.35c_{o11}\quad 0.43c_{o12}\quad 0.65c_{o21}\quad 0.57c_{o22}]$,

$\boldsymbol{D}_{32}=[0\quad 0\quad 0.65c_{o11}\quad 0.57c_{o12}\quad 0.35c_{o21}\quad 0.43c_{o22}]$,

$\boldsymbol{D}_{42}=[0\quad 0\quad 0.5c_{o11}\quad 0.5c_{o12}\quad 0.5c_{o21}\quad 0.5c_{o22}]$

对于 SCN 模糊系统，设计如下的库存状态模糊反馈控制律：

K^i ：If $x_1(k)$ is M_1^i and $x_2(k)$ is M_2^i, then

$$\begin{cases}\boldsymbol{u}(k)=-\sum_{i=1}^{4}h_i\boldsymbol{K}_{i1}\boldsymbol{x}(k)\\ \boldsymbol{u}(k-\tau_1)=-\sum_{i=1}^{4}h_i\boldsymbol{K}_{i11}\boldsymbol{x}(k-\tau_1)\\ \boldsymbol{u}(k-\tau_2)=-\sum_{i=1}^{4}h_i\boldsymbol{K}_{i21}\boldsymbol{x}(k-\tau_2)\end{cases}$$

结合该钢铁 SCN 的实际运行情况，模型中的成本参数设定如下：$c_{r1}=1.3$，$c_{r2}=1.45$，$c_{r3}=0.95$，$c_{r4}=1$，$c_{mN1}=2.3$，$c_{mJ1}=3$，$c_{mN2}=2.1$，$c_{mJ2}=2.63$，$c_{o11}=3.6$，$c_{o12}=4.2$，$c_{o21}=3.95$，$c_{o22}=3.81$（$\times 10^4$ 元/吨）。

当 $\gamma=0.55$ 时，通过求解定理 2.2 中的式(2.18)和式(2.19)，得到了局部公共正定矩阵，所以该二阶 SCN 在客户需求不确定和提前期的影响下是鲁棒稳定的。具体的求解结果如下：

$$\boldsymbol{X}_1=\begin{bmatrix}154.0565 & -128.7256 & 1.8339 & 2.0380\\ -128.7256 & 173.5697 & -13.8543 & -5.5308\\ 1.8339 & -13.8543 & 83.7408 & -65.5154\\ 2.0380 & -5.5308 & -65.5154 & 69.2238\end{bmatrix},$$

$$\boldsymbol{Q}_{11}=\boldsymbol{Q}_{21}=\begin{bmatrix}0.3038 & -0.0192 & 0.0063 & -0.0001\\ -0.0192 & 0.3150 & -0.0101 & -0.0054\\ 0.0063 & -0.0101 & 0.2871 & -0.0345\\ -0.0001 & -0.0054 & -0.0345 & 0.2831\end{bmatrix},$$

$$\boldsymbol{K}_{11}=\begin{bmatrix}0.0857 & 0.0682 & 0.0069 & 0.1696\\ 0.9255 & 0.9414 & 0.9871 & 0.8238\\ 2.4274 & 3.0301 & 14.8151 & 14.6152\\ -4.4026 & -3.0359 & -14.9137 & -14.3891\\ -2.4674 & -3.0702 & -12.8627 & -14.6675\\ 4.3860 & 3.0194 & 14.9013 & 16.3785\end{bmatrix},$$

$$\boldsymbol{K}_{21}=\begin{bmatrix}0.2657 & 0.2438 & -0.0496 & 0.1596\\ 0.7700 & 0.7970 & 1.1408 & 0.9374\\ 2.8588 & 3.6330 & 18.7403 & 18.8641\\ -4.2012 & -2.6404 & -16.3533 & -16.0081\\ -1.5781 & -2.0080 & -8.7840 & -10.4417\\ 3.1876 & 2.0221 & 12.5148 & 14.0466\end{bmatrix},$$

$$\boldsymbol{K}_{31}=\begin{bmatrix}0.1324 & 0.1118 & 0.2086 & 0.3185\\ 0.8171 & 0.8287 & 0.6453 & 0.5260\\ 1.4761 & 1.8870 & 10.2286 & 9.6855\\ -3.2576 & -2.0629 & -11.9477 & -11.2073\\ -2.7660 & -3.5260 & -16.2055 & -18.1043\\ 4.2820 & 2.6926 & 15.7767 & 17.1406\end{bmatrix},$$

$$\boldsymbol{K}_{41}=\begin{bmatrix}0.3456 & 0.3241 & 0.2389 & 0.4117\\ 0.6334 & 0.6538 & 0.7285 & 0.5536\\ 1.9362 & 2.5403 & 14.3600 & 14.1257\\ -3.0786 & -1.7264 & -13.7069 & -13.1193\\ -1.8971 & -2.5017 & -12.3277 & -14.0950\\ 3.0956 & 1.7433 & 13.7267 & 15.1426\end{bmatrix},$$

$\boldsymbol{K}_{111}=\boldsymbol{K}_{211}=\boldsymbol{K}_{311}=\boldsymbol{K}_{411}=\boldsymbol{K}_{121}=\boldsymbol{K}_{221}=\boldsymbol{K}_{321}=\boldsymbol{K}_{421}=\boldsymbol{0}$。

下面通过与 2.5.1 节中的常规鲁棒控制策略进行对比仿真实验，以验证所提出的鲁棒切换策略对提高客户需求不确定下含提前期的 SCN 多模型系统的鲁棒性的优越性。

设各变量的初始值和标称值如下：$x_1(0)=2$，$x_2(0)=1.8$，$y_1(0)=1.5$，$y_2(0)=1.3$，$\vec{x}_1(k)=10.2$，$\vec{x}_2(k)=10$，$\vec{y}_1(k)=9.8$，$\vec{y}_2(k)=9.5$（$\times 10^5$吨），并设客户需求满足正态分布 $w_1(k)=w_2(k)\sim N(3,0.1^2)$，$\tau_1=\tau_2=2$（×10 天）。仿真结果如图 2.8 至图 2.16 所示。

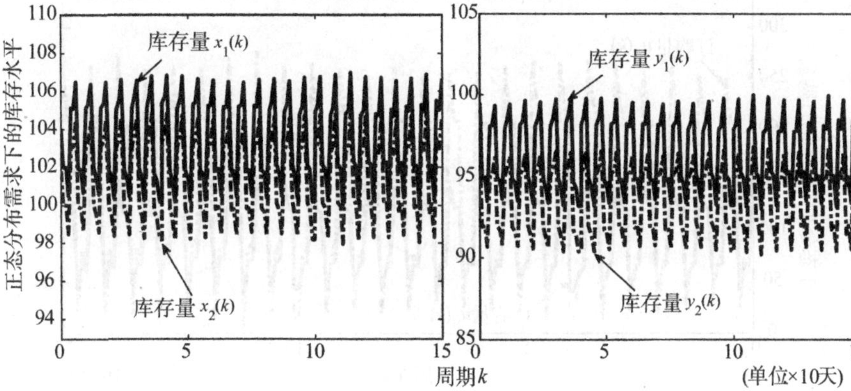

图 2.8　常规鲁棒控制策略下库存量变化过程（$\times 10^4$ 吨）

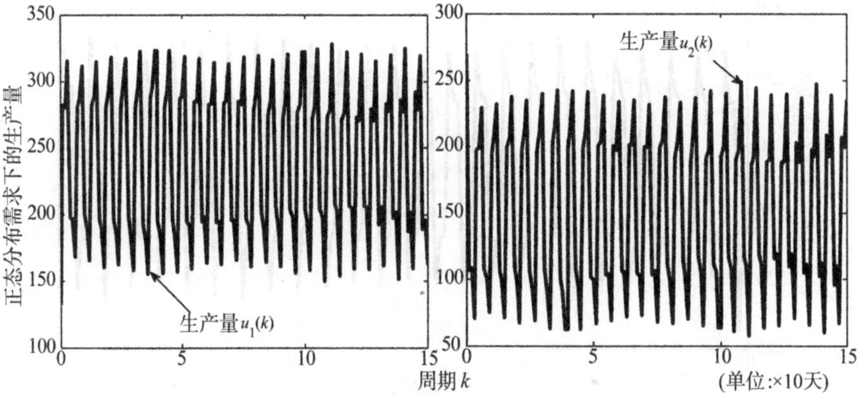

图 2.9　常规鲁棒控制策略下制造商生产量的变化过程（$\times 10^4$ 吨）

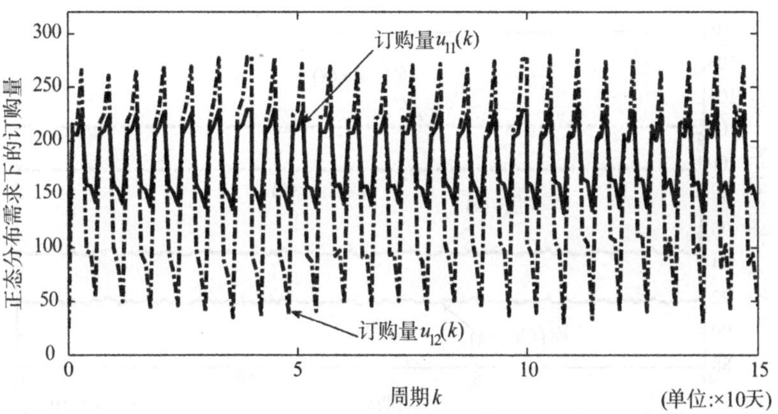

图 2.10　常规鲁棒控制策略下零售商 1 订购量的变化过程（$\times 10^4$ 吨）

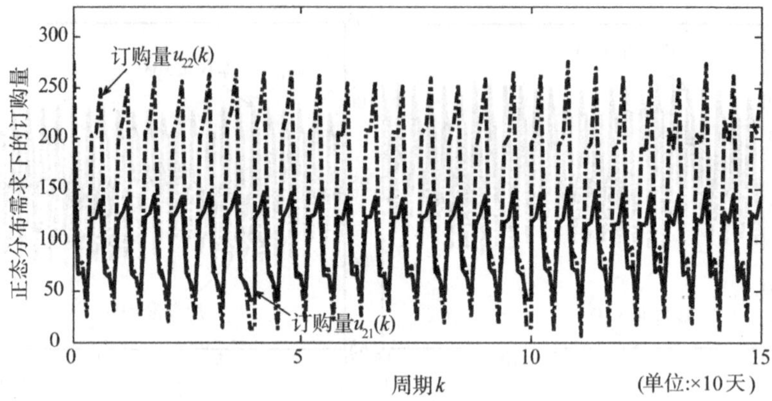

图 2.11　常规鲁棒控制策略下零售商 2 订购量的变化过程($\times 10^4$ 吨)

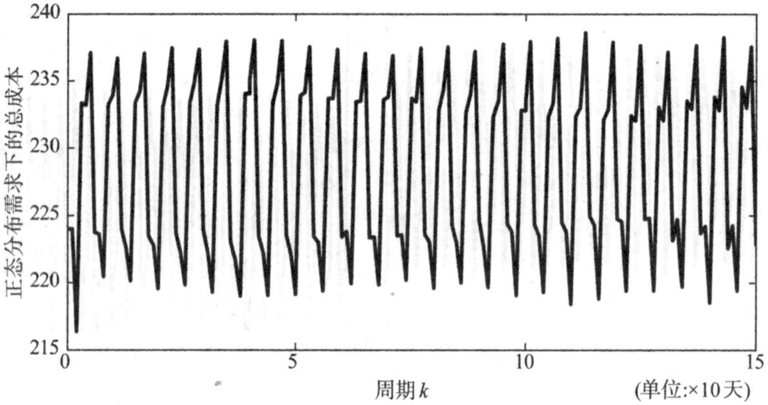

图 2.12　常规鲁棒控制策略下系统总成本的变化过程（ $\times 10^9$ 元）

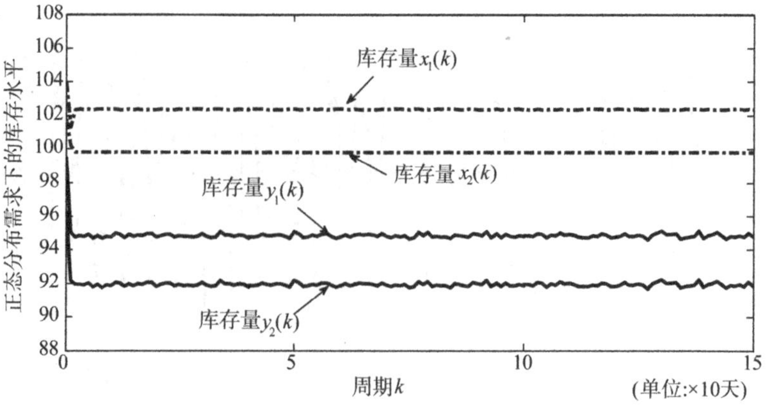

图 2.13　鲁棒切换策略下库存量的变化过程（ $\times 10^4$ 吨）

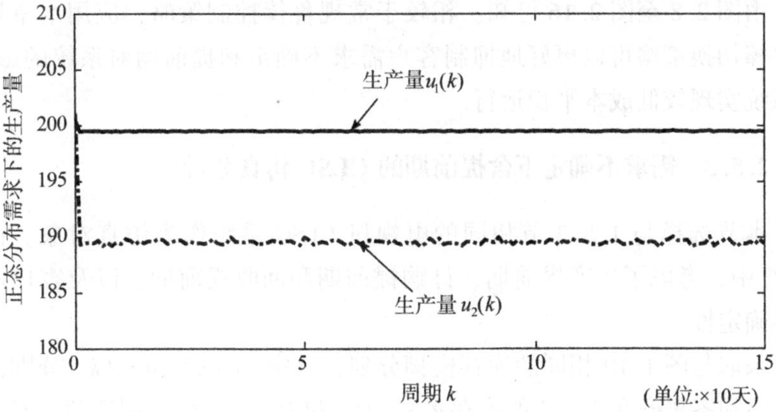

图 2.14　鲁棒切换策略下制造商生产量的变化过程（$\times 10^4$ 吨）

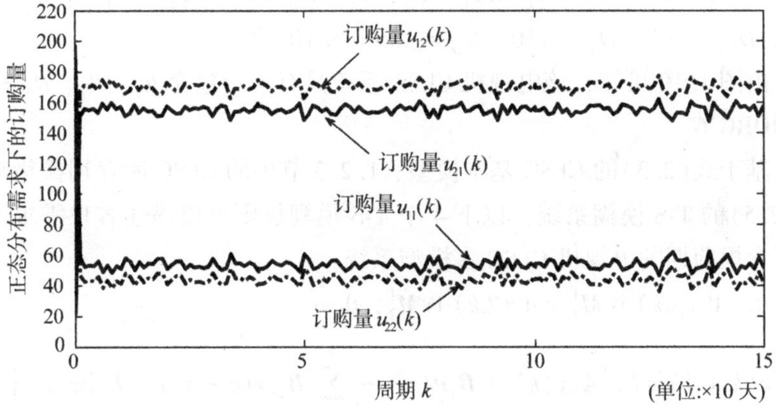

图 2.15　鲁棒切换策略下零售商订购量的变化过程（$\times 10^4$ 吨）

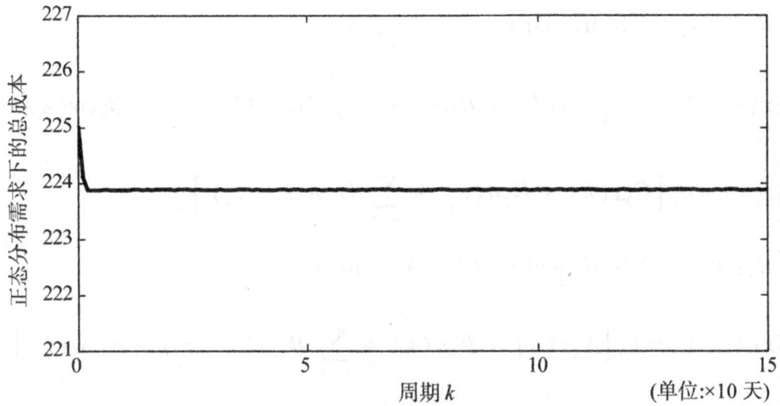

图 2.16　鲁棒切换策略下系统总成本的变化过程（$\times 10^9$ 元）

由图 2. 8 至图 2. 16 可知，相较于常规鲁棒控制策略，应用本章提出的鲁棒切换策略可以更好地抑制客户需求不确定和提前期对系统的影响，使系统实现较低成本平稳运行。

2. 5. 3 需求不确定下含提前期的 CLSC 仿真分析

本节选择与 1. 5. 3 节相同的电视机 CLSC 系统作为仿真对象。在该 CLSC 中，考虑了生产提前期、订购提前期和回收提前期，以及客户需求的不确定性。

采取与图 1. 10 相同的库存模糊分划，其中，$x_1(k)$ 和 $x_2(k)$ 分别代表制造商和零售商在周期 k 的库存水平，D_{0m} 和 D_{1m} 分别代表制造商的安全库存值和理想库存值，D_{0r} 和 D_{1r} 分别代表零售商的安全库存值和理想库存值。设 $M_1^1 = M_1^2 = F_1^1$，$M_1^3 = M_1^4 = F_1^2$，$M_2^1 = M_2^4 = F_2^1$，$M_2^2 = M_2^3 = F_2^2$，$D_{0m} = 120$，$D_{1m} = 160$，$D_{0r} = 110$，$D_{1r} = 155$（$\times 10^3$ 台）。

由图 1. 10 可知，该电视机 CLSC 系统只有一个包含 R_1、R_2、R_3 和 R_4 的 MORG G。

基于式(2. 3)的 CLSC 基本模型、1. 2. 3 节中的 CLSC 库存切换策略和式(2. 5)的 T-S 模糊系统，以下 4 个 T-S 模糊规则可以描述客户需求不确定下含提前期的电视机 CLSC 多模型系统：

R_1：If $x_1(k)$ is M_1^1 and $x_2(k)$ is M_2^1，then

$$\begin{cases} \boldsymbol{x}(k+1) = h_1\left[\boldsymbol{A}_1\boldsymbol{x}(k) + \boldsymbol{B}_1\boldsymbol{u}(k) + \sum\limits_{e=1}^{4} \boldsymbol{B}_{1e}\boldsymbol{u}(k-\tau_e) + \boldsymbol{B}_{w1}\boldsymbol{w}(k)\right] \\ z(k) = h_1\left[\boldsymbol{C}_1\boldsymbol{x}(k) + \boldsymbol{D}_1\boldsymbol{u}(k) + \sum\limits_{e=1}^{4} \boldsymbol{D}_{1e}\boldsymbol{u}(k-\tau_e)\right] \end{cases}$$

R_2：If $x_1(k)$ is M_1^2 and $x_2(k)$ is M_2^2，then

$$\begin{cases} \boldsymbol{x}(k+1) = h_2\left[\boldsymbol{A}_2\boldsymbol{x}(k) + \boldsymbol{B}_2\boldsymbol{u}(k) + \sum\limits_{e=1}^{4} \boldsymbol{B}_{2e}\boldsymbol{u}(k-\tau_e) + \boldsymbol{B}_{w2}\boldsymbol{w}(k)\right] \\ z(k) = h_2\left[\boldsymbol{C}_2\boldsymbol{x}(k) + \boldsymbol{D}_2\boldsymbol{u}(k) + \sum\limits_{e=1}^{4} \boldsymbol{D}_{2e}\boldsymbol{u}(k-\tau_e)\right] \end{cases}$$

R_3：If $x_1(k)$ is M_1^3 and $x_2(k)$ is M_2^3，then

$$\begin{cases} \boldsymbol{x}(k+1) = h_3\left[\boldsymbol{A}_3\boldsymbol{x}(k) + \boldsymbol{B}_3\boldsymbol{u}(k) + \sum\limits_{e=1}^{4} \boldsymbol{B}_{3e}\boldsymbol{u}(k-\tau_e) + \boldsymbol{B}_{w3}\boldsymbol{w}(k)\right] \\ z(k) = h_3\left[\boldsymbol{C}_3\boldsymbol{x}(k) + \boldsymbol{D}_3\boldsymbol{u}(k) + \sum\limits_{e=1}^{4} \boldsymbol{D}_{3e}\boldsymbol{u}(k-\tau_e)\right] \end{cases}$$

R_4: If $x_1(k)$ is M_1^4 and $x_2(k)$ is M_2^4, then

$$\begin{cases} \boldsymbol{x}(k+1) = h_4\left[\boldsymbol{A}_4\boldsymbol{x}(k) + \boldsymbol{B}_4\boldsymbol{u}(k) + \sum_{e=1}^{4}\boldsymbol{B}_{4e}\boldsymbol{u}(k-\tau_e) + \boldsymbol{B}_{w4}\boldsymbol{w}(k)\right] \\ z(k) = h_4\left[\boldsymbol{C}_4\boldsymbol{x}(k) + \boldsymbol{D}_4\boldsymbol{u}(k) + \sum_{e=1}^{4}\boldsymbol{D}_{4e}\boldsymbol{u}(k-\tau_e)\right] \end{cases}$$

针对以上的 T-S 模糊模型，设计库存状态反馈控制律如下：

K^i : If $x_1(k)$ is M_1^i and $x_2(k)$ is M_2^i, then

$$\begin{cases} \boldsymbol{u}(k) = -\sum_{i=1}^{4} h_i \boldsymbol{K}_{i1}\boldsymbol{x}(k) \\ \boldsymbol{u}(k-\tau_1) = -\sum_{i=1}^{4} h_i \boldsymbol{K}_{i11}\boldsymbol{x}(k-\tau_1) \\ \boldsymbol{u}(k-\tau_2) = -\sum_{i=1}^{4} h_i \boldsymbol{K}_{i21}\boldsymbol{x}(k-\tau_2) \\ \boldsymbol{u}(k-\tau_3) = -\sum_{i=1}^{4} h_i \boldsymbol{K}_{i31}\boldsymbol{x}(k-\tau_3) \\ \boldsymbol{u}(k-\tau_4) = -\sum_{i=1}^{4} h_i \boldsymbol{K}_{i41}\boldsymbol{x}(k-\tau_4) \end{cases}$$

设置的系统参数与 1.5.3 节中的相同，则系统矩阵可表示如下：

$$\boldsymbol{A}_1 = \boldsymbol{A}_2 = \boldsymbol{A}_3 = \boldsymbol{A}_4 = \begin{bmatrix} 1 & 0 & 0 & 0.98 \\ 0 & 1 & 0.01 & 0 \\ 0 & 0 & 0.99 & 0 \\ 0 & 0 & 0 & 0 \end{bmatrix},$$

$$\boldsymbol{B}_1 = \begin{bmatrix} 1 & -1 & 1 & 0 \\ 0 & 1 & 0 & 0 \\ 0 & 0 & -1 & -1 \\ 0 & 0 & 0 & 1 \end{bmatrix}, \boldsymbol{B}_2 = \begin{bmatrix} 1 & 0 & 1 & 0 \\ 0 & 0 & 0 & 0 \\ 0 & 0 & -1 & -1 \\ 0 & 0 & 0 & 1 \end{bmatrix},$$

$$\boldsymbol{B}_3 = \begin{bmatrix} 0 & 0 & 1 & 0 \\ 0 & 0 & 0 & 0 \\ 0 & 0 & -1 & -1 \\ 0 & 0 & 0 & 1 \end{bmatrix}, \boldsymbol{B}_4 = \begin{bmatrix} 0 & -1 & 1 & 0 \\ 0 & 1 & 0 & 0 \\ 0 & 0 & -1 & -1 \\ 0 & 0 & 0 & 1 \end{bmatrix},$$

$$\boldsymbol{B}_{11} = \boldsymbol{B}_{21} = \begin{bmatrix} 1 & 0 & 0 & 0 \\ 0 & 0 & 0 & 0 \\ 0 & 0 & 0 & 0 \\ 0 & 0 & 0 & 0 \end{bmatrix}, \boldsymbol{B}_{31} = \boldsymbol{B}_{41} = \boldsymbol{0}, \boldsymbol{B}_{12} = \boldsymbol{B}_{42} = \begin{bmatrix} 0 & 0 & 0 & 0 \\ 0 & 1 & 0 & 0 \\ 0 & 0 & 0 & 0 \\ 0 & 0 & 0 & 0 \end{bmatrix},$$

$$\boldsymbol{B}_{22}=\boldsymbol{B}_{32}=\boldsymbol{0},\ \boldsymbol{B}_{13}=\boldsymbol{B}_{23}=\boldsymbol{B}_{33}=\boldsymbol{B}_{43}=\begin{bmatrix}0&0&1&0\\0&0&0&0\\0&0&0&0\\0&0&0&0\end{bmatrix},\ \boldsymbol{B}_{14}=\boldsymbol{B}_{24}=\boldsymbol{B}_{34}=$$

$$\boldsymbol{B}_{44}=\begin{bmatrix}0&0&0&0\\0&0&0&0\\0&0&0&0\\0&0&0&1\end{bmatrix},\ \boldsymbol{B}_{w1}=\boldsymbol{B}_{w2}=\boldsymbol{B}_{w3}=\boldsymbol{B}_{w4}=\begin{bmatrix}0&0&0&0\\0&-1&0&0\\0&1&0&0\\0&0&0&0\end{bmatrix},$$

$\boldsymbol{C}_1=\boldsymbol{C}_2=\boldsymbol{C}_3=\boldsymbol{C}_4=[c_{h1}\quad c_{h2}\quad \mu c_q\quad c_{h3}+\eta c_r+\eta c_{mt}+\lambda c_d]$，$\boldsymbol{D}_1=[c_{n1}\quad c_s\quad c_r+c_m\quad c_t]$，$\boldsymbol{D}_2=[c_{n1}\quad 0\quad c_r+c_m\quad c_t]$，$\boldsymbol{D}_3=[0\quad 0\quad c_r+c_m\quad c_t]$，$\boldsymbol{D}_4=[0\quad c_s\quad c_r+c_m\quad c_t]$，$\boldsymbol{D}_{11}=\boldsymbol{D}_{21}=[c_{n1}\quad 0\quad 0\quad 0]$，$\boldsymbol{D}_{31}=\boldsymbol{D}_{41}=\boldsymbol{0}$，$\boldsymbol{D}_{12}=\boldsymbol{D}_{42}=[0\quad c_s\quad 0\quad 0]$，$\boldsymbol{D}_{22}=\boldsymbol{D}_{32}=\boldsymbol{0}$，$\boldsymbol{D}_{13}=\boldsymbol{D}_{23}=\boldsymbol{D}_{33}=\boldsymbol{D}_{43}=[0\quad 0\quad c_r+c_m\quad 0]$，$\boldsymbol{D}_{14}=\boldsymbol{D}_{24}=\boldsymbol{D}_{34}=\boldsymbol{D}_{44}=[0\quad 0\quad 0\quad c_t]$

当$\gamma=0.5$时，通过求解定理2.2中的式(2.18)和式(2.19)，得到了局部公共正定矩阵，所以该电视机CLSC在客户需求不确定和提前期的影响下是鲁棒稳定的。具体的求解结果如下：

$$\boldsymbol{P}_1=\begin{bmatrix}32.4341&0.0731&0.1074&0.1046\\0.0731&32.6312&0.0573&0.0505\\0.1074&0.0573&32.4284&0.1067\\0.1046&0.0505&0.1067&32.4259\end{bmatrix},$$

$$\boldsymbol{Q}_{11}=\begin{bmatrix}6.4636&-0.0003&-0.0004&-0.0004\\-0.0003&6.4628&-0.0002&-0.0002\\-0.0004&-0.0002&6.4636&-0.0004\\-0.0004&-0.0002&-0.0004&6.4636\end{bmatrix},$$

$$\boldsymbol{Q}_{21}=\begin{bmatrix}6.4636&-0.0003&-0.0004&-0.0004\\-0.0003&6.4628&-0.0002&-0.0002\\-0.0004&-0.0002&6.4636&-0.0004\\-0.0004&-0.0002&-0.0004&6.4636\end{bmatrix},$$

$$\boldsymbol{Q}_{31}=\begin{bmatrix}6.4636&-0.0003&-0.0004&-0.0004\\-0.0003&6.4628&-0.0002&-0.0002\\-0.0004&-0.0002&6.4636&-0.0004\\-0.0004&-0.0002&-0.0004&6.4636\end{bmatrix},$$

$$\boldsymbol{Q}_{41} = \begin{bmatrix} 6.4636 & -0.0003 & -0.0004 & -0.0004 \\ -0.0003 & 6.4628 & -0.0002 & -0.0002 \\ -0.0004 & -0.0002 & 6.4636 & -0.0004 \\ -0.0004 & -0.0002 & -0.0004 & 6.4636 \end{bmatrix},$$

$$\boldsymbol{K}_{11} = \begin{bmatrix} 1.0707 & 0.7906 & 1.1262 & 1.1169 \\ 0.0175 & 0.9653 & 0.0453 & 0.0383 \\ -0.0900 & 0.2437 & -1.1035 & -0.1193 \\ 0.0922 & -0.2113 & 0.1012 & 0.1044 \end{bmatrix},$$

$$\boldsymbol{K}_{12} = \begin{bmatrix} 1.0150 & -0.2057 & 1.0395 & 1.0373 \\ -0.0741 & 1.6108 & -0.0315 & -0.0427 \\ -0.0496 & 0.2871 & -1.0595 & -0.0756 \\ 0.0200 & 0.1876 & 0.0387 & 0.0393 \end{bmatrix},$$

$$\boldsymbol{K}_{13} = \begin{bmatrix} 1.3695 & -0.2206 & 1.4036 & 1.4001 \\ -0.3149 & 1.3912 & -0.2858 & -0.2947 \\ 0.5437 & 0.3273 & -0.4472 & 0.5343 \\ -0.3619 & 0.1742 & -0.3550 & -0.3529 \end{bmatrix},$$

$$\boldsymbol{K}_{14} = \begin{bmatrix} 1.4351 & 0.8768 & 1.5039 & 1.4927 \\ -0.2328 & 0.7609 & -0.2183 & -0.2229 \\ 0.4631 & 0.4622 & -0.5273 & 0.4534 \\ -0.2510 & -0.3015 & -0.2549 & -0.2499 \end{bmatrix},$$

$$\boldsymbol{K}_{111} = \boldsymbol{K}_{211} = \boldsymbol{K}_{311} = \boldsymbol{K}_{411} = \boldsymbol{K}_{121} = \boldsymbol{K}_{221} = \boldsymbol{K}_{321} = \boldsymbol{K}_{421} = \boldsymbol{0},$$

$$\boldsymbol{K}_{131} = \boldsymbol{K}_{231} = \boldsymbol{K}_{331} = \boldsymbol{K}_{431} = \boldsymbol{K}_{141} = \boldsymbol{K}_{241} = \boldsymbol{K}_{341} = \boldsymbol{K}_{441} = \boldsymbol{0}$$

下面通过与 2.5.1 节中的常规鲁棒控制策略进行对比仿真实验，以验证所提出的鲁棒切换策略对提高客户需求不确定下含提前期的 CLSC 多模型系统的鲁棒性的优越性。

设各变量的初始值和标称值如下：$x_1(0)=20$，$x_2(0)=10$，$x_3(0)=8$，$x_4(0)=4$，$\vec{x}_1(k)=140$，$\vec{x}_2(k)=135$，$\vec{x}_3(k)=110$，$\vec{x}_4(k)=70$，$\vec{u}_1(k)=120$，$\vec{u}_2(k)=110$，$\vec{u}_3(k)=40$，$\vec{u}_4(k)=50$（$\times 10^3$）。并设 $w_1(k) \sim N(6, 0.3^2)$ 和 $\tau_1=\tau_2=\tau_3=\tau_4=4$（天）。在常规鲁棒控制策略下的仿真结果如图 2.17 至图 2.19 所示，而在鲁棒切换策略下的仿真结果如图 2.20 至图 2.22 所示。

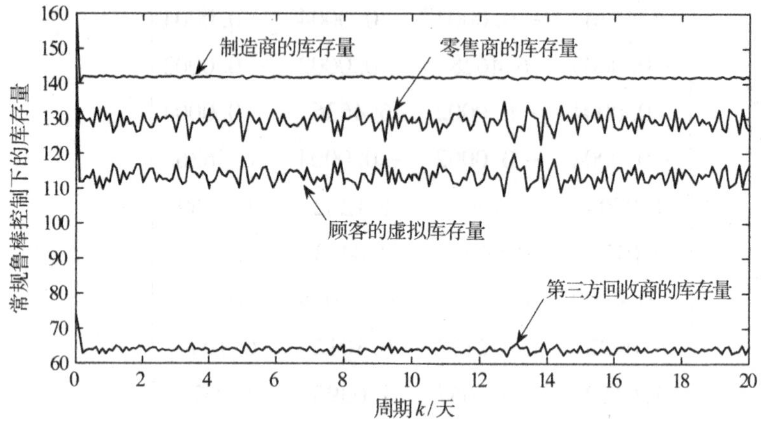

图 2.17 常规鲁棒控制策略下库存量的变化过程（$\times 10^3$ 台）

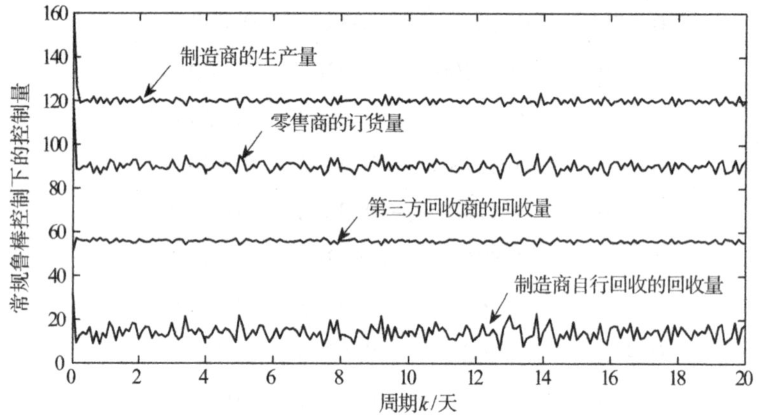

图 2.18 常规鲁棒控制策略下控制变量的变化过程（$\times 10^3$ 台）

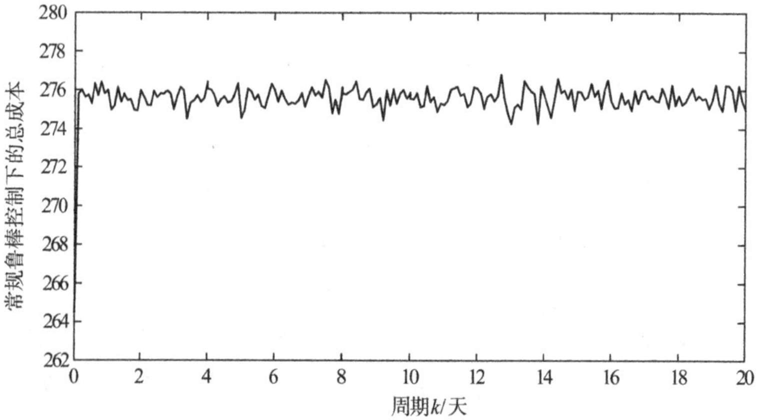

图 2.19 常规鲁棒控制策略下系统总成本的变化过程（$\times 10^5$ 元）

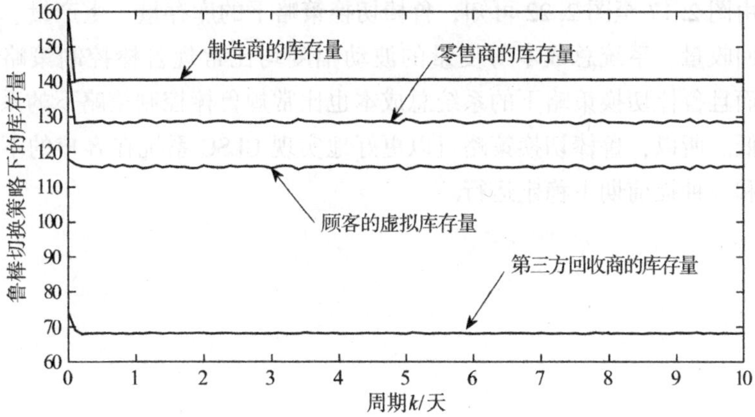

图 2.20　鲁棒切换策略下库存量的变化过程（$\times 10^3$ 台）

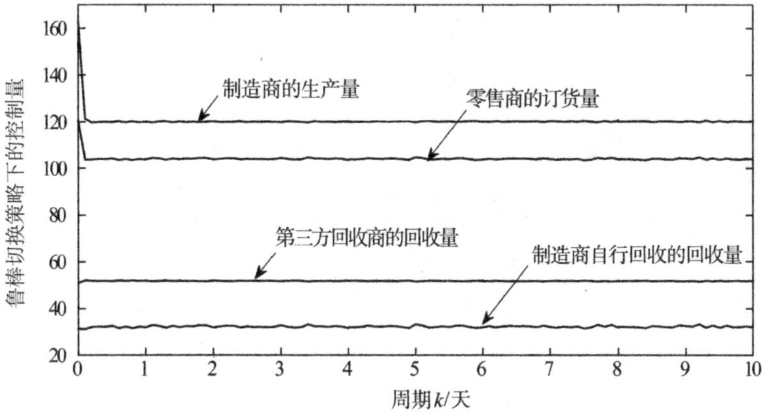

图 2.21　鲁棒切换策略下控制变量的变化过程（$\times 10^3$ 台）

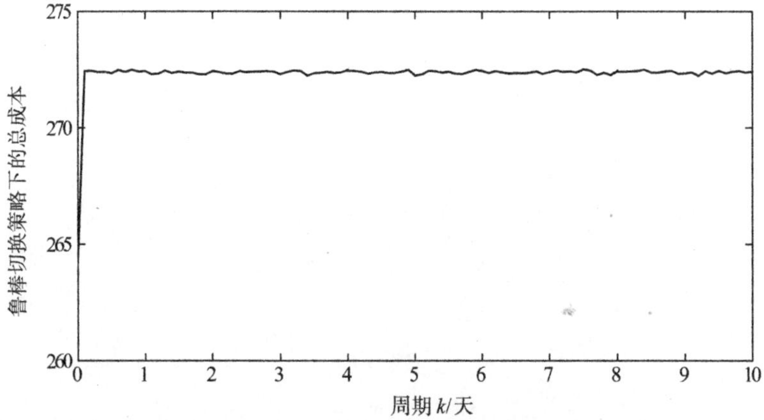

图 2.22　鲁棒切换策略下系统总成本的变化过程（$\times 10^5$ 元）

由图 2. 17 至图 2. 22 可知，鲁棒切换策略下的库存量、生产量、订购量、回收量、系统总成本等变量的波动幅度均比常规鲁棒控制策略下的小，而且鲁棒切换策略下的系统总成本也比常规鲁棒控制策略下的系统总成本低。所以，鲁棒切换策略可以更好地实现 CLSC 系统在客户的不确定需求和各种提前期下稳定运行。

第3章　含提前期的多重不确定SC多模型鲁棒切换策略

提前期因素和不确定因素叠加在一起共同对SC系统的影响，比二者任一因素对SC的影响更大，更容易使SC系统失去稳定性。而在SC系统中同时考虑这两种因素的成果尚不多见。李娟等(2007)分析了部件的生产提前期和装配提前期以及不确定需求对由一个部件提供商和一个部件装配商组成的两级组装SC系统的影响。崔家保和王效俐(2009)研究了具有运输时间不确定与上游可控提前期的SC的优化与协调问题。王文杰和张春雨(2009)构建了一种需求不确定下基于提前期和优化成本的供应商柔性选择多目标模型。Galal和El-Kilany (2016)研究了随机需求下具有提前期的两级农业食品SC中订单数量的改变对成本、排放和服务水平的影响。考虑需求的不确定性和补货的提前期，Diabat等(2017)建立了一种具有多个配送中心和零售商的SCN联合选址-库存模型。对于不确定市场需求下的跨国SC，Noori-Daryan等(2019)应用博弈论方法研究了最优定价、订货、承诺交货提前期和供应商选择策略。以上研究或同时考虑了提前期和外部需求不确定对SC运作过程的扰动，或同时考虑了提前期和系统参数不确定对SC运作过程的扰动，而没有同时考虑系统参数的不确定、客户需求的不确定和提前期对SC系统影响及相应的应对策略。

基于引言中已梳理的应用鲁棒策略研究不确定下含提前期的SC的相关文献，本章将同时考虑系统多重不确定因素和多重提前期对SC运作的影响，在构建一般SC、SCN、CLSC的基本模型的基础上，结合对每个系统制定的制造商生产切换策略和零售商订购切换策略，由T-S模糊系统统一表示为含提前期的多重不确定SC多模型系统。通过设计库存状态反馈控制律，提出由2个定理所描述的鲁棒控制策略，且仿真实验验证了由库存切换策略和鲁棒控制策略组成的可实现软切换的鲁棒切换策略，可以有效抑制多重不确定因素和多重提前期对上述3种SC系统的影响。

3.1 含提前期的多重不确定 SC 多模型系统

基于第 1 章构建的多重不确定 SC 多模型系统和第 2 章构建的需求不确定下含提前期的 SC 多模型系统，含提前期的多重不确定 SC 系统第 i 个模型可表示为：

$$\begin{cases} \boldsymbol{x}(k+1) = (\boldsymbol{A}_i + \Delta\boldsymbol{A}_i)\boldsymbol{x}(k) + (\boldsymbol{B}_i + \Delta\boldsymbol{B}_i)\boldsymbol{u}(k) + \\ \qquad \sum_{e=1}^{n}(\boldsymbol{B}_{ie} + \Delta\boldsymbol{B}_{ie})\boldsymbol{u}(k-\tau_e) + (\boldsymbol{B}_{wi} + \Delta\boldsymbol{B}_{wi})\boldsymbol{w}(k) \\ z(k) = (\boldsymbol{C}_i + \Delta\boldsymbol{C}_i)\boldsymbol{x}(k) + (\boldsymbol{D}_i + \Delta\boldsymbol{D}_i)\boldsymbol{u}(k) + \sum_{e=1}^{n}(\boldsymbol{D}_{ie} + \Delta\boldsymbol{D}_{ie})\boldsymbol{u}(k-\tau_e) \end{cases} \tag{3.1}$$

其中，$\Delta\boldsymbol{B}_{ie}$ 和 $\Delta\boldsymbol{D}_{ie}$ 分别为 $\boldsymbol{B}_{ie}$ 和 $\boldsymbol{D}_{ie}$ 的不确定项。

注 3.1 式(3.1)既可以代表一般 SC 多模型系统，又可以代表 SCN 多模型系统和 CLSC 多模型系统。

3.2 含提前期的多重不确定 SC 多模型鲁棒控制策略

3.2.1 含提前期的多重不确定 SC 模糊控制模型

对式(3.1)建立 SC 模糊控制模型如下所示：

R_i : If $x_1(k)$ is M_1^i, …, $x_j(k)$ is M_j^i, …, and $x_n(k)$ is M_n^i, then

$$\begin{cases} \boldsymbol{x}(k+1) = (\boldsymbol{A}_i + \Delta\boldsymbol{A}_i)\boldsymbol{x}(k) + (\boldsymbol{B}_i + \Delta\boldsymbol{B}_i)\boldsymbol{u}(k) + \\ \qquad \sum_{e=1}^{n}(\boldsymbol{B}_{ie} + \Delta\boldsymbol{B}_{ie})\boldsymbol{u}(k-\tau_e) + (\boldsymbol{B}_{wi} + \Delta\boldsymbol{B}_{wi})\boldsymbol{w}(k) \\ z(k) = (\boldsymbol{C}_i + \Delta\boldsymbol{C}_i)\boldsymbol{x}(k) + (\boldsymbol{D}_i + \Delta\boldsymbol{D}_i)\boldsymbol{u}(k) + \sum_{e=1}^{n}(\boldsymbol{D}_{ie} + \Delta\boldsymbol{D}_{ie})\boldsymbol{u}(k-\tau_e) \\ \boldsymbol{x}(k) = \boldsymbol{\varphi}(k),\ k \in \{0, 1, \cdots, \mathrm{N}\} \end{cases} \tag{3.2}$$

采用与 1.4.1 节相同的推理方法，式(3.2)可进一步表示如下：

$$\begin{cases} \boldsymbol{x}(k+1) = \sum_{i=1}^{r} h_i \Big[(\boldsymbol{A}_i + \Delta\boldsymbol{A}_i)\boldsymbol{x}(k) + (\boldsymbol{B}_i + \Delta\boldsymbol{B}_i)\boldsymbol{u}(k) + \\ \qquad \sum_{e=1}^{n} (\boldsymbol{B}_{ie} + \Delta\boldsymbol{B}_{ie})\boldsymbol{u}(k-\tau_e) + (\boldsymbol{B}_{wi} + \Delta\boldsymbol{B}_{wi})\boldsymbol{w}(k) \Big] \\ z(k) = \sum_{i=1}^{r} h_i \Big[(\boldsymbol{C}_i + \Delta\boldsymbol{C}_i)\boldsymbol{x}(k) + (\boldsymbol{D}_i + \Delta\boldsymbol{D}_i)\boldsymbol{u}(k) + \\ \qquad \sum_{e=1}^{n} (\boldsymbol{D}_{ie} + \Delta\boldsymbol{D}_{ie})\boldsymbol{u}(k-\tau_e) \Big] \end{cases} \tag{3.3}$$

在 1.4.2 节引入描述不确定结构的已知常数矩阵的基础上，增加 L_{ei} 和 O_{ei} 以描述不确定项 ΔB_{ie} 和 ΔD_{ie}，那么式(3.3)中的不确定参数可被表示为：

$$\begin{cases} [\Delta\boldsymbol{A}_i,\ \Delta\boldsymbol{B}_i,\ \Delta\boldsymbol{B}_{wi},\ \Delta\boldsymbol{B}_{i1},\ \cdots,\ \Delta\boldsymbol{B}_{ie},\ \cdots,\ \Delta\boldsymbol{B}_{in}] \\ = \boldsymbol{H}_{1i}\boldsymbol{F}_{1i}(k)[\boldsymbol{E}_{11i},\ \boldsymbol{E}_{12i},\ \boldsymbol{E}_{13i},\ \boldsymbol{L}_{1i},\ \cdots,\ \boldsymbol{L}_{ei},\ \cdots,\ \boldsymbol{L}_{ni}] \\ [\Delta\boldsymbol{C}_i,\ \Delta\boldsymbol{D}_i,\ \Delta\boldsymbol{D}_{i1},\ \cdots,\ \Delta\boldsymbol{D}_{ie},\ \cdots,\ \Delta\boldsymbol{D}_{in}] \\ = \boldsymbol{H}_{2i}\boldsymbol{F}_{2i}(k)[\boldsymbol{E}_{21i},\ \boldsymbol{E}_{22i},\ \boldsymbol{O}_{1i},\ \cdots,\ \boldsymbol{O}_{ei},\ \cdots,\ \boldsymbol{O}_{ni}] \end{cases}$$

为方便表达，将式(3.3)中的系数矩阵表示成如下形式：$\overline{\boldsymbol{A}}_i = \boldsymbol{A}_i + \Delta\boldsymbol{A}_i$、$\overline{\boldsymbol{B}}_i = \boldsymbol{B}_i + \Delta\boldsymbol{B}_i$、$\overline{\boldsymbol{B}}_{ie} = \boldsymbol{B}_{ie} + \Delta\boldsymbol{B}_{ie}$、$\overline{\boldsymbol{B}}_{wi} = \boldsymbol{B}_{wi} + \Delta\boldsymbol{B}_{wi}$、$\overline{\boldsymbol{C}}_i = \boldsymbol{C}_i + \Delta\boldsymbol{C}_i$、$\overline{\boldsymbol{D}}_i = \boldsymbol{D}_i + \Delta\boldsymbol{D}_i$、$\overline{\boldsymbol{D}}_{ie} = \boldsymbol{D}_{ie} + \Delta\boldsymbol{D}_{ie}$ 并同时考虑式(2.7)的库存状态反馈控制律，则式(3.3)可表示为：

$$\begin{cases} \boldsymbol{x}(k+1) = \sum_{i=1}^{r}\sum_{j=1}^{r} h_i h_j \Big[(\overline{\boldsymbol{A}}_i - \overline{\boldsymbol{B}}_i\boldsymbol{K}_j)\boldsymbol{x}(k) - \sum_{e=1}^{n} \overline{\boldsymbol{B}}_{ie}\boldsymbol{K}_{je}\boldsymbol{x}(k-\tau_e) + \overline{\boldsymbol{B}}_{wi}\boldsymbol{w}(k) \Big] \\ z(k) = \sum_{i=1}^{r}\sum_{j=1}^{r} h_i h_j \Big[(\overline{\boldsymbol{C}}_i - \overline{\boldsymbol{D}}_i\boldsymbol{K}_j)\boldsymbol{x}(k) - \sum_{e=1}^{n} \overline{\boldsymbol{D}}_{ie}\boldsymbol{K}_{je}\boldsymbol{x}(k-\tau_e) \Big] \end{cases} \tag{3.4}$$

3.2.2　含提前期的多重不确定 SC 鲁棒控制策略

本节拟提出的含提前期的多重不确定 SC 系统的鲁棒控制策略，是通过下面的定理 3.1 和定理 3.2 来描述的。

定理 3.1　对于给定的标量 $\gamma > 0$，如果在如下不等式中求解出正定矩阵 $\boldsymbol{P}_c$ 和 $\boldsymbol{Q}_{ec}$，那么具有提前期、多重不确定和 SFP 输入的 SC 多模型系统(3.4)在 H_∞ 性能指标 γ 下鲁棒渐近稳定。

$$\begin{bmatrix} -\overline{\overline{P}} & * & * \\ \overline{M}_{ii} & -P_c^{-1} & * \\ \overline{N}_{ii} & 0 & -I \end{bmatrix} < 0,\ i \in I_c \tag{3.5}$$

$$\begin{bmatrix} -4\overline{\overline{P}} & * & * \\ 2\overline{\overline{M}}_{ij} & -P_c^{-1} & * \\ 2\overline{\overline{N}}_{ij} & 0 & -I \end{bmatrix} < 0,\ i < j,\ i, j \in I_c \tag{3.6}$$

其中，I_c 为 G_c 中包含的规则序号集，G_c 为第 c 个 MORG，$c = 1, 2, \cdots, \prod_{j=1}^{n}(m_j - 1)$，$m_j$ 为第 j 个库存变量模糊分划数，$\overline{\overline{P}} = \begin{bmatrix} P_c - \sum_{e=1}^{n} Q_{ec} & * & * \\ 0 & \hat{Q} & * \\ 0 & 0 & \gamma^2 I \end{bmatrix}$，$\hat{Q} = diag\{Q_{1c} \quad \cdots \quad Q_{ec} \quad \cdots \quad Q_{gc}\}$，$\overline{\overline{M}}_{ij} = \dfrac{\overline{M}_{ij} + \overline{M}_{ji}}{2}$，$\overline{\overline{N}}_{ij} = \dfrac{\overline{N}_{ij} + \overline{N}_{ji}}{2}$。

证明：设 SC 模糊系统的第 d 个 ORG 的作用域为 $v_d(d = 1, 2, \cdots, f)$，且 $L_d = \{v_d$ 中包含的规则序号$\}$。

如果 $x(k)$ 与 $x(k+1)$ 均处于第 d 个 ORG，则 SC 模糊系统表示如下：

$$\begin{cases} x(k+1) = \sum_{i \in L_d}\sum_{j \in L_d} h_i h_j \left[M_{ij}x(k) - \sum_{e=1}^{n} \overline{B}_{ie} K_{jec} x(k - \tau_e) + \overline{B}_{wi} w(k)\right] \\ z(k) = \sum_{i \in L_d}\sum_{j \in L_d} h_i h_j \left[N_{ij}x(k) - \sum_{e=1}^{n} \overline{D}_{ie} K_{jec} x(k - \tau_e)\right] \end{cases} \tag{3.7}$$

其中，$M_{ij} = \overline{A}_i - \overline{B}_i K_{jc}$，$N_{ij} = \overline{C}_i - \overline{D}_i K_{jc}$。

对式(3.7)简化表述如下：

$$\begin{cases} x(k+1) = \sum_{i \in L_d}\sum_{j \in L_d} h_i h_j \overline{M}_{ij}\overline{x}(k) \\ z(k) = \sum_{i \in L_d}\sum_{j \in L_d} h_i h_j \overline{N}_{ij}\overline{x}(k) \end{cases} \tag{3.8}$$

其中，$\overline{M}_{ij} = \begin{bmatrix} M_{ij} & -\overline{B}_{i1}K_{j1c} & \cdots & -\overline{B}_{ie}K_{jec} & \cdots & -\overline{B}_{in}K_{jnc} & \overline{B}_{wi} \end{bmatrix}$，

$\overline{N}_{ij} = \left[N_{ij} \quad -\overline{D}_{i1}K_{j1c} \quad \cdots \quad -\overline{D}_{ie}K_{jec} \quad \cdots \quad -\overline{D}_{in}K_{jnc} \quad 0 \right]$，

$\overline{x}(k) = [x(k) \quad x(k-\tau_1) \quad \cdots \quad x(k-\tau_e) \quad \cdots \quad x(k-\tau_n) \quad w(k)]^{\mathrm{T}}$。

令 $V_d(x(k)) = x^{\mathrm{T}}(k)P_c x(k) + \sum_{e=1}^{n}\sum_{\xi=k-r_e}^{k-1} x^{\mathrm{T}}(\xi)Q_{ec}x(\xi)$，则由引理 2.2 可知：

$$
\begin{aligned}
\Delta V_d(x(k)) &= V_d(x(k+1)) - V_d(x(k)) \\
&= x^{\mathrm{T}}(k+1)P_c x(k+1) - x^{\mathrm{T}}(k)P_c x(k) + \\
&\quad \sum_{e=1}^{n}[x^{\mathrm{T}}(k)Q_{ec}x(k) - x^{\mathrm{T}}(k-\tau_e)Q_{ec}x(k-\tau_e)] \\
&= \sum_{i\in L_d}\sum_{j\in L_d}h_ih_j\sum_{p\in L_d}\sum_{q\in L_d}h_ph_q\left[\overline{x}^{\mathrm{T}}(k)\overline{M}_{ij}^{\mathrm{T}}P_c\overline{M}_{pq}\overline{x}(k) - x^{\mathrm{T}}(k)P_c x(k)\right] + \\
&\quad \sum_{e=1}^{n}[x^{\mathrm{T}}(k)Q_{ec}x(k) - x^{\mathrm{T}}(k-\tau_e)Q_{ec}x(k-\tau_e)] \\
&= \sum_{i\in L_d}\sum_{j\in L_d}h_ih_j\sum_{p\in L_d}\sum_{q\in L_d}h_ph_q\,\overline{x}^{\mathrm{T}}(k)[\overline{M}_{ij}^{\mathrm{T}}P_c\overline{M}_{pq} - \overline{P}]\overline{x}(k) \\
&= \frac{1}{4}\sum_{i\in L_d}\sum_{j\in L_d}h_ih_j\sum_{p\in L_d}\sum_{q\in L_d}h_ph_q\,\overline{x}^{\mathrm{T}}(k) \\
&\quad [(\overline{M}_{ij}+\overline{M}_{ji})^{\mathrm{T}}P_c(\overline{M}_{pq}+\overline{M}_{qp}) - 4\overline{P}]\overline{x}(k) \\
&\leqslant \frac{1}{4}\sum_{i\in L_d}\sum_{j\in L_d}h_ih_j\,\overline{x}^{\mathrm{T}}(k)[(\overline{M}_{ij}+\overline{M}_{ji})^{\mathrm{T}}P_c(\overline{M}_{ij}+\overline{M}_{ji}) - 4\overline{P}]\overline{x}(k) \\
&= \sum_{i\in L_d}\sum_{j\in L_d}h_ih_j\,\overline{x}^{\mathrm{T}}(k)\left[\left(\frac{\overline{M}_{ij}+\overline{M}_{ji}}{2}\right)^{\mathrm{T}}P_c\left(\frac{\overline{M}_{ij}+\overline{M}_{ji}}{2}\right) - \overline{P}\right]\overline{x}(k) \\
&= \sum_{i=j,\ i\in L_d}h_i^2\,\overline{x}^{\mathrm{T}}(k)(\overline{M}_{ii}^{\mathrm{T}}P_c\overline{M}_{ii} - \overline{P})\overline{x}(k) + \\
&\quad 2\sum_{\substack{i<j \\ i\in L_d,\ j\in L_d}}h_ih_j\,\overline{x}^{\mathrm{T}}(k)\left[\left(\frac{\overline{M}_{ij}+\overline{M}_{ji}}{2}\right)^{\mathrm{T}}P_c\left(\frac{\overline{M}_{ij}+\overline{M}_{ji}}{2}\right) - \overline{P}\right]\overline{x}(k)
\end{aligned}
$$

其中，$\overline{P} = \begin{bmatrix} P_c - \sum_{e=1}^{n}Q_{ec} & * & * \\ 0 & \hat{Q} & * \\ 0 & 0 & 0 \end{bmatrix}$，$\hat{Q} = diag\{Q_{1c} \quad \cdots \quad Q_{ec} \quad \cdots \quad Q_{nc}\}$。

对 $\Delta V_d(x(k))$ 做如下变换：

$$
\begin{aligned}
\Delta V_d(x(k)) \leqslant &\sum_{i=j,\ i\in L_d}h_i^2\,\overline{x}^{\mathrm{T}}(k)[\overline{M}_{ii}^{\mathrm{T}}P_c\overline{M}_{ii} - \overline{P}]\overline{x}(k) + \\
&2\sum_{\substack{i<j \\ i\in L_d,\ j\in L_d}}h_ih_j\,\overline{x}^{\mathrm{T}}(k)[\overline{\overline{M}}_{ij}^{\mathrm{T}}P_c\overline{\overline{M}}_{ij} - \overline{P}]\overline{x}(k)
\end{aligned} \tag{3.9}
$$

其中，$\bar{\bar{M}}_{ij}=\dfrac{\bar{M}_{ij}+\bar{M}_{ji}}{2}$。

当客户需求 $w(k)>0$ 时，基于式(1.8)，设 SC 模糊系统(3.8)的性能指标函数如下：

$$J_1=\sum_{k=0}^{N-1}[z^{T}(k)z(k)-\gamma^2 w^{T}(k)w(k)] \tag{3.10}$$

对式(3.10)做如下变换：

$$\begin{aligned} J_1 &= \sum_{k=0}^{N-1}[z^{T}(k)z(k)-\gamma^2 w^{T}(k)w(k)+\Delta V_d(x(k))]-V_d(x(N)) \\ &\leqslant \sum_{k=0}^{N-1}[z^{T}(k)z(k)-\gamma^2 w^{T}(k)w(k)+\Delta V_d(x(k))] \end{aligned} \tag{3.11}$$

把式(3.9)代入式(3.11)有：

$$\begin{aligned} J_1 \leqslant & \sum_{k=0}^{N-1}\left\{\sum_{i=j,\ i\in L_d} h_i^2\bar{x}^{T}(k)[\bar{M}_{ii}^{T}P_c\bar{M}_{ii}-\bar{\bar{P}}+\bar{N}_{ii}^{T}\bar{N}_{ii}]\bar{x}(k)\right\}+ \\ & 2\sum_{k=0}^{N-1}\left\{\sum_{\substack{i<j \\ i\in L_d,\ j\in L_d}} h_ih_j\bar{x}^{T}(k)[\bar{\bar{M}}_{ij}^{T}P_c\bar{\bar{M}}_{ij}-\bar{\bar{P}}+\bar{\bar{N}}_{ij}^{T}\bar{\bar{N}}_{ij}]\bar{x}(k)\right\} \end{aligned} \tag{3.12}$$

其中，$\bar{\bar{P}}=\begin{bmatrix} P_c-\sum_{e=1}^{n}Q_{ec} & * & * \\ 0 & \hat{Q} & * \\ 0 & 0 & \gamma^2 I \end{bmatrix}$，$\bar{\bar{N}}_{ij}=\dfrac{\bar{N}_{ij}+\bar{N}_{ji}}{2}$。

当条件(3.5)和(3.6)成立时，通过矩阵变换可知 $\bar{M}_{ii}^{T}P_c\bar{M}_{ii}-\bar{\bar{P}}+\bar{N}_{ii}^{T}\bar{N}_{ii}<0$ 和 $\bar{\bar{M}}_{ij}^{T}P_c\bar{\bar{M}}_{ij}-\bar{\bar{P}}+\bar{\bar{N}}_{ij}^{T}\bar{\bar{N}}_{ij}<0$，则 $J_1<0(z^{T}(k)z(k)<\gamma^2 w^{T}(k)w(k))$。当 $N\to+\infty$ 时，$\|z(k)\|_2^2<\gamma^2\|w(k)\|_2^2$，所以，第 d 个 ORG 中的 SC 模糊系统(3.8)的总成本 $z(k)$ 满足 $\|z(k)\|_2^2<\gamma^2\|w(k)\|_2^2$。

当客户需求 $w(k)\equiv 0$ 时，应用引理 2.2，将式(3.9)变化如下：

$$\begin{aligned} \Delta V_d(x(k)) \leqslant & \sum_{i=j,\ i\in L_d} h_i^2\bar{x}^{T}(k)[\bar{M}_{ii}^{T}P_c\bar{M}_{ii}-\bar{\bar{P}}]\bar{x}(k)+ \\ & 2\sum_{\substack{i<j \\ i\in L_d,\ j\in L_d}} h_ih_j\bar{x}^{T}(k)[\bar{\bar{M}}_{ij}^{T}P_c\bar{\bar{M}}_{ij}-\bar{\bar{P}}]\bar{x}(k) \end{aligned}$$

当条件(3.5)和(3.6)成立时，可知 $\bar{M}_{ii}^{T}P_c\bar{M}_{ii}-\bar{\bar{P}}<0$ 和 $\bar{\bar{M}}_{ij}^{T}P_c\bar{\bar{M}}_{ij}-\bar{\bar{P}}<0$，那么 $\Delta V_d(x(k))<0$，因此，在该 ORG 中 SC 系统(3.8)鲁棒渐近稳定。

如果 $\boldsymbol{x}(k)$ 和 $\boldsymbol{x}(k+1)$ 分处于不同的 ORG 中，则定义一种分段函数如下：

$$\lambda_d = \begin{cases} 1, & \boldsymbol{x}(k) \in v_d \\ 0, & \boldsymbol{x}(k) \notin v_d \end{cases}, \quad \sum_{d=1}^{f} \lambda_d = 1$$

那么 SC 模糊系统(3.8)可表示如下：

$$\begin{cases} \boldsymbol{x}(k+1) = \sum_{d=1}^{f} \lambda_d \left[\sum_{i \in L_d} \sum_{j \in L_d} h_i h_j \overline{\boldsymbol{M}}_{ij} \bar{\boldsymbol{x}}(k) \right] \\ z(k) = \sum_{d=1}^{f} \lambda_d \left[\sum_{i \in L_d} \sum_{j \in L_d} h_i h_j \overline{\boldsymbol{N}}_{ij} \bar{\boldsymbol{x}}(k) \right] \end{cases} \tag{3.13}$$

设 $\boldsymbol{P}_m = \sum_{d=1}^{f} \lambda_d \boldsymbol{P}_c$ 和 $\boldsymbol{Q}_{em} = \sum_{d=1}^{f} \lambda_d \boldsymbol{Q}_{ec}$，则有：

$$\begin{aligned} V(\boldsymbol{x}(k)) &= \boldsymbol{x}^{\mathrm{T}}(k)\boldsymbol{P}_m \boldsymbol{x}(k) + \sum_{e=1}^{n} \sum_{\xi=k-\tau_e}^{k-1} \boldsymbol{x}^{\mathrm{T}}(\xi)\boldsymbol{Q}_{em}\boldsymbol{x}(\xi) \\ &= \boldsymbol{x}^{\mathrm{T}}(k)\left(\sum_{d=1}^{f} \lambda_d \boldsymbol{P}_c\right)\boldsymbol{x}(k) + \sum_{e=1}^{n} \sum_{\xi=k-\tau_e}^{k-1} \boldsymbol{x}^{\mathrm{T}}(\xi)\left(\sum_{d=1}^{f} \lambda_d \boldsymbol{Q}_{ec}\right)\boldsymbol{x}(\xi) \\ &= \sum_{d=1}^{f} \lambda_d \left[\boldsymbol{x}^{\mathrm{T}}(k)\boldsymbol{P}_c \boldsymbol{x}(k) + \sum_{e=1}^{n} \sum_{\xi=k-\tau_e}^{k-1} \boldsymbol{x}^{\mathrm{T}}(\xi)\boldsymbol{Q}_{ec}\boldsymbol{x}(\xi) \right] \\ &= \sum_{d=1}^{f} \lambda_d V_d(\boldsymbol{x}(k)) \end{aligned}$$

当客户需求 $\boldsymbol{w}(k) > \boldsymbol{0}$ 时，基于 $J_1 = \sum_{k=0}^{N-1} [z^{\mathrm{T}}(k)z(k) - \gamma^2 \boldsymbol{w}^{\mathrm{T}}(k)\boldsymbol{w}(k)]$，则有 $J_2 = \sum_{k=0}^{N-1} \sum_{d=1}^{f} \lambda_d [z^{\mathrm{T}}(k)z(k) - \gamma^2 \boldsymbol{w}^{\mathrm{T}}(k)\boldsymbol{w}(k)]$，遵循之前相同的证明思路，可知 $J_2 < 0$ $(z^{\mathrm{T}}(k)z(k) < \gamma^2 \boldsymbol{w}^{\mathrm{T}}(k)\boldsymbol{w}(k))$。当 $\mathrm{N} \to +\infty$时，$\| z(k) \|_2^2 < \gamma^2 \| \boldsymbol{w}(k) \|_2^2$，所以，SC 模糊系统(3.13)的总成本 $z(k)$ 满足 $\| z(k) \|_2^2 < \gamma \| \boldsymbol{w}(k) \|_2^2$。

当客户需求 $\boldsymbol{w}(k) \equiv \boldsymbol{0}$ 时，对 $\Delta V(\boldsymbol{x}(k))$ 做如下变换：

$$\begin{aligned} \Delta V(\boldsymbol{x}(k)) &= V(\boldsymbol{x}(k+1)) - V(\boldsymbol{x}(k)) \\ &= \sum_{d=1}^{f} \lambda_d V_d(\boldsymbol{x}(k+1)) - \sum_{d=1}^{f} \lambda_d V_d(\boldsymbol{x}(k)) \\ &= \sum_{d=1}^{f} \lambda_d [V_d(\boldsymbol{x}(k+1)) - V_d(\boldsymbol{x}(k))] \\ &= \sum_{d=1}^{f} \lambda_d \Delta V_d(\boldsymbol{x}(k)) < 0 \end{aligned}$$

因此在任意 ORG 中，SC 模糊系统(3.13)在库存状态反馈控制律(2.7)的作用下是渐近稳定的。再由性质 1.1 可知，仅需在各 MORG 中存

在对称正定矩阵 $\boldsymbol{P}_c$ 和 $\boldsymbol{Q}_{ec}$ 满足条件(3.5)和(3.6)，即可使式(3.4)鲁棒渐近稳定。

证毕。

定理 3.1 不能直接求解出 H_∞ 控制律的反馈增益，因此对定理 3.1 进行适当的矩阵变换得到定理 3.2。

定理 3.2　对于给定的标量 $\gamma>0$，如果在如下不等式中求解出正定矩阵 $\boldsymbol{X}_c$ 和 $\boldsymbol{Q}_{ec}$、矩阵 $\boldsymbol{Y}_{ic}$、$\boldsymbol{Y}_{jc}$、$\boldsymbol{Y}_{iec}$ 和 $\boldsymbol{Y}_{jec}$，以及常数 $\varepsilon_{ijc}>0$ 和 $\varepsilon_{jic}>0$，那么具有提前期、多重不确定和 SFP 输入的 SC 多模型系统(3.4)在 H_∞ 性能指标 γ 下鲁棒渐近稳定。

$$\begin{bmatrix} -\boldsymbol{I}+\boldsymbol{\Omega}_1 & * & * & * & * & * & * \\ \boldsymbol{0} & \boldsymbol{\Omega}_2 & * & * & * & * & * \\ \boldsymbol{0} & \boldsymbol{0} & -\gamma^2\boldsymbol{I} & * & * & * & * \\ \boldsymbol{\Omega}_3 & -\boldsymbol{\Omega}_5 & \boldsymbol{B}_{wi} & -\boldsymbol{X}_c+\varepsilon_{iic}\boldsymbol{H}_{1i}\boldsymbol{H}_{1i}^{\mathrm{T}} & * & * & * \\ \boldsymbol{\Omega}_4 & -\boldsymbol{\Omega}_6 & \boldsymbol{0} & \boldsymbol{0} & -\boldsymbol{I}+\varepsilon_{iic}\boldsymbol{H}_{2i}\boldsymbol{H}_{2i}^{\mathrm{T}} & * & * \\ \boldsymbol{\Delta}_1 & -\boldsymbol{\Delta}_3 & \boldsymbol{E}_{13i} & \boldsymbol{0} & \boldsymbol{0} & -\varepsilon_{iic}\boldsymbol{I} & * \\ \boldsymbol{\Delta}_2 & -\boldsymbol{\Delta}_4 & \boldsymbol{0} & \boldsymbol{0} & \boldsymbol{0} & \boldsymbol{0} & -\varepsilon_{iic}\boldsymbol{I} \end{bmatrix} < \boldsymbol{0},\ i\in I_c \tag{3.14}$$

$$\begin{bmatrix} -4\boldsymbol{I}+4\boldsymbol{\Omega}_1 & * & * & * & * & * & * & * & * \\ \boldsymbol{0} & 4\boldsymbol{\Omega}_2 & * & * & * & * & * & * & * \\ \boldsymbol{0} & \boldsymbol{0} & -4\gamma^2\boldsymbol{I} & * & * & * & * & * & * \\ \boldsymbol{\Omega}_7 & -\boldsymbol{\Omega}_9 & \boldsymbol{B}_{wi}+\boldsymbol{B}_{wj} & \boldsymbol{\Delta}_{11} & * & * & * & * & * \\ \boldsymbol{\Omega}_8 & -\boldsymbol{\Omega}_{10} & \boldsymbol{0} & \boldsymbol{0} & \boldsymbol{\Delta}_{12} & * & * & * & * \\ \boldsymbol{\Delta}_5 & -\boldsymbol{\Delta}_3 & \boldsymbol{E}_{13i} & \boldsymbol{0} & \boldsymbol{0} & -\varepsilon_{ijc}\boldsymbol{I} & * & * & * \\ \boldsymbol{\Delta}_6 & -\boldsymbol{\Delta}_4 & \boldsymbol{0} & \boldsymbol{0} & \boldsymbol{0} & \boldsymbol{0} & -\varepsilon_{ijc}\boldsymbol{I} & * & * \\ \boldsymbol{\Delta}_7 & -\boldsymbol{\Delta}_9 & \boldsymbol{E}_{13j} & \boldsymbol{0} & \boldsymbol{0} & \boldsymbol{0} & \boldsymbol{0} & -\varepsilon_{jic}\boldsymbol{I} & * \\ \boldsymbol{\Delta}_8 & -\boldsymbol{\Delta}_{10} & \boldsymbol{0} & \boldsymbol{0} & \boldsymbol{0} & \boldsymbol{0} & \boldsymbol{0} & \boldsymbol{0} & -\varepsilon_{jic}\boldsymbol{I} \end{bmatrix} < \boldsymbol{0},\ i<j,\ i,\ j\in I_c \tag{3.15}$$

其中，I_c 为 G_c 中包含的规则序号集，G_c 为第 c 个 MORG，$c=1,\ 2,\ \cdots,\ \prod\limits_{j=1}^{n}(m_j-1)$，$m_j$ 为第 j 个库存变量模糊分划数，$\boldsymbol{\Omega}_1=\sum\limits_{e=1}^{n}\boldsymbol{Q}_{ec}\boldsymbol{X}_c$，$\boldsymbol{\Omega}_2=-\hat{\boldsymbol{Q}}\boldsymbol{X}_c$，$\boldsymbol{\Omega}_3=\boldsymbol{A}_i\boldsymbol{X}_c-\boldsymbol{B}_i\boldsymbol{Y}_{ic}$，$\boldsymbol{\Omega}_4=\boldsymbol{C}_i\boldsymbol{X}_c-\boldsymbol{D}_i\boldsymbol{Y}_{ic}$，

$\boldsymbol{\Omega}_5=[\boldsymbol{B}_{i1}\boldsymbol{Y}_{i1c}\ \ \cdots\ \ \boldsymbol{B}_{ie}\boldsymbol{Y}_{iec}\ \ \cdots\ \ \boldsymbol{B}_{in}\boldsymbol{Y}_{ink}]$，

$\boldsymbol{\Omega}_6 = [\boldsymbol{D}_{i1}\boldsymbol{Y}_{i1c} \quad \cdots \quad \boldsymbol{D}_{ie}\boldsymbol{Y}_{iec} \quad \cdots \quad \boldsymbol{D}_{in}\boldsymbol{Y}_{inc}]$,

$\boldsymbol{\Omega}_7 = \boldsymbol{A}_i\boldsymbol{X}_c - \boldsymbol{B}_i\boldsymbol{Y}_{jc} + \boldsymbol{A}_j\boldsymbol{X}_c - \boldsymbol{B}_j\boldsymbol{Y}_{ic}$, $\boldsymbol{\Omega}_8 = \boldsymbol{C}_i\boldsymbol{X}_c - \boldsymbol{D}_i\boldsymbol{Y}_{jc} + \boldsymbol{C}_j\boldsymbol{X}_c - \boldsymbol{D}_j\boldsymbol{Y}_{ic}$,

$\boldsymbol{\Omega}_9 = [\boldsymbol{B}_{i1}\boldsymbol{Y}_{j1c} + \boldsymbol{B}_{j1}\boldsymbol{Y}_{i1c} \quad \cdots \quad \boldsymbol{B}_{ie}\boldsymbol{Y}_{jec} + \boldsymbol{B}_{je}\boldsymbol{Y}_{iec} \quad \cdots \quad \boldsymbol{B}_{in}\boldsymbol{Y}_{jnc} + \boldsymbol{B}_{jn}\boldsymbol{Y}_{inc}]$,

$\boldsymbol{\Omega}_{10} = [\boldsymbol{D}_{i1}\boldsymbol{Y}_{j1c} + \boldsymbol{D}_{j1}\boldsymbol{Y}_{i1c} \quad \cdots \quad \boldsymbol{D}_{ie}\boldsymbol{Y}_{jec} + \boldsymbol{D}_{je}\boldsymbol{Y}_{iec} \quad \cdots \quad \boldsymbol{D}_{in}\boldsymbol{Y}_{jnc} + \boldsymbol{D}_{jn}\boldsymbol{Y}_{inc}]$,

$\hat{\boldsymbol{Q}} = diag\{\boldsymbol{Q}_{1c} \quad \cdots \quad \boldsymbol{Q}_{ec} \quad \cdots \quad \boldsymbol{Q}_{nc}\}$, $\boldsymbol{\Delta}_1 = \boldsymbol{E}_{11i}\boldsymbol{X}_c - \boldsymbol{E}_{12i}\boldsymbol{Y}_{ic}$, $\boldsymbol{\Delta}_2 = \boldsymbol{E}_{21i}\boldsymbol{X}_c - \boldsymbol{E}_{22i}\boldsymbol{Y}_{ic}$, $\boldsymbol{\Delta}_3 = [\boldsymbol{L}_{1i}\boldsymbol{Y}_{i1c} \quad \cdots \quad \boldsymbol{L}_{ei}\boldsymbol{Y}_{iec} \quad \cdots \quad \boldsymbol{L}_{ni}\boldsymbol{Y}_{inc}]$,

$\boldsymbol{\Delta}_4 = [\boldsymbol{O}_{1i}\boldsymbol{Y}_{i1c} \quad \cdots \quad \boldsymbol{O}_{ei}\boldsymbol{Y}_{iec} \quad \cdots \quad \boldsymbol{O}_{ni}\boldsymbol{Y}_{inc}]$,

$\boldsymbol{\Delta}_5 = \boldsymbol{E}_{11i}\boldsymbol{X}_c - \boldsymbol{E}_{12i}\boldsymbol{Y}_{jc}$, $\boldsymbol{\Delta}_6 = \boldsymbol{E}_{21i}\boldsymbol{X}_c - \boldsymbol{E}_{22i}\boldsymbol{Y}_{jc}$, $\boldsymbol{\Delta}_7 = \boldsymbol{E}_{11j}\boldsymbol{X}_c - \boldsymbol{E}_{12j}\boldsymbol{Y}_{ic}$,

$\boldsymbol{\Delta}_8 = \boldsymbol{E}_{21j}\boldsymbol{X}_c - \boldsymbol{E}_{22j}\boldsymbol{Y}_{ic}$, $\boldsymbol{\Delta}_9 = [\boldsymbol{L}_{1j}\boldsymbol{Y}_{jic} \quad \cdots \quad \boldsymbol{L}_{ej}\boldsymbol{Y}_{jec} \quad \cdots \quad \boldsymbol{L}_{nj}\boldsymbol{Y}_{jnc}]$,

$\boldsymbol{\Delta}_{10} = [\boldsymbol{O}_{1j}\boldsymbol{Y}_{j1c} \quad \cdots \quad \boldsymbol{O}_{ej}\boldsymbol{Y}_{jec} \quad \cdots \quad \boldsymbol{O}_{nj}\boldsymbol{Y}_{jnc}]$,

$\boldsymbol{\Delta}_{11} = -\boldsymbol{X}_c + \varepsilon_{ijc}\boldsymbol{H}_{1i}\boldsymbol{H}_{1i}^{\mathrm{T}} + \varepsilon_{jic}\boldsymbol{H}_{1j}\boldsymbol{H}_{1j}^{\mathrm{T}}$, $\boldsymbol{\Delta}_{12} = -\boldsymbol{I} + \varepsilon_{ijc}\boldsymbol{H}_{2i}\boldsymbol{H}_{2i}^{\mathrm{T}} + \varepsilon_{jic}\boldsymbol{H}_{2j}\boldsymbol{H}_{2j}^{\mathrm{T}}$, $e = 1, 2, \cdots, n$, $\boldsymbol{K}_{ic} = \boldsymbol{Y}_{ic}\boldsymbol{X}_c^{-1}$, $\boldsymbol{K}_{jc} = \boldsymbol{Y}_{jc}\boldsymbol{X}_c^{-1}$, $\boldsymbol{K}_{iec} = \boldsymbol{Y}_{iec}\boldsymbol{X}_c^{-1}$, $\boldsymbol{K}_{jec} = \boldsymbol{Y}_{jec}\boldsymbol{X}_c^{-1}$。

证明：在定理 3.1 的证明基础上，采用引理 1.2 和 Schur 补引理进行适当的矩阵变换，并定义 $\boldsymbol{K}_{ic} = \boldsymbol{Y}_{ic}\boldsymbol{X}_c^{-1}$、$\boldsymbol{K}_{jc} = \boldsymbol{Y}_{jc}\boldsymbol{X}_c^{-1}$、$\boldsymbol{K}_{iec} = \boldsymbol{Y}_{iec}\boldsymbol{X}_c^{-1}$、$\boldsymbol{K}_{jec} = \boldsymbol{Y}_{jec}\boldsymbol{X}_c^{-1}$，可推导出矩阵不等式(3.14)和(3.15)。主要的推导过程如下：

不等式(3.5)经进一步整理可变为：

$$\begin{bmatrix} -\boldsymbol{P}_c + \sum_{e=1}^{n}\boldsymbol{Q}_{ec} & * & * & * & * \\ \boldsymbol{0} & -\hat{\boldsymbol{Q}} & * & * & * \\ \boldsymbol{0} & \boldsymbol{0} & -\gamma^2\boldsymbol{I} & * & * \\ \boldsymbol{A}_i - \boldsymbol{B}_i\boldsymbol{K}_{ic} & -\boldsymbol{\Pi}_1 & \boldsymbol{B}_{wi} & -\boldsymbol{P}_c^{-1} & * \\ \boldsymbol{C}_i - \boldsymbol{D}_i\boldsymbol{K}_{ic} & -\boldsymbol{\Pi}_2 & \boldsymbol{0} & \boldsymbol{0} & -\boldsymbol{I} \end{bmatrix} < \boldsymbol{0} \qquad (3.16)$$

其中，$\boldsymbol{\Pi}_1 = [\boldsymbol{B}_{i1}\boldsymbol{K}_{i1c} \quad \cdots \quad \boldsymbol{B}_{ie}\boldsymbol{K}_{iec} \quad \cdots \quad \boldsymbol{B}_{in}\boldsymbol{K}_{inc}]$，$\boldsymbol{\Pi}_2 = [\boldsymbol{D}_{i1}\boldsymbol{K}_{i1c} \quad \cdots \quad \boldsymbol{D}_{ie}\boldsymbol{K}_{iec} \quad \cdots \quad \boldsymbol{D}_{in}\boldsymbol{K}_{inc}]$。

对式(3.16)左右两端同乘 $diag\{\boldsymbol{P}_c^{-1}, \boldsymbol{P}_c^{-1}, \boldsymbol{I}, \boldsymbol{I}, \boldsymbol{I}\}$，并令 $\boldsymbol{X}_c = \boldsymbol{P}_c^{-1}$，$\boldsymbol{K}_{ic} = \boldsymbol{Y}_{ic}\boldsymbol{X}_c^{-1}$，$\boldsymbol{K}_{iec} = \boldsymbol{Y}_{iec}\boldsymbol{X}_c^{-1}$，可得：

$$\begin{bmatrix} -\boldsymbol{I} + \boldsymbol{\Omega}_1 & * & * & * & * \\ \boldsymbol{0} & \boldsymbol{\Omega}_2 & * & * & * \\ \boldsymbol{0} & \boldsymbol{0} & -\gamma^2\boldsymbol{I} & * & * \\ \boldsymbol{A}_i\boldsymbol{X}_c - \boldsymbol{B}_i\boldsymbol{Y}_{ic} & -\boldsymbol{\Omega}_5 & \boldsymbol{B}_{wi} & -\boldsymbol{X}_c & * \\ \boldsymbol{C}_i\boldsymbol{X}_c - \boldsymbol{D}_i\boldsymbol{Y}_{ic} & -\boldsymbol{\Omega}_6 & \boldsymbol{0} & \boldsymbol{0} & -\boldsymbol{I} \end{bmatrix} < \boldsymbol{0} \qquad (3.17)$$

令 $\boldsymbol{\Lambda}_{ii} = \begin{bmatrix} -\boldsymbol{I}+\boldsymbol{\Omega}_1 & * & * & * & * \\ \boldsymbol{0} & \boldsymbol{\Omega}_2 & * & * & * \\ \boldsymbol{0} & \boldsymbol{0} & -\gamma^2\boldsymbol{I} & * & * \\ \boldsymbol{\Omega}_3 & -\boldsymbol{\Omega}_5 & \boldsymbol{B}_{wi} & -\boldsymbol{X}_c & * \\ \boldsymbol{\Omega}_4 & -\boldsymbol{\Omega}_6 & \boldsymbol{0} & \boldsymbol{0} & -\boldsymbol{I} \end{bmatrix}$ 和 $\overline{\boldsymbol{\Lambda}}_{ii} = \begin{bmatrix} -\boldsymbol{I}+\boldsymbol{\Omega}_1 & * & * & * & * \\ \boldsymbol{0} & \boldsymbol{\Omega}_2 & * & * & * \\ \boldsymbol{0} & \boldsymbol{0} & -\gamma^2\boldsymbol{I} & * & * \\ \overline{\boldsymbol{\Omega}}_3 & -\overline{\boldsymbol{\Omega}}_5 & \overline{\boldsymbol{B}}_{wi} & -\boldsymbol{X}_c & * \\ \overline{\boldsymbol{\Omega}}_4 & -\overline{\boldsymbol{\Omega}}_6 & \boldsymbol{0} & \boldsymbol{0} & -\boldsymbol{I} \end{bmatrix}$，其中，$\overline{\boldsymbol{\Omega}}_3 = \overline{\boldsymbol{A}}_i\boldsymbol{X}_c - \overline{\boldsymbol{B}}_i\boldsymbol{Y}_{ic}$，$\overline{\boldsymbol{\Omega}}_4 = \overline{\boldsymbol{C}}_i\boldsymbol{X}_c - \overline{\boldsymbol{D}}_i\boldsymbol{Y}_{ic}$，$\overline{\boldsymbol{\Omega}}_5 = \begin{bmatrix}\overline{\boldsymbol{B}}_{i1}\boldsymbol{Y}_{i1c} & \cdots & \overline{\boldsymbol{B}}_{ie}\boldsymbol{Y}_{iec} & \cdots & \overline{\boldsymbol{B}}_{in}\boldsymbol{Y}_{inc}\end{bmatrix}$，$\overline{\boldsymbol{\Omega}}_6 = \begin{bmatrix}\overline{\boldsymbol{D}}_{i1}\boldsymbol{Y}_{ilc} & \cdots & \overline{\boldsymbol{D}}_{ie}\boldsymbol{Y}_{iec} & \cdots & \overline{\boldsymbol{D}}_{in}\boldsymbol{Y}_{inc}\end{bmatrix}$，由此可得：

$$\overline{\boldsymbol{\Lambda}}_{ii} = \boldsymbol{\Lambda}_{ii} + \overline{\boldsymbol{H}}_i\overline{\boldsymbol{F}}_i(k)\overline{\boldsymbol{E}}_{ii} + \overline{\boldsymbol{E}}_{ii}^{\mathrm{T}}\overline{\boldsymbol{F}}_i^{\mathrm{T}}(k)\overline{\boldsymbol{H}}_i^{\mathrm{T}} < \boldsymbol{0} \tag{3.18}$$

其中，$\overline{\boldsymbol{H}}_i = \begin{bmatrix} \boldsymbol{0} & \boldsymbol{0} & \boldsymbol{0} & \boldsymbol{H}_{1i}^{\mathrm{T}} & \boldsymbol{0} \\ \boldsymbol{0} & \boldsymbol{0} & \boldsymbol{0} & \boldsymbol{0} & \boldsymbol{H}_{2i}^{\mathrm{T}} \end{bmatrix}^{\mathrm{T}}$，$\overline{\boldsymbol{F}}_i(k) = \begin{bmatrix} \boldsymbol{F}_{1i}(k) & \boldsymbol{0} \\ \boldsymbol{0} & \boldsymbol{F}_{2i}(k) \end{bmatrix}$，$\overline{\boldsymbol{E}}_{ii} = \begin{bmatrix} \boldsymbol{E}_{11i}\boldsymbol{X}_c - \boldsymbol{E}_{12i}\boldsymbol{Y}_{ic} & -\boldsymbol{L}_{1i}\boldsymbol{Y}_{i1c}\cdots-\boldsymbol{L}_{ei}\boldsymbol{Y}_{iec}\cdots-\boldsymbol{L}_{ni}\boldsymbol{Y}_{inc} & \boldsymbol{E}_{13i} & \boldsymbol{0} & \boldsymbol{0} \\ \boldsymbol{E}_{21i}\boldsymbol{X}_c - \boldsymbol{E}_{22i}\boldsymbol{Y}_{ic} & -\boldsymbol{O}_{1i}\boldsymbol{Y}_{i1c}\cdots-\boldsymbol{O}_{ei}\boldsymbol{Y}_{iec}\cdots-\boldsymbol{O}_{ni}\boldsymbol{Y}_{inc} & \boldsymbol{0} & \boldsymbol{0} & \boldsymbol{0} \end{bmatrix}$。

基于引理 1.2，式(3.18)对 $\boldsymbol{F}_{1i}(k)$ 和 $\boldsymbol{F}_{2i}(k)$ 成立，当且仅当存在常数 $\varepsilon_{iic} > 0$，满足 $\boldsymbol{\Lambda}_{ii} + \varepsilon_{iic}^{-1}\overline{\boldsymbol{E}}_{ii}^{\mathrm{T}}\overline{\boldsymbol{E}}_{ii} + \varepsilon_{iic}\overline{\boldsymbol{H}}_{ii}\overline{\boldsymbol{H}}_{ii}^{\mathrm{T}} < \boldsymbol{0}$。

基于 Schur 补可知：

$$\begin{bmatrix} \boldsymbol{\Lambda}_{ii} + \varepsilon_{iic}\overline{\boldsymbol{H}}_i\overline{\boldsymbol{H}}_i^{\mathrm{T}} & * \\ \overline{\boldsymbol{E}}_{ii} & -\varepsilon_{iic} \end{bmatrix} < \boldsymbol{0} \tag{3.19}$$

那么，式(3.19)可变换为式(3.14)。

另一方面，不等式(3.6)通过矩阵变换可得：

$$\begin{bmatrix} 4\left(-\boldsymbol{P}_c + \sum_{e=1}^{n}\boldsymbol{Q}_{ec}\right) & * & * & * & * \\ \boldsymbol{0} & -4\hat{\boldsymbol{Q}} & * & * & * \\ \boldsymbol{0} & \boldsymbol{0} & -4\gamma^2\boldsymbol{I} & * & * \\ \boldsymbol{A}_i - \boldsymbol{B}_i\boldsymbol{K}_{jc} + \boldsymbol{A}_j - \boldsymbol{B}_j\boldsymbol{K}_{ic} & -\boldsymbol{\Phi}_1 & \boldsymbol{B}_{wi} + \boldsymbol{B}_{wj} & -\boldsymbol{P}_c^{-1} & * \\ \boldsymbol{C}_i - \boldsymbol{D}_i\boldsymbol{K}_{jc} + \boldsymbol{C}_j - \boldsymbol{D}_j\boldsymbol{K}_{ic} & -\boldsymbol{\Phi}_2 & \boldsymbol{0} & \boldsymbol{0} & -\boldsymbol{I} \end{bmatrix} < \boldsymbol{0}$$

(3.20)

其中，$\boldsymbol{\Phi}_1=[\boldsymbol{B}_{i1}\boldsymbol{K}_{j1c}+\boldsymbol{B}_{j1}\boldsymbol{K}_{i1c}\quad\cdots\quad\boldsymbol{B}_{ie}\boldsymbol{K}_{jec}+\boldsymbol{B}_{je}\boldsymbol{K}_{iec}\quad\cdots\quad\boldsymbol{B}_{in}\boldsymbol{K}_{jnc}+\boldsymbol{B}_{jn}\boldsymbol{K}_{inc}]$，$\boldsymbol{\Phi}_2=[\boldsymbol{D}_{i1}\boldsymbol{K}_{j1c}+\boldsymbol{D}_{j1}\boldsymbol{K}_{i1c}\quad\cdots\quad\boldsymbol{D}_{ie}\boldsymbol{K}_{jec}+\boldsymbol{D}_{je}\boldsymbol{K}_{iec}\quad\cdots\quad\boldsymbol{D}_{in}\boldsymbol{K}_{jnc}+\boldsymbol{D}_{jn}\boldsymbol{K}_{inc}]$。

对式(3.20)左右两端同乘 $diag\{\boldsymbol{P}_c^{-1},\ \boldsymbol{P}_c^{-1},\ \boldsymbol{I},\ \boldsymbol{I},\ \boldsymbol{I}\}$，则有：

$$\begin{bmatrix} -4\boldsymbol{I}+4\boldsymbol{\Omega}_1 & * & * & * & * \\ \boldsymbol{0} & 4\boldsymbol{\Omega}_2 & * & * & * \\ \boldsymbol{0} & \boldsymbol{0} & -4\gamma^2\boldsymbol{I} & * & * \\ \boldsymbol{\Omega}_7 & -\boldsymbol{\Omega}_9 & \boldsymbol{B}_{wi}+\boldsymbol{B}_{wj} & -\boldsymbol{X}_c & * \\ \boldsymbol{\Omega}_8 & -\boldsymbol{\Omega}_{10} & \boldsymbol{0} & \boldsymbol{0} & -\boldsymbol{I} \end{bmatrix}<\boldsymbol{0} \tag{3.21}$$

其中，$\boldsymbol{K}_{ic}=\boldsymbol{Y}_{ic}\boldsymbol{X}_c^{-1}$，$\boldsymbol{K}_{jc}=\boldsymbol{Y}_{jc}\boldsymbol{X}_c^{-1}$，$\boldsymbol{K}_{iec}=\boldsymbol{Y}_{iec}\boldsymbol{X}_c^{-1}$，$\boldsymbol{K}_{jec}=\boldsymbol{Y}_{jec}\boldsymbol{X}_c^{-1}$，$e=1,\ 2,\ \cdots,\ n$。

令 $\boldsymbol{\Xi}_{ij}=\begin{bmatrix} -4\boldsymbol{I}+4\boldsymbol{\Omega}_1 & * & * & * & * \\ \boldsymbol{0} & 4\boldsymbol{\Omega}_2 & * & * & * \\ \boldsymbol{0} & \boldsymbol{0} & -4\gamma^2\boldsymbol{I} & * & * \\ \boldsymbol{\Omega}_7 & -\boldsymbol{\Omega}_9 & \boldsymbol{B}_{wi}+\boldsymbol{B}_{wj} & -\boldsymbol{X}_c & * \\ \boldsymbol{\Omega}_8 & -\boldsymbol{\Omega}_{10} & \boldsymbol{0} & \boldsymbol{0} & -\boldsymbol{I} \end{bmatrix}$ 和 $\overline{\boldsymbol{\Xi}}_{ij}=$

$\begin{bmatrix} -4\boldsymbol{I}+4\boldsymbol{\Omega}_1 & * & * & * & * \\ \boldsymbol{0} & 4\boldsymbol{\Omega}_2 & * & * & * \\ \boldsymbol{0} & \boldsymbol{0} & -4\gamma^2\boldsymbol{I} & * & * \\ \overline{\boldsymbol{\Omega}}_7 & -\overline{\boldsymbol{\Omega}}_9 & \overline{\boldsymbol{B}}_{wi}+\overline{\boldsymbol{B}}_{wj} & -\boldsymbol{X}_c & * \\ \overline{\boldsymbol{\Omega}}_8 & -\overline{\boldsymbol{\Omega}}_{10} & \boldsymbol{0} & \boldsymbol{0} & -\boldsymbol{I} \end{bmatrix}$，其中，$\overline{\boldsymbol{\Omega}}_7=\overline{\boldsymbol{A}}_i\boldsymbol{X}_c-\overline{\boldsymbol{B}}_i\boldsymbol{Y}_{jc}+\overline{\boldsymbol{A}}_j\boldsymbol{X}_c-\overline{\boldsymbol{B}}_j\boldsymbol{Y}_{ic}$，$\overline{\boldsymbol{\Omega}}_8=\overline{\boldsymbol{C}}_i\boldsymbol{X}_c-\overline{\boldsymbol{D}}_i\boldsymbol{Y}_{jc}+\overline{\boldsymbol{C}}_j\boldsymbol{X}_c-\overline{\boldsymbol{D}}_j\boldsymbol{Y}_{ic}$，

$\overline{\boldsymbol{\Omega}}_9=[\overline{\boldsymbol{B}}_{i1}\boldsymbol{Y}_{j1c}+\overline{\boldsymbol{B}}_{j1}\boldsymbol{Y}_{i1c}\quad\cdots\quad\overline{\boldsymbol{B}}_{ie}\boldsymbol{Y}_{jec}+\overline{\boldsymbol{B}}_{je}\boldsymbol{Y}_{iec}\quad\cdots\quad\overline{\boldsymbol{B}}_{in}\boldsymbol{Y}_{jnc}+\overline{\boldsymbol{B}}_{jn}\boldsymbol{Y}_{inc}]$，

$\overline{\boldsymbol{\Omega}}_{10}=[\overline{\boldsymbol{D}}_{i1}\boldsymbol{Y}_{j1c}+\overline{\boldsymbol{D}}_{j1}\boldsymbol{Y}_{i1c}\quad\cdots\quad\overline{\boldsymbol{D}}_{ie}\boldsymbol{Y}_{jec}+\overline{\boldsymbol{D}}_{je}\boldsymbol{Y}_{iec}\quad\cdots\quad\overline{\boldsymbol{D}}_{in}\boldsymbol{Y}_{jnc}+\overline{\boldsymbol{D}}_{jn}\boldsymbol{Y}_{inc}]$。

那么有如下不等式成立：

$$\overline{\boldsymbol{\Xi}}_{ij}=\boldsymbol{\Xi}_{ij}+\overline{\boldsymbol{H}}_i\overline{\boldsymbol{F}}_i(k)\overline{\boldsymbol{E}}_{ij}+\overline{\boldsymbol{E}}_{ij}^{\mathrm{T}}\overline{\boldsymbol{F}}_i^{\mathrm{T}}(k)\overline{\boldsymbol{H}}_i^{\mathrm{T}}+\overline{\boldsymbol{H}}_j\overline{\boldsymbol{F}}_j(k)\overline{\boldsymbol{E}}_{ji}+\overline{\boldsymbol{E}}_{ji}^{\mathrm{T}}\overline{\boldsymbol{F}}_j^{\mathrm{T}}(k)\overline{\boldsymbol{H}}_j^{\mathrm{T}}<\boldsymbol{0} \tag{3.22}$$

其中，$\overline{\boldsymbol{H}}_j=\begin{bmatrix}\boldsymbol{0} & \boldsymbol{0} & \boldsymbol{0} & \boldsymbol{H}_{1j}^{\mathrm{T}} & \boldsymbol{0} \\ \boldsymbol{0} & \boldsymbol{0} & \boldsymbol{0} & \boldsymbol{0} & \boldsymbol{H}_{2j}^{\mathrm{T}}\end{bmatrix}^{\mathrm{T}}$，$\overline{\boldsymbol{F}}_j(k)=\begin{bmatrix}\boldsymbol{F}_{1j}(k) & \boldsymbol{0} \\ \boldsymbol{0} & \boldsymbol{F}_{2j}(k)\end{bmatrix}$，$\overline{\boldsymbol{E}}_{ij}=$

$$\begin{bmatrix} \boldsymbol{E}_{11i}\boldsymbol{X}_c - \boldsymbol{E}_{12i}\boldsymbol{Y}_{jc} & -\boldsymbol{L}_{1i}\boldsymbol{Y}_{i1c}\cdots - \boldsymbol{L}_{ei}\boldsymbol{Y}_{iec}\cdots - \boldsymbol{L}_{ni}\boldsymbol{Y}_{inc} & \boldsymbol{E}_{13i} & \boldsymbol{0} & \boldsymbol{0} \\ \boldsymbol{E}_{21i}\boldsymbol{X}_c - \boldsymbol{E}_{22i}\boldsymbol{Y}_{jc} & -\boldsymbol{O}_{1i}\boldsymbol{Y}_{i1c}\cdots - \boldsymbol{O}_{ei}\boldsymbol{Y}_{iec}\cdots - \boldsymbol{O}_{ni}\boldsymbol{Y}_{inc} & \boldsymbol{0} & \boldsymbol{0} & \boldsymbol{0} \end{bmatrix}。$$

基于引理 1.2，式(3.22)对 $\boldsymbol{F}_{1i}(k)$ 和 $\boldsymbol{F}_{2i}(k)$ 成立，当且仅当存在常数 $\varepsilon_{ijc} > 0$ 和 $\varepsilon_{jic} > 0$，满足 $\boldsymbol{\Xi}_{ij} + \varepsilon_{ijc}^{-1}\overline{\boldsymbol{E}}_{ij}^{\mathrm{T}}\overline{\boldsymbol{E}}_{ij} + \varepsilon_{ijc}\overline{\boldsymbol{H}}_i\overline{\boldsymbol{H}}_i^{\mathrm{T}} + \varepsilon_{jic}^{-1}\overline{\boldsymbol{E}}_{ji}^{\mathrm{T}}\overline{\boldsymbol{E}}_{ji} + \varepsilon_{jic}\overline{\boldsymbol{H}}_j\overline{\boldsymbol{H}}_j^{\mathrm{T}} < \boldsymbol{0}$。应用 schur 补引理有：

$$\begin{bmatrix} \boldsymbol{\Xi}_{ij} + \varepsilon_{ijc}\overline{\boldsymbol{H}}_i\overline{\boldsymbol{H}}_i^{\mathrm{T}} + \varepsilon_{jic}\overline{\boldsymbol{H}}_j\overline{\boldsymbol{H}}_j^{\mathrm{T}} & * & * \\ \overline{\boldsymbol{E}}_{ij} & -\varepsilon_{ijc}\boldsymbol{I} & * \\ \overline{\boldsymbol{E}}_{ji} & \boldsymbol{0} & -\varepsilon_{jic}\boldsymbol{I} \end{bmatrix} < \boldsymbol{0} \qquad (3.23)$$

那么式(3.23)通过矩阵变换后可得到式(3.15)。证毕。

3.3 仿真分析

3.3.1 含提前期的多重不确定一般 SC 仿真分析

本节选择与 1.5.1 节中相同的压缩机行业的二阶 SC 为研究对象。在该 SC 系统中，考虑了生产提前期 τ_1 和订购提前期 τ_2，具体如图 2.1 所示。并且，同时也考虑客户需求的不确定性因素和系统内部参数的不确定性因素。

采取与图 1.6 相同的库存模糊分划，基于式(2.1)的一般 SC 中的基本模型、图 1.4 的库存切换策略和式(3.4)的 T-S 模糊模型，以下 4 个 T-S 模糊规则可以描述该多重不确定下含生产提前期和订购提前期的二阶 SC 多模型系统：

R_1：If x_1 is M_1^1 and x_2 is M_2^1，then

$$\begin{cases} \boldsymbol{x}(k+1) = h_1[\overline{\boldsymbol{A}}_1\boldsymbol{x}(k) + \overline{\boldsymbol{B}}_1\boldsymbol{u}(k) + \overline{\boldsymbol{B}}_{11}\boldsymbol{u}(k-\tau_1) + \overline{\boldsymbol{B}}_{12}\boldsymbol{u}(k-\tau_2) + \overline{\boldsymbol{B}}_{w1}\boldsymbol{w}(k)] \\ z(k) = h_1[\overline{\boldsymbol{C}}_1\boldsymbol{x}(k) + \overline{\boldsymbol{D}}_1\boldsymbol{u}(k) + \overline{\boldsymbol{D}}_{11}\boldsymbol{u}(k-\tau_1) + \overline{\boldsymbol{D}}_{11}\boldsymbol{u}(k-\tau_2)] \end{cases}$$

R_2：If x_1 is M_1^2 and x_2 is M_2^2，then

$$\begin{cases} \boldsymbol{x}(k+1) = h_2[\overline{\boldsymbol{A}}_2\boldsymbol{x}(k) + \overline{\boldsymbol{B}}_2\boldsymbol{u}(k) + \overline{\boldsymbol{B}}_{21}\boldsymbol{u}(k-\tau_1) + \overline{\boldsymbol{B}}_{22}\boldsymbol{u}(k-\tau_2) + \overline{\boldsymbol{B}}_{w2}\boldsymbol{w}(k)] \\ z(k) = h_2[\overline{\boldsymbol{C}}_2\boldsymbol{x}(k) + \overline{\boldsymbol{D}}_2\boldsymbol{u}(k) + \overline{\boldsymbol{D}}_{21}\boldsymbol{u}(k-\tau_1) + \overline{\boldsymbol{D}}_{22}\boldsymbol{u}(k-\tau_2)] \end{cases}$$

R_3: If x_1 is M_1^3 and x_2 is M_2^3, then

$$\begin{cases} \boldsymbol{x}(k+1) = h_3[\overline{\boldsymbol{A}}_3\boldsymbol{x}(k) + \overline{\boldsymbol{B}}_3\boldsymbol{u}(k) + \overline{\boldsymbol{B}}_{31}\boldsymbol{u}(k-\tau_1) + \overline{\boldsymbol{B}}_{32}\boldsymbol{u}(k-\tau_2) + \overline{\boldsymbol{B}}_{w3}\boldsymbol{w}(k)] \\ z(k) = h_3[\overline{\boldsymbol{C}}_3\boldsymbol{x}(k) + \overline{\boldsymbol{D}}_3\boldsymbol{u}(k) + \overline{\boldsymbol{D}}_{31}\boldsymbol{u}(k-\tau_1) + \overline{\boldsymbol{D}}_{32}\boldsymbol{u}(k-\tau_2)] \end{cases}$$

R_4: If x_1 is M_1^4 and x_2 is M_2^4, then

$$\begin{cases} \boldsymbol{x}(k+1) = h_4[\overline{\boldsymbol{A}}_4\boldsymbol{x}(k) + \overline{\boldsymbol{B}}_4\boldsymbol{u}(k) + \overline{\boldsymbol{B}}_{41}\boldsymbol{u}(k-\tau_1) + \overline{\boldsymbol{B}}_{42}\boldsymbol{u}(k-\tau_2) + \overline{\boldsymbol{B}}_{w4}\boldsymbol{w}(k)] \\ z(k) = h_4[\overline{\boldsymbol{C}}_4\boldsymbol{x}(k) + \overline{\boldsymbol{D}}_4\boldsymbol{u}(k) + \overline{\boldsymbol{D}}_{41}\boldsymbol{u}(k-\tau_1) + \overline{\boldsymbol{D}}_{42}\boldsymbol{u}(k-\tau_2)] \end{cases}$$

设计相应的库存状态反馈控制律如下：

K^1: If x_1 is M_1^1 and x_2 is M_2^1, then

$$\begin{cases} \boldsymbol{u}(k) = -h_1\boldsymbol{K}_{1c}\boldsymbol{x}(k) \\ \boldsymbol{u}(k-\tau_1) = -h_1\boldsymbol{K}_{11c}\boldsymbol{x}(k-\tau_1) \\ \boldsymbol{u}(k-\tau_2) = -h_1\boldsymbol{K}_{12c}\boldsymbol{x}(k-\tau_2) \end{cases}$$

K^2: If x_1 is M_1^2 and x_2 is M_2^2, then

$$\begin{cases} \boldsymbol{u}(k) = -h_2\boldsymbol{K}_{2c}\boldsymbol{x}(k) \\ \boldsymbol{u}(k-\tau_1) = -h_2\boldsymbol{K}_{21c}\boldsymbol{x}(k-\tau_1) \\ \boldsymbol{u}(k-\tau_2) = -h_2\boldsymbol{K}_{22c}\boldsymbol{x}(k-\tau_2) \end{cases}$$

K^3: If x_1 is M_1^3 and x_2 is M_2^3, then

$$\begin{cases} \boldsymbol{u}(k) = -h_3\boldsymbol{K}_{3c}\boldsymbol{x}(k) \\ \boldsymbol{u}(k-\tau_1) = -h_3\boldsymbol{K}_{31c}\boldsymbol{x}(k-\tau_1) \\ \boldsymbol{u}(k-\tau_2) = -h_3\boldsymbol{K}_{32c}\boldsymbol{x}(k-\tau_2) \end{cases}$$

K^4: If x_1 is M_1^4 and x_2 is M_2^4, then

$$\begin{cases} \boldsymbol{u}(k) = -h_4\boldsymbol{K}_{4c}\boldsymbol{x}(k) \\ \boldsymbol{u}(k-\tau_1) = -h_4\boldsymbol{K}_{41c}\boldsymbol{x}(k-\tau_1) \\ \boldsymbol{u}(k-\tau_2) = -h_4\boldsymbol{K}_{42c}\boldsymbol{x}(k-\tau_2) \end{cases}$$

依据该压缩机二级 SC 的实际运作情况，系统参数设置如下：

$\boldsymbol{A}_1 = \boldsymbol{0}$, $\boldsymbol{A}_2 = \begin{bmatrix} 0 & 0 \\ 0 & 1 \end{bmatrix}$, $\boldsymbol{A}_3 = \begin{bmatrix} 1 & 0 \\ 0 & 0 \end{bmatrix}$, $\boldsymbol{A}_4 = \begin{bmatrix} 1 & 0 \\ 0 & 1 \end{bmatrix}$, $\boldsymbol{B}_1 = \boldsymbol{B}_3 = \begin{bmatrix} 1 & -1 \\ 0 & 1+\lambda \end{bmatrix}$, $\boldsymbol{B}_2 = \boldsymbol{B}_4 = \begin{bmatrix} 1 & -1 \\ 0 & 1 \end{bmatrix}$, $\boldsymbol{B}_{w1} = \boldsymbol{B}_{w2} = \boldsymbol{B}_{w3} = \boldsymbol{B}_{w4} = \begin{bmatrix} 0 & 0 \\ 0 & -1 \end{bmatrix}$,

$\boldsymbol{B}_{11} = \boldsymbol{B}_{21} = \boldsymbol{B}_{31} = \boldsymbol{B}_{41} = \begin{bmatrix} 1 & 0 \\ 0 & 0 \end{bmatrix}$, $\boldsymbol{B}_{12} = \boldsymbol{B}_{22} = \boldsymbol{B}_{32} = \boldsymbol{B}_{42} = \begin{bmatrix} 0 & 0 \\ 0 & 1 \end{bmatrix}$, $\boldsymbol{C}_1 = \boldsymbol{0}$,

$\boldsymbol{C}_2=[0 \quad c_{r2}]$，$\boldsymbol{C}_3=[c_{r1} \quad 0]$，$\boldsymbol{C}_4=[c_{r1} \quad c_{r2}]$，$\boldsymbol{D}_1=[c_{mJ} \quad c_0+c_{0L}]$，$\boldsymbol{D}_2=[c_{mJ} \quad c_0]$，$\boldsymbol{D}_3=[c_m \quad c_0+c_{0L}]$，$\boldsymbol{D}_4=[c_m \quad c_0]$，$\boldsymbol{D}_{11}=\boldsymbol{D}_{21}=[c_{mJ} \quad 0]$，$\boldsymbol{D}_{31}=\boldsymbol{D}_{41}=[c_m \quad 0]$，$\boldsymbol{D}_{12}=\boldsymbol{D}_{32}=[0 \quad c_0+c_{0L}]$，$\boldsymbol{D}_{22}=\boldsymbol{D}_{42}=[0 \quad c_0]$，$\boldsymbol{L}_{11}=\boldsymbol{L}_{21}=\boldsymbol{L}_{31}=\boldsymbol{L}_{41}=[0 \quad 0;\quad 0 \quad 0.001]$，$\boldsymbol{L}_{12}=\boldsymbol{L}_{22}=\boldsymbol{L}_{32}=\boldsymbol{L}_{42}=[0.003 \quad 0;\quad 0 \quad 0]$，$\boldsymbol{O}_{11}=\boldsymbol{O}_{21}=\boldsymbol{O}_{31}=\boldsymbol{O}_{41}=[0 \quad 0.001]$，$\boldsymbol{O}_{12}=\boldsymbol{O}_{22}=\boldsymbol{O}_{32}=\boldsymbol{O}_{42}=[0.003 \quad 0]$，$\boldsymbol{E}_{11i}=[0.002 \quad 0;\ 0 \quad 0.002]$，$\boldsymbol{E}_{12i}=[0.003 \quad 0;\ 0 \quad 0]$，$\boldsymbol{E}_{13i}=[0 \quad 0;\ 0 \quad 0.003]$，$\boldsymbol{E}_{21i}=[0.001 \quad 0.0015]$，$\boldsymbol{E}_{22i}=[0.003 \quad 0]$，$\boldsymbol{H}_{1i}=0.002$，$\boldsymbol{H}_{2i}=0.004$，$\boldsymbol{F}_{1i}=\boldsymbol{F}_{2i}=\sin(k)\ (i=1\sim4)$，其中，$\lambda=0.61$，$c_{r1}=0.13$，$c_{r2}=0.30$，$c_m=1.06$，$c_{mJ}=1.87$，$c_0=1.66$，$c_{0L}=1.91\ (\times 10^6$ 元)。

当$\gamma=0.5$时，通过求解定理3.2中的线性矩阵不等式(3.14)和线性矩阵不等式(3.15)，得到了局部公共正定矩阵，所以该二阶SC在多重不确定因素和提前期的影响下是鲁棒稳定的。具体的求解结果如下：

$\boldsymbol{X}_1=\begin{bmatrix} 218.0751 & -34.0960 \\ -34.0960 & 108.7435 \end{bmatrix}$，$\boldsymbol{Q}_{11}=\boldsymbol{Q}_{21}=\begin{bmatrix} 32.1674 & -21.4301 \\ -21.4301 & 10.6744 \end{bmatrix}$，

$\boldsymbol{K}_{11}=\begin{bmatrix} 0.2034 & -0.4527 \\ -0.1176 & 0.2182 \end{bmatrix}$，$\boldsymbol{K}_{21}=\begin{bmatrix} 0.1022 & -0.0263 \\ -0.1250 & 0.2026 \end{bmatrix}$，$\boldsymbol{K}_{31}=$

$\begin{bmatrix} 0.3212 & -0.2940 \\ -0.0602 & 0.0835 \end{bmatrix}$，$\boldsymbol{K}_{41}=\begin{bmatrix} 0.2252 & 0.0720 \\ -0.0721 & 0.1219 \end{bmatrix}$，$\boldsymbol{K}_{111}=1.0e^{-009} *$

$\begin{bmatrix} 0.1605 & -0.1273 \\ 0 & 0 \end{bmatrix}$，$\boldsymbol{K}_{211}=1.0e^{-009} * \begin{bmatrix} -0.3131 & 0.1727 \\ 0.0622 & 0.3166 \end{bmatrix}$，$\boldsymbol{K}_{311}=$

$1.0e^{-009} * \begin{bmatrix} 0.3611 & -0.2165 \\ 0 & 0 \end{bmatrix}$，$\boldsymbol{K}_{411}=1.0e^{-008} * \begin{bmatrix} -0.2144 & 0.1479 \\ 0 & 0 \end{bmatrix}$，

$\boldsymbol{K}_{121}=1.0e^{-009} * \begin{bmatrix} 0.1605 & -0.1273 \\ 0 & 0 \end{bmatrix}$，$\boldsymbol{K}_{221}=1.0e^{-009} * \begin{bmatrix} -0.3131 & 0.1727 \\ 0.0622 & 0.3166 \end{bmatrix}$，

$\boldsymbol{K}_{321}=1.0e^{-009} * \begin{bmatrix} 0.3611 & -0.2165 \\ 0 & 0 \end{bmatrix}$，$\boldsymbol{K}_{421}=1.0e^{-008} * \begin{bmatrix} -0.2144 & 0.1479 \\ 0 & 0 \end{bmatrix}$。

设各变量的初始值和标称值如下：$x_1(0)=1.1$，$x_2(0)=0.8$，$\vec{x}_1(k)=1.5$，$\vec{x}_2(k)=0.6$，$\vec{u}_1(k)=1.2$，$\vec{u}_2(k)=1.1\ (\times 10^5$ 台)。并设$\tau_1=\tau_2=4$(周)，$w_2(k)\sim\sin(k)$，$\Delta\boldsymbol{B}_{wi}(k)\sim U[0.01,\ 0.03](i=1\sim4)$。那么，仿真结果如图3.1至图3.3所示。

由图3.1至图3.3可知，鲁棒切换策略可以抑制多重不确定及提前期对该二阶SC系统的影响，使系统变量快速达到稳定状态。

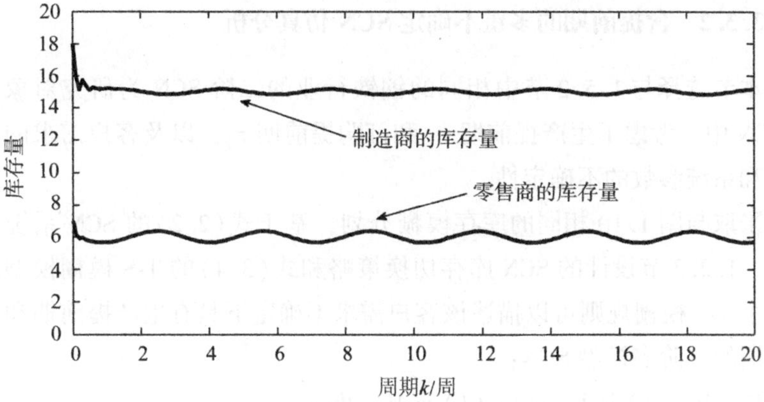

图 3.1　库存状态的变化过程（10^4 台）

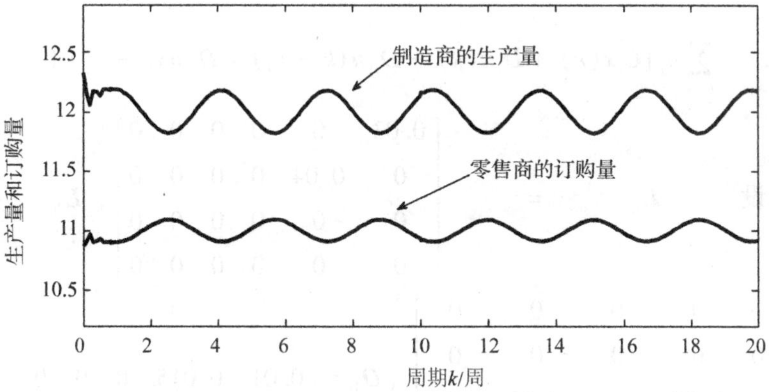

图 3.2　生产量和订购量的变化过程（10^4 台）

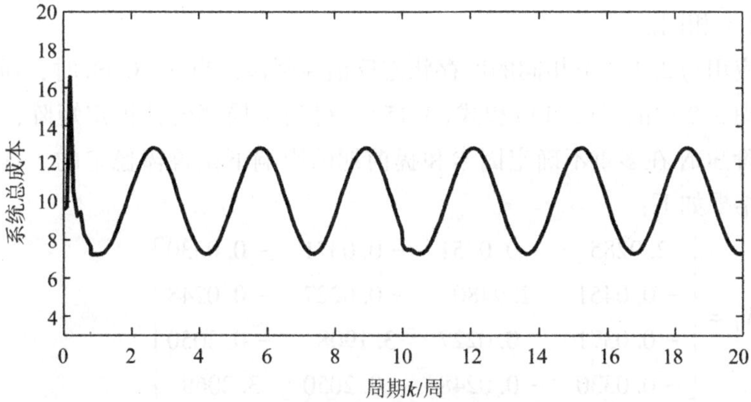

图 3.3　系统总成本的变化过程(10^6 元)

3.3.2 含提前期的多重不确定 SCN 仿真分析

本节选择与 1.5.2 节中相同的钢铁行业的二阶 SCN 为研究对象。在该 SCN 中，考虑了生产提前期 τ_1 和订购提前期 τ_2，以及客户需求的不确定性和系统参数的不确定性。

采取与图 1.10 相同的库存模糊分划，基于式(2.2)的 SCN 系统基本模型、1.2.2 节设计的 SCN 库存切换策略和式(3.4)的 T-S 模糊模型，以下 4 个 T-S 模糊规则可以描述该客户需求不确定下具有生产提前期和订购提前期的二阶多模型 SCN：

R_i : If $x_1(k)$ is M_1^i and $x_2(k)$ is M_2^i, then

$$\begin{cases} \boldsymbol{x}(k+1) = \sum\limits_{i=1}^{4} h_i [\overline{\boldsymbol{A}}_i \boldsymbol{x}(k) + \overline{\boldsymbol{B}}_i \boldsymbol{u}(k) + \overline{\boldsymbol{B}}_{i1} \boldsymbol{u}(k-\tau_1) + \overline{\boldsymbol{B}}_{i2} \boldsymbol{u}(k-\tau_2) + \overline{\boldsymbol{B}}_{wi} \boldsymbol{w}(k)] \\ z(k) = \sum\limits_{i=1}^{4} h_i [\overline{\boldsymbol{C}}_i \boldsymbol{x}(k) + \overline{\boldsymbol{D}}_i \boldsymbol{u}(k) + \overline{\boldsymbol{D}}_{i1} \boldsymbol{u}(k-\tau_1) + \overline{\boldsymbol{D}}_{i2} \boldsymbol{u}(k-\tau_2)] \end{cases}$$

设 $\boldsymbol{L}_{1i} = \begin{bmatrix} 0.03 & 0 & 0 & 0 & 0 & 0 \\ 0 & 0.04 & 0 & 0 & 0 & 0 \\ 0 & 0 & 0 & 0 & 0 & 0 \\ 0 & 0 & 0 & 0 & 0 & 0 \end{bmatrix}$, $\boldsymbol{L}_{2i} = \begin{bmatrix} 0 & 0 & 0 & 0 & 0 & 0 \\ 0 & 0 & 0 & 0 & 0 & 0 \\ 0 & 0 & 0.02 & 0 & 0.01 & 0 \\ 0 & 0 & 0 & 0.01 & 0 & 0.02 \end{bmatrix}$, $\boldsymbol{O}_{1i} = [0.01 \quad 0.015 \quad 0 \quad 0 \quad 0 \quad 0]$, $\boldsymbol{O}_{2i} = [0 \quad 0 \quad 0.02 \quad 0.01 \quad 0.04 \quad 0.03]$, $i = 1 \sim 4$，其他参数的设置与 1.5.2 节相同。

应用与 2.4.2 节相同的库存状态反馈控制律，当 $\gamma = 0.68$ 时，通过求解定理 3.2 中的式(3.14)和式(3.15)，得到了局部公共正定矩阵，所以该二阶 SCN 在多重不确定因素和提前期的影响下是鲁棒稳定的。具体的求解结果如下：

$$\boldsymbol{X}_1 = \begin{bmatrix} 2.9285 & -0.0451 & -0.0371 & -0.0330 \\ -0.0451 & 2.9480 & -0.0227 & -0.0248 \\ -0.0371 & -0.0227 & 3.1908 & -0.2050 \\ -0.0330 & -0.0248 & -0.2050 & 3.2069 \end{bmatrix},$$

$$Q_{11}=Q_{21}=\begin{bmatrix}0.3287 & -0.0009 & -0.0085 & -0.0073\\ -0.0009 & 0.3294 & -0.0027 & -0.0036\\ -0.0085 & -0.0027 & 0.2898 & -0.0418\\ -0.0073 & -0.0036 & -0.0418 & 0.2915\end{bmatrix},$$

$$K_{11}=\begin{bmatrix}0.7425 & 0.2663 & 0.4365 & 0.3956\\ 0.1929 & 0.6769 & 0.4342 & 0.4770\\ 2.7201 & 2.5412 & 15.4433 & 14.3139\\ -3.1961 & -1.9766 & -14.4767 & -13.4309\\ -2.7470 & -2.5655 & -13.4885 & -14.3590\\ 3.1550 & 1.9388 & 14.4040 & 15.3599\end{bmatrix},$$

$$K_{21}=\begin{bmatrix}0.6827 & 0.2094 & 0.3804 & 0.2813\\ 0.2584 & 0.8044 & 0.4891 & 0.6191\\ 2.6544 & 2.4843 & 16.3582 & 15.2402\\ -3.6424 & -2.2240 & -16.9400 & -15.9407\\ -2.1883 & -2.0200 & -11.5928 & -12.4866\\ 2.3975 & 1.4819 & 11.2069 & 12.2306\end{bmatrix},$$

$$K_{31}=\begin{bmatrix}0.6861 & 0.2054 & 0.4479 & 0.4626\\ 0.3296 & 0.7558 & 0.4891 & 0.4533\\ 2.2330 & 2.1417 & 13.8958 & 12.7775\\ -2.5123 & -1.5751 & -11.6924 & -10.6278\\ -2.7148 & -2.6188 & -14.7383 & -15.6024\\ 3.7399 & 2.3116 & 17.3451 & 18.2532\end{bmatrix},$$

$$K_{41}=\begin{bmatrix}0.6099 & 0.1251 & 0.3233 & 0.2779\\ 0.4158 & 0.9077 & 0.6292 & 0.6774\\ 2.2012 & 2.0653 & 14.9879 & 13.8654\\ -2.9857 & -1.8277 & -14.2871 & -13.2581\\ -2.1841 & -2.0446 & -12.9936 & -13.8701\\ 3.0102 & 1.8545 & 14.2735 & 15.2465\end{bmatrix},$$

$K_{111}=K_{211}=K_{311}=K_{411}=K_{121}=K_{221}=K_{321}=K_{421}=\mathbf{0}$。

下面通过与2.5.1节中的常规鲁棒控制策略进行对比仿真实验，以验证所提出的鲁棒切换策略对提高含提前期的多重不确定SCN多模型系统的鲁棒性的优越性。

设各变量的初始值和标称值如下：$x_1(0)=0.5$，$x_2(0)=0.6$，$y_1(0)=0.4$，$y_2(0)=0.2$，$\vec{x}_1(k)=9.8$，$\vec{x}_2(k)=9.5$，$\vec{y}_1(k)=9.2$，$\vec{y}_2(k)=9.4$（$\times 10^5$ 吨）。并设 $w_1(k)=w_2(k)\sim N(3,\ 0.2^2)$，$\Delta B_{wi}(k)\sim U[0.05,$

0.15]($i=1\sim4$)，$\tau_1=\tau_2=3$（2 周）。仿真结果如图 3.4 至图 3.11 所示。

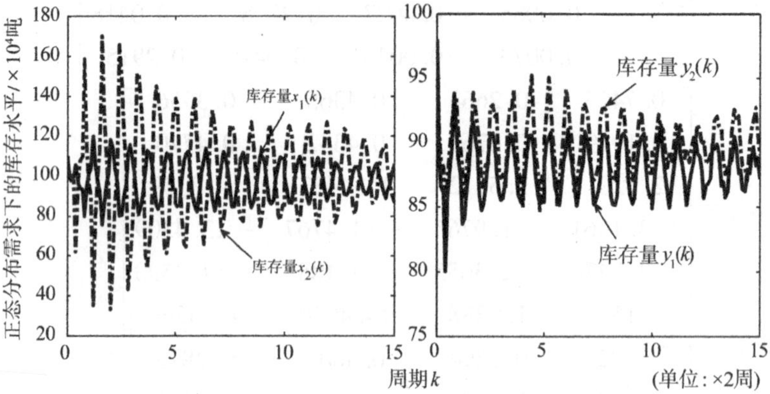

图 3.4　常规鲁棒控制策略下库存量的变化过程

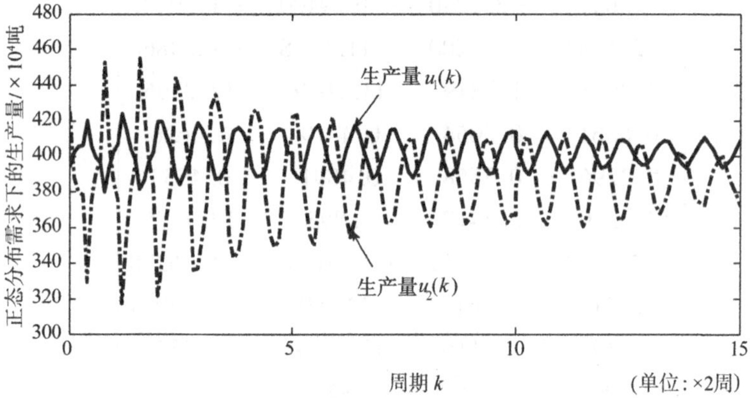

图 3.5　常规鲁棒控制策略下生产量的变化过程

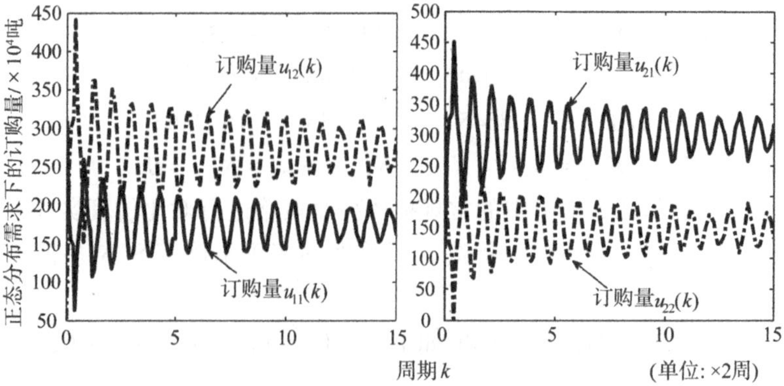

图 3.6　常规鲁棒控制策略下订购量的变化过程

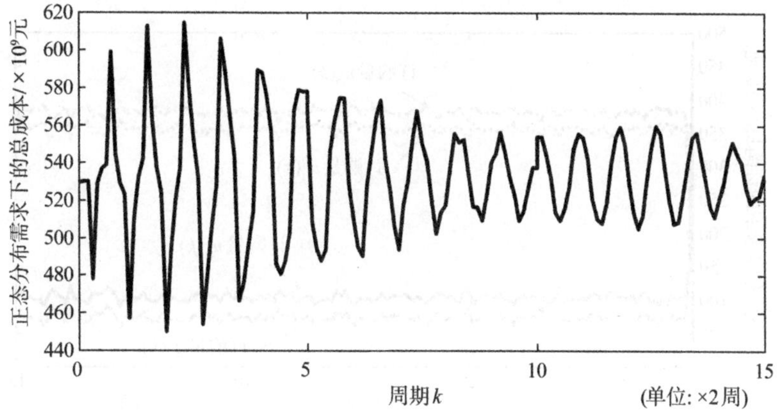

图 3.7　常规鲁棒控制策略下系统总成本的变化过程

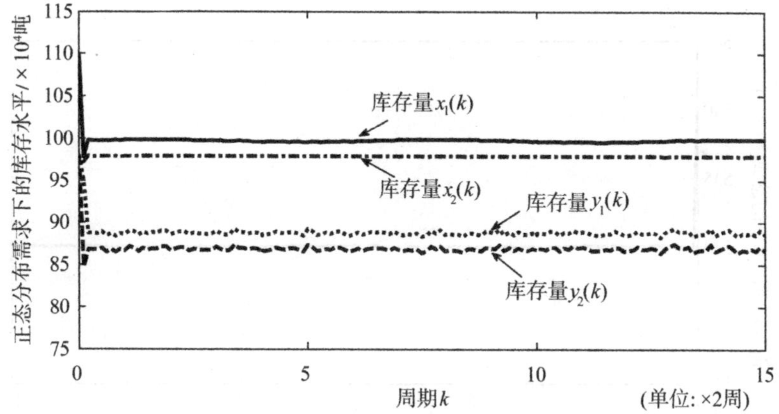

图 3.8　鲁棒切换策略下库存量的变化过程

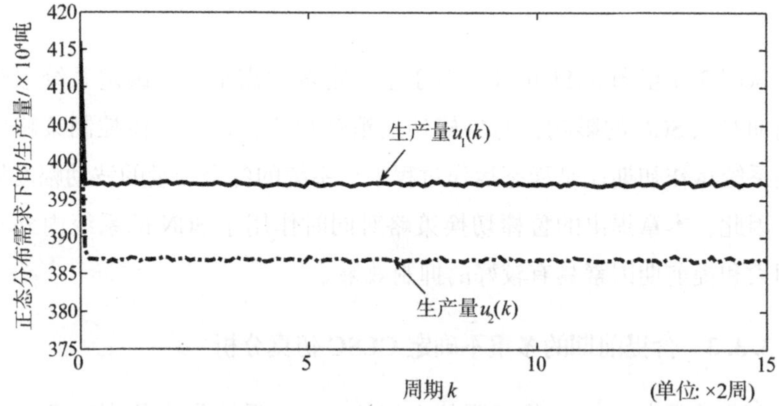

图 3.9　鲁棒切换策略下生产量的变化过程

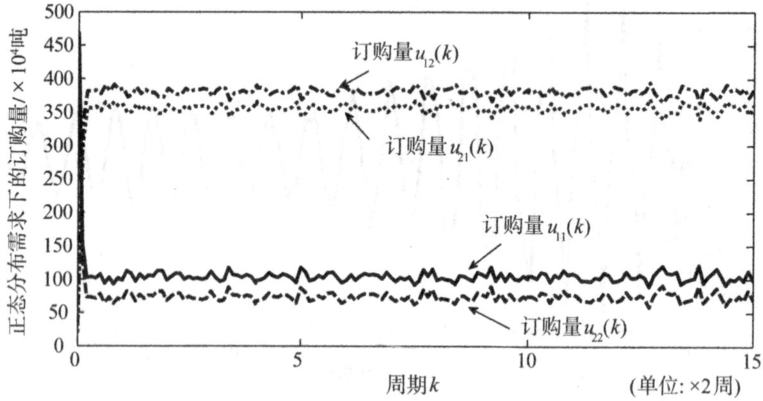

图 3.10　鲁棒切换策略下订购量的变化过程

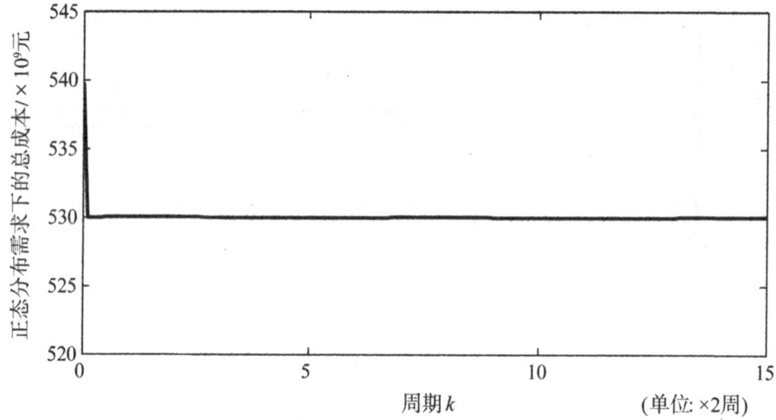

图 3.11　鲁棒切换策略下系统总成本的变化过程

从图 3.4 至图 3.11 可知，对于不确定客户需求、不确定系统参数和提前期对该 SCN 的影响，与鲁棒切换策略相比，常规鲁棒控制策略无论是在系统运作初期还是稳态运作过程中，系统的各个变量的波动幅度均很大。因此，本章提出的鲁棒切换策略对同时作用于 SCN 的系统内外不确定因素和提前期因素具有较好的抑制效果。

3.3.3　含提前期的多重不确定 CLSC 仿真分析

本节选择与 1.5.3 节相同的电视机 CLSC 系统作为仿真对象。在该 CLSC 中，考虑了生产提前期、订购提前期和回收提前期，以及客户需求的不确定和系统参数的不确定。

采取与图1.10相同的库存模糊分划，其设置与2.5.3节相同。

基于式(2.3)的CLSC基本模型、1.2.3节中的CLSC库存切换策略和式(3.4)的T-S模糊系统，以下4个T-S模糊规则可以描述含提前期的多重不确定电视机CLSC多模型系统：

R_1：If $x_1(k)$ is M_1^1 and $x_2(k)$ is M_2^1, then

$$\begin{cases} \boldsymbol{x}(k+1)=h_1\Big[(\boldsymbol{A}_1+\Delta\boldsymbol{A}_1)\boldsymbol{x}(k)+(\boldsymbol{B}_1+\Delta\boldsymbol{B}_1)\boldsymbol{u}(k)+ \\ \qquad\qquad \sum_{e=1}^{4}(\boldsymbol{B}_{1e}+\Delta\boldsymbol{B}_{1e})\boldsymbol{u}(k-\tau_e)+(\boldsymbol{B}_{w1}+\Delta\boldsymbol{B}_{w1})\boldsymbol{w}(k)\Big] \\ z(k)=h_1\Big[(\boldsymbol{C}_1+\Delta\boldsymbol{C}_1)\boldsymbol{x}(k)+(\boldsymbol{D}_1+\Delta\boldsymbol{D}_1)\boldsymbol{u}(k)+\sum_{e=1}^{4}(\boldsymbol{D}_{1e}+\Delta\boldsymbol{D}_{1e})\boldsymbol{u}(k-\tau_e)\Big] \end{cases}$$

R_2：If $x_1(k)$ is M_1^2 and $x_2(k)$ is M_2^2, then

$$\begin{cases} \boldsymbol{x}(k+1)=h_2\Big[(\boldsymbol{A}_2+\Delta\boldsymbol{A}_2)\boldsymbol{x}(k)+(\boldsymbol{B}_2+\Delta\boldsymbol{B}_2)\boldsymbol{u}(k)+ \\ \qquad\qquad \sum_{e=1}^{4}(\boldsymbol{B}_{2e}+\Delta\boldsymbol{B}_{2e})\boldsymbol{u}(k-\tau_e)+(\boldsymbol{B}_{w2}+\Delta\boldsymbol{B}_{w2})\boldsymbol{w}(k)\Big] \\ z(k)=h_2\Big[(\boldsymbol{C}_2+\Delta\boldsymbol{C}_2)\boldsymbol{x}(k)+(\boldsymbol{D}_2+\Delta\boldsymbol{D}_2)\boldsymbol{u}(k)+\sum_{e=1}^{4}(\boldsymbol{D}_{2e}+\Delta\boldsymbol{D}_{2e})\boldsymbol{u}(k-\tau_e)\Big] \end{cases}$$

R_3：If $x_1(k)$ is M_1^3 and $x_2(k)$ is M_2^3, then

$$\begin{cases} \boldsymbol{x}(k+1)=h_3\Big[(\boldsymbol{A}_3+\Delta\boldsymbol{A}_3)\boldsymbol{x}(k)+(\boldsymbol{B}_3+\Delta\boldsymbol{B}_3)\boldsymbol{u}(k)+ \\ \qquad\qquad \sum_{e=1}^{4}(\boldsymbol{B}_{3e}+\Delta\boldsymbol{B}_{3e})\boldsymbol{u}(k-\tau_e)+(\boldsymbol{B}_{w3}+\Delta\boldsymbol{B}_{w3})\boldsymbol{w}(k)\Big] \\ z(k)=h_3\Big[(\boldsymbol{C}_3+\Delta\boldsymbol{C}_3)\boldsymbol{x}(k)+(\boldsymbol{D}_3+\Delta\boldsymbol{D}_3)\boldsymbol{u}(k)+\sum_{e=1}^{4}(\boldsymbol{D}_{3e}+\Delta\boldsymbol{D}_{3e})\boldsymbol{u}(k-\tau_e)\Big] \end{cases}$$

R_4：If $x_1(k)$ is M_1^4 and $x_2(k)$ is M_2^4, then

$$\begin{cases} \boldsymbol{x}(k+1)=h_4\Big[(\boldsymbol{A}_4+\Delta\boldsymbol{A}_4)\boldsymbol{x}(k)+(\boldsymbol{B}_4+\Delta\boldsymbol{B}_4)\boldsymbol{u}(k)+ \\ \qquad\qquad \sum_{e=1}^{4}(\boldsymbol{B}_{4e}+\Delta\boldsymbol{B}_{4e})\boldsymbol{u}(k-\tau_e)+(\boldsymbol{B}_{w4}+\Delta\boldsymbol{B}_{w4})\boldsymbol{w}(k)\Big] \\ z(k)=h_4\Big[(\boldsymbol{C}_4+\Delta\boldsymbol{C}_4)\boldsymbol{x}(k)+(\boldsymbol{D}_4+\Delta\boldsymbol{D}_4)\boldsymbol{u}(k)+\sum_{e=1}^{4}(\boldsymbol{D}_{4e}+\Delta\boldsymbol{D}_{4e})\boldsymbol{u}(k-\tau_e)\Big] \end{cases}$$

设 $\boldsymbol{L}_{1i}=\boldsymbol{L}_{2i}=\boldsymbol{L}_{3i}=\boldsymbol{L}_{4i}=\boldsymbol{0}$，$\boldsymbol{O}_{11}=\boldsymbol{O}_{21}=[0.001\quad 0\quad 0\quad 0]$，$\boldsymbol{O}_{31}=\boldsymbol{O}_{41}=\boldsymbol{0}$，$\boldsymbol{O}_{12}=\boldsymbol{O}_{42}=[0\quad 0.002\quad 0\quad 0]$，$\boldsymbol{O}_{22}=\boldsymbol{O}_{32}=\boldsymbol{0}$，$\boldsymbol{O}_{13}=\boldsymbol{O}_{23}=\boldsymbol{O}_{33}=\boldsymbol{O}_{43}=$

$[0\ \ 0\ \ 0.002\ \ 0]$，$\boldsymbol{O}_{14}=\boldsymbol{O}_{24}=\boldsymbol{O}_{34}=\boldsymbol{O}_{44}=[0\ \ 0\ \ 0\ \ 0.001](i=1\sim 4)$，其他参数的设置与1.5.3节相同，而系统矩阵与2.5.3节相同。

应用与2.5.3节相同的库存状态反馈控制律，当$\gamma=0.5$时，通过求解定理3.2中的式(3.14)和式(3.15)，得到了局部公共正定矩阵，所以该CLSC系统在多重不确定因素和提前期的影响下是鲁棒稳定的。具体的求解结果如下：

$$\boldsymbol{P}_1=\begin{bmatrix}121.8898 & 0.0028 & 0.1511 & 0.1485\\ 0.0028 & 122.7989 & 0.0013 & -0.0113\\ 0.1511 & 0.0013 & 121.8829 & 0.1509\\ 0.1485 & -0.0113 & 0.1509 & 121.8811\end{bmatrix},$$

$$\boldsymbol{Q}_{11}=\boldsymbol{Q}_{21}=\boldsymbol{Q}_{31}=\boldsymbol{Q}_{41}=\begin{bmatrix}24.3455 & -0.0000 & -0.0006 & -0.0006\\ -0.0000 & 24.3419 & -0.0000 & 0.0000\\ -0.0006 & -0.0000 & 24.3455 & -0.0006\\ -0.0006 & 0.0000 & -0.0006 & 24.3455\end{bmatrix},$$

$$\boldsymbol{K}_{11}=\begin{bmatrix}0.8059 & 0.6431 & 0.8561 & 0.8500\\ -0.1435 & 0.9843 & -0.1207 & -0.1273\\ 0.0327 & 0.2998 & -0.9808 & 0.0017\\ 0.1128 & -0.2847 & 0.1235 & 0.1276\end{bmatrix},$$

$$\boldsymbol{K}_{12}=\begin{bmatrix}1.0097 & -0.7546 & 1.0273 & 1.0304\\ -0.1523 & 1.0054 & -0.1293 & -0.1360\\ -0.0349 & 0.7638 & -1.0375 & -0.0580\\ 0.0335 & 0.2188 & 0.0561 & 0.0569\end{bmatrix},$$

$$\boldsymbol{K}_{13}=\begin{bmatrix}1.4459 & -0.6584 & 1.4823 & 1.4836\\ -0.1640 & 0.9999 & -0.1406 & -0.1471\\ 0.4463 & 0.5835 & -0.5427 & 0.4369\\ -0.4397 & 0.3996 & -0.4312 & -0.4307\end{bmatrix},$$

$$\boldsymbol{K}_{14}=\begin{bmatrix}1.2732 & 0.4698 & 1.3374 & 1.3315\\ -0.1647 & 0.9660 & -0.1421 & -0.1483\\ 0.4711 & 0.4106 & -0.5221 & 0.4587\\ -0.3079 & -0.3823 & -0.3171 & -0.3116\end{bmatrix},$$

$\boldsymbol{K}_{111}=\boldsymbol{K}_{211}=\boldsymbol{K}_{311}=\boldsymbol{K}_{411}=\boldsymbol{K}_{121}=\boldsymbol{K}_{221}=\boldsymbol{K}_{321}=\boldsymbol{K}_{421}=\boldsymbol{0}$,

$\boldsymbol{K}_{131}=\boldsymbol{K}_{231}=\boldsymbol{K}_{331}=\boldsymbol{K}_{431}=\boldsymbol{K}_{141}=\boldsymbol{K}_{241}=\boldsymbol{K}_{341}=\boldsymbol{K}_{441}=\boldsymbol{0}$。

下面通过与 2.5.1 节中的常规鲁棒控制策略进行对比仿真实验，验证所提出的鲁棒切换策略可以更好地提高含提前期的多重不确定 CLSC 多模型系统的鲁棒性。

设各变量的初始值和标称值如下：$x_1(0)=14$，$x_2(0)=12$，$x_3(0)=8$，$x_4(0)=6$，$\vec{x}_1(k)=155$，$\vec{x}_2(k)=140$，$\vec{x}_3(k)=120$，$\vec{x}_4(k)=80$，$\vec{u}_1(k)=130$，$\vec{u}_2(k)=120$，$\vec{u}_3(k)=50$，$\vec{u}_4(k)=70$（$\times 10^3$ 台）。并设 $w_1(k) \sim N(6,\ 0.3^2)$，$\Delta \boldsymbol{B}_{wi}(k) \sim U[0.05,\ 0.10](i=1\sim 4)$，$\tau_1=\tau_2=\tau_3=\tau_4=4$（天）。仿真结果如图 3.12 至图 3.17 所示。

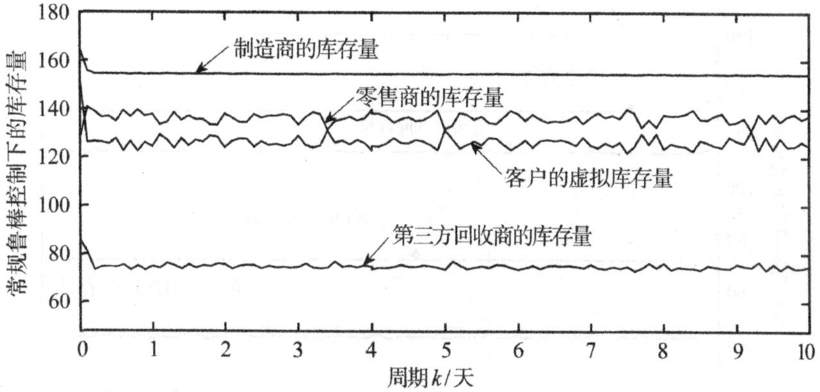

图 3.12　常规鲁棒策略下库存量的变化过程（$\times 10^3$ 台）

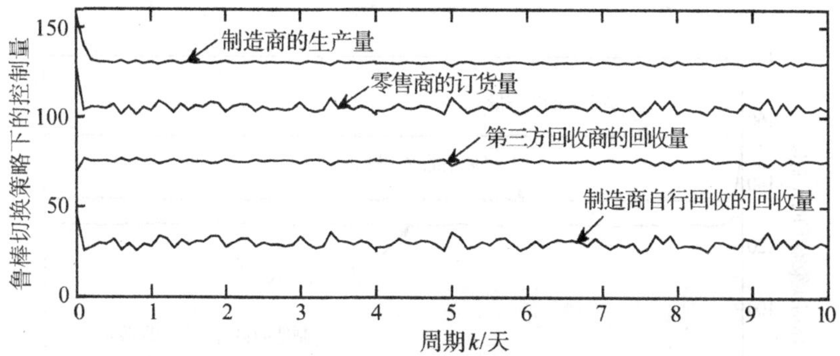

图 3.13　常规鲁棒策略下控制量的变化过程（$\times 10^3$ 台）

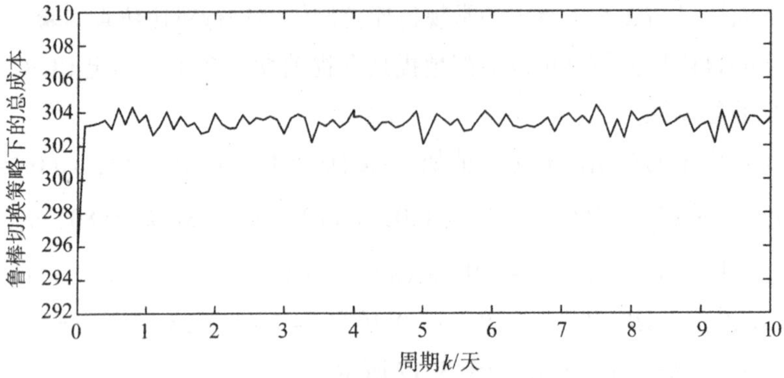

图 3.14 常规鲁棒策略下系统总成本的变化过程（×10^5元）

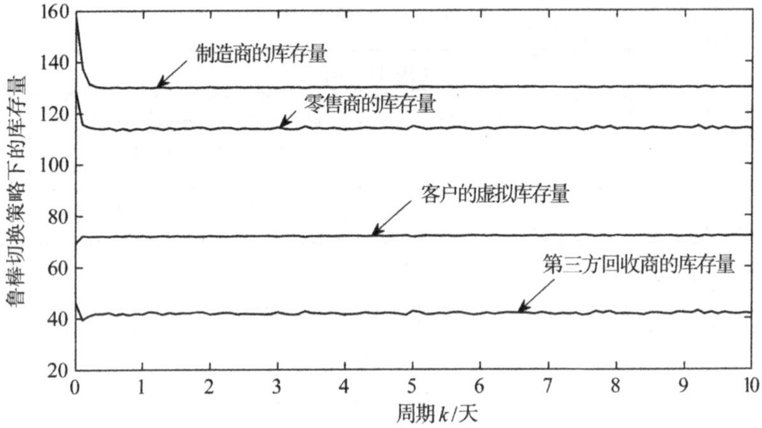

图 3.15 鲁棒切换策略下库存量的变化过程（×10^3台）

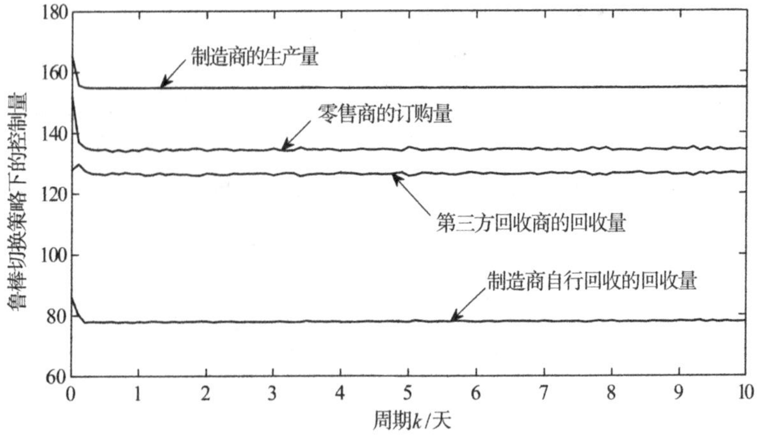

图 3.16 鲁棒切换策略下控制量的变化过程（×10^3台）

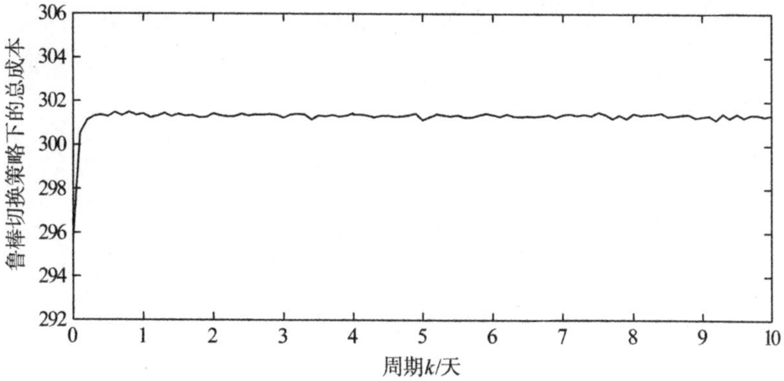

图 3. 17　鲁棒切换策略下系统总成本的变化过程（ $\times 10^5$ 元）

由图 3. 12 至图 3. 14 可知，常规鲁棒控制策略下的系统变量均波动较大，且系统总成本也在高位震荡。而从图 3. 15 至图 3. 17 可知，鲁棒切换策略下可使 CLSC 系统较快处于稳定状态，且系统总成本可稳定在相对较低的水平。

第 2 编　拓展编

第4章　考虑提前期压缩的SC多模型鲁棒切换策略

提前期的长短表征了SC系统的运作效率，而管理提前期的有效手段之一就是压缩提前期。适当地压缩提前期可以增加SC系统的利润(Giri和Roy，2015)。对于提前期压缩，Leng和Parla(2009)提出了一种收益共享契约来协调提前期压缩下的二级SC，李怡娜和徐学军(2011)研究了通过额外赶工成本压缩提前期的两级SC的协调问题，Mahajan和Venugopal(2011)研究了压缩提前期分别对制造商成本和零售商成本的影响程度，曾顺秋等(2014)应用交易信用契约来协调提前期压缩和提前支付期限下的SC，Vijayashree和Uthayakumar(2015)通过迭代算法分析了SC成本最小时的提前期最大压缩量，方新等(2017)建立了一种Newsvendor型产品SC契约协调模型来分析提前期的压缩量对SC系统最优决策的影响，Choi和Cai(2020)建立了一种程式化的分析模型来分析减少面料订购提前期对面料供应商和服装制造商的性能以及环境的影响程度。

基于引言中已梳理的应用鲁棒策略研究含提前期的SC的相关文献，本章将提出考虑提前期压缩的SC多模型鲁棒切换策略以拓展第2章和第3章中有关提前期的研究成果。首先，建立一种提前期压缩量与提前期压缩成本间的量化关系模型；其次，在节点企业的库存水平小于其安全库存值时，通过比较提前期压缩成本与缺货成本的大小后，考虑是否压缩提前期；再次，在构建考虑提前期压缩的SC基本模型的基础上，制定一种混合切换策略，并由T-S模糊系统表示考虑提前期压缩的SC多模型系统；最后，通过设计库存状态反馈控制律，提出由3个定理所描述的鲁棒控制策略，其结合混合切换策略构成可实现软切换的鲁棒切换策略。

4.1　考虑单提前期压缩的 SC 多模型鲁棒切换策略

假设：本节仅考虑制造商的生产提前期，且允许制造商缺货，而零售商始终向制造商正常订购。

4.1.1　提前期压缩成本模型和考虑单提前期压缩的 SC 基本模型

(1)提前期压缩成本模型。

通过分段累计的方法(将提前期分成 n 个相互独立的部分，依次计算各独立部分的压缩成本，并对其进行累计相加求和)，构建提前期压缩成本模型如下：

$$c_\tau = c_i(\tau_{i-1} - \tau) + \sum_{j=1}^{i-1} c_j(b_j - a_j)\ ,\ \tau \in [\tau_i,\ \tau_{i-1}] \tag{4.1}$$

其中，τ 表示提前期；τ_i 表示 i 个组成部分压缩时间总和，$\tau_i = \sum_{j=1}^{n} b_j - \sum_{j=1}^{i} (b_j - a_j)$，$i = 1, 2, \cdots, n$；$b_i$ 表示提前期的第 i 个组成部分的标准作业时间；a_i 表示提前期的第 i 个组成部分压缩后的最短作业时间；c_i 表示提前期的第 i 个组成部分的单位压缩成本(c_i 按从小到大的顺序重新排列，即保证提前期从第 1 部分即具有最小赶工成本的部分开始压缩，然后是第二部分，……)；c_τ 表示提前期的压缩成本。

(2) 考虑提前期压缩的 SC 基本模型。

本节考虑生产提前期压缩的 SC 系统如图 4.1 所示。该 SC 系统由制造商、零售商和客户所组成。

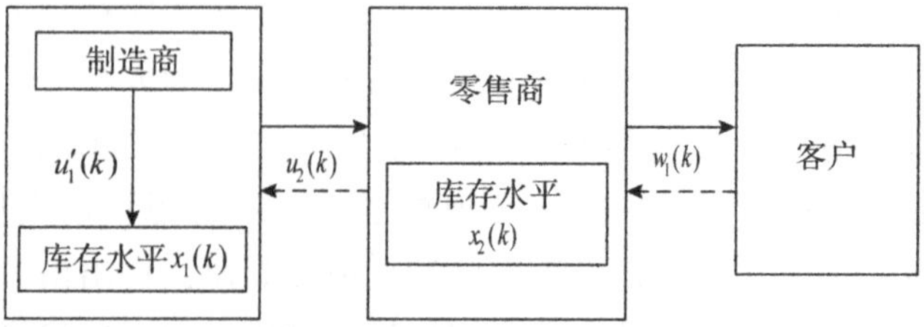

图 4.1　考虑提前期压缩的动态 SC 系统

在图 4.1 中，$x_1(k)$ 和 $x_2(k)$ 分别代表制造商和零售商在周期 k 的库存量，$u'_1(k)$ 代表制造商在周期 k 的生产量，$u_2(k)$ 代表零售商在周期 k 的订购量，$w_1(k)$ 代表客户在周期 k 的需求。

注 4.1　① 当不压缩生产提前期时，$u'_1(k)=u_1(k)+u_1(k-\tau')$，其中，$u_1(k)$ 代表制造商在周期 k 的生产量，$u_1(k-\tau')$ 代表制造商在提前期 τ' 内的生产量，τ' 为初始生产提前期；② 当压缩生产提前期时，$u'_1(k)=u_1(k-\tau'')$，$u_1(k-\tau'')$ 为制造商在提前期 τ'' 内的生产量，τ'' 为压缩后的生产提前期。

基于图 4.1，构建考虑生产提前期压缩的 SC 库存状态动态演变基本模型：

$$\begin{cases}x_1(k+1)=x_1(k)+u_1(k)+u_1(k-\tau')+u_1(k-\tau'')-u_2(k)\\ x_2(k+1)=x_2(k)+u_2(k)-w_1(k)\end{cases}\tag{4.2}$$

相应地，构建上述 SC 系统的总成本状态动态演变基本模型：

$$\begin{aligned}z(k)=&c_{h1}x_1(k)+c_{h2}x_2(k)+c_n[u_1(k)+u_1(k-\tau')]+\\&c_\tau u_1(k-\tau'')+c_s u_2(k)+c_m u_2(k)\end{aligned}\tag{4.3}$$

其中，$z(k)$ 代表 SC 总成本，c_{h1} 和 c_{h2} 分别代表制造商和零售商的单位库存成本，c_n 代表制造商的单位生产成本，$c_{\tau a}$ 代表制造商的生产提前期单位压缩成本，c_S 代表零售商的单位订购成本，c_m 代表制造商采取缺货策略时需赔付的单位缺货成本。

注 4.2　① 当制造商的库存水平小于其安全库存值时，如果缺货成本小于生产提前期压缩成本，式(4.2)和式(4.3)中的 $u_1(k-\tau'')$ 、c_τ 和 c_S 均为0；如果缺货成本不小于生产提前期压缩成本，式(4.2)和式(4.3)中的 $u_1(k)$，$u_1(k-\tau')$，c_n 和 c_m 均为 0。② 当制造商的库存水平大于等于其安全库存值时，式(4.2)和式(4.3)中的 $u_1(k-\tau'')$，c_τ 和 c_m 均为 0。

4.1.2　考虑单提前期压缩的 SC 混合切换策略

分别设计制造商的生产切换策略和生产提前期压缩切换策略如下：

① 制造商的生产切换策略：当制造商的库存水平大于其理想库存值时，制造商不生产；当制造商的库存水平介于其理想库存值与安全库存值之间时，制造商正常生产；当制造商的库存水平小于其安全库存值时，依据缺货成本与提前期压缩成本的比较结果，制造商决策是否压缩提前期生产。

② 生产提前期压缩切换策略：在制造商的库存水平小于其安全库存值时，如果生产提前期压缩成本大于缺货成本，不压缩生产提前期；反

之，压缩生产提前期。

因此，基于制造商的库存水平和提前期压缩成本，由制造商的生产切换策略和生产提前期压缩切换策略构成了考虑提前期压缩的 SC 系统的混合切换策略。

4.1.3 考虑单提前期压缩的 SC 多模型系统

基于式(4.1)至式(4.3)、混合切换策略和式(2.4)，考虑提前期压缩的 SC 系统的第 i 个模型用矩阵形式表示如下：

$$\begin{cases} \boldsymbol{x}(k+1)=\boldsymbol{A}_i\boldsymbol{x}(k)+\boldsymbol{B}_i\boldsymbol{u}(k)+\boldsymbol{B}_{i1}\boldsymbol{u}_1(k-\tau')+\boldsymbol{B}_{i2}\boldsymbol{u}_1(k-\tau'')+\boldsymbol{B}_{wi}\boldsymbol{w}(k) \\ z(k)=\boldsymbol{C}_i\boldsymbol{x}(k)+\boldsymbol{D}_i\boldsymbol{u}(k)+\boldsymbol{D}_{i1}\boldsymbol{u}_1(k-\tau')+\boldsymbol{D}_{i2}\boldsymbol{u}_1(k-\tau'') \end{cases} \tag{4.4}$$

其中，$\boldsymbol{B}_{i1}$ 代表生产提前期 τ' 内生产量的系数矩阵，$\boldsymbol{B}_{i2}$ 代表生产提前期 τ'' 内生产量的系数矩阵，$\boldsymbol{D}_i$ 代表制造商正常生产成本和零售商订购成本(或缺货成本)的系数矩阵，$\boldsymbol{D}_{i1}$ 代表生产提前期 τ' 内生产成本的系数矩阵，$\boldsymbol{D}_{i2}$ 代表生产提前期 τ'' 内压缩成本的系数矩阵，其他变量的含义与 1.3.1 节相同。

4.1.4 考虑单提前期压缩的 SC 鲁棒控制策略

对式(4.4)建立 SC 模糊模型：

R_i：If $x_1(k)$ is M_1^i, then

$$\begin{cases} \boldsymbol{x}(k+1)=\boldsymbol{A}_i\boldsymbol{x}(k)+\boldsymbol{B}_i\boldsymbol{u}(k)+\boldsymbol{B}_{i1}\boldsymbol{u}_1(k-\tau')+\boldsymbol{B}_{i2}\boldsymbol{u}_1(k-\tau'')+\boldsymbol{B}_{wi}\boldsymbol{w}(k) \\ z(k)=\boldsymbol{C}_i\boldsymbol{x}(k)+\boldsymbol{D}_i\boldsymbol{u}(k)+\boldsymbol{D}_{i1}\boldsymbol{u}_1(k-\tau')+\boldsymbol{D}_{i2}\boldsymbol{u}_1(k-\tau'') \\ \boldsymbol{x}(k)=\boldsymbol{\varphi}(k),\ i=1,\ 2,\ \cdots,\ r,\ k\in\{0,\ 1,\ \cdots,\ \mathrm{N}\} \end{cases} \tag{4.5}$$

采用与 1.4.1 节相同的推理方法，式(4.5)可进一步表示如下：

$$\begin{cases} \boldsymbol{x}(k+1)=\sum_{i=1}^{r}h_i[\boldsymbol{A}_i\boldsymbol{x}(k)+\boldsymbol{B}_i\boldsymbol{u}(k)+\boldsymbol{B}_{i1}\boldsymbol{u}_1(k-\tau')+\boldsymbol{B}_{i2}\boldsymbol{u}_1(k-\tau'')+\boldsymbol{B}_{wi}\boldsymbol{w}(k)] \\ z(k)=\sum_{i=1}^{r}h_i[\boldsymbol{C}_i\boldsymbol{x}(k)+\boldsymbol{D}_i\boldsymbol{u}(k)+\boldsymbol{D}_{i1}\boldsymbol{u}_1(k-\tau')+\boldsymbol{D}_{i2}\boldsymbol{u}_1(k-\tau'')] \end{cases} \tag{4.6}$$

对于式(4.6)，基于式(2.7)的库存控制律，应用定理 2.2，可得到考虑生产提前期压缩的 SC 多模型系统的鲁棒控制策略，该鲁棒控制策略与 4.1.2 节的混合切换策略相结合，可进一步得到考虑提前期压缩的 SC 系统的鲁棒切换策略。

4.1.5　仿真分析

本节选取以风神汽车有限公司作为核心企业的 SC 系统作为仿真对象。该汽车制造商的库存模糊分划如图 4.2 所示。在图 4.2 中，$x_1(k)$ 代表汽车制造商的库存水平，D_{0m} 和 D_{1m} 分别代表汽车制造商的安全库存值和理想库存值。设 $D_{0m}=15$ 和 $D_{1m}=40$（$\times 10^3$ 台）。

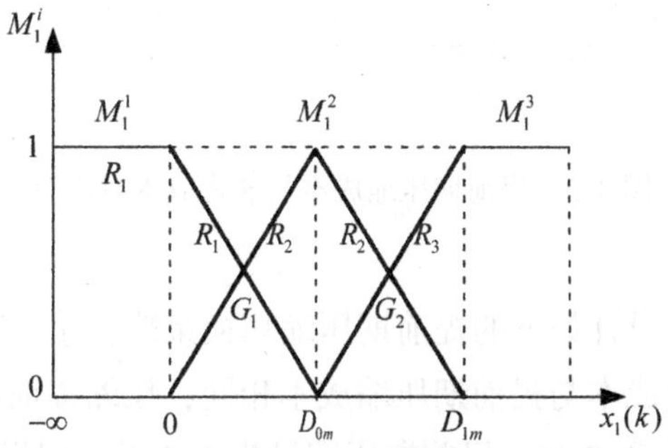

图 4.2　库存模糊分划

由图 4.2 可知，描述该汽车 SC 三个模型的三个模糊规则分别被包含于两个 MORG：G_1（R_1 和 R_2）和 G_2（R_2 和 R_3），在不同的规则下，汽车制造商将执行生产切换策略。而当汽车制造商的库存水平小于其安全库存值时，将考虑压缩生产提前期，生产提前期的压缩成本如表 4.1 所示。

表 4.1　**生产提前期的压缩量与压缩成本之间的关系**

提前期组成部分 i	b_i/天	a_i/天	c_τ/（$\times 10^4$ 元/天）
1	1.0	0.4	1.8
2	1.0	0.5	2.0
3	1.0	0.6	2.5
4	2.0	1.5	3.0

基于 4.1.2 节设计的混合切换策略，当汽车制造商的库存水平小于其安全库存值时，是否压缩提前期，取决于提前期压缩成本与缺货成本的大小关系。设单位缺货成本 $c_m=2.58$（$\times 10^4$ 元），则结合表 4.1 可知如图 4.3 所示的提前期压缩成本与缺货成本之间的关系。

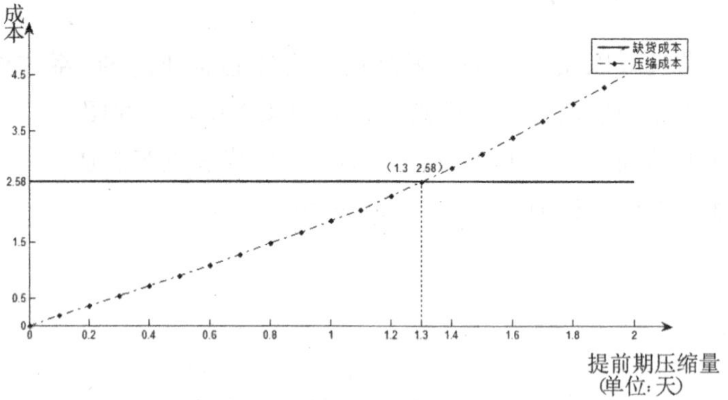

图 4.3 提前期压缩成本与缺货成本对比图

基于图 4.3，设计如下的提前期压缩切换策略：① 当提前期压缩量为 1.3 天时，因缺货成本与提前期压缩成本相同，压缩提前期；② 当汽车制造商的库存水平小于 0 时，提前期压缩量为 1.5 天，因提前期压缩成本大于缺货成本，不压缩提前期，也不供货给零售商；③ 当汽车制造商的库存水平介于 0 和其安全库存值之间时，提前期压缩量为 0.85 天，因提前期压缩成本小于缺货成本，压缩提前期。设 $\tau' = 5$，$\tau'' = 3$（单位：天）

基于提前期压缩切换策略和生产切换策略构成的混合切换策略，考虑提前期压缩的汽车 SC 模型可表示为：

$$R_1:\begin{cases}x_1(k+1) = u_1(k) + u_1(k-\tau') \\ x_2(k+1) = x_2(k) - w_1(k) \\ z(k) = c_{h2}x_2(k) + c_n[u_1(k) + u_1(k-\tau')] + c_m u_2(k)\end{cases}$$

$$R_2:\begin{cases}x_1(k+1) = x_1(k) + u_1(k-\tau'') - u_2(k) \\ x_2(k+1) = x_2(k) + u_2(k) - w_1(k) \\ z(k) = c_{h1}x_1(k) + c_{h2}x_2(k) + c_\tau u_1(k-\tau'') + c_s u_2(k)\end{cases}$$

$$R_3:\begin{cases}x_1(k+1) = x_1(k) + u_1(k) + u_1(k-\tau') - u_2(k) \\ x_2(k+1) = x_2(k) + u_2(k) - w_1(k) \\ z(k) = c_{h1}x_1(k) + c_{h2}x_2(k) + c_n[u_1(k) + u_1(k-\tau')] + c_s u_2(k)\end{cases}$$

在规则 R_1 中，汽车制造商在正常生产的同时向零售商缺货供应；在规则 R_2 中，汽车制造商压缩提前期生产；在规则 R_3 中，汽车制造商正常生产。在以上规则中，零售商均进行汽车的正常订购。

将上述不同规则下的汽车 SC 模型转换成如下模糊模型：

R_i：If x_1 is M_1^i，then

$$\begin{cases} \boldsymbol{x}(k+1) = \sum_{i=1}^{3} h_i[\boldsymbol{A}_i\boldsymbol{x}(k) + \boldsymbol{B}_i\boldsymbol{u}(k) + \boldsymbol{B}_{i1}\boldsymbol{u}_1(k-\tau') + \boldsymbol{B}_{i2}\boldsymbol{u}_1(k-\tau'') + \boldsymbol{B}_{w1}\boldsymbol{w}(k)] \\ z(k) = \sum_{i=1}^{3} h_i[\boldsymbol{C}_i\boldsymbol{x}(k) + \boldsymbol{D}_i\boldsymbol{u}(k) + \boldsymbol{D}_{i1}\boldsymbol{u}_1(k-\tau') + \boldsymbol{D}_{i2}\boldsymbol{u}_1(k-\tau'')] \end{cases}$$

基于式(2.7)，设计如下库存状态反馈控制律：

K^i：If $x_1(k)$ is M_1^i，then

$$\begin{cases} \boldsymbol{u}(k) = -\sum_{i=1}^{r} h_i\boldsymbol{K}_{ic}\boldsymbol{x}(k) \\ \boldsymbol{u}_1(k-\tau') = -\sum_{i=1}^{r} h_i\boldsymbol{K}_{i1c}\boldsymbol{x}(k-\tau') \\ \boldsymbol{u}_1(k-\tau'') = -\sum_{i=1}^{r} h_i\boldsymbol{K}_{i2c}\boldsymbol{x}(k-\tau'') \end{cases}$$

其中 $r=3$，$c=1$，2。

基于汽车 SC 的实际运行情况，设定系统的参数如下：$c_{h1}=0.65$，$c_{h2}=0.80$，$c_n=1.80$，$c_m=2.58$，$c_\tau=1.58$，$c_s=2.10(\times 10^4$ 元)，那么系数矩阵可表示如下：

$\boldsymbol{A}_1=\begin{bmatrix}0 & 0\\0 & 1\end{bmatrix}$，$\boldsymbol{A}_2=\boldsymbol{A}_3=\begin{bmatrix}1 & 0\\0 & 1\end{bmatrix}$，$\boldsymbol{B}_1=\begin{bmatrix}1 & 0\\0 & 0\end{bmatrix}$，$\boldsymbol{B}_2=\begin{bmatrix}0 & -1\\0 & 1\end{bmatrix}$，$\boldsymbol{B}_3=\begin{bmatrix}1 & -1\\0 & 1\end{bmatrix}$，$\boldsymbol{B}_{11}=\boldsymbol{B}_{31}=\begin{bmatrix}1 & 0\\0 & 0\end{bmatrix}$，$\boldsymbol{B}_{21}=\boldsymbol{0}$，$\boldsymbol{B}_{12}=\boldsymbol{B}_{32}=\boldsymbol{0}$，$\boldsymbol{B}_{22}=\begin{bmatrix}0 & 1\\0 & 0\end{bmatrix}$，$\boldsymbol{B}_{w1}=\boldsymbol{B}_{w2}=\boldsymbol{B}_{w3}=\begin{bmatrix}0 & 0\\0 & -1\end{bmatrix}$，$\boldsymbol{C}_1=[0\quad c_{h2}]$，$\boldsymbol{C}_2=\boldsymbol{C}_3=[c_{h1}\quad c_{h2}]$，$\boldsymbol{D}_1=[c_n\quad c_m]$，$\boldsymbol{D}_2=[0\quad c_s]$，$\boldsymbol{D}_3=[c_n\quad c_s]$，$\boldsymbol{D}_{11}=[c_n\quad 0]$，$\boldsymbol{D}_{21}=\boldsymbol{0}$，$\boldsymbol{D}_{31}=[c_n\quad 0]$，$\boldsymbol{D}_{12}=\boldsymbol{D}_{32}=\boldsymbol{0}$，$\boldsymbol{D}_{22}=[0\quad c_\tau]$

当 $\gamma=1.0$，通过求解定理 2.2 中的式(2.18)和式(2.19)，得到局部公共正定矩阵，所以该汽车 SC 在提前期的影响下是鲁棒稳定的。具体的求解结果如下：

$$\boldsymbol{P}_1=\begin{bmatrix}51.3792 & 0.0652\\0.0652 & 51.5397\end{bmatrix},\ \boldsymbol{P}_2=\begin{bmatrix}51.8729 & 0.0680\\0.0680 & 52.0369\end{bmatrix},$$

$$\boldsymbol{Q}_{11}=\boldsymbol{Q}_{21}=\begin{bmatrix}17.0850 & -0.0010\\-0.0010 & 17.0825\end{bmatrix},\ \boldsymbol{Q}_{12}=\begin{bmatrix}17.2491 & 0.0000\\0.0000 & 17.2491\end{bmatrix},$$

$$\boldsymbol{Q}_{22}=\begin{bmatrix}17.2491 & 0.0000\\0.0000 & 17.2491\end{bmatrix},\ \boldsymbol{K}_{11}=\begin{bmatrix}0.1614 & -0.1764\\-0.1417 & 0.4775\end{bmatrix},$$

$$\boldsymbol{K}_{21}=\begin{bmatrix}0.9003 & 0.0528\\ -0.0136 & 0.3945\end{bmatrix},\ \boldsymbol{K}_{31}=\begin{bmatrix}0.6709 & 0.0984\\ -0.2330 & 0.3781\end{bmatrix},$$

$$\boldsymbol{K}_{12}=\begin{bmatrix}0.1608 & -0.1752\\ -0.1412 & 0.4763\end{bmatrix},\ \boldsymbol{K}_{22}=\begin{bmatrix}0.8998 & 0.0532\\ -0.0131 & 0.3946\end{bmatrix},$$

$$\boldsymbol{K}_{32}=\begin{bmatrix}0.6709 & 0.0984\\ -0.2331 & 0.3780\end{bmatrix},\ \boldsymbol{K}_{111}=\boldsymbol{K}_{211}=\boldsymbol{K}_{311}=\boldsymbol{0},\ \boldsymbol{K}_{121}=\boldsymbol{K}_{221}=\boldsymbol{K}_{321}=$$

$\boldsymbol{0}$，$\boldsymbol{K}_{112}=\boldsymbol{K}_{212}=\boldsymbol{K}_{312}=\boldsymbol{0}$，$\boldsymbol{K}_{122}=\boldsymbol{K}_{222}=\boldsymbol{K}_{322}=\boldsymbol{0}$。

设各变量的初始值和标称值如下：$x_1(0)=13$，$x_2(0)=8$，$\vec{x}_1(k)=90$，$\vec{x}_2(k)=85$，$\vec{u}_1(k)=100$，$\vec{u}_2(k)=85$（$\times 10^3$ 台）。另设 $w_1(k)\sim N(5,\ 0.4^2)$。仿真结果如图 4.4 至图 4.9 所示。

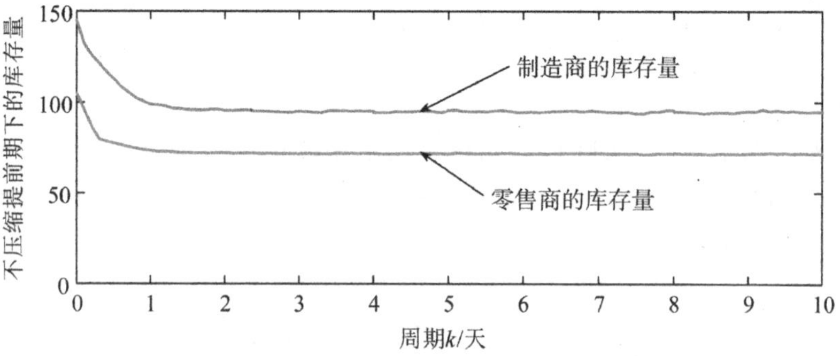

图 4.4　常规下的库存量变化过程（$\times 10^3$ 台）

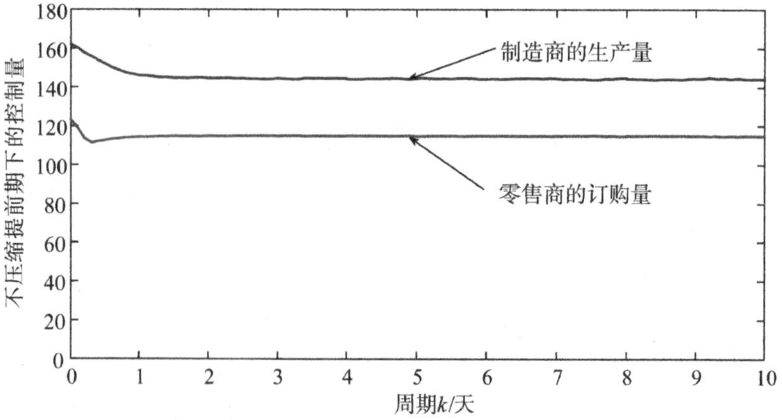

图 4.5　常规下的控制量变化过程（$\times 10^3$ 台）

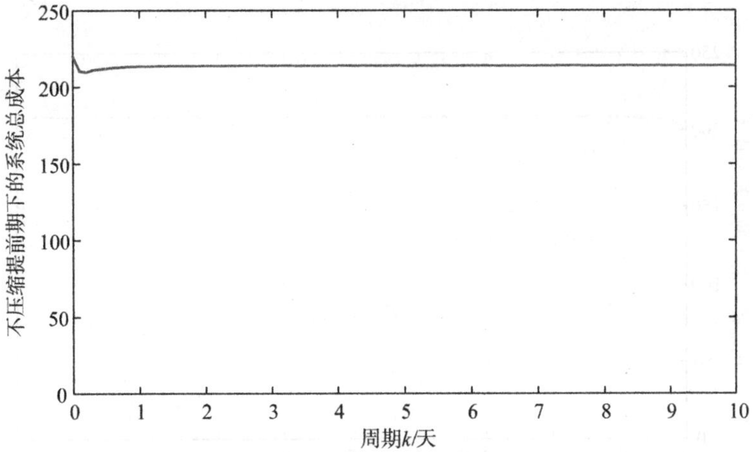

图 4.6　常规下的系统总成本变化过程（ × 10^7 元）

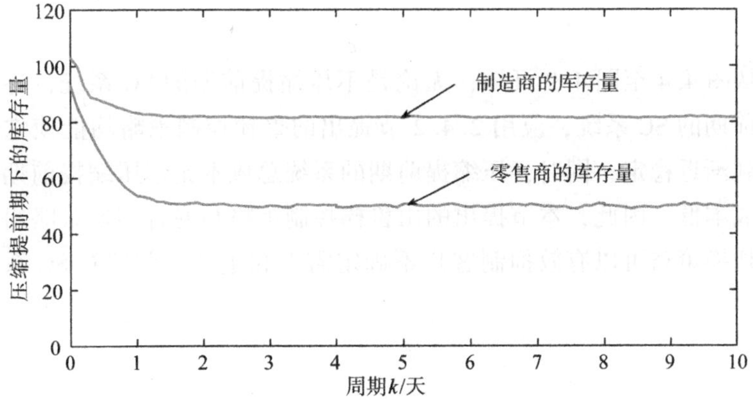

图 4.7　压缩提前期下的库存量变化过程（ × 10^3 台）

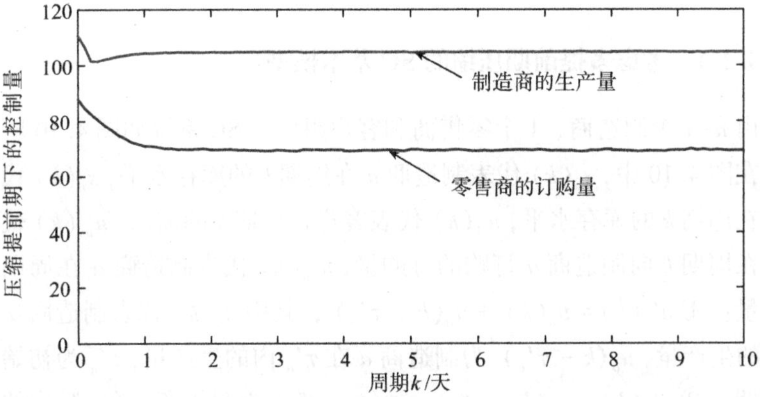

图 4.8　压缩提前期下的控制量变化过程（ × 10^3 台）

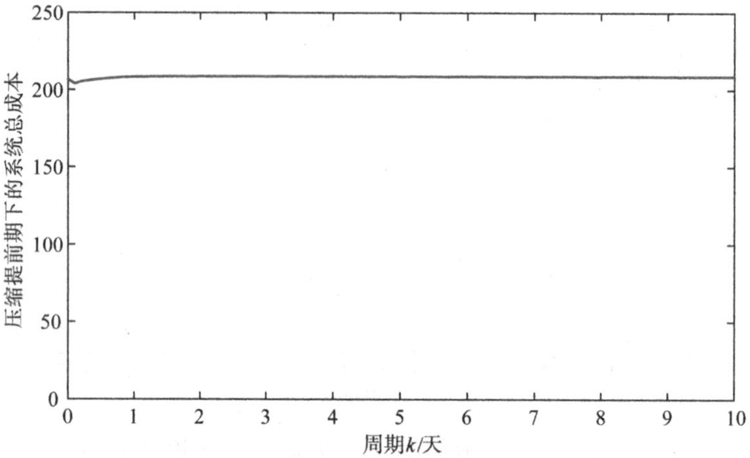

图 4.9 压缩提前期下的系统总成本变化过程（$\times 10^7$ 元）

从图 4.4 至图 4.9 可知，无论是不压缩提前期的 SC 系统，还是压缩提前期的 SC 系统，应用 2.4.2 节提出的鲁棒控制策略均能使它们快速达到渐近稳定，同时，压缩提前期的系统总成本比不压缩提前期的系统总成本低。因此，本节提出的由鲁棒控制策略和混合切换策略组成的鲁棒切换策略可以有效抑制客户不确定需求和生产提前期对 SC 系统的影响。

4.2 考虑多提前期压缩的 SC 多模型鲁棒切换策略

4.2.1 考虑多提前期压缩的 SC 基本模型

由 $n-1$ 个制造商、1 个零售商和客户组成的 SC 系统如图 4.10 所示。

在图 4.10 中，$x_a(k)$ 代表制造商 a 在周期 k 的库存水平，$x_n(k)$ 代表零售商在周期 k 的库存水平，$w_1(k)$ 代表客户在周期 k 的需求，$u_{an}(k)$ 代表零售商在周期 k 向制造商 a 订购的订购量，$u'_a(k)$ 代表制造商 a 在周期 k 的生产量：① $u'_a(k)=u_a(k)+u_a(k-\tau'_a)$，其中 $u_a(k)$ 代表制造商 a 在周期 k 的生产量，$u_a(k-\tau'_a)$ 为制造商 a 在 τ'_a 内的生产量，τ'_a 为初始生产提前期；② $u'_a(k)=u_a(k-\tau''_a)$，$u_a(k-\tau''_a)$ 为制造商 a 在 τ''_a 内的生产量，τ''_a 为压缩后的生产提前期。

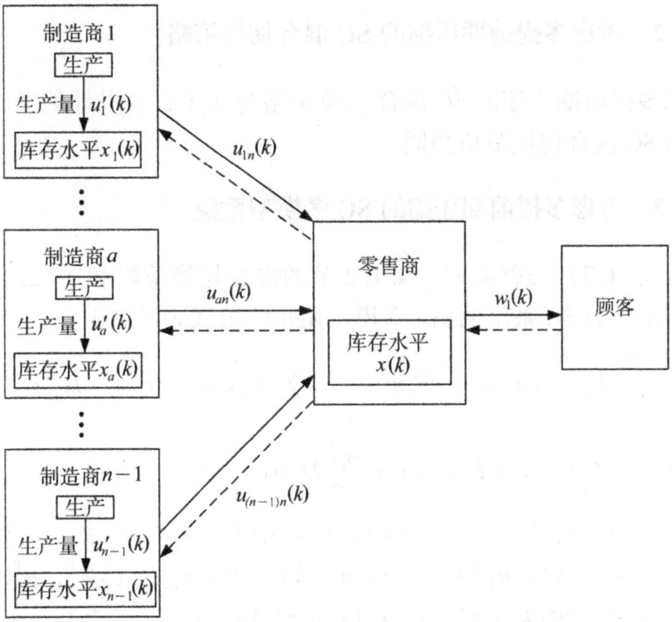

图 4.10　考虑多提前期压缩的 SC 系统

依据图 4.10，建立考虑多提前期压缩的 SC 库存状态和系统总成本动态演变基本模型如下：

$$\begin{cases} x_a(k+1)=x_a(k)+u_a(k)+u_a(k-\tau'_a)+u_a(k-\tau''_a)-u_{an}(k), \\ \qquad a=1,\ 2,\ \cdots,\ n-1 \\ x_n(k+1)=x_n(k)+\sum\limits_{a=1}^{n-1}u_{an}(k)-w_1(k) \end{cases} \tag{4.7}$$

$$z(k)=\sum_{a=1}^{n-1}\{c_{ha}x_a(k)+c_{na}[u_a(k)+u_a(k-\tau'_a)]+c_{\tau a}u_a(k-\tau''_a)+ c_{sa}u_{an}(k)+c_{ma}u_{an}(k)\}+c_{hn}x_n(k) \tag{4.8}$$

其中，c_{ha} 为制造商 a 的单位库存成本，c_{na} 为制造商 a 的单位生产成本，$c_{\tau a}$ 为制造商 a 的单位生产提前期压缩成本，c_{sa} 为零售商向制造商 a 订购的单位订购成本，c_{ma} 为制造商 a 的单位缺货成本（需赔付零售商的成本），c_{hn} 为零售商的单位库存成本。

注 4.3　① 当制造商的库存水平小于其安全库存值时，如果缺货成本小于生产提前期压缩成本，那么 $u_a(k-\tau''_a)$ 、$c_{\tau a}$ 和 c_{sa} 均为 0；如果缺货成本不小于生产提前期压缩成本，那么 $u_a(k)$ 、$u_a(k-\tau'_a)$ 、c_{na} 和 c_{ma} 均为 0。② 当制造商的库存水平大于其安全库存值时，制造商正常生产，那

么 $u_a(k-\tau''_a)$、$c_{\tau a}$ 和 c_{ma} 均为 0。

4.2.2 考虑多提前期压缩的 SC 混合切换策略

考虑多提前期压缩的 SC 混合切换策略与 4.1.2 节设计的考虑单提前期压缩的 SC 混合切换策略相同。

4.2.3 考虑多提前期压缩的 SC 多模型系统

基于式(4.7)、式(4.8)、4.1.2 节的混合切换策略和式(2.4)，考虑多提前期压缩的 SC 系统的第 i 个模型用矩阵形式表示如下：

$$\begin{cases} \boldsymbol{x}(k+1)=\boldsymbol{A}_i\boldsymbol{x}(k)+\boldsymbol{B}_i\boldsymbol{u}(k)+\sum\limits_{a=1}^{n-1}\boldsymbol{B}_{ia}\boldsymbol{u}(k-\tau_a)+\boldsymbol{B}_{wi}\boldsymbol{w}(k) \\ z(k)=\boldsymbol{C}_i\boldsymbol{x}(k)+\boldsymbol{D}_i\boldsymbol{u}(k)+\sum\limits_{a=1}^{n-1}\boldsymbol{D}_{ia}\boldsymbol{u}(k-\tau_a) \end{cases} \tag{4.9}$$

其中，$\boldsymbol{x}^{\mathrm{T}}(k)=[x_1(k),\ \cdots,\ x_a(k),\ \cdots,\ x_n(k)]$，$\boldsymbol{u}^{\mathrm{T}}(k)=[u_1(k),\ \cdots,\ u_a(k),\ \cdots,\ u_{n-1}(k),\ u_{1n}(k),\ \cdots,\ u_{an}(k),\ \cdots,\ u_{(n-1)n}(k)]$，$\boldsymbol{u}^{\mathrm{T}}(k-\tau_a)=[\boldsymbol{u}^{\mathrm{T}}(k-\tau'_a),\ \boldsymbol{u}^{\mathrm{T}}(k-\tau''_a)]$，$\boldsymbol{u}^{\mathrm{T}}(k-\tau'_a)=[u_1(k-\tau'_1),\ \cdots,\ u_a(k-\tau'_a),\ \cdots,\ u_{(n-1)}(k-\tau'_{n-1})]$，$\boldsymbol{u}^{\mathrm{T}}(k-\tau''_a)=[u_1(k-\tau''_1),\ \cdots,\ u_a(k-\tau''_a),\ \cdots,\ u_{n-1}(k-\tau''_{n-1})]$，$\boldsymbol{w}^{\mathrm{T}}(k)=[0,\ 0,\ \cdots,\ w_1(k)]$，$\boldsymbol{B}_{ia}=[\boldsymbol{B}'_{ia},\ \boldsymbol{B}''_{i(a+n-1)}]$ 代表含提前期的生产系数矩阵，$\boldsymbol{B}'_{ia}$ 代表 $n-1$ 个制造商在初始提前期 τ'_a 内的生产系数矩阵，$\boldsymbol{B}''_{i(a+n-1)}$ 代表 $n-1$ 个制造商在压缩后的提前期 τ''_a 内的生产系数矩阵，$\boldsymbol{D}_i$ 代表生产和订货成本(或缺货成本)的系数矩阵；$\boldsymbol{D}_{ia}=[\boldsymbol{D}'_{ia},\ \boldsymbol{D}''_{i(a+n-1)}]$ 代表含提前期的生产成本系数矩阵，$\boldsymbol{D}'_{ia}$ 代表 $n-1$ 个制造商在初始提前期 τ'_a 内的生产成本系数矩阵，$\boldsymbol{D}''_{i(a+n-1)}$ 代表 $n-1$ 个制造商在压缩后的提前期 τ''_a 内的生产成本系数矩阵，其他变量的含义与 1.3.1 节相同。

4.2.4 考虑多提前期压缩的 SC 鲁棒控制策略

(1) SC 模糊控制模型。

对式(4.9)建立 SC 模糊控制模型如下所示：

R_i : If $x_1(k)$ is M_1^i, $\cdots$, $x_j(k)$ is M_j^i, $\cdots$, and $x_{n-1}(k)$ is M_{n-1}^i , then

$$\begin{cases} \boldsymbol{x}(k+1)=\boldsymbol{A}_i\boldsymbol{x}(k)+\boldsymbol{B}_i\boldsymbol{u}(k)+\sum\limits_{a=1}^{n-1}\boldsymbol{B}_{ia}\boldsymbol{u}(k-\tau_a)+\boldsymbol{B}_{wi}\boldsymbol{w}(k) \\ z(k)=\boldsymbol{C}_i\boldsymbol{x}(k)+\boldsymbol{D}_i\boldsymbol{u}(k)+\sum\limits_{a=1}^{n-1}\boldsymbol{D}_{ia}\boldsymbol{u}(k-\tau_a) \\ \boldsymbol{x}(k)=\boldsymbol{\varphi}(k),\ i=1,\ 2,\ \cdots,\ r,\ k\in\{0,\ 1,\ \cdots,\ \mathrm{N}\} \end{cases} \tag{4.10}$$

采用与 1.4.1 节相同的推理方法，式(4.10)可进一步表示如下：

$$\begin{cases} \boldsymbol{x}(k+1)=\sum_{i=1}^{r}h_i\left[\boldsymbol{A}_i\boldsymbol{x}(k)+\boldsymbol{B}_i\boldsymbol{u}(k)+\sum_{a=1}^{n-1}\boldsymbol{B}_{ia}\boldsymbol{u}(k-\tau_a)+\boldsymbol{B}_{wi}\boldsymbol{w}(k)\right] \\ z_k=\sum_{i=1}^{r}h_i\left[\boldsymbol{C}_i\boldsymbol{x}(k)+\boldsymbol{D}_i\boldsymbol{u}(k)+\sum_{a=1}^{n-1}\boldsymbol{D}_{ia}\boldsymbol{u}(k-\tau_a)\right] \end{cases} \tag{4.11}$$

(2) 鲁棒控制策略。

对(4.11)设计库存状态反馈控制律如下所示：

K^i ：If $x_1(k)$ is M_1^i， …， $x_j(k)$ is M_j^i， … ，and $x_{n-1}(k)$ is M_{n-1}^i ， then

$$\begin{cases} \boldsymbol{u}(k)=-\boldsymbol{K}_i\boldsymbol{x}(k),\ i=1,\ 2,\ \cdots,\ r \\ \boldsymbol{u}(k-\tau_a)=-\boldsymbol{K}_{ia}\boldsymbol{x}(k-\tau_a),\ a=1,\ 2,\ \cdots,\ 2(n-1) \end{cases}$$

其中，$\boldsymbol{K}_{ia}$ 表示在提前期内的库存状态反馈增益矩阵。

那么，系统的全局库存状态反馈控制律可表示如下：

$$\begin{cases} \boldsymbol{u}(k)=-\sum_{i=1}^{r}h_i\boldsymbol{K}_i\boldsymbol{x}(k) \\ \boldsymbol{u}(k-\tau_a)=-\sum_{i=1}^{r}h_i\boldsymbol{K}_{ia}\boldsymbol{x}(k-\tau_a) \end{cases} \tag{4.12}$$

将式(4.12)代入式(4.11)可得：

$$\begin{cases} \boldsymbol{x}(k+1)=\sum_{i=1}^{r}\sum_{j=1}^{r}h_ih_j\left[(\boldsymbol{A}_i-\boldsymbol{B}_i\boldsymbol{K}_j)\boldsymbol{x}(k)-\sum_{a=1}^{n-1}\boldsymbol{B}_{ia}\boldsymbol{K}_{ja}\boldsymbol{x}(k-\tau_a)+\boldsymbol{B}_{wi}\boldsymbol{w}(k)\right] \\ z(k)=\sum_{i=1}^{r}\sum_{j=1}^{r}h_ih_j\left[(\boldsymbol{C}_i-\boldsymbol{D}_i\boldsymbol{K}_j)\boldsymbol{x}(k)-\sum_{a=1}^{n-1}\boldsymbol{D}_{ia}\boldsymbol{K}_{ja}\boldsymbol{x}(k-\tau_a)\right] \end{cases} \tag{4.13}$$

本节拟提出的考虑多提前期压缩的 SC 系统的鲁棒控制策略，是通过对定理 2.2 稍作修改后形成的定理 4.1 来表述的。

定理 4.1　对于给定的标量 $\gamma>0$，如果在如下不等式中求解出正定矩阵 $\boldsymbol{P}_c$ 和 $\boldsymbol{Q}_{ac}$ 、矩阵 $\boldsymbol{K}_{ic}$、$\boldsymbol{K}_{jc}$、$\boldsymbol{K}_{iac}$ 和 $\boldsymbol{K}_{jac}$ ，那么具有提前期和 SFP 输入的 SC 多模型系统(4.13)在 H_∞ 性能指标 γ 下鲁棒渐近稳定。

$$\begin{bmatrix} -\boldsymbol{P}_c+\sum_{a=1}^{2(n-1)}\boldsymbol{Q}_{ac} & * & * & * & * \\ \boldsymbol{0} & -\hat{\boldsymbol{Q}} & * & * & * \\ \boldsymbol{0} & \boldsymbol{0} & -\gamma^2\boldsymbol{I} & * & * \\ \boldsymbol{A}_i-\boldsymbol{B}_i\boldsymbol{K}_{ic} & -\boldsymbol{\Pi}_1 & \boldsymbol{B}_{wi} & -\boldsymbol{I} & * \\ \boldsymbol{C}_i-\boldsymbol{D}_i\boldsymbol{K}_{ic} & -\boldsymbol{\Pi}_2 & \boldsymbol{0} & \boldsymbol{0} & -\boldsymbol{I} \end{bmatrix}<\boldsymbol{0},\ i\in I_c \tag{4.14}$$

$$\begin{bmatrix} -4P_c+4\sum_{a=1}^{2(n-1)}Q_{ac} & * & * & * & * \\ 0 & -4\hat{Q} & * & * & * \\ 0 & 0 & -4\gamma^2 I & * & * \\ A_i-B_iK_{jc}+A_j-B_jK_{ic} & -\Phi_1 & B_{wi}+B_{wj} & -I & * \\ C_i-D_iK_{jc}+C_j-D_jK_{ic} & -\Phi_2 & 0 & 0 & -I \end{bmatrix} < 0,\ i<j,\ i,\ j\in I_c \tag{4.15}$$

其中，I_c 为 G_c 中的规则序号集，G_c 为第 c 个 MORG，$c=1, 2, \cdots, \prod_{j=1}^{n}(m_j-1)$，$m_j$ 表示第 j 个库存变量的模糊分划数，$\hat{Q} = diag\{Q_{1c} \ \cdots \ Q_{ac} \ \cdots \ Q_{2(n-1)c}\}$，
$\Pi_1 = [B_{i1}K_{i1c} \ \cdots \ B_{ia}K_{iac} \ \cdots \ B_{i2(n-1)}K_{i2(n-1)c}]$，
$\Pi_2 = [D_{i1}K_{i1c} \ \cdots \ D_{ia}K_{iac} \ \cdots \ D_{i2(n-1)}K_{i2(n-1)c}]$，
$\Phi_1 = [B_{i1}K_{j1c}+B_{j1}K_{i1c}\cdots B_{ia}K_{jac}+B_{ja}K_{iac}\cdots B_{i2(n-1)}K_{j2(n-1)c}+B_{j2(n-1)}K_{i2(n-1)c}]$，
$\Phi_2 = [D_{i1}K_{j1c}+D_{j1}K_{i1c}\cdots D_{ia}K_{jac}+D_{ja}K_{iac}\cdots D_{i2(n-1)}K_{j2(n-1)c}+D_{j2(n-1)}K_{i2(n-1)c}]$。

对于式(4.11)，基于式(4.12)的库存状态反馈控制律和定理4.1，可得到考虑多提前期压缩的SC多模型系统的鲁棒控制策略，该鲁棒控制策略与4.1.2节的混合切换策略相结合，可进一步得到考虑多提前期压缩的SC多模型系统的鲁棒切换策略。

4.2.5 仿真分析

选取一个由2个制造商和1个零售商构成的运动鞋SC系统作为仿真对象。在该系统中，新百伦作为运动鞋制造商1，阿迪达斯作为运动鞋制造商2，它们的库存模糊分划如图4.11所示。

在图4.11中，$x_1(k)$ 和 $x_2(k)$ 分别代表制造商1和制造商2的库存水平，它们的模糊分划分别为满足SFP条件的 $F_1^t(x_1(k))$ 和 $F_2^s(x_2(k))$ $(t, s)=(1, 2)$，D_{0m} 和 D_{1m} 分别代表制造商1的安全库存值和理想库存值，D_{0r} 和 D_{1r} 分别代表制造商2的安全库存值和理想库存值。设 $M_1^1=M_1^2=F_1^1$，$M_1^3=M_1^4=F_1^2$，$M_2^1=M_2^4=F_2^1$，$M_2^2=M_2^3=F_2^2$，$D_{0m}=8$，$D_{1m}=23$，$D_{0r}=10$，$D_{1r}=28$（$\times 10^3$ 双）。

由图4.11可知，该运动鞋SC系统中仅存在1个MORG。设缺货成本 $c_{m1}=c_{m2}=1.75$（$\times 10^2$ 元），制造商1和制造商2的生产提前期压缩成本

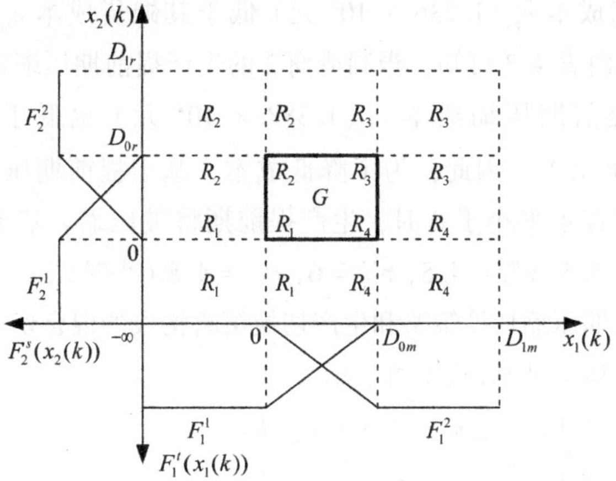

图 4.11　库存模糊分划

分别如表 4.2 和表 4.3 所示。

表 4.2　**制造商 1 的生产提前期的压缩量与压缩成本的关系**

提前期组成部分 i	b_i /小时	a_i /小时	c_i /($\times 10^2$元/小时)	$c_i(b_i - a_i)$ /($\times 10^2$元)	$c_{\tau 1}$ /($\times 10^2$元)
1	1.0	0.65	1.04	0.364	0.364
2	1.2	0.95	1.26	0.315	0.679
3	1.5	1.25	1.34	0.335	1.014
4	1.8	1.65	1.48	0.222	1.236

表 4.3　**制造商 2 的生产提前期的压缩量与压缩成本的关系**

提前期组成部分 i	b_i /小时	a_i /小时	c_i /($\times 10^2$元/小时)	$c_i(b_i - a_i)$ /($\times 10^2$元)	$c_{\tau 2}$ /($\times 10^2$元)
1	1.10	0.70	0.96	0.384	0.384
2	1.35	1.00	1.12	0.392	0.776
3	1.65	1.35	1.29	0.387	1.163
4	1.90	1.75	1.50	0.225	1.388

由表4.2可知，当制造商1的生产提前期压缩量为1.0小时时，其生产提前期压缩成本 $c_{\tau1}$（1.236×10^2 元）低于其缺货成本 c_{m1}（1.75×10^2 元）。同样，由表4.3可知，当制造商2的生产提前期压缩量为1.2小时时，其生产提前期压缩成本 $c_{\tau2}$（1.388×10^2 元）也低于其缺货成本 c_{m2}（1.75×10^2 元）。因此，为了降低成本，基于提前期压缩切换策略，当制造商的库存水平小于0时，生产提前期将被压缩。基于表4.2和表4.3，设 $\tau'_1=5.5,\tau''_1=4.5,\tau'_2=6,\tau''_2=4.8$（小时）。

基于提前期压缩切换策略和生产切换策略构成的混合切换策略，考虑提前期压缩的运动鞋SC模型可表示为：

$$R_1:\begin{cases}x_1(k+1)=u_1(k-\tau''_1)-u_{13}(k)\\x_2(k+1)=u_2(k-\tau''_2)-u_{23}(k)\\x_3(k+1)=x_3(k)+u_{13}(k)+u_{23}(k)-w_1(k)\end{cases}$$

$$z(k)=c_{h3}x_3(k)+c_{\tau1}u_1(k-\tau''_1)+c_{\tau2}u_2(k-\tau''_2)+c_{s1}u_{13}(k)+c_{s2}u_{23}(k)$$

$$R_2:\begin{cases}x_1(k+1)=u_1(k-\tau''_1)-u_{13}(k)\\x_2(k+1)=x_2(k)+u_2(k)+u_2(k-\tau'_2)-u_{23}(k)\\x_3(k+1)=x_3(k)+u_{13}(k)+u_{23}(k)-w_1(k)\end{cases}$$

$$z(k)=c_{h2}x_2(k)+c_{h3}x_3(k)+c_{\tau1}u_1(k-\tau''_1)+c_{n2}[u_2(k)+u_2(k-\tau'_2)]+c_{s1}u_{13}(k)+c_{s2}u_{23}(k)$$

$$R_3:\begin{cases}x_1(k+1)=x_1(k)+u_1(k)+u_1(k-\tau'_1)-u_{13}(k)\\x_2(k+1)=x_2(k)+u_2(k)+u_2(k-\tau'_2)-u_{23}(k)\\x_3(k+1)=x_3(k)+u_{13}(k)+u_{23}(k)-w_1(k)\end{cases}$$

$$z(k)=c_{h1}x_1(k)+c_{h2}x_2(k)+c_{h3}x_3(k)+c_{n1}[u_1(k)+u_1(k-\tau'_1)]+c_{n2}[u_2(k)+u_2(k-\tau'_2)]+c_{s1}u_{13}(k)+c_{s2}u_{23}(k)$$

$$R_4:\begin{cases}x_1(k+1)=x_1(k)+u_1(k)+u_1(k-\tau'_1)-u_{13}(k)\\x_2(k+1)=u_2(k-\tau''_2)-u_{23}(k)\\x_3(k+1)=x_3(k)+u_{13}(k)+u_{23}(k)-w_1(k)\end{cases}$$

$$z(k)=c_{h1}x_1(k)+c_{h3}x_3(k)+c_{n1}[u_1(k)+u_1(k-\tau'_1)]+c_{\tau2}u_2(k-\tau''_2)+c_{s1}u_{13}(k)+c_{s2}u_{23}(k)$$

在规则 R_1 中，制造商1和制造商2均压缩生产提前期生产；在规则 R_2 中，制造商1压缩生产提前期生产，而制造商2正常生产；在规则 R_3 中，制造商1和制造商2均正常生产；在规则 R_4 中，制造商1正常生产，而制造商2压缩生产提前期生产。在以上规则中，零售商均进行运动鞋的正常订购。

将上述不同规则下的运动鞋 SC 模型转换成如下模糊模型：

R_1: If x_1 is M_1^1 and x_2 is M_2^1, then

$$\begin{cases} \boldsymbol{x}(k+1) = h_1\left[\boldsymbol{A}_1\boldsymbol{x}(k) + \boldsymbol{B}_1\boldsymbol{u}(k) + \sum_{a=1}^{3-1}\boldsymbol{B}_{1a}\boldsymbol{u}(k-\tau_a) + \boldsymbol{B}_{w1}\boldsymbol{w}(k)\right] \\ z(k) = h_1\left[\boldsymbol{C}_1\boldsymbol{x}(k) + \boldsymbol{D}_1\boldsymbol{u}(k) + \sum_{a=1}^{3-1}\boldsymbol{D}_{1a}\boldsymbol{u}(k-\tau_a)\right] \end{cases}$$

R_2: If x_1 is M_1^2 and x_2 is M_2^2, then

$$\begin{cases} \boldsymbol{x}(k+1) = h_2\left[\boldsymbol{A}_2\boldsymbol{x}(k) + \boldsymbol{B}_2\boldsymbol{u}(k) + \sum_{a=1}^{3-1}\boldsymbol{B}_{2a}\boldsymbol{u}(k-\tau_a) + \boldsymbol{B}_{w2}\boldsymbol{w}(k)\right] \\ z(k) = h_2\left[\boldsymbol{C}_2\boldsymbol{x}(k) + \boldsymbol{D}_2\boldsymbol{u}(k) + \sum_{a=1}^{3-1}\boldsymbol{D}_{2a}\boldsymbol{u}(k-\tau_a)\right] \end{cases}$$

R_3: If x_1 is M_1^3 and x_2 is M_2^3, then

$$\begin{cases} \boldsymbol{x}(k+1) = h_3\left[\boldsymbol{A}_3\boldsymbol{x}(k) + \boldsymbol{B}_3\boldsymbol{u}(k) + \sum_{a=1}^{3-1}\boldsymbol{B}_{3a}\boldsymbol{u}(k-\tau_a) + \boldsymbol{B}_{w3}\boldsymbol{w}(k)\right] \\ z(k) = h_3\left[\boldsymbol{C}_3\boldsymbol{x}(k) + \boldsymbol{D}_3\boldsymbol{u}(k) + \sum_{a=1}^{3-1}\boldsymbol{D}_{3a}\boldsymbol{u}(k-\tau_a)\right] \end{cases}$$

R_4: If x_1 is M_1^4 and x_2 is M_2^4, then

$$\begin{cases} \boldsymbol{x}(k+1) = h_4\left[\boldsymbol{A}_4\boldsymbol{x}(k) + \boldsymbol{B}_4\boldsymbol{u}(k) + \sum_{a=1}^{3-1}\boldsymbol{B}_{4a}\boldsymbol{u}(k-\tau_a) + \boldsymbol{B}_{w4}\boldsymbol{w}(k)\right] \\ z(k) = h_4\left[\boldsymbol{C}_4\boldsymbol{x}(k) + \boldsymbol{D}_4\boldsymbol{u}(k) + \sum_{a=1}^{3-1}\boldsymbol{D}_{4a}\boldsymbol{u}(k-\tau_a)\right] \end{cases}$$

基于式(4.12)，设计如下库存状态反馈控制律：

K^i : If $x_1(k)$ is M_1^i and $x_2(k)$ is M_2^i, then

$$\begin{cases} \boldsymbol{u}(k) = -\sum_{i=1}^{r} h_i\boldsymbol{K}_{i1}\boldsymbol{x}(k) \\ \boldsymbol{u}_1(k-\tau'_1) = -\sum_{i=1}^{r} h_i\boldsymbol{K}_{i11}\boldsymbol{x}(k-\tau'_1) \\ \boldsymbol{u}_2(k-\tau'_2) = -\sum_{i=1}^{r} h_i\boldsymbol{K}_{i21}\boldsymbol{x}(k-\tau'_2) \\ \boldsymbol{u}_1(k-\tau''_1) = -\sum_{i=1}^{r} h_i\boldsymbol{K}_{i31}\boldsymbol{x}(k-\tau''_1) \\ \boldsymbol{u}_2(k-\tau''_2) = -\sum_{i=1}^{r} h_i\boldsymbol{K}_{i41}\boldsymbol{x}(k-\tau''_2) \end{cases}$$

设系统参数如下：$c_{h1}=0.015$，$c_{h2}=0.018$，$c_{h3}=0.020$，$c_{n1}=1.10$，$c_{n2}=1.20$，$c_{s1}=1.25$，$c_{s2}=1.40$，$c_{m1}=c_{m2}=1.75$，$c_{\tau1}=1.236$，$c_{\tau2}=1.388(\times 10^2$ 元）。当 $\gamma=0.95$ 时，通过求解定理 4.1 中的式(4.14)和式(4.15)，得到局部公共正定矩阵，所以该运动鞋 SC 在提前期的影响下是鲁棒稳定的。具体的求解结果如下：

$$P_1=\begin{bmatrix}62.2597 & 0.0149 & 0.0663\\ 0.0149 & 62.2581 & 0.0637\\ 0.0663 & 0.0637 & 62.5223\end{bmatrix},$$

$$Q_{11}=\begin{bmatrix}12.4471 & -0.0001 & -0.0003\\ -0.0001 & 12.4471 & -0.0003\\ -0.0003 & -0.0003 & 12.4460\end{bmatrix},$$

$$Q_{21}=\begin{bmatrix}12.4471 & -0.0001 & -0.0003\\ -0.0001 & 12.4471 & -0.0003\\ -0.0003 & -0.0003 & 12.4460\end{bmatrix},$$

$$Q_{31}=\begin{bmatrix}12.4471 & -0.0001 & -0.0003\\ -0.0001 & 12.4471 & -0.0003\\ -0.0003 & -0.0003 & 12.4460\end{bmatrix},$$

$$Q_{41}=\begin{bmatrix}12.4471 & -0.0001 & -0.0003\\ -0.0001 & 12.4471 & -0.0003\\ -0.0003 & -0.0003 & 12.4460\end{bmatrix},$$

$$K_{11}=\begin{bmatrix}0.4787 & 0.0397 & -0.1130\\ -0.0408 & 0.4098 & -0.3992\\ -0.0090 & -0.0090 & 0.1899\\ 0.0107 & 0.0108 & 0.1747\end{bmatrix},$$

$$K_{21}=\begin{bmatrix}0.5551 & 0.1218 & 0.1822\\ -0.0115 & 0.4307 & -0.2471\\ 0.0275 & 0.1799 & 0.4120\\ -0.0171 & -0.4393 & 0.0314\end{bmatrix},$$

$$K_{31}=\begin{bmatrix}0.5608 & 0.1231 & 0.2378\\ -0.1182 & 0.3390 & -0.4200\\ -0.3024 & 0.2558 & 0.5366\\ 0.0307 & -0.5168 & -0.0845\end{bmatrix},$$

$$K_{41}=\begin{bmatrix}0.4554 & 0.0132 & -0.1454\\ -0.1226 & 0.3407 & -0.5130\\ -0.3852 & 0.0236 & 0.1986\\ 0.1008 & -0.0252 & 0.1876\end{bmatrix},\ K_{111}=K_{211}=K_{311}=K_{411}=$$

$K_{121}=K_{221}=K_{321}=K_{421}=\boldsymbol{0}$，$K_{131}=K_{231}=K_{331}=K_{431}=K_{141}=K_{241}=K_{341}=K_{441}=\boldsymbol{0}$。

设各变量的初始值和标称值如下：$x_1(0)=-2$，$x_2(0)=-3$，$x_3(0)=4$，$\vec{x}_1(k)=105$，$\vec{x}_2(k)=95$，$\vec{x}_3(k)=85$，$\vec{u}_1(k)=110$，$\vec{u}_2(k)=98$，$\vec{u}_{13}(k)=90$ 和 $\vec{u}_{23}(k)=80(\times 10^3$ 双）。并设 $w_1(k)\sim N(6,\ 0.8^2)$，仿真结果如图 4.12 至图 4.17 所示。

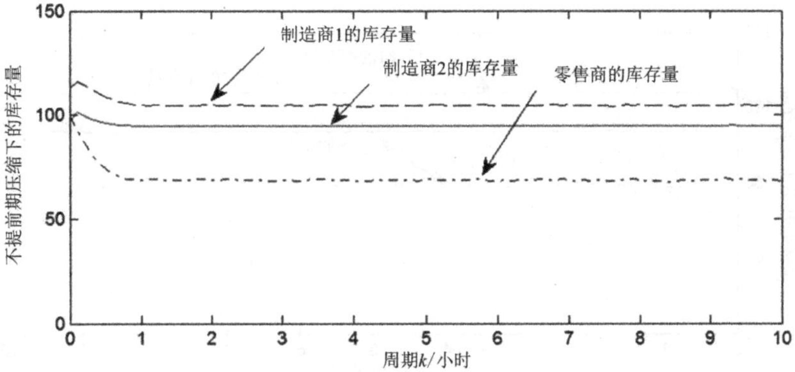

图 4.12　常规下的库存量变化过程（$\times 10^3$ 双）

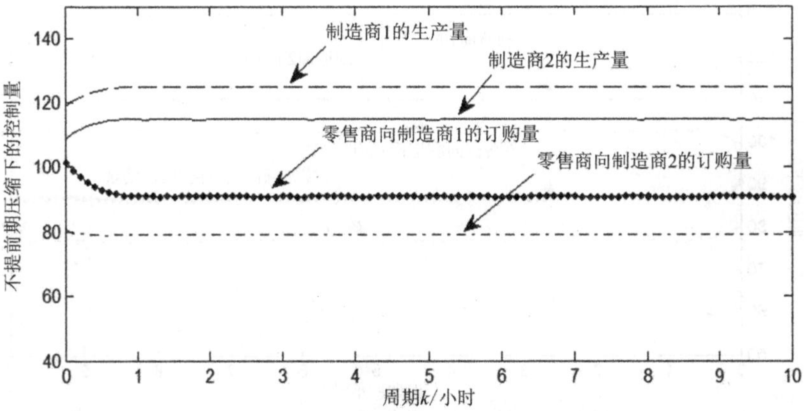

图 4.13　常规下的控制量变化过程（$\times 10^3$ 双）

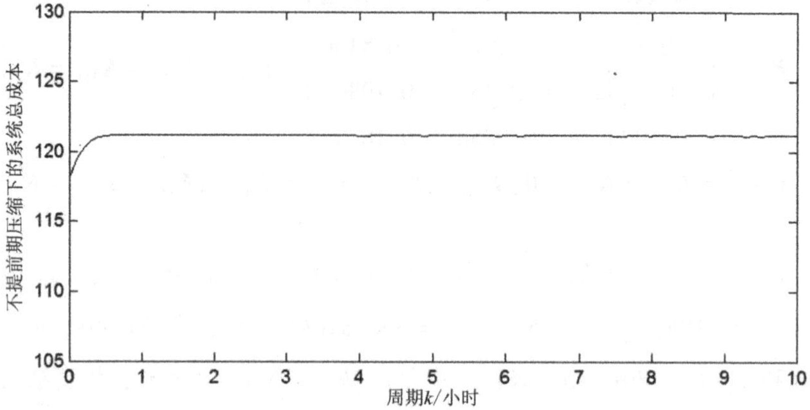

图 4.14　常规下的系统总成本变化过程（ × 10^5 元）

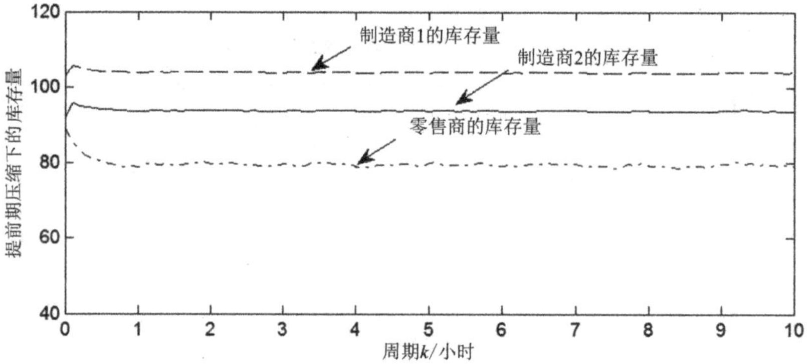

图 4.15　提前期压缩下的库存量变化过程（ × 10^3 双）

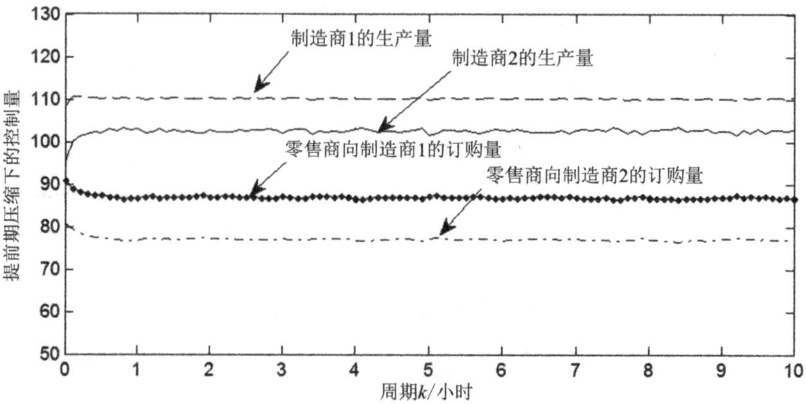

图 4.16　提前期压缩下的控制量变化过程（ × 10^3 双）

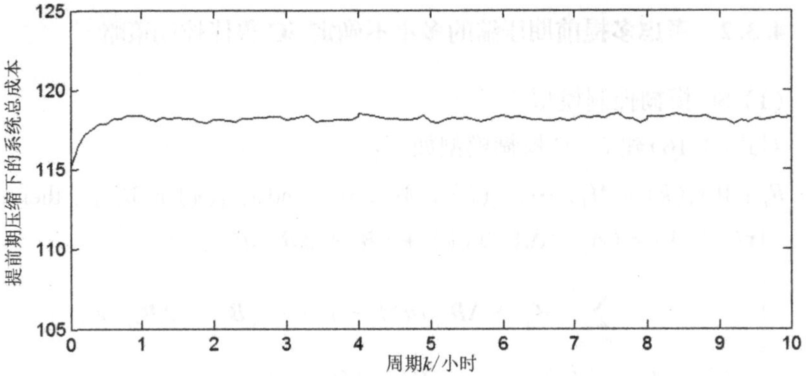

图 4.17　提前期压缩下的系统总成本变化过程（$\times 10^5$ 元）

由图 4.12 至图 4.17 可知，在本节设计的鲁棒切换策略下，无论是否压缩提前期，库存量、生产量、订购量和系统总成本均可快速达到并保持在稳定状态。并且，由图 4.14 和图 4.17 对比可知，压缩多提前期可以降低系统总成本。

4.3　考虑多提前期压缩的多重不确定 SC 多模型鲁棒切换策略

4.3.1　考虑多提前期压缩的多重不确定 SC 多模型系统

基于图 4.10 的考虑多提前期压缩的 SC 系统、式(4.7)的库存状态转移方程、式(4.8)的系统总成本转移方程、4.1.2 节的混合切换策略、式(4.9)的 SC 多模型系统，增加系统内外多重不确定因素的考虑多提前期压缩的多重不确定 SC 的第 i 个模型用矩阵形式可表示如下：

$$\begin{cases} \boldsymbol{x}(k+1) = (\boldsymbol{A}_i + \Delta\boldsymbol{A}_i)\boldsymbol{x}(k) + (\boldsymbol{B}_i + \Delta\boldsymbol{B}_i)\boldsymbol{u}(k) + \\ \qquad \sum\limits_{a=1}^{2(n-1)} (\boldsymbol{B}_{ia} + \Delta\boldsymbol{B}_{ia})\boldsymbol{u}(k-\tau_a) + (\boldsymbol{B}_{wi} + \Delta\boldsymbol{B}_{wi})\boldsymbol{w}(k) \\ z(k) = (\boldsymbol{C}_i + \Delta\boldsymbol{C}_i)\boldsymbol{x}(k) + (\boldsymbol{D}_i + \Delta\boldsymbol{D}_i)\boldsymbol{u}(k) + \\ \qquad \sum\limits_{a=1}^{2(n-1)} (\boldsymbol{D}_{ia} + \Delta\boldsymbol{D}_{ia})\boldsymbol{u}(k-\tau_a) \end{cases} \tag{4.16}$$

式(4.16)中各变量和参数的含义详见1.3.1节和4.2.3节。

4.3.2 考虑多提前期压缩的多重不确定SC鲁棒控制策略

(1) SC模糊控制模型。

对式(4.16)建立SC模糊模型如下：

R_i : If $x_1(k)$ is M_1^i, …, $x_j(k)$ is M_j^i , …, and $x_{n-1}(k)$ is M_{n-1}^i , then

$$\begin{cases}\boldsymbol{x}(k+1)=(\boldsymbol{A}_i+\Delta\boldsymbol{A}_i)\boldsymbol{x}(k)+(\boldsymbol{B}_i+\Delta\boldsymbol{B}_i)\boldsymbol{u}(k)+\\ \qquad\sum_{a=1}^{2(n-1)}(\boldsymbol{B}_{ia}+\Delta\boldsymbol{B}_{ia})\boldsymbol{u}(k-\tau_a)+(\boldsymbol{B}_{wi}+\Delta\boldsymbol{B}_{wi})\boldsymbol{w}(k)\\ z(k)=(\boldsymbol{C}_i+\Delta\boldsymbol{C}_i)\boldsymbol{x}(k)+(\boldsymbol{D}_i+\Delta\boldsymbol{D}_i)\boldsymbol{u}(k)+\\ \qquad\sum_{a=1}^{2(n-1)}(\boldsymbol{D}_{ia}+\Delta\boldsymbol{D}_{ia})\boldsymbol{u}(k-\tau_a)\\ \boldsymbol{x}(k)=\boldsymbol{\varphi}(k),\ i=1,\ 2,\ \cdots,\ r,\ k\in\{0,\ 1,\ \cdots,\ \mathrm{N}\}\end{cases} \tag{4.17}$$

采用与1.4.1节相同的推理方法，式(4.17)可进一步表示如下：

$$\begin{cases}\boldsymbol{x}(k+1)=\sum_{i=1}^{r}h_i\Big[(\boldsymbol{A}_i+\Delta\boldsymbol{A}_i)\boldsymbol{x}(k)+(\boldsymbol{B}_i+\Delta\boldsymbol{B}_i)\boldsymbol{u}(k)+\\ \qquad\sum_{a=1}^{2(n-1)}(\boldsymbol{B}_{ia}+\Delta\boldsymbol{B}_{ia})\boldsymbol{u}(k-\tau_a)+(\boldsymbol{B}_{wi}+\Delta\boldsymbol{B}_{wi})\boldsymbol{w}(k)\Big]\\ z(k)=\sum_{i=1}^{r}h_i\Big[(\boldsymbol{C}_i+\Delta\boldsymbol{C}_i)\boldsymbol{x}(k)+(\boldsymbol{D}_i+\Delta\boldsymbol{D}_i)\boldsymbol{u}(k)+\\ \qquad\sum_{a=1}^{2(n-1)}(\boldsymbol{D}_{ia}+\Delta\boldsymbol{D}_{ia})\boldsymbol{u}(k-\tau_a)\Big]\end{cases} \tag{4.18}$$

(2) 鲁棒控制策略。

本节的不确定参数矩阵应用3.2.1节中不确定参数的表达方法来表示。

对式(4.18)设计库存状态反馈控制律如下：

K^i : If $x_1(k)$ is M_1^i, …, $x_j(k)$ is M_j^i , …, and $x_{n-1}(k)$ is M_{n-1}^i , then

$$\begin{cases}\boldsymbol{u}(k)=-\boldsymbol{K}_i\boldsymbol{x}(k)\\ \boldsymbol{u}(k-\tau_a)=-\boldsymbol{K}_{ia}\boldsymbol{x}(k-\tau_a)\\ i=1,\ 2,\ \cdots,\ r;\ a=1,\ 2,\ \cdots,\ 2(n-1)\end{cases}$$

那么 SC 系统的整体库存状态反馈控制律为：

$$\begin{cases} \boldsymbol{u}(k) = -\sum_{i=1}^{r} h_i \boldsymbol{K}_i \boldsymbol{x}(k) \\ \boldsymbol{u}(k-\tau_a) = -\sum_{i=1}^{r} h_i \boldsymbol{K}_{ia} \boldsymbol{x}(k-\tau_a) \end{cases} \tag{4.19}$$

将式(4.19)代入式(4.18)中可得：

$$\begin{cases} \boldsymbol{x}(k+1) = \sum_{i=1}^{r}\sum_{j=1}^{r} h_i h_j \left[(\overline{\boldsymbol{A}}_i - \overline{\boldsymbol{B}}_i \boldsymbol{K}_j)\boldsymbol{x}(k) - \sum_{a=1}^{2(n-1)} \overline{\boldsymbol{B}}_{ia} \boldsymbol{K}_{ja} \boldsymbol{x}(k-\tau_a) + \overline{\boldsymbol{B}}_{wi} \boldsymbol{w}(k) \right] \\ z(k) = \sum_{i=1}^{r}\sum_{j=1}^{r} h_i h_j \left[(\overline{\boldsymbol{C}}_i - \overline{\boldsymbol{D}}_i \boldsymbol{K}_j)\boldsymbol{x}(k) - \sum_{a=1}^{2(n-1)} \overline{\boldsymbol{D}}_{ia} \boldsymbol{K}_{ja} \boldsymbol{x}(k-\tau_a) \right] \end{cases} \tag{4.20}$$

其中，$\overline{\boldsymbol{A}}_i = \boldsymbol{A}_i + \Delta \boldsymbol{A}_i$，$\overline{\boldsymbol{B}}_i = \boldsymbol{B}_i + \Delta \boldsymbol{B}_i$，$\overline{\boldsymbol{B}}_{ia} = \boldsymbol{B}_{ia} + \Delta \boldsymbol{B}_{ia}$，$\overline{\boldsymbol{B}}_{wi} = \boldsymbol{B}_{wi} + \Delta \boldsymbol{B}_{wi}$，$\overline{\boldsymbol{C}}_i = \boldsymbol{C}_i + \Delta \boldsymbol{C}_i$，$\overline{\boldsymbol{D}}_i = \boldsymbol{D}_i + \Delta \boldsymbol{D}_i$，$\overline{\boldsymbol{D}}_{ia} = \boldsymbol{D}_{ia} + \Delta \boldsymbol{D}_{ia}$。

本节拟提出的考虑多提前期压缩的多重不确定 SC 系统的鲁棒控制策略，是通过对定理 3.2 稍作修改后的定理 4.2 来表述的。

定理 4.2　对于给定的标量 $\gamma > 0$，如果在如下不等式中求解出正定矩阵 $\boldsymbol{P}_c$ 和 $\boldsymbol{Q}_{ac}$、矩阵 $\boldsymbol{K}_{ic}$、$\boldsymbol{K}_{jc}$、$\boldsymbol{K}_{iac}$ 和 $\boldsymbol{K}_{jac}$，以及常数 $\varepsilon_{ijc} > 0$ 和 $\varepsilon_{jic} > 0$，那么考虑多提前期压缩的具有多重不确定和 SFP 输入的 SC 多模型系统(4.20)在 H_∞ 性能指标 γ 下鲁棒渐近稳定。

$$\begin{bmatrix} -\boldsymbol{P}_c + \sum_{a=1}^{2(n-1)} \boldsymbol{Q}_{ac} & * & * & * & * & * & * \\ \boldsymbol{0} & -\hat{\boldsymbol{Q}} & * & * & * & * & * \\ \boldsymbol{0} & \boldsymbol{0} & -\gamma^2 \boldsymbol{I} & * & * & * & * \\ \boldsymbol{\Omega}_1 & -\boldsymbol{\Omega}_3 & \boldsymbol{B}_{wi} & -\boldsymbol{I}+\varepsilon_{iic}\boldsymbol{H}_{1i}\boldsymbol{H}_{1i}^{\mathrm{T}} & * & * & * \\ \boldsymbol{\Omega}_2 & -\boldsymbol{\Omega}_4 & \boldsymbol{0} & \boldsymbol{0} & -\boldsymbol{I}+\varepsilon_{iic}\boldsymbol{H}_{2i}\boldsymbol{H}_{2i}^{\mathrm{T}} & * & * \\ \boldsymbol{\Delta}_1 & -\boldsymbol{\Delta}_3 & \boldsymbol{E}_{13i} & \boldsymbol{0} & \boldsymbol{0} & -\varepsilon_{iic}\boldsymbol{I} & * \\ \boldsymbol{\Delta}_2 & -\boldsymbol{\Delta}_4 & \boldsymbol{0} & \boldsymbol{0} & \boldsymbol{0} & \boldsymbol{0} & -\varepsilon_{iic}\boldsymbol{I} \end{bmatrix} < \boldsymbol{0},\ i \in I_c \tag{4.21}$$

$$
\begin{bmatrix}
-4P_c+4\sum_{a=1}^{2(n-1)}Q_{ac} & * & * & * & * & * & * & * & * \\
\boldsymbol{0} & -4\hat{Q} & * & * & * & * & * & * & * \\
\boldsymbol{0} & \boldsymbol{0} & -4\gamma^2 I & * & * & * & * & * & * \\
\Omega_5 & -\Omega_7 & B_{wi}+B_{wj} & \Delta_{11} & * & * & * & * & * \\
\Omega_6 & -\Omega_8 & \boldsymbol{0} & \boldsymbol{0} & \Delta_{12} & * & * & * & * \\
\Delta_5 & -\Delta_3 & E_{13i} & \boldsymbol{0} & \boldsymbol{0} & -\varepsilon_{ijc}I & * & * & * \\
\Delta_6 & -\Delta_4 & \boldsymbol{0} & \boldsymbol{0} & \boldsymbol{0} & \boldsymbol{0} & -\varepsilon_{ijc}I & * & * \\
\Delta_7 & -\Delta_9 & E_{13j} & \boldsymbol{0} & \boldsymbol{0} & \boldsymbol{0} & \boldsymbol{0} & -\varepsilon_{jic}I & * \\
\Delta_8 & -\Delta_{10} & \boldsymbol{0} & \boldsymbol{0} & \boldsymbol{0} & \boldsymbol{0} & \boldsymbol{0} & \boldsymbol{0} & -\varepsilon_{jic}I
\end{bmatrix} <
$$

$$\boldsymbol{0},\ i<j \quad i,\ j\in I_c \tag{4.22}$$

其中，I_c 为 G_c 中的规则序号集，G_c 为第 c 个 MORG，$c=1,2,\cdots,\prod_{j=1}^{n}(m_j-1)$，$m_j$ 表示第 j 个库存变量的模糊分划数，$\hat{Q}=diag\{Q_{1c}\ \cdots\ Q_{ac}\ \cdots\ Q_{2(n-1)c}\}$，$\Omega_1=A_i-B_iK_{ic}$，$\Omega_2=C_i-D_iK_{ic}$，$\Omega_3=[B_{i1}K_{i1c}\ \cdots\ B_{ia}K_{iac}\ \cdots\ B_{i2(n-1)}K_{i2(n-1)c}]$，$\Omega_4=[D_{i1}K_{i1c}\ \cdots\ D_{ia}K_{iac}\ \cdots\ D_{i2(n-1)}K_{i2(n-1)c}]$，$\Omega_5=A_i-B_iK_{jc}+A_j-B_jK_{ic}$，$\Omega_6=C_i-D_iK_{jc}+C_j-D_jK_{ic}$，$\Omega_7=[B_{i1}K_{j1c}+B_{j1}K_{i1c}\ \cdots\ B_{ia}K_{jac}+B_{ja}K_{iac}\ \cdots\ B_{i2(n-1)}K_{j2(n-1)c}+B_{j2(n-1)}K_{i2(n-1)c}]$，$\Omega_8=[D_{i1}K_{j1c}+D_{j1}K_{i1c}\ \cdots\ D_{ia}K_{jac}+D_{ja}K_{iac}\ \cdots\ D_{i2(n-1)}K_{j2(n-1)c}+D_{j2(n-1)}K_{i2(n-1)c}]$，$\Delta_1=E_{11i}-E_{12i}K_{ic}$，$\Delta_2=E_{21i}-E_{22i}K_{ic}$，$\Delta_3=[L_{1i}K_{i1c}\ \cdots\ L_{ai}K_{iac}\ \cdots\ L_{2(n-1)i}K_{i2(n-1)c}]$，$\Delta_4=[O_{1i}K_{i1c}\ \cdots\ O_{ai}K_{iac}\ \cdots\ O_{2(n-1)i}K_{i2(n-1)c}]$，$\Delta_5=E_{11i}-E_{12i}K_{jc}$，$\Delta_6=E_{21i}-E_{22i}K_{jc}$，$\Delta_7=E_{11j}-E_{12j}K_{ic}$，$\Delta_8=E_{21j}-E_{22j}K_{ic}$，$\Delta_9=[L_{1j}K_{jic}\ \cdots\ L_{aj}K_{jac}\ \cdots\ L_{2(n-1)j}K_{j2(n-1)c}]$，$\Delta_{10}=[O_{1j}K_{j1c}\ \cdots\ O_{aj}K_{jac}\ \cdots\ O_{2(n-1)j}K_{j2(n-1)c}]$，$\Delta_{11}=-I_c+\varepsilon_{ijc}H_{1i}H_{1i}^{\mathrm{T}}+\varepsilon_{jic}H_{1j}H_{1j}^{\mathrm{T}}$，$\Delta_{12}=-I+\varepsilon_{ijc}H_{2i}H_{2i}^{\mathrm{T}}+\varepsilon_{jic}H_{2j}H_{2j}^{\mathrm{T}}$。

对于式(4.18)，基于式(4.19)的库存控制律和定理4.2，可得到考虑多提前期压缩的多重不确定 SC 多模型系统的鲁棒控制策略，该鲁棒控制策略与4.1.2节的混合切换策略相结合，可进一步得到考虑多提前期压缩的多重不确定 SC 多模型系统的鲁棒切换策略。

4.3.3 仿真分析

选取一个由2个制造商和1个零售商构成的运动鞋 SC 系统作为仿真

对象。作为制造商1的青岛泰光制鞋有限公司(简称"泰光鞋业")和作为制造商2的青岛三湖鞋业有限公司(简称"三湖鞋业")均为NIKE企业代生产"NIKE AIR MAX"跑鞋。

2个制造商的库存模糊分划与图4.11相同，且缺货成本均设为 $c_{m1} = c_{m2} = 1.78(\times 10^2$元)，而二者的生产提前期压缩总成本分别如表4.4和表4.5所示。

表4.4 **泰光鞋业的生产提前期的压缩量与压缩成本的关系**

提前期组成部分 i	b_i/小时	a_i/小时	c_i/($\times 10^2$元/小时)	$c_i(b_i - a_i)$/($\times 10^2$元)	$c_{\tau 1}$/($\times 10^2$元)
1	1.10	0.75	1.08	0.378	0.378
2	1.27	0.97	1.22	0.366	0.744
3	1.60	1.35	1.38	0.345	1.089
4	1.75	1.53	1.48	0.326	1.415

表4.5 **三湖鞋业的的生产提前期的压缩量与压缩成本的关系**

提前期组成部分 i	b_i/小时	a_i/小时	c_i/($\times 10^2$元/小时)	$c_i(b_i - a_i)$/($\times 10^2$元)	$c_{\tau 2}$/($\times 10^2$元)
1	1.07	0.70	0.98	0.363	0.363
2	1.35	1.10	1.26	0.315	0.678
3	1.55	1.35	1.49	0.298	0.976
4	1.80	1.65	1.64	0.246	1.222

由表4.4可知，当泰光鞋业的生产提前期压缩量为1.12小时时，其生产提前期压缩成本 $c_{\tau 1}$ (1.415×10^2元)低于其缺货成本 c_{m1} (1.78×10^2元)。同样，由表4.5可知，当三湖鞋业的生产提前期压缩量为0.97小时时，其生产提前期压缩成本 $c_{\tau 2}$ (1.222×10^2元)也低于其缺货成本 c_{m2} (1.78×10^2元)。因此，当泰光鞋业和三湖鞋业的库存水平小于0时，为

了降低成本，基于提前期压缩切换策略，生产提前期将被压缩。因此，设 $\tau'_1 = 5.72$，$\tau''_1 = 4.6$，$\tau'_2 = 5.77$，$\tau''_2 = 4.8$（小时）。

基于提前期压缩切换策略和生产切换策略构成的混合切换策略，考虑生产提前期压缩的多重不确定运动鞋 SC 模型可表示为：

$$R_1:\begin{cases}x_1(k+1)=u_1(k-\tau''_1)-u_{13}(k)\\x_2(k+1)=u_2(k-\tau''_2)-u_{23}(k)\\x_3(k+1)=x_3(k)+u_{13}(k)+u_{23}(k)-w_1(k)\end{cases}$$

$$\begin{aligned}z(k)=&(c_{h3}+\Delta c_{h3})x_3(k)+(c_{\tau1}+\Delta c_{\tau1})u_1(k-\tau''_1)+(c_{\tau2}+\Delta c_{\tau2})\\&u_2(k-\tau''_2)+(c_{s1}+\Delta c_{s1})u_{13}(k)+(c_{s2}+\Delta c_{s2})u_{23}(k)\end{aligned}$$

$$R_2:\begin{cases}x_1(k+1)=u_1(k-\tau''_1)-u_{13}(k)\\x_2(k+1)=x_2(k)+u_2(k)+u_2(k-\tau'_2)-u_{23}(k)\\x_3(k+1)=x_3(k)+u_{13}(k)+u_{23}(k)-w_1(k)\end{cases}$$

$$\begin{aligned}z(k)=&(c_{h2}+\Delta c_{h2})x_2(k)+(c_{h3}+\Delta c_{h3})x_3(k)+(c_{\tau1}+\Delta c_{\tau1})u_1\\&(k-\tau''_1)+(c_{n2}+\Delta c_{n2})[u_2(k)+u_2(k-\tau'_2)]+\\&(c_{s1}+\Delta c_{s1})u_{13}(k)+(c_{s2}+\Delta c_{s2})u_{23}(k)\end{aligned}$$

$$R_3:\begin{cases}x_1(k+1)=x_1(k)+u_1(k)+u_1(k-\tau'_1)-u_{13}(k)\\x_2(k+1)=x_2(k)+u_2(k)+u_2(k-\tau'_2)-u_{23}(k)\\x_3(k+1)=x_3(k)+u_{13}(k)+u_{23}(k)-w_1(k)\end{cases}$$

$$\begin{aligned}z(k)=&(c_{h1}+\Delta c_{h1})x_1(k)+(c_{h2}+\Delta c_{h2})x_2(k)+(c_{h3}+\Delta c_{h3})x_3(k)+\\&(c_{n1}+\Delta c_{n1})[u_1(k)+u_1(k-\tau'_1)]+(c_{n2}+\Delta c_{n2})\\&[u_2(k)+u_2(k-\tau'_2)]+(c_{s1}+\Delta c_{s1})u_{13}(k)+(c_{s2}+\Delta c_{s2})u_{23}(k)\end{aligned}$$

$$R_4:\begin{cases}x_1(k+1)=x_1(k)+u_1(k)+u_1(k-\tau'_1)-u_{13}(k)\\x_2(k+1)=u_2(k-\tau''_2)-u_{23}(k)\\x_3(k+1)=x_3(k)+u_{13}(k)+u_{23}(k)-w_1(k)\end{cases}$$

$$\begin{aligned}z(k)=&(c_{h1}+\Delta c_{h1})x_1(k)+(c_{h3}+\Delta c_{h3})x_3(k)+(c_{n1}+\Delta c_{n1})\\&[u_1(k)+u_1(k-\tau'_1)]+(c_{\tau2}+\Delta c_{\tau2})u_2(k-\tau''_2)+\\&(c_{s1}+\Delta c_{s1})u_{13}(k)+(c_{s2}+\Delta c_{s2})u_{23}(k)\end{aligned}$$

在规则 R_1 中，泰光鞋业和三湖鞋业均压缩生产提前期生产；在规则 R_2 中，泰光鞋业压缩生产提前期生产，而三湖鞋业正常生产；在规则 R_3 中，泰光鞋业和三湖鞋业均正常生产；在规则 R_4 中，泰光鞋业正常生产，而三湖鞋业压缩生产提前期生产。在以上规则中，零售商均进行运动鞋的正常订购。

将上述不同规则下的运动鞋 SC 模型转换成如下模糊模型：

R_1: If x_1 is M_1^1 and x_2 is M_2^1, then

$$\begin{cases} x(k+1) = h_1\Big[(A_1+\Delta A_1)x(k) + (B_1+\Delta B_1)u(k) + \\ \qquad \sum_{a=1}^{3-1}(B_{1a}+\Delta B_{1a})u(k-\tau_a) + (B_{w1}+\Delta B_{w1})w(k)\Big] \\ z(k) = h_1\Big[(C_1+\Delta C_1)x(k) + (D_1+\Delta D_1)u(k) + \\ \qquad \sum_{a=1}^{3-1}(D_{1a}+\Delta D_{1a})u(k-\tau_a)\Big] \end{cases}$$

R_2: If x_1 is M_1^2 and x_2 is M_2^2, then

$$\begin{cases} x(k+1) = h_2\Big[(A_2+\Delta A_2)x(k) + (B_2+\Delta B_2)u(k) + \\ \qquad \sum_{a=1}^{3-1}(B_{2a}+\Delta B_{2a})u(k-\tau_a) + (B_{w2}+\Delta B_{w2})w(k)\Big] \\ z(k) = h_2\Big[(C_2+\Delta C_2)x(k) + (D_2+\Delta D_2)u(k) + \\ \qquad \sum_{a=1}^{3-1}(D_{2a}+\Delta D_{2a})u(k-\tau_a)\Big] \end{cases}$$

R_3: If x_1 is M_1^3 and x_2 is M_2^3, then

$$\begin{cases} x(k+1) = h_3\Big[(A_3+\Delta A_3)x(k) + (B_3+\Delta B_3)u(k) + \\ \qquad \sum_{a=1}^{3-1}(B_{3a}+\Delta B_{3a})u(k-\tau_a) + (B_{w3}+\Delta B_{w3})w(k)\Big] \\ z(k) = h_3\Big[(C_3+\Delta C_3)x(k) + (D_3+\Delta D_3)u(k) + \\ \qquad \sum_{a=1}^{3-1}(D_{3a}+\Delta D_{3a})u(k-\tau_a)\Big] \end{cases}$$

R_4: If x_1 is M_1^4 and x_2 is M_2^4, then

$$\begin{cases} x(k+1) = h_4\Big[(A_4+\Delta A_4)x(k) + (B_4+\Delta B_4)u(k) + \\ \qquad \sum_{a=1}^{3-1}(B_{4a}+\Delta B_{4a})u(k-\tau_a) + (B_{w4}+\Delta B_{w4})w(k)\Big] \\ z(k) = h_4\Big[(C_4+\Delta C_4)x(k) + (D_4+\Delta D_4)u(k) + \\ \qquad \sum_{a=1}^{3-1}(D_{4a}+\Delta D_{4a})u(k-\tau_a)\Big] \end{cases}$$

基于式(4.19)，设计如下库存状态反馈控制律：

K^i : If $x_1(k)$ is M_1^i and $x_2(k)$ is M_2^i, then

$$
\begin{cases}
\boldsymbol{u}(k)=-\sum\limits_{i=1}^{r}h_i\boldsymbol{K}_{i1}\boldsymbol{x}(k)\\
\boldsymbol{u}_1(k-\tau'_1)=-\sum\limits_{i=1}^{r}h_i\boldsymbol{K}_{i11}\boldsymbol{x}(k-\tau'_1)\\
\boldsymbol{u}_2(k-\tau'_2)=-\sum\limits_{i=1}^{r}h_i\boldsymbol{K}_{i21}\boldsymbol{x}(k-\tau'_2)\\
\boldsymbol{u}_1(k-\tau''_1)=-\sum\limits_{i=1}^{r}h_i\boldsymbol{K}_{i31}\boldsymbol{x}(k-\tau''_1)\\
\boldsymbol{u}_2(k-\tau''_2)=-\sum\limits_{i=1}^{r}h_i\boldsymbol{K}_{i41}\boldsymbol{x}(k-\tau''_2)
\end{cases}
$$

设系统参数和不确定参数如下：$c_{h1}=0.016$，$c_{h2}=0.018$，$c_{h3}=0.021$，$c_{n1}=1.12$，$c_{n2}=1.25$，$c_{s1}=1.25$，$c_{s2}=1.39$，$c_{m1}=c_{m2}=1.78$，$c_{\tau1}=1.415$，$c_{\tau2}=1.222(\times10^2$ 元$)$，$\boldsymbol{E}_{11i}=\boldsymbol{E}_{12i}=\boldsymbol{E}_{13i}=\boldsymbol{0}$，$\boldsymbol{L}_{1i}=\boldsymbol{L}_{2i}=\boldsymbol{L}_{3i}=\boldsymbol{L}_{4i}=\boldsymbol{0}$，$\boldsymbol{E}_{211}=[0\quad 0\quad 0.004]$，$\boldsymbol{E}_{212}=[0\quad 0.002\quad 0.004]$，$\boldsymbol{E}_{213}=[0.002\quad 0.002\quad 0.004]$，$\boldsymbol{E}_{214}=[0.002\quad 0\quad 0.004]$，$\boldsymbol{E}_{221}=[0\quad 0\quad 0.02\quad 0.03]$，$\boldsymbol{E}_{222}=[0\quad 0.015\quad 0.02\quad 0.03]$，$\boldsymbol{E}_{223}=[0.01\quad 0.015\quad 0.02\quad 0.03]$，$\boldsymbol{E}_{224}=[0.01\quad 0\quad 0.02\quad 0.03]$，$\boldsymbol{O}_{11}=\boldsymbol{O}_{12}=\boldsymbol{0}$，$\boldsymbol{O}_{13}=\boldsymbol{O}_{14}=[0.01\quad 0\quad 0\quad 0]$，$\boldsymbol{O}_{21}=\boldsymbol{O}_{24}=\boldsymbol{0}$，$\boldsymbol{O}_{22}=\boldsymbol{O}_{23}=[0\quad 0.015\quad 0\quad 0]$，$\boldsymbol{O}_{31}=\boldsymbol{O}_{32}=[0\quad 0\quad 0.002\quad 0]$，$\boldsymbol{O}_{33}=\boldsymbol{O}_{34}=\boldsymbol{0}$，$\boldsymbol{O}_{41}=\boldsymbol{O}_{44}=[0\quad 0\quad 0\quad 0.04]$，$\boldsymbol{O}_{42}=\boldsymbol{O}_{43}=\boldsymbol{0}$，$\boldsymbol{H}_{1i}=0.1$，$\boldsymbol{H}_{2i}=0.3$，$\boldsymbol{F}_{1i}=\boldsymbol{F}_{2i}=\sin(k)(i=1\sim4)$。

当 $\gamma=0.95$ 时，通过求解定理 4.2 中的式(4.21)和式(4.22)，得到局部公共正定矩阵，所以该运动鞋 SC 在多提前期和多重不确定的影响下是鲁棒稳定的。具体的求解结果如下：

$$
\boldsymbol{P}_1=\begin{bmatrix}104.2030 & 0.0189 & 0.0849\\ 0.0189 & 104.2000 & 0.0802\\ 0.0849 & 0.0802 & 104.5488\end{bmatrix},
$$

$$
\boldsymbol{Q}_{11}=\boldsymbol{Q}_{21}=\boldsymbol{Q}_{31}=\boldsymbol{Q}_{41}=\begin{bmatrix}20.8345 & -0.0001 & -0.0003\\ -0.0001 & 20.8345 & -0.0003\\ -0.0003 & -0.0003 & 20.8331\end{bmatrix},
$$

$$
\boldsymbol{K}_{11}=\begin{bmatrix}0.4270 & 0.0266 & -0.2404\\ -0.0282 & 0.3934 & -0.4199\\ -0.0144 & -0.0112 & 0.1527\\ 0.0148 & 0.0119 & 0.1428\end{bmatrix},
$$

$$K_{21}=\begin{bmatrix}0.5239 & 0.1072 & 0.0831\\ -0.0161 & 0.4146 & -0.2744\\ 0.0309 & 0.1861 & 0.4150\\ -0.0165 & -0.4480 & 0.0079\end{bmatrix},$$

$$K_{31}=\begin{bmatrix}0.5306 & 0.1275 & 0.1827\\ -0.1088 & 0.3196 & -0.4397\\ -0.3264 & 0.2628 & 0.5196\\ 0.0442 & -0.5306 & -0.0542\end{bmatrix},$$

$$K_{41}=\begin{bmatrix}0.4288 & 0.0091 & -0.1858\\ -0.1323 & 0.3146 & -0.5692\\ -0.4023 & 0.0214 & 0.1587\\ 0.1081 & -0.0247 & 0.1860\end{bmatrix},$$

$\boldsymbol{K}_{111}=\boldsymbol{K}_{211}=\boldsymbol{K}_{311}=\boldsymbol{K}_{411}=\boldsymbol{K}_{121}=\boldsymbol{K}_{221}=\boldsymbol{K}_{321}=\boldsymbol{K}_{421}=\boldsymbol{0}$，$\boldsymbol{K}_{131}=\boldsymbol{K}_{231}=\boldsymbol{K}_{331}=\boldsymbol{K}_{431}=\boldsymbol{K}_{141}=\boldsymbol{K}_{241}=\boldsymbol{K}_{341}=\boldsymbol{K}_{441}=\boldsymbol{0}$。

设各变量的初始值和标称值如下：$x_1(0)=-3$，$x_2(0)=-4$，$x_3(0)=3$，$\vec{x}_1(k)=120$，$\vec{x}_2(k)=100$，$\vec{x}_3(k)=80$，$\vec{u}_1(k)=125$，$\vec{u}_2(k)=115$，$\vec{u}_{13}(k)=110$，$\vec{u}_{23}(k)=100$（$\times 10^3$ 双）。并设 $w_1(k)\sim N(6,0.8^2)$，$\Delta \boldsymbol{B}_{wi}(k)\sim U[0.05,0.10](i=1\sim 4)$，仿真结果如图 4.18 至图 4.23 所示。

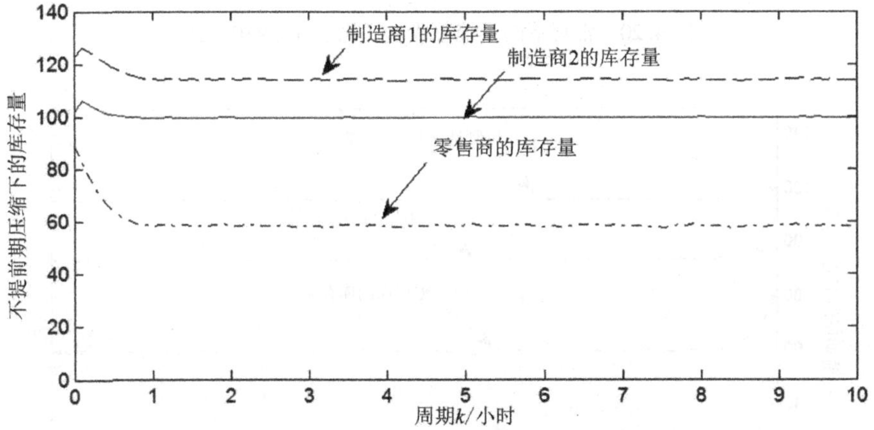

图 4.18　常规下的库存量变化过程（$\times 10^3$双）

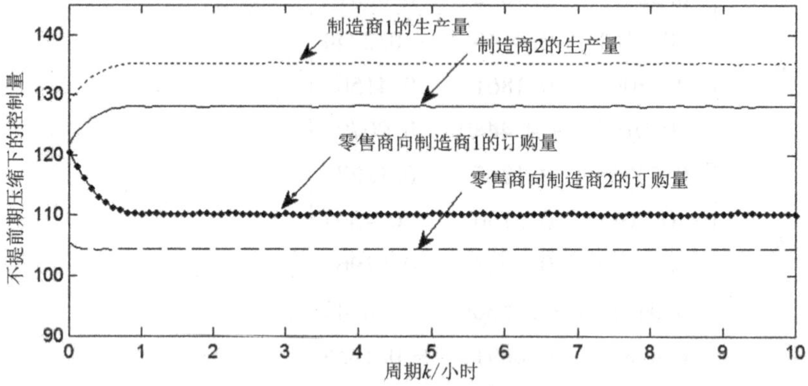

图 4.19 常规下的控制量变化过程 (×10³双)

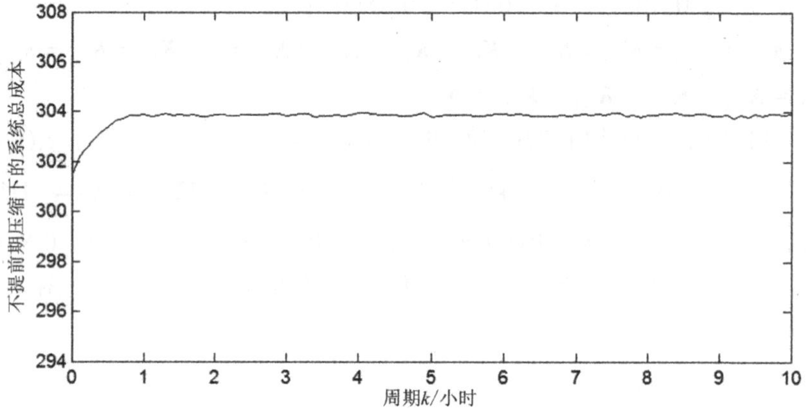

图 4.20 常规下的系统总成本变化过程 (×10⁵元)

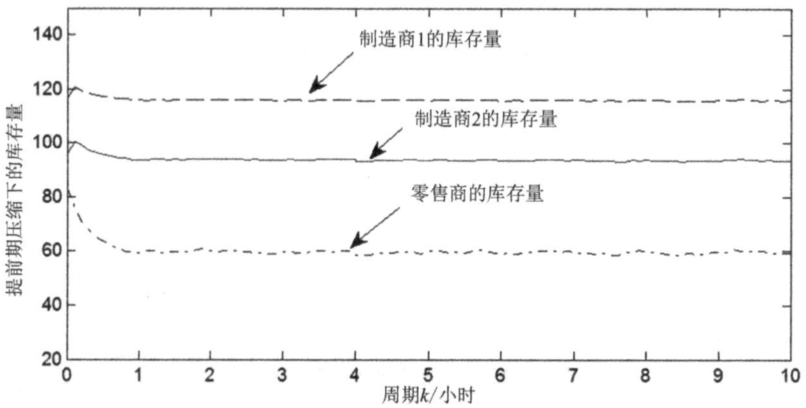

图 4.21 提前期压缩下的库存量变化过程 (×10³双)

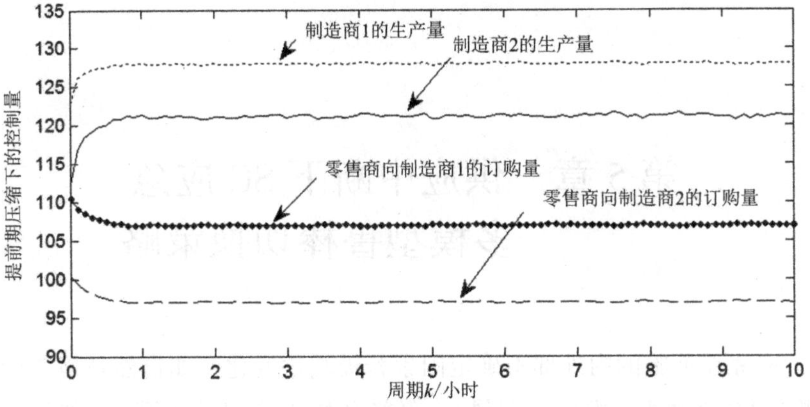

图 4.22　提前期压缩下的控制量变化过程（$\times 10^3$ 双）

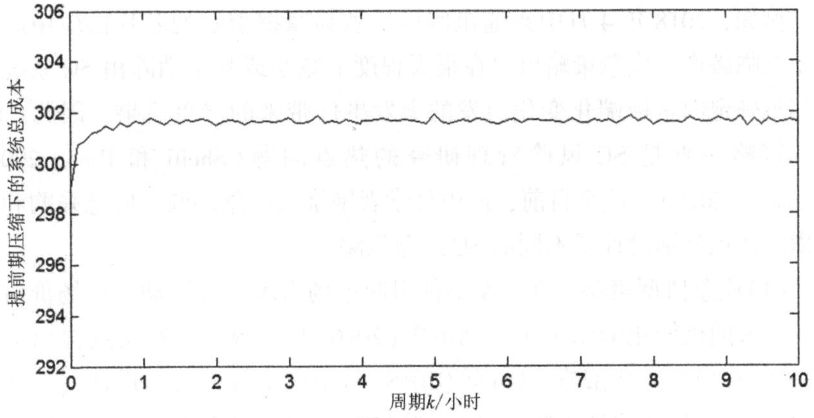

图 4.23　提前期压缩下的系统总成本变化过程（$\times 10^5$ 元）

由图 4.18 至图 4.23 可知，在设计的鲁棒切换策略下，无论是否压缩提前期，库存量、生产量、订购量和系统总成本均可快速达到并保持在稳定状态。并且，由图 4.20 和图 4.23 对比可知，压缩多提前期可以降低系统总成本。所以，本章提出的由混合切换策略和鲁棒控制策略组成的鲁棒切换策略，可以有效抑制多提前期和多重不确定对 SC 多模型系统的影响。

第5章　供应中断下SC应急多模型鲁棒切换策略

SC系统面临的内外部不确定因素若极端化变化，如自然环境不确定的极端化(如地震、海啸、飓风)、经济环境不确定的极端化(如经济危机)、政治环境不确定的极端化(如贸易摩擦)、内部环境不确定的极端化(如关键设备故障、人员严重短缺)，SC系统将面临中断乃至崩溃的风险，例如，2018年4月中兴通讯因中美贸易摩擦引发的芯片供应中断而一度濒临破产。应急策略可以在很大程度上减小或甚至消除由SC系统内外部不确定因素极端化变化引发的突发事件带来的严重后果，因此，SC应急策略一直是SC风险管理研究的热点问题(Sheffi和Rice，2005；Rahmani，2019)。截至目前，国内外学者围绕着应急协调、应急采购和应急横向转运分别设计了不同的SC应急策略。

(1)应急协调策略。在突发事件引起市场需求大幅波动、市场价格随市场需求随机变化的情形下，刘浪等(2016)基于数量弹性契约提出了一种二级SC应急协调策略；Liu等(2018)基于成本分担契约设计了一种供应中断下SC应急协调策略；Zheng等(2019)设计了在销售季前制造商向零售商提供有限承诺数量的应急订单机会的策略来协调由一个制造商和一个零售商组成的SC；对于不对称信息下的服务SC，Rahimi-Ghahroodi等(2020)应用收益共享契约协调一线服务供应商与紧急服务供应商。

(2)应急采购策略。在随机产量和随机需求下，Chen和Xiao (2015)研究了一种生产中断下SC应急后备采购策略；综合考虑后备供应商的预定量、战略供应商的采购量以及最优利润，李新军等(2016)分析了启动应急后备采购策略的临界点；对于由风险厌恶型零售商和风险中性供应商组成的单周期SC，Yuan等(2020)基于期权契约研究了应急采购策略的最优决策和利润。

(3)应急横向转运策略。通过考虑两个供应商以一定概率发生供货中断的情形，汪传旭和许长延(2015)提出了两个零售商间可横向转运的应急策略；Patriarca 等(2016)设计了一种多阶库存系统的单向应急横向转运策略；Avci (2019)探讨了应急横向转运策略和加急运输在中断情况下对 SC 绩效的影响；基于固定请求率，Li 等(2020)研究了两个零售商应急横向转运的决策问题。

基于引言中已梳理的应用鲁棒策略研究 SC 的相关文献，本章将提出供应中断下 SC 应急多模型鲁棒切换策略以拓展第 1 章至第 3 章的研究成果。首先，对于供应中断的 SC 系统，在建立 SC 应急基本模型的基础上，结合制定的应急切换策略，由 T-S 模糊系统表示供应中断下的 SC 应急多模型系统；然后，通过设计库存状态反馈控制律，提出由 3 个定理所描述的鲁棒控制策略，其结合应急切换策略构成可实现软切换的鲁棒切换策略。

5.1　供应中断下需求不确定 SC 应急多模型鲁棒切换策略

本节涉及的主要变量的含义如表 5.1 所示。

表 5.1　**主要变量含义描述**

符号	含　义
a	供应中断的分销商，$a = 1, 2, \cdots, L$
b	供应正常的分销商，$b = L+1, L+2, \cdots, J$
$x_0(k)$	制造商在周期 k 的库存量
$x_a(k)$	分销商 a 在周期 k 的库存量
$x_b(k)$	分销商 b 在周期 k 的库存量
$u_0(k)$	制造商在周期 k 的生产量
$u_a(k)$	分销商 a 在周期 k 的订购总量
$u_b(k)$	分销商 b 在周期 k 的订购总量
$w_a(k)$	分销商 a 的客户在周期 k 的需求量
$w_b(k)$	分销商 b 的客户在周期 k 的需求量
g_0	制造商的生产系数($g_0 = 1$：正常生产；$g_0 = 0$：不生产)
$g_{1,b}$	分销商 b 向制造商订购的订购系数
$g_{2,a}$	分销商 a 向备份制造商订购的订购系数

续表

符号	含 义
$l_{b,a}$	分销商 a 向分销商 b 横向转运系数 ($g_{2,a}$, $g_{1,b}$, $l_{b,a} \in [0, 1]$, $g_{2,a} + l_{b,a} = 1$)
$z(k)$	SC 应急运作总成本
c_{n0}	制造商的单位库存成本
c_{na}	分销商 a 的单位库存成本
c_{nb}	分销商 b 的单位库存成本
c_{r0}	制造商的单位生产成本
c_{oa}	分销商 a 向备份制造商紧急订购时的单位订购成本
c_{ob}	分销商 b 向制造商订购时的单位订购成本
c_{ba}	分销商 a 向分销商 b 紧急横向转运时的单位订购成本

5.1.1 供应中断下需求不确定 SC 应急基本模型

本节考虑供应中断下动态 SC 的微观结构如图 5.1 所示。

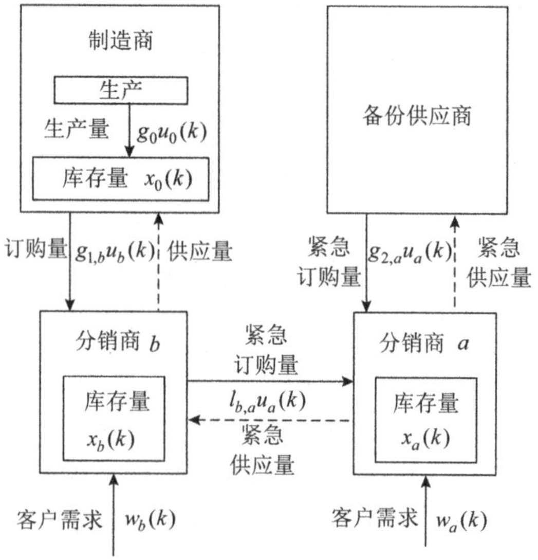

图 5.1 供应中断下 SC 应急微观结构

在图 5.1 中，假定因突发事件导致制造商与分销商 a 之间的供应中断，而制造商与分销商 b 之间的供应正常。分销商 a 为了满足其客户的需求，既可以从分销商 b 横向转运，又可以从系统外的备份供应商紧急采购。

基于图 5.1，建立供应中断下库存状态和 SC 总成本动态演变应急基本模型如下：

$$\begin{cases} x_0(k+1) = x_0(k) + g_0u_0(k) - \sum_{b=L+1}^{J} g_{1,b}u_b(k) \\ x_a(k+1) = x_a(k) + g_{2,a}u_a(k) + \sum_{b=L+1}^{J} l_{b,a}u_a(k) - w_a(k) \\ x_b(k+1) = x_b(k) + g_{1,b}u_b(k) - \sum_{a=1}^{J} l_{b,a}u_a(k) - w_b(k) \end{cases} \tag{5.1}$$

$$z(k) = c_{n0}x_0(k) + \sum_{a=1}^{L} c_{na}x_a(k) + \sum_{b=L+1}^{J} c_{nb}x_b(k) + c_{r0}g_0u_0(k) + \sum_{a=1}^{L} c_{oa}g_{2,a}u_a(k) + \sum_{b=L+1}^{J} c_{ob}g_{1,b}u_b(k) + \sum_{a=1}^{L}\sum_{b=L+1}^{J} c_{ba}l_{b,a}u_a(k) \tag{5.2}$$

5.1.2 供应中断下需求不确定 SC 应急切换策略

在供应中断下，分别设计制造商的生产切换策略和分销商的订购切换策略如下：

（1）制造商的生产切换策略：如果每个分销商的库存水平均不小于各自的理想库存值，则制造商不生产；如果存在分销商的库存水平小于各自的理想库存值，则制造商正常生产。

（2）分销商 a 的应急订购切换策略：如果分销商 a 的库存水平小于其安全库存值，则分销商 a 不仅向备份供应商订购，而且还从分销商 b 紧急横向转运；如果分销商 a 库存水平介于其安全库存值与理想库存值之间，则分销商 a 仅从库存水平大于理想库存值的分销商 b 横向转运；如果分销商 a 的库存水平大于其理想库存值，则分销商 a 既不订购也不横向转运。

（3）分销商 b 的正常订购切换策略：如果分销商 b 的库存水平小于其理想库存值，则分销商 b 向制造商订购；如果分销商 b 的库存水平大于其理想库存值，则分销商 b 不订购，但向库存水平小于理想库存值的分销商 a 紧急横向转运。

由制造商的生产切换策略、供应中断的分销商的应急订购切换策略和供应正常的分销商的正常订购切换策略构成了供应中断下需求不确定 SC

的应急切换策略。

5.1.3 供应中断下需求不确定 SC 应急多模型系统

基于应急切换策略，式(5.1)和式(5.2)组成的第 i 个 SC 应急模型用矩阵形式表述如下：

$$\begin{cases} \boldsymbol{x}(k+1)=\boldsymbol{A}_i\boldsymbol{x}(k)+\boldsymbol{B}_i\boldsymbol{u}(k)+\boldsymbol{B}_{wi}\boldsymbol{w}(k) \\ z(k)=\boldsymbol{C}_i\boldsymbol{x}(k)+\boldsymbol{D}_i\boldsymbol{u}(k) \end{cases} \tag{5.3}$$

其中，$\boldsymbol{x}^{\mathrm{T}}(k)=[x_0(k),\ x_1(k),\ \cdots,\ x_a(k),\ \cdots x_{\mathrm{L}}(k),\ x_{\mathrm{L}+1}(k),\ \cdots,\ x_b(k),\ \cdots x_{\mathrm{J}}(k)]_{1\times(\mathrm{J}+1)}$，$\boldsymbol{u}^{\mathrm{T}}(k)=[u_0(k),\ u_1(k),\ \cdots,\ u_a(k),\ \cdots u_{\mathrm{L}}(k),\ u_{\mathrm{L}+1}(k),\ \cdots,\ u_b(k),\ \cdots u_{\mathrm{J}}(k)]_{1\times(\mathrm{J}+1)}$，$\boldsymbol{w}^{\mathrm{T}}(k)=[0,\ w_1(k),\ \cdots,\ w_a(k),\ \cdots w_{\mathrm{L}}(k),\ w_{\mathrm{L}+1}(k),\ \cdots,\ w_b(k),\ \cdots w_{\mathrm{J}}(k)]_{1\times(\mathrm{J}+1)}$，

$\boldsymbol{A}_i=\begin{bmatrix} 1 & & & \\ & 1 & & \\ & & \ddots & \\ & & & 1 \end{bmatrix}_{(\mathrm{J}+1)\times(\mathrm{J}+1)}$ 为库存状态系数矩阵，$\boldsymbol{B}_i=\begin{bmatrix} g_0 & \boldsymbol{0} & \boldsymbol{A}_1 \\ \boldsymbol{0} & \boldsymbol{A}_2 & \boldsymbol{0} \\ \boldsymbol{0} & \boldsymbol{B}_1 & \boldsymbol{B}_2 \end{bmatrix}_{(\mathrm{J}+1)\times(\mathrm{J}+1)}$ （$\boldsymbol{A}_1=[-g_{1,\mathrm{L}+1},\ \cdots,\ -g_{1,b},\ \cdots,\ -g_{1,\mathrm{J}}]$，

$\boldsymbol{A}_2=diag\left[g_{2,1}+\sum_{b=\mathrm{L}+1}^{\mathrm{J}} l_{b,1},\ \cdots,\ g_{2,a}+\sum_{b=\mathrm{L}+1}^{\mathrm{J}} l_{b,a},\ \cdots,\ g_{2,\mathrm{L}}+\sum_{b=\mathrm{L}+1}^{\mathrm{J}} l_{b,\mathrm{L}}\right]$，

$\boldsymbol{B}_1=\begin{bmatrix} -l_{\mathrm{L}+1,1} & \cdots & -l_{\mathrm{L}+1,a} & \cdots & -l_{\mathrm{L}+1,\mathrm{L}} \\ \vdots & & \vdots & & \vdots \\ -l_{b,1} & \cdots & -l_{b,a} & \cdots & -l_{b,\mathrm{L}} \\ \vdots & & \vdots & & \vdots \\ -l_{\mathrm{J},1} & \cdots & -l_{\mathrm{J},a} & \cdots & -l_{\mathrm{J},\mathrm{L}} \end{bmatrix}$，$\boldsymbol{B}_2=diag[g_{1,\mathrm{L}+1},\ \cdots,\ g_{1,b},\ \cdots,\ g_{1,\mathrm{J}}]$）为生产和订购系数矩阵，$\boldsymbol{C}_i=[c_{n0},\ c_{n1},\ \cdots,\ c_{na},\ \cdots c_{n\mathrm{L}},\ c_{n(\mathrm{L}+1)},\ \cdots,\ c_{nb},\ \cdots c_{n\mathrm{J}}]_{1\times(\mathrm{J}+1)}$ 为库存成本系数矩阵，

$\boldsymbol{D}_i=\left[c_{r0},\ c_{o1}g_{2,1}+\sum_{b=\mathrm{L}+1}^{\mathrm{J}} c_{b,1}l_{b,1},\ \cdots,\ c_{oa}g_{2,a}+\sum_{b=\mathrm{L}+1}^{\mathrm{J}} c_{b,a}l_{b,a},\ \cdots c_{o\mathrm{L}}g_{2,\mathrm{L}}+\sum_{b=\mathrm{L}+1}^{\mathrm{J}} c_{b,\mathrm{L}}l_{b,\mathrm{L}},\ c_{o(\mathrm{L}+1)}g_{1,\mathrm{L}+1},\ \cdots,\ c_{ob}g_{1,b},\ \cdots c_{o\mathrm{J}}g_{1,\mathrm{J}}\right]_{1\times(\mathrm{J}+1)}$ 为生产和订购成本系数矩阵。

5.1.4 供应中断下需求不确定 SC 应急鲁棒控制策略

(1) SC 应急模糊控制模型。

对式(5.3)建立 SC 模糊模型，如下所示：

R_i： If $x_0(k)$ is M_0^i， $x_1(k)$ is M_1^i， …， $x_j(k)$ is M_j^i， … ， and $x_n(k)$ is M_n^i， then

$$\begin{cases} \boldsymbol{x}(k+1) = \boldsymbol{A}_i\boldsymbol{x}(k) + \boldsymbol{B}_i\boldsymbol{u}(k) + \boldsymbol{B}_{wi}\boldsymbol{w}(k) \\ z(k) = \boldsymbol{C}_i\boldsymbol{x}(k) + \boldsymbol{D}_i\boldsymbol{u}(k) \\ \boldsymbol{x}(k) = \boldsymbol{\varphi}(k),\ k \in \{0,\ 1,\ \cdots,\ \mathrm{N}\} \end{cases} \tag{5.4}$$

采用与 1.4.1 节相同的推理方法，式(5.4)可进一步表示如下：

$$\begin{cases} \boldsymbol{x}(k+1) = \sum_{i=1}^{r} h_i[\boldsymbol{A}_i\boldsymbol{x}(k) + \boldsymbol{B}_i\boldsymbol{u}(k) + \boldsymbol{B}_{wi}\boldsymbol{w}(k)] \\ z(k) = \sum_{i=1}^{r} h_i[\boldsymbol{C}_i\boldsymbol{x}(k) + \boldsymbol{D}_i\boldsymbol{u}(k)] \end{cases} \tag{5.5}$$

(2) 鲁棒控制策略。

对式(5.5)设计如下所示的库存状态反馈控制律：

K^i： If $x_0(k)$ is M_0^i， $x_1(k)$ is M_1^i， …， $x_j(k)$ is M_j^i， …， and $x_n(k)$ is M_n^i ， then

$$\boldsymbol{u}(k) = -\boldsymbol{K}_i\boldsymbol{x}(k),\ i = 1,\ 2,\ \cdots,\ r$$

那么应急 SC 系统的整体库存状态反馈控制律为：

$$\boldsymbol{u}(k) = -\sum_{i=1}^{r} h_i\boldsymbol{K}_i\boldsymbol{x}(k) \tag{5.6}$$

将式(5.6)代入式(5.5)中可得：

$$\begin{cases} \boldsymbol{x}(k+1) = \sum_{i=1}^{r}\sum_{j=1}^{r} h_ih_j[\boldsymbol{E}_{ij}\boldsymbol{x}(k) + \boldsymbol{B}_{wi}\boldsymbol{w}(k)] \\ z(k) = \sum_{i=1}^{r}\sum_{j=1}^{r} h_ih_j\boldsymbol{F}_{ij}\boldsymbol{x}(k) \end{cases} \tag{5.7}$$

其中，$\boldsymbol{E}_{ij} = \boldsymbol{A}_i - \boldsymbol{B}_i\boldsymbol{K}_{jc}$ ，$\boldsymbol{F}_{ij} = \boldsymbol{C}_i - \boldsymbol{D}_i\boldsymbol{K}_{jc}$ 。

本节拟提出的供应中断下 SC 应急系统的鲁棒控制策略，是通过定理 5.1 表述的。

定理 5.1　对于给定的标量 $\gamma > 0$，如果在如下不等式中求解出正定矩阵 $\boldsymbol{P}_c$ 及矩阵 $\boldsymbol{K}_{ic}$ 和 $\boldsymbol{K}_{jc}$ ，那么供应中断下的具有输入采用 SFP 和不确定客户需求的 SC 应急系统(5.7)在 H_∞ 性能指标 γ 下鲁棒渐近稳定。

$$\begin{bmatrix} -\boldsymbol{P}_c & * & * & * \\ \boldsymbol{0} & -\gamma^2\boldsymbol{I} & * & * \\ \boldsymbol{A}_i - \boldsymbol{B}_i\boldsymbol{K}_{ic} & \boldsymbol{B}_{wi} & -\boldsymbol{P}_c & * \\ \boldsymbol{C}_i - \boldsymbol{D}_i\boldsymbol{K}_{ic} & \boldsymbol{0} & \boldsymbol{0} & -\boldsymbol{I} \end{bmatrix} < \boldsymbol{0},\ i \in I_c \tag{5.8}$$

$$\begin{bmatrix} -4\boldsymbol{P}_c & * & * & * \\ \boldsymbol{0} & -\gamma^2\boldsymbol{I} & * & * \\ \boldsymbol{A}_i-\boldsymbol{B}_i\boldsymbol{K}_{jc}+\boldsymbol{A}_j-\boldsymbol{B}_j\boldsymbol{K}_{ic} & \boldsymbol{B}_{wi}+\boldsymbol{B}_{wj} & -\boldsymbol{P}_c & * \\ \boldsymbol{C}_i-\boldsymbol{D}_i\boldsymbol{K}_{jc}+\boldsymbol{C}_j-\boldsymbol{D}_j\boldsymbol{K}_{ic} & \boldsymbol{0} & \boldsymbol{0} & -\boldsymbol{I} \end{bmatrix} < \boldsymbol{0},\quad i<j,\quad i,\ j\in I_c \tag{5.9}$$

其中，I_c 是包含在 G_c 中的规则序号集，G_c 是第 c 个 MORG，$c=1,\ 2,\ \cdots,\ \prod_{j=1}^{n}(m_j-1)$，$m_j$ 是第 j 个库存变量的模糊分划数。

定理 5.1 的证明过程与定理 1.1 和定理 1.2 的证明过程类似，为了简洁起见，略去其证明过程。

对于式(5.7)，基于式(5.6)的库存控制律和定理 5.1，可得到供应中断下 SC 应急多模型系统的鲁棒控制策略，该鲁棒控制策略与 5.1.2 节的应急切换策略相结合，可进一步得到供应中断下需求不确定 SC 应急多模型系统的鲁棒切换策略。

5.1.5　仿真分析

选择钢铁行业中一个型钢二阶 SC 系统作为仿真对象。该系统由一个制造商、一个备份供应商和两个分销商组成。假定突发事件造成制造商向分销商 1 的供应发生中断，而制造商向分销商 2 正常供应。

分销商 1 和分销商 2 的库存模糊分划同图 1.10，其中，$x_1(k)$ 和 $x_2(k)$ 分别代表分销商 1 和分销商 2 的库存水平。设 $Q_{0m}=10$，$Q_{1m}=50$，$Q_{0r}=15$，$Q_{1r}=60$ ($\times 10^5$吨)。

由图 1.10 可知，该二阶供应链中仅有一个包含 R_1、R_2、R_3 和 R_4 的 MORG。基于 5.1.2 节的应急切换策略，设计制造商的生产切换策略和分销商的订购切换策略如下：

R_1：制造商正常生产型钢，分销商 1 从备份供应商紧急订购型钢，分销商 2 从制造商订购型钢；

R_2：制造商停止生产型钢，分销商 1 既从备份供应商紧急订购型钢，又从分销商 2 紧急横向转运，分销商 2 不订购型钢；

R_3：制造商正常生产型钢，分销商 1 不订购型钢，分销商 2 从制造商订购型钢；

R_4：制造商不生产型钢，分销商 1 和分销商 2 均不订购型钢。

基于式(5.6)，设计如下库存状态反馈控制律：

K^i：If $x_1(k)$ is M_1^i and $x_2(k)$ is M_2^i, then

$$\boldsymbol{u}(k) = -\sum_{i=1}^{4} h_i \boldsymbol{K}_i \boldsymbol{x}(k)$$

根据型钢SC系统中的各节点企业的实际运行数据，设置成本参数如下：$c_{n0}=0.4$，$c_{n1}=0.8$，$c_{n2}=0.6$，$c_{r0}=1.5$，$c_{o1}=3.2$，$c_{o2}=4.5$，$c_{21}=0.6$（$\times 10^4$/吨），那么系统的系数矩阵可表示如下：$\boldsymbol{A}_i=\begin{bmatrix}1&0&0\\0&1&0\\0&0&1\end{bmatrix}$（$i=1\sim4$），

$\boldsymbol{B}_1=\begin{bmatrix}1&0&-1\\0&1&0\\0&0&1\end{bmatrix}$，$\boldsymbol{B}_2=\begin{bmatrix}1&0&-1\\0&1&0\\0&-0.7&1\end{bmatrix}$，$\boldsymbol{B}_3=\begin{bmatrix}1&0&-1\\0&0&0\\0&0&1\end{bmatrix}$，$\boldsymbol{B}_4=\boldsymbol{0}$，

$\boldsymbol{C}_i=[0.4\quad 0.8\quad 0.6]$（$i=1\sim4$），$\boldsymbol{D}_1=[1.5\quad 4.5\quad 3.2]$，$\boldsymbol{D}_2=[1.5\quad 1.77\quad 3.2]$，$\boldsymbol{D}_3=[1.5\quad 0\quad 3.2]$，$\boldsymbol{D}_4=\boldsymbol{0}$。

当$\gamma=0.5$时，通过求解定理5.1中的式(5.8)和式(5.9)，得到了局部公共正定矩阵，所以该型钢SC系统在供应中断的影响下是鲁棒稳定的。具体的求解结果如下：

$\boldsymbol{P}_1=\begin{bmatrix}1.3404&0.3346&0.3108\\0.3346&4.7340&0.4067\\0.3108&0.4067&4.1003\end{bmatrix}$，$\boldsymbol{K}_{11}=\begin{bmatrix}0.6575&-0.2234&0.0548\\-0.0993&0.1771&-0.1067\\-0.0827&-0.0920&0.1818\end{bmatrix}$，

$\boldsymbol{K}_{21}=\begin{bmatrix}0.5949&-0.1105&-0.0120\\-0.0901&0.1577&-0.0977\\-0.1483&0.0249&0.1111\end{bmatrix}$，$\boldsymbol{K}_{31}=\begin{bmatrix}0.5220&0.0180&-0.0921\\-0.1282&0.2283&-0.1391\\-0.1479&0.0233&0.1126\end{bmatrix}$，

$\boldsymbol{K}_{41}=\begin{bmatrix}1.1108&-0.0702&-0.0571\\-0.0928&0.1529&-0.0685\\-0.2727&0.0177&0.1697\end{bmatrix}$。

设各变量标称值如下：$\vec{x}_0(k)=60$，$\vec{x}_1(k)=75$，$\vec{x}_2(k)=73$，$\vec{u}_0(k)=32$，$\vec{u}_1(k)=15$，$\vec{u}_2(k)=18$（$\times 10^5$吨）。

① 仿真实验1。当突发事件导致制造商和分销商1之间的供应中断时，设各节点企业的初始值如下：$x_0(0)=20$，$x_1(0)=-68$，$x_2(0)=5$（$\times 10^5$吨）。仿真实验1的仿真结果如图5.2至图5.4所示。

在中断开始后，制造商正常生产型钢，分销商1分别从备份供应商和分销商2订购和横向转运型钢总订购量的30%和70%，而分销商2不订购型钢。

② 仿真实验2。当突发事件导致制造商和分销商1之间的供应中断

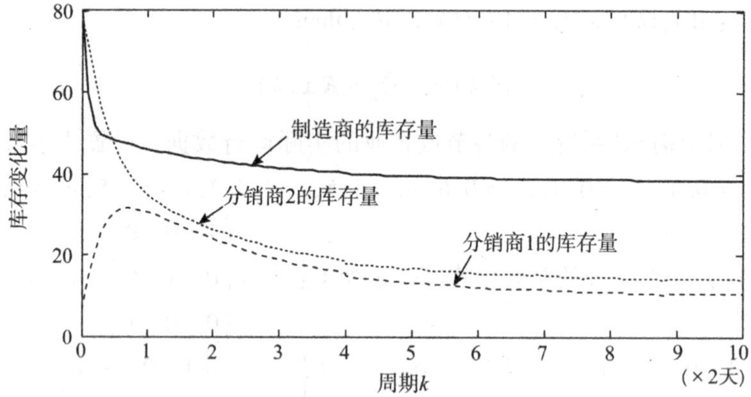

图 5.2　仿真实验 1 中状态变量的变化过程($\times 10^5$ 吨)

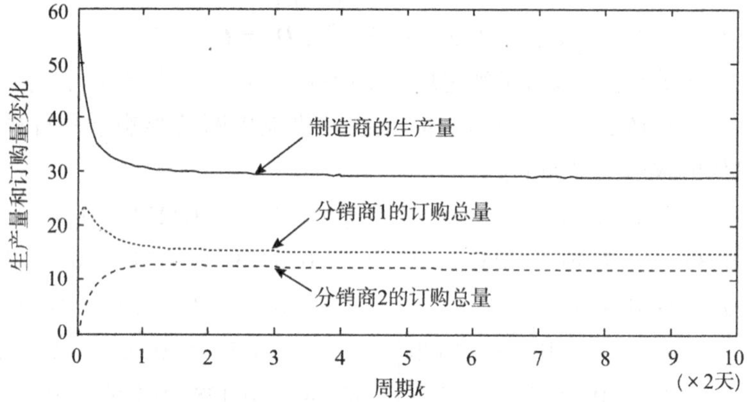

图 5.3　仿真实验 1 中控制变量的变化过程($\times 10^5$ 吨)

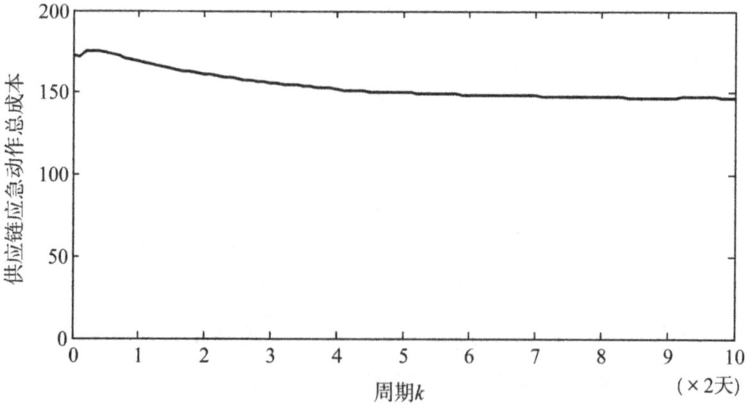

图 5.4　仿真实验 1 中 SC 系统总成本的变化过程($\times 10^7$ 元)

时，设各节点企业的初始值如下：$x_0(0)=20$，$x_1(0)=-70$，$x_2(0)=-63$（$\times 10^5$吨）。仿真实验 2 的仿真结果如图 5.5 至图 5.7 所示。

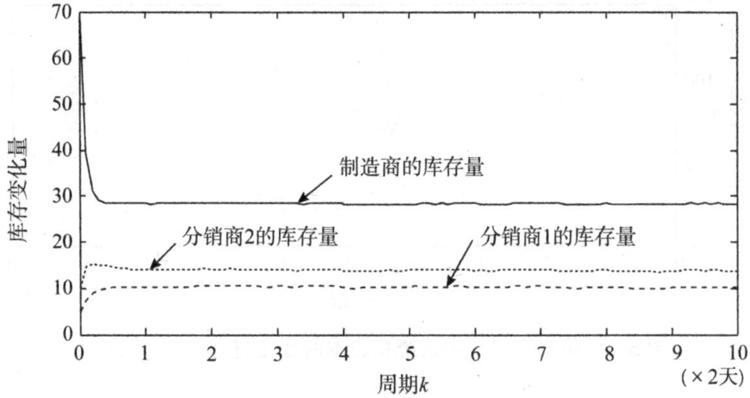

图 5.5　仿真实验 2 中状态变量的变化过程（$\times 10^5$ 吨）

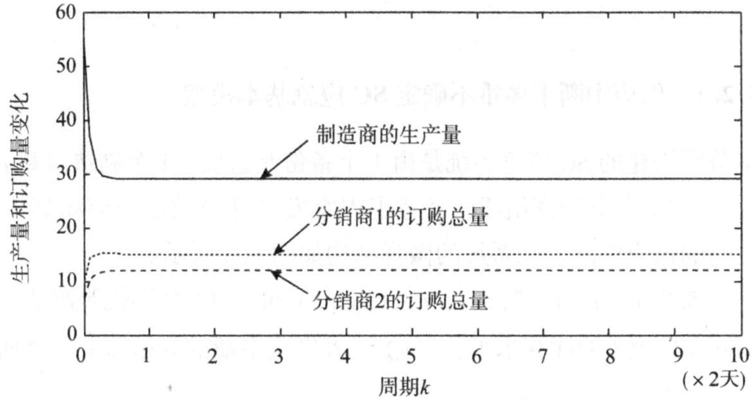

图 5.6　仿真实验 2 中控制变量的变化过程（$\times 10^5$ 吨）

在中断开始后，制造商正常生产型钢，分销商 1 和分销商 2 分别从备份供应商和制造商订购各自型钢总订购量的 100%。

由图 5.2 至图 5.7 可知，本节所设计的应急切换策略可使与制造商供应中断的分销商 1 的库存水平未因供应中断而减少，且在供应中断期间可以不断满足其客户的需求；同时，本节所设计的鲁棒控制策略可实现供应中断的型钢 SC 系统的各个变量最终达到渐近稳定。因此，本节设计的由应急切换策略和鲁棒控制策略组成的鲁棒切换策略可以维持供应中断下的客户需求不确定的 SC 系统正常运作。

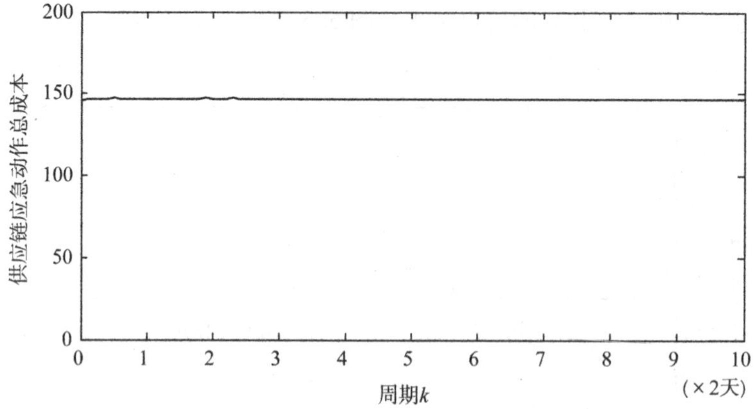

图 5.7 仿真实验 2 中系统总成本的变化过程($\times 10^7$ 元)

5.2 供应中断下多重不确定 SC 应急多模型鲁棒切换策略

5.2.1 供应中断下多重不确定 SC 应急基本模型

本节所构建的 SC 应急系统是由 1 个备份制造商、1 个制造商和 t ($t = 1, 2, \cdots, \mathrm{T}$) 个分销商组成，并考虑因突发事件导致制造商和第 T 个分销商之间的供应中断。此系统的微观结构如图 5.8 所示。

在图 5.8 中，$a = 1, 2, \cdots, t-1$，$y_b(k)$ 和 $x_a(k)$ 分别代表制造商 b 和分销商 a 在周期 k 的库存水平，$x_{\mathrm{T}}(k)$ 代表供应中断的分销商 T 在周期 k 的库存水平；$\sum_{a=1}^{t-1} u_{b,a}(k) = \sum_{a=1}^{t-1} g_{b,a} u_a(k)$ 为制造商 b 在周期 k 向所有供应正常的分销商供应的供应总量，其中 $u_{b,a}(k)$ 代表制造商 b 在周期 k 向分销商 a 的供应量，$g_{b,a}$ 代表分销商 a 向制造商 b 的订购系数，$u_a(k)$ 代表分销商 a 在周期 k 的总订购量；$\sum_{a=1}^{t-1} u_{b+1,a} = \sum_{a=1}^{t-1} g_{b+1,a} u_a(k)$ 代表备份制造商 $b+1$ 在周期 k 向所有供应正常的分销商的紧急供应总量，其中 $u_{b+1,a}(k)$ 代表备份制造商 $b+1$ 在周期 k 向分销商 a 的供应量，$g_{b+1,a}$ 代表分销商 a 向备份制造商 $b+1$ 的紧急订购系数；$u_{b+1,\mathrm{T}}(k) = g_{b+1,\mathrm{T}} u_{\mathrm{T}}(k)$，其中 $u_{b+1,\mathrm{T}}(k)$ 代表备份制造商 $b+1$ 在周期 k 向分销商 T 的紧急供应量，$g_{b+1,\mathrm{T}}$ 代表分销商 T 向备份制造商 $b+1$ 的紧急订购系数，$u_{\mathrm{T}}(k)$ 表示分销商 T 在周期 k 的

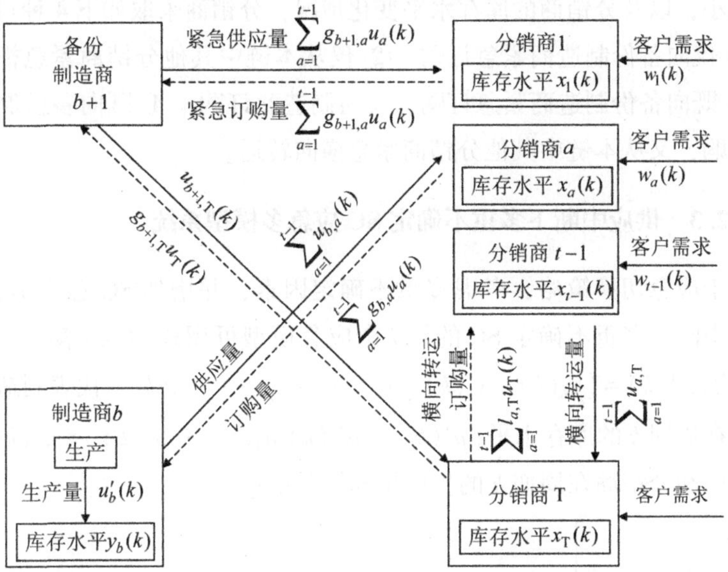

图 5.8　供应中断下的 SC 应急运作系统

总订购量；$\sum_{a=1}^{t-1} u_{a,\,T}(k)=\sum_{a=1}^{t-1} l_{a,\,T}u_a(k)$ 代表所有供应正常的分销商在周期 k 向分销商 T 的紧急横向转运量，其中 $u_{a,\,T}(k)$ 代表分销商 a 在周期 k 向分销商 T 的紧急横向转运量，$l_{a,\,T}$ 代表分销商 a 向分销商 T 的横向转运订购率；$u_{b,\,a}(k)$ 、$u_{b+1,\,a}(k)$ 、$u_{b+1,\,T}(k)$ 和 $u_{a,\,T}(k)$ 均为控制变量；$w_a(k)$ 代表分销商 a 在周期 k 的客户需求；$g_{b,\,a}$ 、$g_{b+1,\,a}$ 、$g_{b+1,\,T}$ 和 $l_{a,\,T}$ 均可取 $[0,\ 1]$ 中任何值，$g_{b,\,a}+g_{b+1,\,a}=1$，$g_{b+1,\,T}+\sum_{a=1}^{t-1} l_{a,\,T}=1$。

由图 5.8 可知，该系统的库存状态动态演变应急基本模型可表示为：

$$
\begin{cases}
y_b(k+1)=y_b(k)+u'_b(k)-\sum\limits_{a=1}^{t-1} g_{b,\,a}u_a(k),\ b=1\\
x_a(k+1)=x_a(k)+(g_{b,\,a}+g_{b+1,\,a})u_a(k)-l_{a,\,T}u_T(k)-w_a(k),\ a=1,\ 2,\ \cdots,\ t-1\\
x_T(k+1)=x_T(k)+\left(g_{b+1,\,T}+\sum\limits_{a=1}^{t-1} l_{a,\,T}\right)u_T(k)-w_T(k)
\end{cases}
\tag{5.10}
$$

5.2.2　供应中断下多重不确定 SC 应急切换策略

根据式(5.10)描述的库存状态应急基本模型，考虑突发事件造成供应中断、制造商产能限制、紧急横向转运成本与向备份制造商紧急订购成本的大小，以及分销商的库存水平变化情况，分销商采取如下 4 种订购策略：① 仅向备份制造商紧急订购；② 仅从本链中其他分销商紧急横向转运；③ 既向备份制造商紧急订购，又向制造商订购；④ 既向备份制造商紧急订购，又从本链中其他分销商紧急横向转运。

5.2.3　供应中断下多重不确定 SC 应急多模型系统

基于应急切换策略，考虑多重不确定因素，并增加 SC 总成本方程，则供应中断下多重不确定 SC 的第 i 个应急模型可用式(1.4)表示。在式(1.4)中，$x^{\mathrm{T}}(k)=[y_b(k) \quad x_1(k) \quad \cdots \quad x_a(k) \quad \cdots \quad x_{\mathrm{T}}(k)]$ 代表制造商和分销商在周期 k 的库存水平；$u^{\mathrm{T}}(k)=[u'_b(k)\ u_1(k)\ \cdots\ u_a(k)\ \cdots\ u_{\mathrm{T}}(k)]$ 代表制造商和分销商在周期 k 的生产量和订购量；

$$\boldsymbol{A}_i=\begin{bmatrix}1 & & & \\ & 1 & & \\ & & \ddots & \\ & & & 1\end{bmatrix}_{(t+1)\times(t+1)},$$

$$\boldsymbol{B}_i=\begin{bmatrix}1 & -g_{b,1} & \cdots & -g_{b,a} & \cdots & -g_{b,t-1} & 0\\ 0 & g_{b,1}+g_{b+1,1} & \boldsymbol{0} & 0 & \boldsymbol{0} & 0 & -l_{1,\mathrm{T}}\\ & & & \vdots & & & \\ 0 & 0 & \boldsymbol{0} & g_{b,a}+g_{b+1,a} & \boldsymbol{0} & 0 & -l_{a,\mathrm{T}}\\ & & & \vdots & & & \\ 0 & 0 & \boldsymbol{0} & 0 & \boldsymbol{0} & g_{b,t-1}+g_{b+1,t-1} & -l_{t-1,\mathrm{T}}\\ 0 & 0 & \boldsymbol{0} & 0 & \boldsymbol{0} & 0 & g_{b+1,\mathrm{T}}+\sum\limits_{a=1}^{t-1} l_{a,\mathrm{T}}\end{bmatrix},$$

$$\boldsymbol{B}_{wi}=\begin{bmatrix}0 & & & & \\ & -1 & & & \\ & & -1 & & \\ & & & \ddots & \\ & & & & -1\end{bmatrix}_{(t+1)\times(t+1)},$$

$\boldsymbol{C}_i=[c_{h0} \quad d_{i1}c_{h1} \quad \cdots \quad d_{ia}c_{ha} \quad \cdots \quad d_{i\mathrm{T}}c_{h\mathrm{T}}]_{1\times(t+1)}$（其中，$c_{h0}$ 为制造商的单位库存成本，c_{ha} 为分销商 a 的单位库存成本；为了考虑突发事件造成的 SC 缺货状态，加入 d_{ia} 来描述缺货成本，当分销商 a 在周期 k 的库存水平小

于 0 时，$d_{ia} = -\dfrac{c_{oha}}{c_{ha}}$，$c_{oha}$ 为分销商 a 的单位缺货成本，当分销商 a 在周期 k 的库存水平不小于 0 时，$d_{ia} = 1$）；$D_i = [c_{nb} \quad g_{b,1}c_{m1} + g_{b+1,1}c_{r1} \quad \cdots \quad g_{b,a}c_{ma} + g_{b+1,a}c_{ra} \quad \cdots \quad g_{b,t-1}c_{m(t-1)} + g_{b+1,t-1}c_{r(t-1)} \quad g_{b+1,T}c_{rT} + \sum_{a=1}^{t-1} l_{a,T}(c_{paT} + c_{ma})]$（其中 c_{nb} 表示制造商 b 的单位生产成本，c_{ma} 表示分销商 a 向制造商 b 订购的单位订购成本，c_{ra} 表示分销商 a 向备份制造商 $b+1$ 订购的单位订购成本，c_{paT} 表示分销商 a 向分销商 T 横向转运的单位运输成本）；$\boldsymbol{D}_{wi}$ 表示系统退货系数矩阵，其他变量及参数矩阵的含义详见 1.3.1 节。

5.2.4　供应中断下多重不确定 SC 应急鲁棒控制策略

将不确定参数用式(1.7)表示，然后将式(1.4)转换为式(1.5)所示的 T-S 模糊控制模型，应用式(1.10)所示的库存状态反馈控制律，则基于定理 1.2 可得供应中断下多重不确定 SC 系统的鲁棒控制策略，该鲁棒控制策略与本节设计的应急切换策略相结合，可得到供应中断下多重不确定 SC 系统的鲁棒切换策略。

5.2.5　仿真分析

选取汽车行业的由制造商 1、分销商 1 和分销商 2 组成的二级 SC 为研究对象。

分销商 1 和分销商 2 的模糊分划同图 4.11，其中，$x_1(k)$ 和 $x_2(k)$ 分别代表分销商 1 和分销商 2 的库存水平。设 $Q_{0m} = 10$，$Q_{0r} = 12$（$\times 10^5$ 台），$c_{h0} = 0.3$，$c_{h1} = 0.6$，$c_{h2} = 0.5$，$c_{n1} = 0.1$，$c_{m1} = 1.2$，$c_{r1} = 1.8$，$c_{r2} = 2.0$，$c_{p12} = 0.4$，$c_{oh1} = 0.72$，$c_{oh2} = 0.65$（$\times 10^5$ 元/台）。

由图 4.11 可知，该 SC 应急系统仅有一个 MORG G，且 G 中包含 R_1、R_2、R_3 和 R_4 4 个规则。这 4 个规则分别代表了制造商和分销商因突发事件影响导致供应中断后采取的不同的应急策略。

假设制造商 1 与分销商 2 之间的供应中断，则应急切换策略如下所示：

R_1：分销商 1 同时向制造商 1 和备份制造商 2 订购；分销商 2 向备份制造商 2 订购。

R_2：分销商 1 同时向制造商 1 和备份制造商 2 订购；分销商 1 向分销

商 2 横向转运，即分销商 2 通过分销商 1 向制造商 1 订购，在货物到达分销商 1 的同周期内转给分销商 2。

R_3：分销商 1 向制造商 1 订购；分销商 2 从分销商 1 横向转运，同时分销商 2 向备份制造商 2 订购。

R_4：分销商 1 向制造商 1 订购；分销商 2 从分销商 1 横向转运。

基于以上的应急切换策略，SC 的应急基本模型可表示为：

$$R_1:\begin{cases}y_1(k+1)=y_1(k)+u'_1(k)-g_{1,1}u_1(k)\\x_1(k+1)=x_1(k)+g_{1,1}u_1(k)+g_{2,1}u_1(k)-w_1(k)\\x_2(k+1)=x_2(k)+g_{2,2}u_2(k)-w_2(k)\\z(k)=c_{h0}y_1(k)+d_{11}c_{h1}x_1(k)+d_{21}c_{h2}x_2(k)+(g_{1,1}c_{m1}+g_{2,1}c_{r1})u_1(k)+\\\qquad g_{2,2}c_{r2}u_2(k)\end{cases}$$

$$R_2:\begin{cases}y_1(k+1)=y_1(k)+u'_1(k)-g_{1,1}u_1(k)-l_{1,2}u_2(k)\\x_1(k+1)=x_1(k)+g_{1,1}u_1(k)+g_{2,1}u_1(k)-l_{1,2}u_2(k)-w_1(k)\\x_2(k+1)=x_2(k)+l_{1,2}u_2(k)-w_2(k)\\z(k)=c_{h0}y_1(k)+d_{21}c_{h1}x_1(k)+d_{22}c_{h2}x_2(k)+(g_{1,1}c_{m1}+g_{2,1}c_{r1})u_1(k)+\\\qquad l_{1,2}(c_{p12}+c_{m1})u_2(k)\end{cases}$$

$$R_3:\begin{cases}y_1(k+1)=y_1(k)+u'_1(k)-g_{1,1}u_1(k)-l_{1,2}u_2(k)\\x_1(k+1)=x_1(k)+g_{1,1}u_1(k)-l_{1,2}u_2(k)-w_1(k)\\x_2(k+1)=x_2(k)+g_{2,1}u_2(k)+l_{1,2}u_2(k)-w_2(k)\\z(k)=c_{h0}y_1(k)+d_{31}c_{h1}x_1(k)+d_{32}c_{h2}x_2(k)+g_{1,1}c_{m1}u_1(k)+\\\qquad [l_{1,2}(c_{p12}+c_{m1})+g_{2,1}]u_2(k)\end{cases}$$

$$R_4:\begin{cases}y_1(k+1)=y_1(k)+u'_1(k)-g_{1,1}u_1(k)-l_{1,2}u_2(k)\\x_1(k+1)=x_1(k)+g_{1,1}u_1(k)-l_{1,2}u_2(k)-w_1(k)\\x_2(k+1)=x_2(k)+l_{1,2}u_2(k)-w_2(k)\\z(k)=c_{h0}y_1(k)+d_{41}c_{h1}x_1(k)+d_{42}c_{h2}x_2(k)+g_{1,1}c_{m1}u_1(k)+\\\qquad l_{1,2}(c_{p12}+c_{m1})u_2(k)\end{cases}$$

将以上不同规则下 SC 的应急模型转化为多重不确定模糊 SC 系统：

R_i ：If $x_1(k)$ is M_1^i and $x_2(k)$ is M_2^i, then

$$\begin{cases}\boldsymbol{x}(k+1)=\sum_{i=1}^{4}h_i[(\boldsymbol{A}_i+\Delta\boldsymbol{A}_i)\boldsymbol{x}(k)+(\boldsymbol{B}_i+\Delta\boldsymbol{B}_i)\boldsymbol{u}(k)+(\boldsymbol{B}_{wi}+\Delta\boldsymbol{B}_{wi})\boldsymbol{w}(k)]\\z(k)=\sum_{i=1}^{4}h_i[(\boldsymbol{C}_i+\Delta\boldsymbol{C}_i)\boldsymbol{x}(k)+(\boldsymbol{D}_i+\Delta\boldsymbol{D}_i)\boldsymbol{u}(k)+(\boldsymbol{D}_{wi}+\Delta\boldsymbol{D}_{wi})\boldsymbol{w}(k)]\end{cases}$$

式中，$\boldsymbol{x}^{\mathrm{T}}(k)=[y_1(k)\quad x_1(k)\quad x_2(k)]$，$\boldsymbol{u}^{\mathrm{T}}(k)=[u'_1(k)\quad u_1(k)\quad u_2(k)]$。

对上述 SC 模糊系统设计如下库存状态反馈控制律：

K^i：If $x_1(k)$ is M_1^i and $x_2(k)$ is M_2^i, then

$$\boldsymbol{u}(k)=-\sum_{i=1}^{4}h_i\boldsymbol{K}_{i1}\boldsymbol{x}(k)$$

系统参数矩阵可表示如下：$\boldsymbol{A}_i=\begin{bmatrix}1&0&0\\0&1&0\\0&0&1\end{bmatrix}$，$\boldsymbol{B}_1=\begin{bmatrix}1&-0.8&0\\0&1&0\\0&0&1\end{bmatrix}$，

$\boldsymbol{B}_2=\begin{bmatrix}1&-0.8&-1\\0&1&-1\\0&0&1\end{bmatrix}$，$\boldsymbol{B}_3=\begin{bmatrix}1&-1&-0.7\\0&1&-0.7\\0&0&1\end{bmatrix}$，$\boldsymbol{B}_4=\begin{bmatrix}1&-1&0\\0&1&-1\\0&0&1\end{bmatrix}$，

$\boldsymbol{B}_{wi}=\begin{bmatrix}0&0&0\\0&-1&0\\0&0&-1\end{bmatrix}$，$d_{11}=d_{21}=-1.2$，$d_{12}=d_{32}=-1.3$，$d_{22}=d_{31}=d_{41}=d_{42}=1$，$\boldsymbol{C}_1=[c_{h0}\quad d_{11}c_{h1}\quad d_{12}c_{h2}]$，$\boldsymbol{C}_2=[c_{h0}\quad d_{21}c_{h1}\quad d_{22}c_{h2}]$，$\boldsymbol{C}_3=[c_{h0}\quad d_{31}c_{h1}\quad d_{32}c_{h2}]$，$\boldsymbol{C}_4=[c_{h0}\quad d_{41}c_{h1}\quad d_{42}c_{h2}]$，$\boldsymbol{D}_1=[c_{n1}\quad 0.8c_{m1}+0.2c_{r1}\quad c_{r2}]$，$\boldsymbol{D}_2=[c_{n1}\quad 0.8c_{m1}+0.2c_{r1}\quad c_{p12}+c_{m1}]$，$\boldsymbol{D}_3=[c_{n1}\quad c_{m1}\quad 0.7(c_{p12}+c_{m1})+0.3c_{r2}]$，$\boldsymbol{D}_4=[c_{n1}\quad c_{m1}\quad c_{p12}+c_{m1}]$，$\boldsymbol{D}_{wi}=\boldsymbol{0}$，

$\boldsymbol{E}_{11i}=\begin{bmatrix}0.01&0&0\\0&0.01&0\\0&0&0.01\end{bmatrix}$，$\boldsymbol{E}_{121}=\begin{bmatrix}0.05&0.03&0\\0&0.04&0.02\\0&0&0.05\end{bmatrix}$，$\boldsymbol{E}_{122}=\begin{bmatrix}0.05&0.07&0\\0&0.04&0.06\\0&0&0.05\end{bmatrix}$，$\boldsymbol{E}_{123}=\begin{bmatrix}0.05&0.06&0\\0&0.04&0.07\\0&0&0.05\end{bmatrix}$，$\boldsymbol{E}_{124}=\begin{bmatrix}0.05&0.06&0\\0&0.04&0.06\\0&0&0.05\end{bmatrix}$，$\boldsymbol{E}_{13i}=\begin{bmatrix}0&0&0\\0&0.01&0\\0&0&0.01\end{bmatrix}$，$\boldsymbol{E}_{211}=[0.04\quad 0.05\quad 0.06]$，$\boldsymbol{E}_{212}=[0.04\quad 0.05\quad 0.03]$，$\boldsymbol{E}_{213}=[0.04\quad 0.02\quad 0.06]$，$\boldsymbol{E}_{214}=[0.04\quad 0.02\quad 0.03]$，$\boldsymbol{E}_{221}=[0.02\quad 0.12\quad 0.15]$，$\boldsymbol{E}_{222}=[0.02\quad 0.11\quad 0.05]$，$\boldsymbol{E}_{223}=[0.02\quad 0.1\quad 0.06]$，$\boldsymbol{E}_{224}=[0.02\quad 0.1\quad 0.05]$，$\boldsymbol{E}_{23i}=\boldsymbol{0}$，$\boldsymbol{H}_{1i}=0.1$，$\boldsymbol{H}_{2i}=0.05$，$\boldsymbol{F}_{1i}=\boldsymbol{F}_{1i}=\sin(k)$，$i=1\sim4$。

当 $\gamma=0.6$ 时，通过求解定理 1.2 中的不等式(1.22)和不等式(1.23)

得到局部公共正定矩阵，所以该SC系统在供应中断和多重不确定因素的影响下是鲁棒稳定的。具体的求解结果如下：

$$P_1 = X_1^{-1} = \begin{bmatrix} 0.0013 & -0.0025 & -0.0055 \\ -0.0025 & 0.0205 & 0.0175 \\ -0.0055 & 0.0175 & 0.0403 \end{bmatrix},$$

$$K_{11} = \begin{bmatrix} 1.2129 & -3.4931 & -4.3876 \\ 0.0336 & 0.6228 & -0.3657 \\ 0.0652 & -0.6049 & 0.1517 \end{bmatrix},$$

$$K_{21} = \begin{bmatrix} 1.2539 & -3.5834 & -3.0040 \\ 0.0435 & 0.4634 & 0.1540 \\ 0.0681 & -0.6647 & 0.3561 \end{bmatrix},$$

$$K_{31} = \begin{bmatrix} 1.3225 & 0.3181 & -4.6396 \\ 0.0447 & 0.8195 & -0.0491 \\ 0.0669 & -0.2530 & -0.0779 \end{bmatrix},$$

$$K_{41} = \begin{bmatrix} 1.2538 & 0.4488 & -2.3305 \\ 0.0465 & 0.7804 & -0.4286 \\ 0.0748 & -0.2667 & 0.1062 \end{bmatrix}。$$

设系统的初始值和标称值如下：$y_1(0) = 3$，$x_1(0) = 0.6$，$x_2(0) = 0.5$，$\vec{y}_1(k) = 6.3$，$\vec{x}_1(k) = 1.4$，$\vec{x}_2(k) = 1.7$（$\times 10^5$ 台）。并设 $w_1(k) \sim N(20, 0.4^2)$，$w_2(k) \sim N(25, 0.5^2)$，$\Delta B_{wi}(k) \sim U[-0.1, 0.1](i = 1 \sim 4)$。仿真结果如图5.9至图5.11所示。

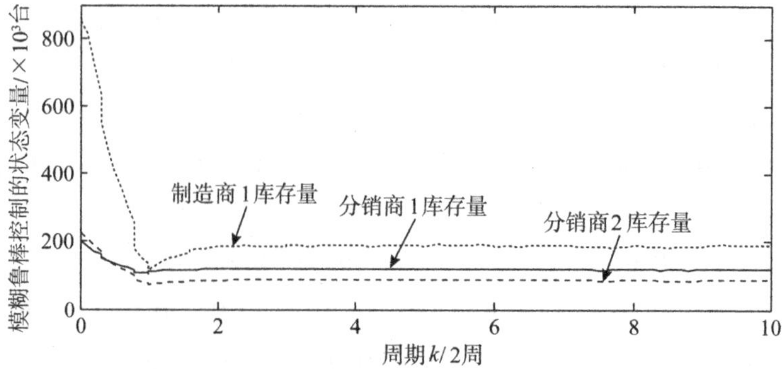

图5.9 库存量的变化过程

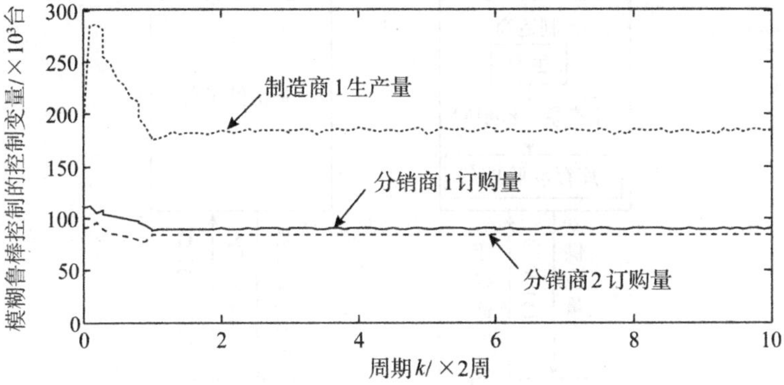

图 5.10　控制量的变化过程

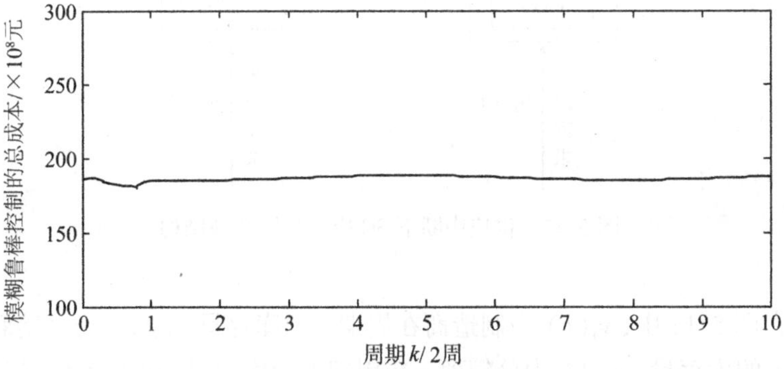

图 5.11　系统总成本的变化过程

从图 5.9 至图 5.11 可以看出，本节所设计的鲁棒切换策略，能够使供应中断的分销商 2 正常订购，同时 SC 系统的各变量在库存反馈控制律的作用下由初始切换时的较大波动较快地趋于平稳，保证了 SC 的总成本始终维持在较低水平。

5.3 供应中断下含提前期的 SC 应急多模型鲁棒切换策略

5.3.1 供应中断下含提前期的 SC 应急基本模型

假定分销商 b (b = 1, 2, …, M) 供应中断，而分销商 c (c = M + 1, M + 2, …, T) 供应正常，则构建的 SC 应急系统微观结构如图 5.12 所示。

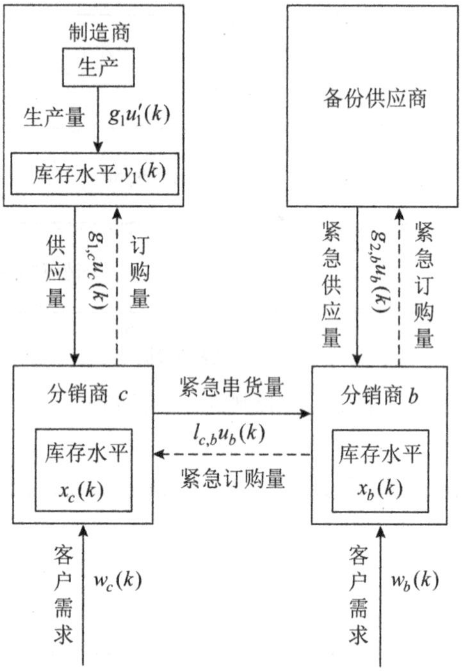

图 5.12 供应中断下 SC 应急系统微观结构

在图 5.12 中，$y_1(k)$ 为制造商在周期 k 的库存量，$x_b(k)$ 为分销商 b 在周期 k 的库存量，$x_c(k)$ 为分销商 c 在周期 k 的库存量，$u'_1(k)$ 为制造商在周期 k 的生产量，$u_b(k)$ 为分销商 b 在周期 k 的订购总量，$u_c(k)$ 为分销商 c 在周期 k 的订购总量，g_1 为制造商的生产系数（$g_1=0$ 代表不生产，$g_1=1$ 代表生产），$g_{1,c}$ 为分销商 c 向制造商订购的订购系数，$g_{2,b}$ 为分销商 b 向备份供应商订购的订购系数，$l_{c,b}$ 代表分销商 b 从分销商 c 横向转运的横向转运系数，$g_{1,c}$，$g_{2,b}$，$l_{c,b}\in[0,1]$ 且 $g_{2,b}+l_{c,b}=1$；$w_b(k)$ 和 $w_c(k)$ 分别代表分销商 b 和分销商 c 在周期 k 的客户需求量。

由图 5.12 可知，供应中断下 SC 应急系统的库存状态和总成本动态演变应急基本模型可表示如下：

$$\begin{cases}y_1(k+1)=y_1(k)+g_1u'_1(k)-g_{1,c}u_c(k)\\ x_b(k+1)=x_b(k)+g_{2,b}u_b(k)+\sum\limits_{c=M+1}^{T}l_{c,b}u_b(k)-w_b(k)\\ x_c(k+1)=x_c(k)+g_{1,c}u_c(k)-l_{c,b}u_b(k)-w_c(k)\end{cases}\tag{5.11}$$

$$z(k)=c_{h1}y_1(k)+\sum_{b=1}^{M}c_{nb}x_b(k)+\sum_{c=M+1}^{T}c_{nc}x_c(k)+c_{r1}g_1u'_1(k)+$$

$$c_{ob}g_{2,b}u_b(k) + c_{cb}l_{c,b}u_b(k) + c_{oc}g_{1,c}u_c(k) \tag{5.12}$$

其中，c_{h1}、c_{nb} 和 c_{nc} 分别为制造商、分销商 b 和分销商 c 的单位库存成本，c_{r1} 为制造商的单位生产成本，c_{ob} 为分销商 b 向备份供应商紧急订购的单位订购成本，c_{cb} 为分销商 b 从分销商 c 紧急横向转运的单位横向转运成本；c_{oc} 为分销商 c 向制造商订购的单位订购成本。

基于式(5.11)和式(5.12)，并考虑制造商的生产提前期和分销商 c 向制造商订购的订购提前期，构建的供应中断下含提前期的 SC 应急库存状态动态演变方程和系统总成本动态演变方程如下所示：

$$\begin{cases} y_1(k+1) = y_1(k) + g_1u'_1(k) + g_1u'_1(k-\tau_1) - g_{1,c}u_c(k) \\ x_b(k+1) = x_b(k) + g_{2,b}u_b(k) + \sum\limits_{c=\mathrm{M}+1}^{\mathrm{T}} l_{c,b}u_b(k) - w_b(k) \\ x_c(k+1) = x_c(k) + g_{1,c}u_c(k) + g_{1,c}u_c(k-\tau_c) - l_{c,b}u_b(k) - w_c(k) \end{cases} \tag{5.13}$$

$$\begin{aligned} z(k) = {} & c_{h1}y_1(k) + \sum_{b=1}^{\mathrm{M}} c_{nb}x_b(k) + \sum_{c=\mathrm{M}+1}^{\mathrm{T}} c_{nc}x_c(k) + c_{r1}g_1u'_1(k) + \\ & c_{r1}g_1u'_1(k-\tau_1) + c_{ob}g_{2,b}u_b(k) + c_{cb}l_{c,b}u_b(k) + \\ & c_{oc}g_{1,c}u_c(k) + c_{oc}g_{1,c}u_c(k-\tau_c) \end{aligned} \tag{5.14}$$

5.3.2　供应中断下含提前期的 SC 应急切换策略

设计 SC 系统中各节点企业在供应中断下的应急切换策略如下：

① 制造商的生产切换策略：当所有供应正常的分销商的库存水平均大于各自的理想库存值时，制造商停止生产；否则，制造商生产。

② 供应中断的分销商 b 的应急订购切换策略：如果分销商 b 的库存水平小于其安全库存值，分销商 b 既向备份供应商订购，又从库存大于理想库存值的分销商 c 横向转运；如果分销商 b 的库存水平介于其安全库存值和理想库存值之间，分销商 b 仅从库存大于理想库存值的分销商 c 横向转运；如果分销商 b 的库存水平大于其理想库存值，分销商 b 既不订购，也不横向转运。

③ 供应正常的分销商 c 的正常订购切换策略：如果分销商 c 的库存水平小于其理想库存值，分销商 c 向制造商订购，但不向供应中断的分销商 b 横向转运；当分销商 c 的库存水平不小于其理想库存值，分销商 c 不订购，但可向供应中断的分销商 b 横向转运。

5.3.3　供应中断下含提前期的 SC 应急多模型系统

基于 SC 应急基本模型式(5.13)和式(5.14)，以及应急切换策略，供应中断下含提前期的 SC 的第 i 个应急模型可表示如下：

$$\begin{cases} \boldsymbol{x}(k+1) = \boldsymbol{A}_i\boldsymbol{x}(k) + \boldsymbol{B}_i\boldsymbol{u}(k) + \sum_{e=1}^{\mathrm{T-M+1}} \boldsymbol{B}_{ie}\boldsymbol{u}(k-\tau_e) + \boldsymbol{B}_{wi}\boldsymbol{w}(k) \\ z(k) = \boldsymbol{C}_i\boldsymbol{x}(k) + \boldsymbol{D}_i\boldsymbol{u}(k) + \sum_{e=1}^{\mathrm{T-M+1}} \boldsymbol{D}_{ie}\boldsymbol{u}(k-\tau_e) \end{cases} \tag{5.15}$$

其中：$\boldsymbol{x}^{\mathrm{T}}(k) = [y_1(k), x_1(k), \cdots, x_b(k), \cdots, x_{\mathrm{M}}(k), x_{\mathrm{M+1}}(k), \cdots, x_c(k), \cdots, x_{\mathrm{T}}(k)]_{1\times(\mathrm{T+1})}$，

$\boldsymbol{u}^{\mathrm{T}}(k) = [u'_1(k), u_1(k), \cdots, u_b(k), \cdots, u_{\mathrm{M}}(k), u_{\mathrm{M+1}}(k), \cdots, u_c(k), \cdots, u_{\mathrm{T}}(k)]_{1\times(\mathrm{T+1})}$，

$\boldsymbol{u}^{\mathrm{T}}(k-\tau_e) = [u'_1(k-\tau_1), u_{\mathrm{M+1}}(k-\tau_{\mathrm{M+1}}), \cdots, u_c(k-\tau_c), \cdots, u_{\mathrm{T}}(k-\tau_{\mathrm{T}})]_{1\times(\mathrm{T-M+1})}$，

$\boldsymbol{w}^{\mathrm{T}}(k) = [0, w_1(k), \cdots, w_b(k), \cdots, w_{\mathrm{M}}(k), w_{\mathrm{M+1}}(k), \cdots, w_c(k), \cdots, w_{\mathrm{T}}(k)]_{1\times(\mathrm{T+1})}$，其他参数矩阵的含义详见 1.3.1 节。

5.3.4 供应中断下含提前期的 SC 应急鲁棒控制策略

（1）SC 应急模糊控制模型。

将式(5.15)用 T-S 模糊模型表示如下：

R_i：If $x_1(k)$ is M_1^i, $\cdots$, $x_j(k)$ is M_j^i, $\cdots$, and $x_{\mathrm{T}}(k)$ is M_{T}^i, then

$$\begin{cases} \boldsymbol{x}(k+1) = \boldsymbol{A}_i\boldsymbol{x}(k) + \boldsymbol{B}_i\boldsymbol{u}(k) + \sum_{e=1}^{\mathrm{T-M+1}} \boldsymbol{B}_{ie}\boldsymbol{u}(k-\tau_e) + \boldsymbol{B}_{wi}\boldsymbol{w}(k) \\ z(k) = \boldsymbol{C}_i\boldsymbol{x}(k) + \boldsymbol{D}_i\boldsymbol{u}(k) + \sum_{e=1}^{\mathrm{T-M+1}} \boldsymbol{D}_{ie}\boldsymbol{u}(k-\tau_e) \\ \boldsymbol{x}(k) = \boldsymbol{\varphi}(k),\ i = 1, 2, \cdots, r,\ k \in \{0, 1, \cdots, \mathrm{N}\} \end{cases} \tag{5.16}$$

采用 1.4.1 节相同的推理方法，式(5.16)可转换为如下形式：

$$\begin{cases} \boldsymbol{x}(k+1) = \sum_{i=1}^{r} h_i \left[\boldsymbol{A}_i\boldsymbol{x}(k) + \boldsymbol{B}_i\boldsymbol{u}(k) + \sum_{e=1}^{\mathrm{T-M+1}} \boldsymbol{B}_{ie}\boldsymbol{u}(k-\tau_e) + \boldsymbol{B}_{wi}\boldsymbol{w}(k)\right] \\ z(k) = \sum_{i=1}^{r} h_i \left[\boldsymbol{C}_i\boldsymbol{x}(k) + \boldsymbol{D}_i\boldsymbol{u}(k) + \sum_{e=1}^{\mathrm{T-M+1}} \boldsymbol{D}_{ie}\boldsymbol{u}(k-\tau_e)\right] \end{cases} \tag{5.17}$$

（2）鲁棒控制策略。

对式(5.17)设计库存状态反馈控制律如下：

K^i：If $x_1(k)$ is M_1^i, $\cdots$, $x_j(k)$ is M_j^i, $\cdots$, and $x_{\mathrm{T}}(k)$ is M_{T}^i, then

$$\begin{cases} \boldsymbol{u}(k) = -\boldsymbol{K}_i \boldsymbol{x}(k), \\ \boldsymbol{u}(k-\tau_e) = -\boldsymbol{K}_{ie} \boldsymbol{x}(k-\tau_e), \ i = 1, 2, \cdots, r, \ e = 1, 2, \cdots, \mathrm{T+M}-1 \end{cases}$$

那么 SC 系统的整体库存状态反馈控制律为：

$$\begin{cases} \boldsymbol{u}(k) = -\sum_{i=1}^{r} h_i \boldsymbol{K}_i \boldsymbol{x}(k) \\ \boldsymbol{u}(k-\tau_e) = -\sum_{i=1}^{r} h_i \boldsymbol{K}_{ie} \boldsymbol{x}(k-\tau_e) \end{cases} \tag{5.18}$$

将式(5.18)代入式(5.17)中可得：

$$\begin{cases} \boldsymbol{x}(k+1) = \sum_{i=1}^{r}\sum_{j=1}^{r} h_i h_j \left[(\boldsymbol{A}_i - \boldsymbol{B}_i \boldsymbol{K}_j)\boldsymbol{x}(k) - \sum_{e=1}^{\mathrm{T+M}-1} \boldsymbol{B}_{ie}\boldsymbol{K}_{je}\boldsymbol{x}(k-\tau_e) + \boldsymbol{B}_{wi}\boldsymbol{w}(k) \right] \\ z(k) = \sum_{i=1}^{r}\sum_{j=1}^{r} h_i h_j \left[(\boldsymbol{C}_i - \boldsymbol{D}_i \boldsymbol{K}_j)\boldsymbol{x}(k) - \sum_{e=1}^{\mathrm{T+M}-1} \boldsymbol{D}_{ie}\boldsymbol{K}_{je}\boldsymbol{x}(k-\tau_e) \right] \end{cases} \tag{5.19}$$

本节拟提出的供应中断下含提前期的 SC 应急多模型系统的鲁棒控制策略，是通过对定理 2.2 作了部分修改，修改后的定理表示如下：

定理 5.2　对于给定的标量 $\gamma > 0$，如果在如下不等式中求解出正定矩阵 $\boldsymbol{P}_c$ 和 $\boldsymbol{Q}_{ec}$，以及矩阵 $\boldsymbol{K}_{ic}$、$\boldsymbol{K}_{jc}$、$\boldsymbol{K}_{iec}$ 和 $\boldsymbol{K}_{jec}$，那么供应中断下的具有输入采用 SFP 和不确定客户需求的含提前期的 SC 应急系统(5.19)在 H_∞ 性能指标 γ 下鲁棒渐近稳定。

$$\begin{bmatrix} -\boldsymbol{P}_c + \sum_{e=1}^{\mathrm{T+M}-1} \boldsymbol{Q}_{ec} & * & * & * & * \\ \boldsymbol{0} & -\hat{\boldsymbol{Q}} & * & * & * \\ \boldsymbol{0} & \boldsymbol{0} & -\gamma^2 \boldsymbol{I} & * & * \\ \boldsymbol{A}_i - \boldsymbol{B}_i \boldsymbol{K}_{ic} & -\boldsymbol{\Pi}_1 & \boldsymbol{B}_{wi} & -\boldsymbol{I} & * \\ \boldsymbol{C}_i - \boldsymbol{D}_i \boldsymbol{K}_{ic} & -\boldsymbol{\Pi}_2 & \boldsymbol{0} & \boldsymbol{0} & -\boldsymbol{I} \end{bmatrix} < \boldsymbol{0}, \ i \in I_c \tag{5.20}$$

$$\begin{bmatrix} -4\boldsymbol{P}_c + 4\sum_{e=1}^{\mathrm{T+M}-1} \boldsymbol{Q}_{ec} & * & * & * & * \\ \boldsymbol{0} & -4\hat{\boldsymbol{Q}} & * & * & * \\ \boldsymbol{0} & \boldsymbol{0} & -4\gamma^2 \boldsymbol{I} & * & * \\ \boldsymbol{A}_i - \boldsymbol{B}_i \boldsymbol{K}_{jc} + \boldsymbol{A}_j - \boldsymbol{B}_j \boldsymbol{K}_{ic} & -\boldsymbol{\Phi}_1 & \boldsymbol{B}_{wi} + \boldsymbol{B}_{wj} & -\boldsymbol{I} & * \\ \boldsymbol{C}_i - \boldsymbol{D}_i \boldsymbol{K}_{jc} + \boldsymbol{C}_j - \boldsymbol{D}_j \boldsymbol{K}_{ic} & -\boldsymbol{\Phi}_2 & \boldsymbol{0} & \boldsymbol{0} & -\boldsymbol{I} \end{bmatrix} < \boldsymbol{0}, \ i < j, \ i, j \in I_c \tag{5.21}$$

其中，I_c 为 G_c 中包含的规则序号集，G_c 为第 c 个 MORG，$c=1, 2, \cdots, \prod_{j=1}^{T+1}(m_j-1)$，$m_j$ 为第 j 个库存变量模糊分划数，

$\hat{\boldsymbol{Q}}=diag\{Q_{1c} \quad \cdots \quad \boldsymbol{Q}_{ec} \quad \cdots \quad \boldsymbol{Q}_{(T+M-1)c}\}$，

$\boldsymbol{\Pi}_1=[\boldsymbol{B}_{i1}\boldsymbol{K}_{i1c} \quad \cdots \quad \boldsymbol{B}_{ie}\boldsymbol{K}_{iec} \quad \cdots \quad \boldsymbol{B}_{i(T+M-1)}\boldsymbol{K}_{i(T+M-1)c}]$，

$\boldsymbol{\Pi}_2=[\boldsymbol{D}_{i1}\boldsymbol{K}_{i1c} \quad \cdots \quad \boldsymbol{D}_{ie}\boldsymbol{K}_{iec} \quad \cdots \quad \boldsymbol{D}_{i(T+M-1)}\boldsymbol{K}_{i(T+M-1)c}]$，

$\boldsymbol{\Phi}_1=[\boldsymbol{B}_{i1}\boldsymbol{K}_{j1c}+\boldsymbol{B}_{j1}\boldsymbol{K}_{i1c}\cdots\boldsymbol{B}_{ie}\boldsymbol{K}_{jec}+\boldsymbol{B}_{je}\boldsymbol{K}_{iec}\cdots\boldsymbol{B}_{i(T+M-1)}\boldsymbol{K}_{j(T+M-1)c}+\boldsymbol{B}_{j(T+M-1)}\boldsymbol{K}_{i(T+M-1)c}]$，

$\boldsymbol{\Phi}_2=[\boldsymbol{D}_{i1}\boldsymbol{K}_{j1c}+\boldsymbol{D}_{j1}\boldsymbol{K}_{i1c}\cdots\boldsymbol{D}_{ie}\boldsymbol{K}_{jec}+\boldsymbol{D}_{je}\boldsymbol{K}_{iec}\cdots\boldsymbol{D}_{i(T+M-1)}\boldsymbol{K}_{j(T+M-1)c}+\boldsymbol{D}_{j(T+M-1)}\boldsymbol{K}_{i(T+M-1)c}]$，$e=1, 2, \cdots, T+M-1$。

该定理的证明思路与定理 2.2 的证明思路相同，所以不再赘述。

应用式(5.18)所示的库存状态反馈控制律，则基于定理 5.2 可得供应中断下含提前期的 SC 应急系统的鲁棒控制策略，该鲁棒控制策略与本节设计的应急切换策略相结合，可得到供应中断下含提前期的 SC 应急系统的鲁棒切换策略。

5.3.5 仿真分析

为了验证本节所提出的鲁棒切换策略对供应中断下含提前期的 SC 应急系统的控制效果，在钢铁行业中选取一个由 1 个制造商和 2 个分销商构成的 SC 系统作为仿真对象。假定突发事件导致分销商 1 与制造商之间的供应中断，而分销商 2 与制造商之间的供应正常。设制造商的生产提前期为 τ_1，分销商 2 向制造商订购的订购提前期为 τ_2。

分销商 1 和分销商 2 的库存模糊分划如图 1.10 所示。在图 1.10 中，$x_1(k)$ 和 $x_2(k)$ 分别代表分销商 1 和分销商 2 的库存量。设 $D_{0m}=130$、$D_{1m}=170$、$D_{0r}=115$、$D_{1r}=160(\times 10^5$ 吨)。

由图 1.10 可知，该 SC 应急系统仅有一个 MORG G，且 G 中包含 R_1、R_2、R_3 和 R_4 4 个规则。这 4 个规则分别代表了制造商和分销商由于突发事件导致供应中断后采取的不同的应急策略。

R_1：制造商正常生产，分销商 1 向备份供应商紧急订购，分销商 2 向制造商订购。

R_2：制造商正常生产，分销商 1 既向备份供应商紧急订购又从分销商 2 紧急横向转运，分销商 2 不订购。

R_3：制造商正常生产，分销商 1 不订购，分销商 2 向制造商 1 订购。

R_4：制造商不生产，分销商 1 和分销商 2 均不订购。

以上 4 个规则下的含提前期的 SC 应急系统的基本模型可表示如下：

$$R_1:\begin{cases}y_1(k+1)=y_1(k)+g_1u'_1(k)+g_1u'_1(k-\tau_1)-g_{1,2}u_2(k)-g_{1,2}u_2(k-\tau_2)\\x_1(k+1)=x_1(k)+g_{2,1}u_1(k)-w_1(k)\\x_2(k+1)=x_2(k)+g_{1,2}u_2(k)+g_{1,2}u_2(k-\tau_2)-w_2(k)\end{cases}$$

$$z(k)=c_{h1}y_1(k)+c_{n1}x_1(k)+c_{n2}x_2(k)+c_{r1}u'_1(k)+c_{r1}u'_1(k-\tau_1)+g_{2,1}c_{o1}u_1(k)+c_{o2}g_{1,2}u_2(k)+c_{o2}g_{1,2}u_2(k-\tau_2)$$

$$R_2:\begin{cases}y_1(k+1)=y_1(k)+g_1u'_1(k)+g_1u'_1(k-\tau_1)-g_{1,2}u_2(k)-g_{1,2}u_2(k-\tau_2)\\x_1(k+1)=x_1(k)+g_{2,1}u_1(k)+l_{2,1}u_1(k)-w_1(k)\\x_2(k+1)=x_2(k)+g_{1,2}u_2(k)+g_{1,2}u_2(k-\tau_2)-l_{2,1}u_1(k)-w_2(k)\end{cases}$$

$$z(k)=c_{h1}y_1(k)+c_{n1}x_1(k)+c_{n2}x_2(k)+c_{r1}u'_1(k)+c_{r1}u'_1(k-\tau_1)+c_{o1}g_{2,1}u_1(k)+c_{21}l_{2,1}u_1(k)+c_{o2}g_{1,2}u_2(k)+c_{o2}g_{1,2}u_2(k-\tau_2)$$

$$R_3:\begin{cases}y_1(k+1)=y_1(k)+g_1u'_1(k)+g_1u'_1(k-\tau_1)-g_{1,2}u_2(k)-g_{1,2}u_2(k-\tau_2)\\x_1(k+1)=x_1(k)-w_1(k)\\x_2(k+1)=x_2(k)+g_{1,2}u_2(k)+g_{1,2}u_2(k-\tau_2)-w_2(k)\end{cases}$$

$$z(k)=c_{h1}y_1(k)+c_{n1}x_1(k)+c_{n2}x_2(k)+c_{r1}u'_1(k)+c_{r1}u'_1(k-\tau_1)+c_{o2}g_{1,2}u_2(k)+c_{o2}g_{1,2}u_2(k-\tau_2)$$

$$R_4:\begin{cases}y_1(k+1)=y_1(k)\\x_1(k+1)=x_1(k)-w_1(k)\\x_2(k+1)=x_2(k)-w_2(k)\end{cases}$$

$$z(k)=c_{h1}y_1(k)+c_{n1}x_1(k)+c_{n2}x_2(k)$$

以上不同的模型统一用 T-S 模糊系统表示如下：

R_i ：If x_1 is M_1^i and x_2 is M_2^i, then

$$\begin{cases}\boldsymbol{x}(k+1)=\sum_{i=1}^{4}h_i\left[\boldsymbol{A}_i\boldsymbol{x}(k)+\boldsymbol{B}_i\boldsymbol{u}(k)+\sum_{e=1}^{2}\boldsymbol{B}_{ie}\boldsymbol{u}(k-\tau_e)+\boldsymbol{B}_{wi}\boldsymbol{w}(k)\right]\\z(k)=\sum_{i=1}^{4}h_i\left[\boldsymbol{C}_i\boldsymbol{x}(k)+\boldsymbol{D}_i\boldsymbol{u}(k)+\sum_{e=1}^{2}\boldsymbol{D}_{ie}\boldsymbol{u}(k-\tau_e)\right]\end{cases}$$

针对以上 SC 模糊系统，设计库存状态反馈控制律如下：

K^i ：If $x_1(k)$ is M_1^i and $x_2(k)$ is M_2^i, then

$$\begin{cases}\boldsymbol{u}(k)=-\sum_{i=1}^{4}h_i\boldsymbol{K}_{i1}\boldsymbol{x}(k)\\\boldsymbol{u}'_1(k-\tau_1)=-\sum_{i=1}^{4}h_i\boldsymbol{K}_{i11}\boldsymbol{x}(k-\tau_1)\\\boldsymbol{u}_2(k-\tau_2)=-\sum_{i=1}^{4}h_i\boldsymbol{K}_{i21}\boldsymbol{x}(k-\tau_2)\end{cases}$$

设系统参数如下：$c_{h1}=0.4$，$c_{n1}=0.8$，$c_{n2}=0.6$，$c_{r1}=1.5$，$c_{o1}=4.7$，$c_{o2}=3.5$，$c_{21}=0.6$（$\times 10^4$ 元/吨），$\boldsymbol{A}_i=\begin{bmatrix}1&0&0\\0&1&0\\0&0&1\end{bmatrix}$，$\boldsymbol{B}_1=\begin{bmatrix}1&0&-1\\0&1&0\\0&0&1\end{bmatrix}$，$\boldsymbol{B}_2=\begin{bmatrix}1&0&-1\\0&1&0\\0&-0.5&1\end{bmatrix}$，$\boldsymbol{B}_3=\begin{bmatrix}1&0&-1\\0&0&0\\0&0&1\end{bmatrix}$，$\boldsymbol{B}_4=\boldsymbol{0}$，$\boldsymbol{B}_{11}=\boldsymbol{B}_{21}=\boldsymbol{B}_{31}=\begin{bmatrix}1&0&0\\0&0&0\\0&0&0\end{bmatrix}$，$\boldsymbol{B}_{41}=\boldsymbol{0}$，$\boldsymbol{B}_{12}=\boldsymbol{B}_{22}=\boldsymbol{B}_{32}=\begin{bmatrix}0&0&-1\\0&0&0\\0&0&1\end{bmatrix}$，$\boldsymbol{B}_{42}=\boldsymbol{0}$，$\boldsymbol{B}_{wi}=\begin{bmatrix}0&0&0\\0&-1&0\\0&0&-1\end{bmatrix}$，$\boldsymbol{C}_i=[c_{h1}\quad c_{n1}\quad c_{n2}]$，$\boldsymbol{D}_1=[c_{r1}\quad 1\times c_{o1}\quad 1\times c_{o2}]$，$\boldsymbol{D}_2=[c_{r1}\quad 0.5\times c_{o1}+0.5\times c_{21}\quad 1\times c_{o2}]$，$\boldsymbol{D}_3=[c_{r1}\quad 0\quad 1\times c_{o2}]$，$\boldsymbol{D}_4=\boldsymbol{0}$，$\boldsymbol{D}_{11}=\boldsymbol{D}_{21}=\boldsymbol{D}_{31}=[1.5\quad 0\quad 0]$，$\boldsymbol{D}_{41}=\boldsymbol{0}$，$\boldsymbol{D}_{12}=\boldsymbol{D}_{22}=\boldsymbol{D}_{32}=[0\quad 0\quad 1\times c_{o2}]$，$\boldsymbol{D}_{42}=\boldsymbol{0}$，$i=1\sim 4$。

当 $\gamma=1.1$ 时，通过求解定理 5.2 中的式（5.20）和式（5.21）得到局部公共正定矩阵，所以该 SC 系统在供应中断和提前期的影响下是鲁棒稳定的。具体的求解结果如下：

$$\boldsymbol{P}_1=\begin{bmatrix}1.3366&0.2041&0.1728\\0.2041&2.4922&0.2330\\0.1728&0.2330&2.3576\end{bmatrix},$$

$$\boldsymbol{Q}_{11}=\boldsymbol{Q}_{21}=\begin{bmatrix}0.0881&-0.0018&-0.0009\\-0.0018&0.0231&-0.0296\\-0.0009&-0.0296&0.0405\end{bmatrix},$$

$$\boldsymbol{K}_{11}=\begin{bmatrix}0.8603&-0.7730&0.4412\\-0.0950&0.7676&-0.3801\\-0.0833&-0.4351&0.6666\end{bmatrix},$$

$$\boldsymbol{K}_{21}=\begin{bmatrix}0.8169&-0.4036&0.2677\\-0.0894&0.6970&-0.3577\\-0.1285&-0.0668&0.4860\end{bmatrix},$$

$$\boldsymbol{K}_{31}=\begin{bmatrix}0.7225&0.3336&-0.1101\\-0.1196&0.9561&-0.4786\\-0.1508&0.1062&0.3971\end{bmatrix},$$

$$\boldsymbol{K}_{41}=\begin{bmatrix}1.4511 & 0.6246 & -0.1960\\ -0.0516 & 0.4141 & -0.2062\\ -0.2989 & 0.1945 & 0.8045\end{bmatrix},$$

$\boldsymbol{K}_{111}=\boldsymbol{K}_{211}=\boldsymbol{K}_{311}=\boldsymbol{K}_{411}=\boldsymbol{0}$, $\boldsymbol{K}_{121}=\boldsymbol{K}_{221}=\boldsymbol{K}_{321}=\boldsymbol{K}_{421}=\boldsymbol{0}$。

设各变量的初始值和标称值如下：$y_1(0)=25$, $x_1(0)=5$, $x_2(0)=10$, $\vec{y}_1(k)=140$, $\vec{x}_1(k)=120$, $\vec{x}_2(k)=110$, $\vec{u}_1(k)=110$, $\vec{u}_2(k)=90$（$\times 10^5$ 吨）。并设 $w_1(k)=w_2(k)\sim N(30,\ 0.85^2)$，$\tau_1=\tau_2=1$（周）。仿真结果如图 5.13 至图 5.15 所示。

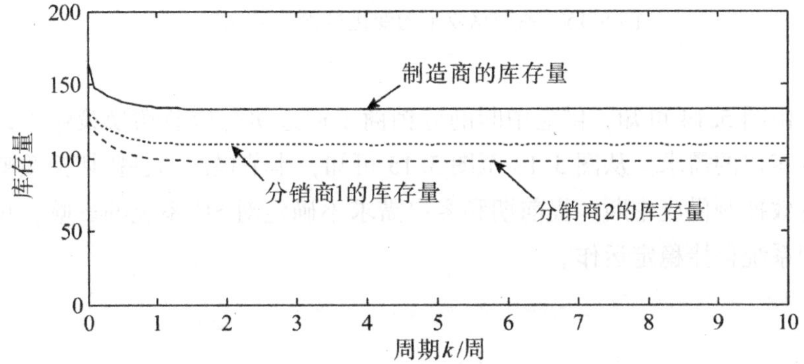

图 5.13　库存量的变化过程（$\times 10^5$ 吨）

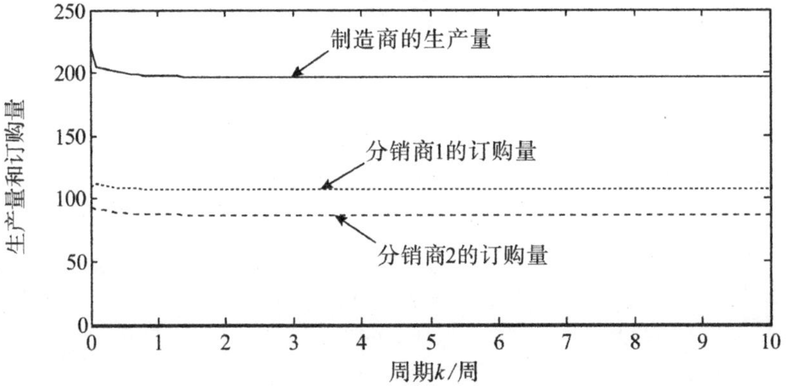

图 5.14　生产量与订购量的变化过程（$\times 10^5$ 吨）

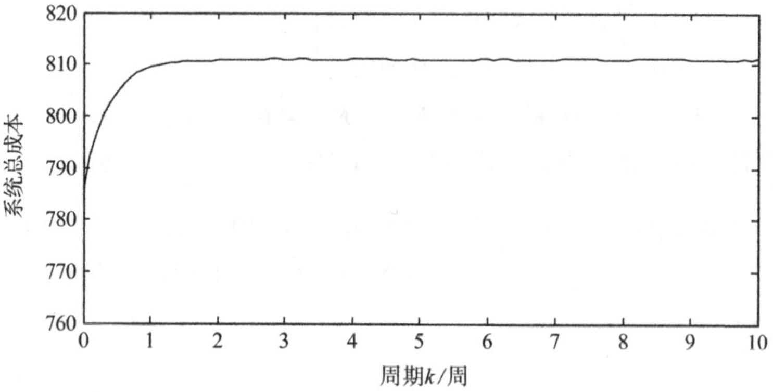

图 5.15　系统总成本的变化过程（$\times 10^9$ 元）

由图 5.14 可知，供应中断的分销商 1 通过执行应急切换策略可以满足其客户的需求。从图 5.13 至图 5.15 可知，本节提出的鲁棒切换策略可以有效抑制供应中断、提前期和客户需求不确定对 SC 系统的影响，可以实现系统鲁棒稳定运作。

第6章　基于成本切换的CLSC多模型鲁棒切换策略

第1章至第3章中的部分内容研究了由第三方回收商和制造商共同回收废旧产品的混合回收渠道下的CLSC的鲁棒切换策略。本章将拓展上述研究成果，即在正向渠道上既考虑线下销售模式又考虑线上销售模式，而在逆向渠道上基于成本切换选择第三方回收商回收废旧产品或制造商自行回收废旧产品。主要研究内容如下：(1) 建立第三方回收商回收废旧产品的CLSC模型和制造商自行回收废旧产品的CLSC模型；(2) 设计成本切换策略；(3) 提出基于成本切换的CLSC多模型鲁棒切换策略。

6.1　CLSC多模型系统

6.1.1　基于第三方回收商回收废旧产品的CLSC模型

建立一种第三方回收商回收废旧产品的CLSC模型如图6.1所示。

由图6.1可知，该CLSC系统由制造商、分销商、第三方回收商和客户组成，且在正向渠道存在着线下销售和线上销售两种模式，而在逆向渠道存在着第三方回收商回收废旧产品模式和分销商回收线下销售的新产品、制造商回收线上销售的新产品。那么，基于第三方回收商回收的含再制造提前期的多重不确定CLSC系统的库存转移方程和总成本转移方程如下所示：

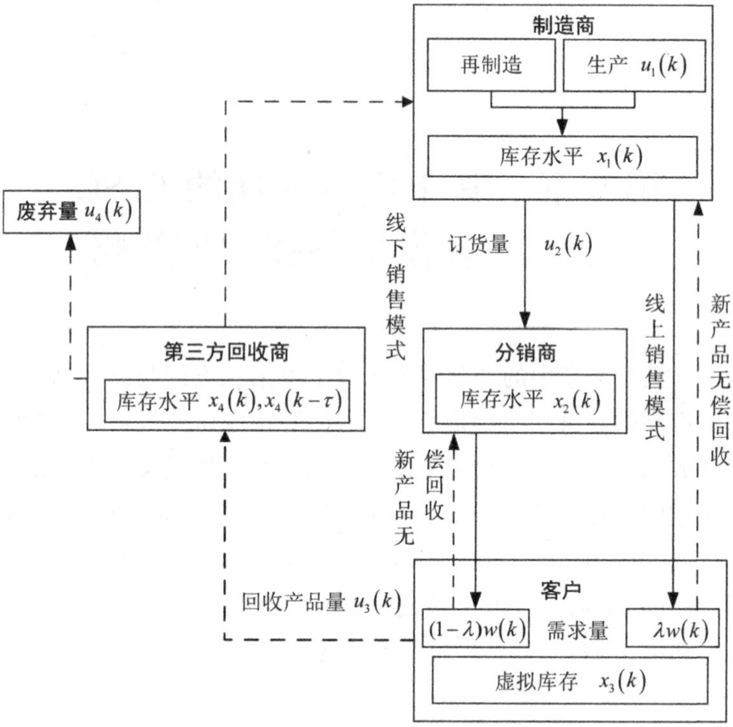

图 6.1 第三方回收商回收的 CLSC 模型

$$\begin{cases} x_1(k+1)=x_1(k)+(\alpha_1+\Delta\alpha_1)x_4(k)+(\alpha_2+\Delta\alpha_2)x_4(k-\tau)+ \\ \qquad u_1(k)+(\mu+\Delta\mu)\lambda x_3(k)-u_2(k)-\lambda w(k) \\ x_2(k+1)=x_2(k)+u_2(k)+(\mu+\Delta\mu)(1-\lambda)x_3(k)-(1-\lambda)w(k) \\ x_3(k+1)=x_3(k)-(\beta_1+\Delta\beta_1)x_3(k)+w(k)-u_3(k)-(\mu+\Delta\mu)x_3(k) \\ x_4(k+1)=x_4(k)-(\alpha_1+\Delta\alpha_1)x_4(k)-(\alpha_2+\Delta\alpha_2)x_4(k-\tau)+ \\ \qquad u_3(k)-u_4(k) \end{cases} \tag{6.1}$$

$$\begin{aligned} P(k)=&(c_{h1}+\Delta c_{h1})x_1(k)+(c_{h2}+\Delta c_{h2})x_2(k)+(c_{h3}+\Delta c_{h3})x_4(k)+ \\ &(c_o+\Delta c_o)(\beta_1+\Delta\beta_1)x_3(k)+(c_r+\Delta c_r)(\alpha_1+\Delta\alpha_1)x_4(k)+ \\ &(c_t+\Delta c_t)u_3(k)+(c_m+\Delta c_m)(\mu+\Delta\mu)\lambda x_3(k)+ \\ &(c_q+\Delta c_q)(\mu+\Delta\mu)(1-\lambda)x_3(k)+(c_n+\Delta c_n)u_1(k)+ \\ &(c_p+\Delta c_p)u_4(k) \end{aligned} \tag{6.2}$$

其中，$x_1(k)$ 、$x_2(k)$ 、$x_3(k)$ 和 $x_4(k)$ 分别代表制造商、分销商、客户和

第三方回收商在周期 k 的库存水平，τ 代表制造商的再制造提前期；$w(k)$ 代表客户在周期 k 的需求；$u_1(k)$ 、$u_2(k)$ 、$u_3(k)$ 和 $u_4(k)$ 分别代表在周期 k 的制造商的新产品生产量、分销商的订购量、第三方回收商的回收量和第三方回收商的废弃量；λ 代表客户对线上销售模式的偏好，α_1 和 α_2 代表第三方回收商回收的废旧产品的再制造率；β_1 代表在第三方回收商回收下的客户的产品废弃率，μ 代表新产品的无偿回收率，$0 < \alpha_i < 1$，$0 < \beta_1 < 1$，$\Delta\alpha_1$、$\Delta\beta_1$、$\Delta\alpha_2$ 和 $\Delta\mu$ 是相关的不确定参数，$0 < \alpha_1 + \beta_1 + \mu + \Delta\alpha_1 + \Delta\beta_1 + \Delta\mu \leqslant 1$，$0 < \alpha_2 + \Delta\alpha_2 \leqslant 1$；$P(k)$ 代表第三方回收商回收废旧产品的 CLSC 系统在周期 k 的总成本；c_{h1} 、c_{h2} 和 c_{h3} 分别代表制造商、分销商和第三方回收商的单位库存成本；c_o 代表客户废弃产品的单位成本；c_r 代表在第三方回收商回收下的制造商再制造废旧产品的单位成本；c_t 代表第三方回收商从客户回收废旧产品的单位成本；c_m 和 c_q 分别代表制造商和分销商从客户回收新产品的单位成本；c_n 代表制造商生产新产品的单位成本；c_p 代表第三方回收商废弃回收产品的单位成本；Δc_{h1} 、Δc_{h2} 、Δc_{h3} 、Δc_o 、Δc_r 、Δc_t 、Δc_m 、Δc_q 、Δc_n 和 Δc_p 是相应的不确定项。

6.1.2　基于制造商自行回收废旧产品的 CLSC 模型

建立一种制造商自行回收废旧产品的 CLSC 模型如图 6.2 所示。

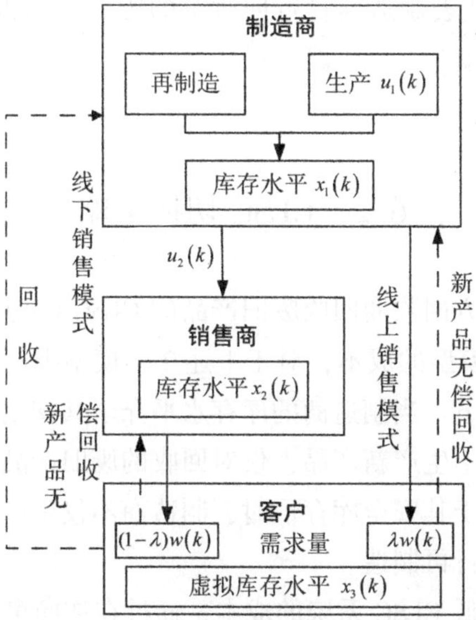

图 6.2　制造商自行回收的 CLSC 模型

图 6.2 与图 6.1 的不同之处仅在于，CLSC 逆向渠道的废旧产品回收的执行方是制造商，而不是第三方回收商。那么，基于制造商自行回收的含再制造提前期的多重不确定 CLSC 系统的库存转移方程和总成本转移方程如下所示：

$$\begin{cases} x_1(k+1) = x_1(k) + (\alpha_3 + \Delta\alpha_3)x_3(k) + (\alpha_4 + \Delta\alpha_4)x_3(k-\tau) + \\ \qquad (\mu + \Delta\mu)\lambda x_3(k) + u_1(k) - u_2(k) - \lambda w(k) \\ x_2(k+1) = x_2(k) + u_2(k) + (\mu + \Delta\mu)(1-\lambda)x_3(k) - (1-\lambda)w(k) \\ x_3(k+1) = x_3(k) - (\beta_3 + \Delta\beta_3)x_3(k) - (\alpha_3 + \Delta\alpha_3)x_3(k) - (\alpha_4 + \Delta\alpha_4) \\ \qquad x_3(k-\tau) - (\beta_4 + \Delta\beta_4)x_3(k-\tau) + w(k) - (\mu + \Delta\mu)x_3(k) \end{cases} \tag{6.3}$$

$$\begin{aligned} W(k) = {} & (c_{h1} + \Delta c_{h1})x_1(k) + (c_{h2} + \Delta c_{h2})x_2(k) + (c_o + \Delta c_o) \\ & (\beta_3 + \Delta\beta_3)x_3(k) + (c_k + \Delta c_k)(\alpha_3 + \Delta\alpha_3)x_3(k) + \\ & (c_m + \Delta c_m)(\mu + \Delta\mu)\lambda x_3(k) + (c_n + \Delta c_n)u_1(k) + \\ & (c_q + \Delta c_q)(\mu + \Delta\mu)(1-\lambda)x_3(k) \end{aligned} \tag{6.4}$$

其中，α_3 和 α_4 代表制造商自行回收的废旧产品的再制造率；β_3 和 β_4 代表制造商自行回收的废旧产品的废弃率，$0 < \alpha_j < 1$，$0 < \beta_j < 1$，$\Delta\alpha_3$，$\Delta\beta_3$，$\Delta\alpha_4$ 和 $\Delta\beta_4$ 是相关的不确定项，$0 < \alpha_3 + \beta_3 + \mu + \Delta\alpha_3 + \Delta\beta_3 + \Delta\mu \leqslant 1$，$0 < \alpha_4 + \beta_4 + \Delta\alpha_4 + \Delta\beta_4 \leqslant 1$；$W(k)$ 代表制造商自行回收废旧产品的 CLSC 在周期 k 的总成本；c_k 代表制造商自行回收下的废旧产品再制造的单位成本，Δc_k 是 c_k 的不确定项。

6.2 CLSC 切换策略

为了降低第三方回收商回收废旧产品的 CLSC 模型和制造商自行回收废旧产品的 CLSC 模型的成本，对于上述 2 个模型中的制造商，统一设计其库存切换策略如下：当制造商的库存水平介于其安全库存值和理想库存值之间时，制造商不生产新产品，仅对回收的废旧产品进行再制造；当制造商的库存水平小于其安全库存值时，制造商不仅生产新产品，同时又对回收的废旧产品进行再制造。

为了进一步降低 CLSC 系统的成本，通过在逆向渠道比较第三方回收商回收废旧产品的成本和制造商自行回收废旧产品的成本，选择回收成本较低的一方从事废旧产品的回收。

为了实现上述 2 个模型间的切换，建立一种基于成本的切换信号向量。切换系统的信号向量为 $\zeta(z(k))=(\zeta_1(z(k)),\zeta_2(z(k)),\cdots,\zeta_m(z(k)))$，且满足：

$$\zeta_i(z(k))=\begin{cases}1,\ z(k)\in\boldsymbol{\Omega}_i\\0,\ z(k)\in\boldsymbol{\Omega}_j\end{cases}(i\neq j)$$

其中，$\boldsymbol{\Omega}_i\cup\boldsymbol{\Omega}_j=\boldsymbol{R}\setminus\{0\}$ 且 $\boldsymbol{\Omega}_i\cap\boldsymbol{\Omega}_j=\varnothing(i\neq j)$，$\varnothing$ 代表空集。$\zeta_i(z(k))=1$ 表示第 i 个模型被激活，而其他模型均未激活，即 $\zeta_j(z(k))=0(i\neq j)$。

设计一个切换函数如下：

$$switch(S)=\begin{cases}1,\ S>0\\0,\ S\leqslant 0\end{cases}$$

其中 S 代表切换成本。

令 $S(k)=W(k)-P(k)$，$\boldsymbol{\Omega}_1=\{z\in\boldsymbol{R}^1\,|\,z^{\mathrm{T}}(W(k)-P(k))z\}\geqslant 0,\ z\neq\boldsymbol{0}\}$，$\boldsymbol{\Omega}_2=\{z\in\boldsymbol{R}^1\,|\,z^{\mathrm{T}}(P(k)-W(k))z\}\geqslant 0,\ z\neq\boldsymbol{0}\}$，则 $\boldsymbol{\Omega}_1\cup\boldsymbol{\Omega}_2=\boldsymbol{R}\setminus\{0\}$。

设计 CLSC 系统的成本切换策略如下：对于切换律 $\zeta(z(k))=(\zeta_1(z(k)),\zeta_2(z(k)))$，当 $\zeta_1(z(k))=switch[W(k)-P(k)]=1$ 时，第三方回收商负责废旧产品的回收；当 $\zeta_2(z(k))=switch[P(k)-W(k)]=1$ 时，制造商负责废旧产品的回收。

6.3　CLSC 多模型鲁棒切换策略

6.3.1　CLSC 模糊切换模型

构建含提前期的不确定 CLSC 模糊切换系统如下所示：

R_σ^l：If $x_1(k)$ is $M_{\sigma 1}^l$，…，and $x_p(k)$ is $M_{\sigma p}^l$，then

$$\begin{cases}\boldsymbol{x}(k+1)=(\boldsymbol{A}_{\sigma i}+\Delta\boldsymbol{A}_{\sigma i})\boldsymbol{x}(k)+(\boldsymbol{A}_{d\sigma i}+\Delta\boldsymbol{A}_{d\sigma i})\boldsymbol{x}(k-\tau)+\\\qquad(\boldsymbol{B}_{\sigma i}+\Delta\boldsymbol{B}_{\sigma i})\boldsymbol{u}_\sigma(k)+(\boldsymbol{\Gamma}_{\sigma i}+\Delta\boldsymbol{\Gamma}_{\sigma i})\boldsymbol{w}(k)\\z(k)=(\boldsymbol{C}_{\sigma i}+\Delta\boldsymbol{C}_{\sigma i})\boldsymbol{x}(k)+(\boldsymbol{D}_{\sigma i}+\Delta\boldsymbol{D}_{\sigma i})\boldsymbol{u}_\sigma(k)+\\\qquad(\boldsymbol{D}_{w\sigma i}+\Delta\boldsymbol{D}_{w\sigma i})\boldsymbol{w}(k)\\\boldsymbol{x}(k)=\boldsymbol{\varphi}(k),\ k\in[-d,0],\ i=1,2,\cdots,N_\sigma\end{cases}\tag{6.5}$$

其中，$M_{\sigma j}^l$、R_σ^l 和 N_σ 分别代表第 σ（$\sigma=1,2,\cdots,m$）个切换模型中的

模糊集合、第 l（$l=1, 2, \cdots, N_\sigma$）条模糊规则和模糊规则数；$\boldsymbol{x}=[x_1(k), x_2(k), \cdots, x_p(k)]^{\mathrm{T}}$；$\boldsymbol{u}_\sigma(k)$ 代表系统的控制变量；$\boldsymbol{w}(k)$ 代表客户的需求；$z(k)$ 代表系统的总成本；$\boldsymbol{A}_{\sigma i}$、$\boldsymbol{A}_{d\sigma i}$、$\boldsymbol{B}_{\sigma i}$、$\boldsymbol{\Gamma}_{\sigma i}$、$\boldsymbol{C}_{\sigma i}$、$\boldsymbol{D}_{\sigma i}$ 和 $\boldsymbol{D}_{w\sigma i}$ 代表系数矩阵；$\Delta\boldsymbol{A}_{\sigma i}$、$\Delta\boldsymbol{A}_{d\sigma i}$、$\Delta\boldsymbol{B}_{\sigma i}$、$\Delta\boldsymbol{\Gamma}_{\sigma i}$、$\Delta\boldsymbol{C}_{\sigma i}$、$\Delta\boldsymbol{D}_{\sigma i}$ 和 $\Delta\boldsymbol{D}_{w\sigma i}$ 代表相应的不确定项。

设 $\{\boldsymbol{\Omega}_1, \boldsymbol{\Omega}_2, \cdots, \boldsymbol{\Omega}_m\}$ 是 $\boldsymbol{R}$ 的一个分割，即 $\bigcup_{i=1}^{m}\boldsymbol{\Omega}_i=\boldsymbol{R}\setminus\{0\}$，且 $\boldsymbol{\Omega}_i\cap\boldsymbol{\Omega}_j=\varnothing\ (i\neq j)$，若由 $\boldsymbol{\Omega}_1, \boldsymbol{\Omega}_2, \cdots, \boldsymbol{\Omega}_m$ 决定的切换信号为 $\zeta_r(z(k))=1$，当 $z(k)\in\boldsymbol{\Omega}_r$ 时，由分段函数 $v_r(z(k))=\begin{cases}1, & z(k)\in\boldsymbol{\Omega}_r\\ 0, & z(k)\notin\boldsymbol{\Omega}_r\end{cases}$ $(r\in m)$ 来表征切换信号。当且仅当 $\zeta_r(z(k))=1$ 时，$v_r(z(k))=1$。

基于 $v_r(z(k))$，则式（6.5）表示为：

$$
\begin{cases}
\boldsymbol{x}(k+1)=\sum_{r=1}^{m}\sum_{i=1}^{N_i}v_r(z(k))\mu_{ri}(x)[(\boldsymbol{A}_{ri}+\Delta\boldsymbol{A}_{ri})\boldsymbol{x}(k)+(\boldsymbol{A}_{dri}+\Delta\boldsymbol{A}_{dri})\\
\qquad \boldsymbol{x}(k-\tau)+(\boldsymbol{B}_{ri}+\Delta\boldsymbol{B}_{ri})\boldsymbol{u}_r(k)+(\boldsymbol{\Gamma}_{ri}+\Delta\boldsymbol{\Gamma}_{ri})\boldsymbol{w}(k)]\\
z(k)=\sum_{r=1}^{m}\sum_{i=1}^{N_i}v_r(z(k))\mu_{ri}(x)[(\boldsymbol{C}_{ri}+\Delta\boldsymbol{C}_{ri})\boldsymbol{x}(k)+(\boldsymbol{D}_{ri}+\Delta\boldsymbol{D}_{ri})\boldsymbol{u}_r(k)+\\
\qquad (\boldsymbol{D}_{wri}+\Delta\boldsymbol{D}_{wri})\boldsymbol{w}(k)]
\end{cases}
\tag{6.6}
$$

式中，$\mu_{ri}(x)=\dfrac{\prod_{j=1}^{p}M_{rj}^i(x_j)}{\sum_{i=1}^{N_r}\prod_{j=1}^{p}M_{rj}^i(x_j)}$，$0\leqslant\mu_{ri}(x)\leqslant 1$，$\sum_{i=1}^{N_r}\mu_{ri}(x)=1$，$M_{rj}^i(x_j)$ 表示 x_j 属于模糊集 M_{rj}^i 的隶属度。

6.3.2 CLSC 鲁棒控制策略

对每个切换模型设计模糊反馈控制律如下：

K_σ^l： If $x_1(k)$ is $M_{\sigma 1}^l$， $\cdots$， and $x_p(k)$ is $M_{\sigma p}^l$， then $\boldsymbol{u}_\sigma(k)=\boldsymbol{K}_{\sigma i}\boldsymbol{x}(k)$

系统的全局反馈控制律可表示如下：

$$
\boldsymbol{u}(k)=\sum_{r=1}^{m}\sum_{i=1}^{N_r}v_r(z(k))\mu_{ri}(x)\boldsymbol{K}_{ri}\boldsymbol{x}(k) \tag{6.7}
$$

将式（6.7）代入式（6.6），则式（6.6）变化为如下形式：

$$\begin{cases} \boldsymbol{x}(k+1) = \sum_{r=1}^{m}\sum_{i=1}^{N_i}\sum_{j=1}^{N_i} v_r(\boldsymbol{z}(k))\mu_{ri}(x)\mu_{rj}(x)\{[(\boldsymbol{A}_{ri}+\Delta\boldsymbol{A}_{ri})+ \\ \qquad (\boldsymbol{B}_{ri}+\Delta\boldsymbol{B}_{ri})\boldsymbol{K}_{rj}]\boldsymbol{x}(k)+(\boldsymbol{A}_{dri}+\Delta\boldsymbol{A}_{dri})\boldsymbol{x}(k-\tau)+ \\ \qquad (\boldsymbol{\Gamma}_{ri}+\Delta\boldsymbol{\Gamma}_{ri})\boldsymbol{w}(k)\} \\ z(k) = \sum_{r=1}^{m}\sum_{i=1}^{N_i}\sum_{j=1}^{N_i} v_r(\boldsymbol{z}(k))\mu_{ri}(x)\mu_{rj}(x)\{[(\boldsymbol{C}_{ri}+\Delta\boldsymbol{C}_{ri})+ \\ \qquad (\boldsymbol{D}_{ri}+\Delta\boldsymbol{D}_{ri})\boldsymbol{K}_{rj}]\boldsymbol{x}(k)+(\boldsymbol{D}_{wri}+\Delta\boldsymbol{D}_{wri})\boldsymbol{w}(k)\} \end{cases} \tag{6.8}$$

假设 6.1　参数不确定矩阵是范数有界的，即：

$$\begin{cases} [\Delta\boldsymbol{A}_{ri} \quad \Delta\boldsymbol{A}_{dri} \quad \Delta\boldsymbol{B}_{ri} \quad \Delta\boldsymbol{\Gamma}_{ri}] = \boldsymbol{H}_{1ri}\boldsymbol{F}_{1ri}(k)[\boldsymbol{E}_{rx1i} \quad \boldsymbol{E}_{rx2i} \quad \boldsymbol{E}_{rx3i} \quad \boldsymbol{E}_{rx4i}] \\ [\Delta\boldsymbol{C}_{ri} \quad \Delta\boldsymbol{D}_{ri} \quad \Delta\boldsymbol{D}_{wri}] = \boldsymbol{H}_{2ri}\boldsymbol{F}_{2ri}(k)[\boldsymbol{E}_{rz1i} \quad \boldsymbol{E}_{rz2i} \quad \boldsymbol{E}_{rz3i}] \end{cases}$$

其中，$\boldsymbol{H}_{1ri}$、$\boldsymbol{H}_{2ri}$、$\boldsymbol{E}_{rxbi}$、$\boldsymbol{E}_{rzci}$（$b=1, 2, 3, 4, c=1, 2, 3, i=1, 2, \cdots, N_r$）是已知的实常数矩阵。$\boldsymbol{F}_{1ri}(k)$ 和 $\boldsymbol{F}_{2ri}(k)$ 是 Lebesgue 可测的时变不确定矩阵，且满足 $\boldsymbol{F}_{1ri}^{\mathrm{T}}(k)\boldsymbol{F}_{1ri}(k) \leqslant \boldsymbol{I}$，$\boldsymbol{F}_{2ri}^{\mathrm{T}}(k)\boldsymbol{F}_{2ri}(k) \leqslant \boldsymbol{I}$。

定理 6.1　若存在实数 $\beta_{r\vartheta} \geqslant 0$ 或 $\beta_{r\vartheta} \leqslant 0$（$r, \vartheta = 1, 2, \cdots, m$），以及矩阵 $\boldsymbol{K}_{rj}$ 和正定矩阵 $\boldsymbol{P}_r$、$\boldsymbol{T}_r$ 使得如下不等式成立，则有 $\boldsymbol{K}_{ri} = \boldsymbol{N}_{ri}\boldsymbol{X}_r^{-1}$ 和 $\zeta = \zeta(z(k))$ 使式（6.6）鲁棒渐近稳定。

$$\begin{bmatrix} \overleftrightarrow{\boldsymbol{\Omega}}_{rij} & \boldsymbol{\Xi}_{rij}^{\mathrm{T}} & \boldsymbol{\Psi}_{rij} \\ \boldsymbol{\Xi}_{rij} & -\varepsilon_{rij}^{2}\boldsymbol{I} & 0 \\ \boldsymbol{\Psi}_{rij}^{\mathrm{T}} & 0 & -\varepsilon_{rij}^{-2}\boldsymbol{I} \end{bmatrix} < \boldsymbol{0} \tag{6.9}$$

其中，$\boldsymbol{\Psi}_{rij} = \begin{bmatrix} 0 & 0 & 0 & 0 & 0 & 0 & 0 & 0 & 0 & 0 & 0 & 0 \\ \boldsymbol{H}_{1ri} & \boldsymbol{H}_{1rj} & 0 & 0 & 0 & 0 & 0 & 0 & 0 & 0 & 0 & 0 \\ 0 & 0 & \boldsymbol{H}_{2ri} & \boldsymbol{H}_{2rj} & 0 & 0 & 0 & 0 & 0 & 0 & 0 & 0 \\ 0 & 0 & 0 & 0 & 0 & 0 & 0 & 0 & 0 & 0 & 0 & 0 \\ 0 & 0 & 0 & 0 & \boldsymbol{H}_{1ri} & \boldsymbol{H}_{1rj} & 0 & 0 & 0 & 0 & 0 & 0 \\ 0 & 0 & 0 & 0 & 0 & 0 & 0 & 0 & 0 & 0 & 0 & 0 \\ 0 & 0 & 0 & 0 & 0 & 0 & 0 & 0 & \boldsymbol{H}_{1ri} & \boldsymbol{H}_{1rj} & 0 & 0 \\ 0 & 0 & 0 & 0 & 0 & 0 & 0 & 0 & 0 & 0 & \boldsymbol{H}_{2ri} & \boldsymbol{H}_{2rj} \end{bmatrix}$，

$$
\vec{\boldsymbol{\Omega}}_{rij} =
\begin{bmatrix}
-4X_r + \sum\limits_{\vartheta=1,\ \vartheta\neq r}^{m} \beta_{r\vartheta}(P_\vartheta - P_r) & * & * & * & * & * & * & * & * \\
\boldsymbol{\Phi}_{rij} & -\frac{1}{3}X_r & * & * & * & * & * & * & * \\
\boldsymbol{Y}_{rij} & 0 & -\frac{1}{2}I & * & * & * & * & * & * \\
0 & 0 & 0 & -4T_r & * & * & * & * & * \\
0 & 0 & 0 & \boldsymbol{\Lambda}_{rj} & -\frac{1}{3}X_r & * & * & * & * \\
0 & 0 & 0 & 0 & 0 & -4\gamma^2 I & * & * & * \\
0 & 0 & 0 & 0 & 0 & I_{rij} & -\frac{1}{3}P_r^{-1} & * & * \\
0 & 0 & 0 & 0 & 0 & J_{rij} & 0 & -\frac{1}{2}I & * \\
X_r & 0 & 0 & 0 & 0 & 0 & 0 & 0 & -\frac{1}{4}T_r
\end{bmatrix},
$$

$$
\boldsymbol{\Xi}_{rij} =
\begin{bmatrix}
\boldsymbol{E}_{rx1i}\boldsymbol{X}_r + \boldsymbol{E}_{rx3i}\boldsymbol{N}_{rj} & 0 & 0 & 0 & 0 & 0 & 0 & 0 \\
\boldsymbol{E}_{rx1j}\boldsymbol{X}_r + \boldsymbol{E}_{rx3j}\boldsymbol{N}_{ri} & 0 & 0 & 0 & 0 & 0 & 0 & 0 \\
\boldsymbol{E}_{rz1i}\boldsymbol{X}_r + \boldsymbol{E}_{rz2i}\boldsymbol{N}_{rj} & 0 & 0 & 0 & 0 & 0 & 0 & 0 \\
\boldsymbol{E}_{rz1j}\boldsymbol{X}_r + \boldsymbol{E}_{rz2j}\boldsymbol{N}_{ri} & 0 & 0 & 0 & 0 & 0 & 0 & 0 \\
0 & 0 & 0 & \boldsymbol{E}_{rx2i}\boldsymbol{T}_r & 0 & 0 & 0 & 0 \\
0 & 0 & 0 & \boldsymbol{E}_{rx2j}\boldsymbol{T}_r & 0 & 0 & 0 & 0 \\
0 & 0 & 0 & 0 & 0 & 0 & 0 & 0 \\
0 & 0 & 0 & 0 & 0 & 0 & 0 & 0 \\
0 & 0 & 0 & 0 & 0 & \boldsymbol{E}_{rx4i} & 0 & 0 \\
0 & 0 & 0 & 0 & 0 & \boldsymbol{E}_{rx4j} & 0 & 0 \\
0 & 0 & 0 & 0 & 0 & \boldsymbol{E}_{rz3i} & 0 & 0 \\
0 & 0 & 0 & 0 & 0 & \boldsymbol{E}_{rz3j} & 0 & 0
\end{bmatrix},\quad \boldsymbol{I}_{rij} = \boldsymbol{\Gamma}_{ri} + \boldsymbol{\Gamma}_{rj},
$$

$\boldsymbol{\Phi}_{rij} = \boldsymbol{A}_{ri}\boldsymbol{X}_r + \boldsymbol{B}_{ri}\boldsymbol{N}_{rj} + \boldsymbol{A}_{rj}\boldsymbol{X}_r + \boldsymbol{B}_{rj}\boldsymbol{N}_{ri}$，$\boldsymbol{\Lambda}_{rij} = \boldsymbol{A}_{dri}\boldsymbol{T}_r + \boldsymbol{A}_{drj}\boldsymbol{T}_r$，$\boldsymbol{J}_{rij} = \boldsymbol{D}_{wri} + \boldsymbol{D}_{wrj}$，$\boldsymbol{Y}_{rij} = \boldsymbol{C}_{ri}\boldsymbol{X}_r + \boldsymbol{D}_{ri}\boldsymbol{N}_{rj} + \boldsymbol{C}_{rj}\boldsymbol{X}_r + \boldsymbol{D}_{rj}\boldsymbol{N}_{ri}$。

证明：设计一种 Lyapunov-Krasovskii 函数如下：

$$V(\boldsymbol{x}(k)) = \boldsymbol{x}^{\mathrm{T}}(k)\boldsymbol{P}_r\boldsymbol{x}(k) + \sum_{\tau=1}^{d}\boldsymbol{x}^{\mathrm{T}}(k-\tau)\boldsymbol{S}_r\boldsymbol{x}(k-\tau)$$

其中，r 代表模型的序号。为了简化表述，令 $\dot{\boldsymbol{A}}_{ri} = \boldsymbol{A}_{ri} + \Delta\boldsymbol{A}_{ri}$，$\dot{\boldsymbol{B}}_{ri} = \boldsymbol{B}_{ri} + \Delta\boldsymbol{B}_{ri}$，$\dot{\boldsymbol{A}}_{dri} = \boldsymbol{A}_{dri} + \Delta\boldsymbol{A}_{dri}$，$\dot{\boldsymbol{\Gamma}}_{ri} = \boldsymbol{\Gamma}_{ri} + \Delta\boldsymbol{\Gamma}_{ri}$，$\dot{\boldsymbol{C}}_{ri} = \boldsymbol{C}_{ri} + \Delta\boldsymbol{C}_{ri}$，$\dot{\boldsymbol{D}}_{ri} = \boldsymbol{D}_{ri} + \Delta\boldsymbol{D}_{ri}$，$\dot{\boldsymbol{D}}_{wri} = \boldsymbol{D}_{wri} + \Delta\boldsymbol{D}_{wri}$，$v_r(z(k)) = v_r$，$\mu_{ri}(x) = \mu_{ri}$，那么：

$$\begin{aligned}
\bar{V}(\boldsymbol{x}(k)) &= V(\boldsymbol{x}(k+1)) - V(\boldsymbol{x}(k)) + z^{\mathrm{T}}(k)z(k) - \gamma^2\boldsymbol{w}^{\mathrm{T}}(k)\boldsymbol{w}(k) \\
&\leqslant \frac{1}{4}\sum_{r=1}^{m}\sum_{i=1}^{N_r}\sum_{j=1}^{N_r} v_r\mu_{ri}\mu_{rj}\{\boldsymbol{x}^{\mathrm{T}}(k)[3(\dot{\boldsymbol{A}}_{ri} + \dot{\boldsymbol{B}}_{ri}\boldsymbol{K}_{rj} + \dot{\boldsymbol{A}}_{rj} + \dot{\boldsymbol{B}}_{rj}\boldsymbol{K}_{ri})^{\mathrm{T}}\boldsymbol{P}_r \cdot \\
&\quad (\dot{\boldsymbol{A}}_{ri} + \dot{\boldsymbol{B}}_{ri}\boldsymbol{K}_{rj} + \dot{\boldsymbol{A}}_{rj} + \dot{\boldsymbol{B}}_{rj}\boldsymbol{K}_{ri}) - 4\boldsymbol{P}_r + 4\boldsymbol{S}_r + \\
&\quad 2(\dot{\boldsymbol{C}}_{ri} + \dot{\boldsymbol{D}}_{ri}\boldsymbol{K}_{rj} + \dot{\boldsymbol{C}}_{rj} + \dot{\boldsymbol{D}}_{rj}\boldsymbol{K}_{ri})^{\mathrm{T}}(\dot{\boldsymbol{C}}_{ri} + \dot{\boldsymbol{D}}_{ri}\boldsymbol{K}_{rj} + \dot{\boldsymbol{C}}_{rj} + \dot{\boldsymbol{D}}_{rj}\boldsymbol{K}_{ri})]\boldsymbol{x}(k) + \\
&\quad \boldsymbol{x}^{\mathrm{T}}(k-\tau)[3(\dot{\boldsymbol{A}}_{dri} + \dot{\boldsymbol{A}}_{drj})^{\mathrm{T}}\boldsymbol{P}_r(\dot{\boldsymbol{A}}_{dri} + \dot{\boldsymbol{A}}_{drj}) - 4\boldsymbol{S}_r]\boldsymbol{x}(k-\tau) + \\
&\quad \boldsymbol{w}^{\mathrm{T}}(k)[3(\dot{\boldsymbol{\Gamma}}_{ri} + \dot{\boldsymbol{\Gamma}}_{rj})^{\mathrm{T}}\boldsymbol{P}_r(\dot{\boldsymbol{\Gamma}}_{ri} + \dot{\boldsymbol{\Gamma}}_{rj}) + 2(\dot{\boldsymbol{D}}_{wri} + \dot{\boldsymbol{D}}_{wrj})^{\mathrm{T}} \\
&\quad (\dot{\boldsymbol{D}}_{wri} + \dot{\boldsymbol{D}}_{wrj}) - 4\gamma^2\boldsymbol{I}]\boldsymbol{w}(k)\} \\
&= \frac{1}{4}\sum_{r=1}^{m}\sum_{i=1}^{N_r}\sum_{j=1}^{N_r} v_r\mu_{ri}\mu_{rj}\boldsymbol{\xi}^{\mathrm{T}}(k)\begin{bmatrix}\boldsymbol{G}_{11} & 0 & 0 \\ 0 & \boldsymbol{G}_{22} & 0 \\ 0 & 0 & \boldsymbol{G}_{33}\end{bmatrix}\boldsymbol{\xi}(k) \\
&< 0
\end{aligned} \tag{6.10}$$

式中，$\boldsymbol{G}_{11} = 3(\dot{\boldsymbol{A}}_{ri} + \dot{\boldsymbol{B}}_{ri}\boldsymbol{K}_{rj} + \dot{\boldsymbol{A}}_{rj} + \dot{\boldsymbol{B}}_{rj}\boldsymbol{K}_{ri})^{\mathrm{T}}\boldsymbol{P}_r(\dot{\boldsymbol{A}}_{ri} + \dot{\boldsymbol{B}}_{ri}\boldsymbol{K}_{rj} + \dot{\boldsymbol{A}}_{rj} + \dot{\boldsymbol{B}}_{rj}\boldsymbol{K}_{ri}) - 4\boldsymbol{P}_r + 4\boldsymbol{S}_r + 2(\dot{\boldsymbol{C}}_{ri} + \dot{\boldsymbol{D}}_{ri}\boldsymbol{K}_{rj} + \dot{\boldsymbol{C}}_{rj} + \dot{\boldsymbol{D}}_{rj}\boldsymbol{K}_{ri})^{\mathrm{T}}(\dot{\boldsymbol{C}}_{ri} + \dot{\boldsymbol{D}}_{ri}\boldsymbol{K}_{rj} + \dot{\boldsymbol{C}}_{rj} + \dot{\boldsymbol{D}}_{rj}\boldsymbol{K}_{ri})$，$\boldsymbol{\xi}(k) = [\boldsymbol{x}^{\mathrm{T}}(k) \quad \boldsymbol{x}^{\mathrm{T}}(k-\tau) \quad \boldsymbol{w}^{\mathrm{T}}(k)]^{\mathrm{T}}$，$\boldsymbol{G}_{22} = 3(\dot{\boldsymbol{A}}_{dri} + \dot{\boldsymbol{A}}_{drj})^{\mathrm{T}}\boldsymbol{P}_r(\dot{\boldsymbol{A}}_{drj} + \dot{\boldsymbol{A}}_{dri}) - 4\boldsymbol{S}_r$，$\boldsymbol{G}_{33} = 3(\dot{\boldsymbol{\Gamma}}_{ri} + \dot{\boldsymbol{\Gamma}}_{rj})^{\mathrm{T}}\boldsymbol{P}_r(\dot{\boldsymbol{\Gamma}}_{ri} + \dot{\boldsymbol{\Gamma}}_{rj}) + 2(\dot{\boldsymbol{D}}_{wri} + \dot{\boldsymbol{D}}_{wrj})^{\mathrm{T}}(\dot{\boldsymbol{D}}_{wri} + \dot{\boldsymbol{D}}_{wrj}) - 4\gamma^2\boldsymbol{I}$。

基于式（6.10），若下式成立，那么 $\bar{V}(\boldsymbol{x}(k)) < 0$。

$$\begin{bmatrix}\boldsymbol{G}_{11} & 0 & 0 \\ 0 & \boldsymbol{G}_{22} & 0 \\ 0 & 0 & \boldsymbol{G}_{33}\end{bmatrix} < \boldsymbol{0} \tag{6.11}$$

应用Schur补引理，将式（6.11）变换为如下形式：

$$\begin{bmatrix} -4\boldsymbol{P}_r+4\boldsymbol{S}_r & \dot{\boldsymbol{H}}_{rij}^{\mathrm{T}} & \dot{\boldsymbol{\Theta}}_{rij}^{\mathrm{T}} & 0 & 0 & 0 & 0 & 0 \\ \dot{\boldsymbol{H}}_{rij} & -\frac{1}{3}\boldsymbol{P}_r^{-1} & 0 & 0 & 0 & 0 & 0 & 0 \\ \dot{\boldsymbol{\Theta}}_{rij} & 0 & -\frac{1}{2}\boldsymbol{I} & 0 & 0 & 0 & 0 & 0 \\ 0 & 0 & 0 & -4\boldsymbol{S}_r & \dot{\boldsymbol{A}}_{rij}^{\mathrm{T}} & 0 & 0 & 0 \\ 0 & 0 & 0 & \dot{\boldsymbol{A}}_{rij} & -\frac{1}{3}\boldsymbol{P}_r^{-1} & 0 & 0 & 0 \\ 0 & 0 & 0 & 0 & 0 & -4\gamma^2\boldsymbol{I} & \dot{\boldsymbol{I}}_{rij}^{\mathrm{T}} & \dot{\boldsymbol{J}}_{rij}^{\mathrm{T}} \\ 0 & 0 & 0 & 0 & 0 & \dot{\boldsymbol{I}}_{rij} & -\frac{1}{3}\boldsymbol{P}_r^{-1} & 0 \\ 0 & 0 & 0 & 0 & 0 & \dot{\boldsymbol{J}}_{rij} & 0 & -\frac{1}{2}\boldsymbol{I} \end{bmatrix} < \boldsymbol{0} \tag{6.12}$$

其中，$\dot{\boldsymbol{H}}_{rij}=\dot{\boldsymbol{A}}_{ri}+\dot{\boldsymbol{B}}_{ri}\boldsymbol{K}_{rj}+\dot{\boldsymbol{A}}_{rj}+\dot{\boldsymbol{B}}_{rj}\boldsymbol{K}_{ri}$，$\dot{\boldsymbol{\Theta}}_{rij}=\dot{\boldsymbol{C}}_{ri}+\dot{\boldsymbol{D}}_{ri}\boldsymbol{K}_{rj}+\dot{\boldsymbol{C}}_{rj}+\dot{\boldsymbol{D}}_{rj}\boldsymbol{K}_{ri}$，$\dot{\boldsymbol{A}}_{rij}=\dot{\boldsymbol{A}}_{dri}+\dot{\boldsymbol{A}}_{drj}$，$\dot{\boldsymbol{I}}_{rij}=\dot{\boldsymbol{\Gamma}}_{ri}+\dot{\boldsymbol{\Gamma}}_{rj}$，$\dot{\boldsymbol{J}}_{rij}=\dot{\boldsymbol{D}}_{wri}+\dot{\boldsymbol{D}}_{wrj}$。

基于假设6.1、引理1.2、Schur补引理和式（6.12）可以得到如下不等式：

$$\begin{aligned} &\boldsymbol{\Omega}_{rij}+\boldsymbol{H}_{qrij}\boldsymbol{F}_{qrij}\boldsymbol{E}_{qrij}+\boldsymbol{E}_{qrij}^{\mathrm{T}}\boldsymbol{F}_{qrij}^{\mathrm{T}}\boldsymbol{H}_{qrij}^{\mathrm{T}} \leqslant \boldsymbol{\Omega}_{rij}+\varepsilon_{rij}^{2}\boldsymbol{H}_{qrij}\boldsymbol{H}_{qrij}^{\mathrm{T}}+\varepsilon_{rij}^{-2}\boldsymbol{E}_{qrij}^{\mathrm{T}}\boldsymbol{E}_{qrij} \\ &= \begin{bmatrix} \boldsymbol{\Omega}_{rij} & \boldsymbol{\Xi}_{rij}^{\mathrm{T}} & \boldsymbol{\Psi}_{rij} \\ \boldsymbol{\Xi}_{rij} & -\varepsilon_{rij}^{2}\boldsymbol{I} & 0 \\ \boldsymbol{\Psi}_{rij}^{\mathrm{T}} & 0 & -\varepsilon_{rij}^{-2}\boldsymbol{I} \end{bmatrix} < \boldsymbol{0} \end{aligned} \tag{6.13}$$

其中，$\boldsymbol{\Omega}_{rij}=\begin{bmatrix} -4P_r+4S_r & * & * & * & * & * & * & * \\ \dot{H}_{rij} & -\frac{1}{3}P_r^{-1} & * & * & * & * & * & * \\ \dot{\Theta}_{rij} & 0 & -\frac{1}{2}I & * & * & * & * & * \\ 0 & 0 & 0 & -4S_r & * & * & * & * \\ 0 & 0 & 0 & \dot{A}_{rij} & -\frac{1}{3}P_r^{-1} & * & * & * \\ 0 & 0 & 0 & 0 & 0 & -4\gamma^2 I & * & * \\ 0 & 0 & 0 & 0 & 0 & \dot{I}_{rij} & -\frac{1}{3}P_r^{-1} & * \\ 0 & 0 & 0 & 0 & 0 & \dot{J}_{rij} & 0 & -\frac{1}{2}I \end{bmatrix} < \boldsymbol{0}$，

$F_{qrij} = diag[F_{1ri}, F_{1rj}, F_{2ri}, F_{2rj}, F_{1ri}, F_{1rj}, F_{2ri}, F_{2rj}, F_{1ri}, F_{1rj}, F_{2ri}, F_{2rj}]$。

假设$\beta_{r\vartheta} \geqslant 0$，构建集合$\overline{\boldsymbol{\Omega}}_1 = \boldsymbol{\Omega}_1, \cdots, \overline{\boldsymbol{\Omega}}_r = \boldsymbol{\Omega}_r - \bigcup_{i=1}^{r-1} \overline{\boldsymbol{\Omega}}_i, \cdots$，那么有$\bigcup_{i=1}^{m} \overline{\boldsymbol{\Omega}}_i = \boldsymbol{R} \setminus \{0\}$，且$\overline{\boldsymbol{\Omega}}_i \cap \overline{\boldsymbol{\Omega}}_j = \varnothing (i \neq j)$。所以，对任意的$\boldsymbol{z}(k)$，切换律均可被表示为$\zeta_r(\boldsymbol{z}(k)) = 1$和$\boldsymbol{z}(k) \subset \overline{\boldsymbol{\Omega}}_r$的形式。

对式（6.13）两端同乘$diag[\boldsymbol{P}_r^{-1}, \boldsymbol{I}, \boldsymbol{I}, \boldsymbol{S}_r^{-1}, \boldsymbol{I}]$，并令$\boldsymbol{X}_r = \boldsymbol{P}_r^{-1}$，$\boldsymbol{T}_r = \boldsymbol{S}_r^{-1}$，$\boldsymbol{N}_{ri} = \boldsymbol{K}_{ri}\boldsymbol{X}_r$，再应用 Schur 补引理进行分解，即可得式（6.9）。

如果式（6.10）成立，那么对$\forall \boldsymbol{z}(k) \neq \boldsymbol{0}$，有$\overline{\boldsymbol{V}}(\boldsymbol{x}(k)) < 0$和$\boldsymbol{K}_{ri} = \boldsymbol{N}_{ri}\boldsymbol{X}_r^{-1}$，即式（6.6）鲁棒渐近稳定。而当$\beta_{r\vartheta} \leqslant 0$时，同理可证。证毕。

基于定理 6.1，通过反馈控制律可以得到基于成本切换的 CLSC 鲁棒控制策略，其结合 6.2 节设计的切换策略，可以得到基于成本切换的 CLSC 鲁棒切换策略。

6.4　仿真分析

为了验证本章所提出的基于成本切换的鲁棒切换策略对含提前期的多重不确定 CLSC 系统的控制效果，在钢铁行业中选取一个 CLSC 系统作为仿真对象。

在该系统中，制造商的库存水平$x_1(k)$的隶属度函数如图 6.3 所示，

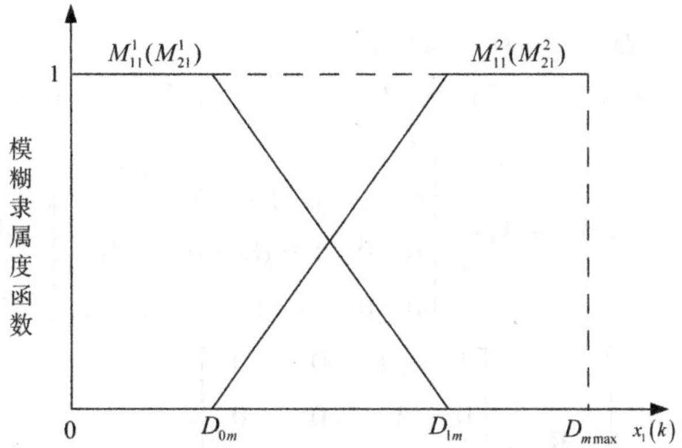

图 6.3　模糊隶属度函数

其中，$D_{0m}=18$、$D_{1m}=25$ 和 $D_{m\max}=40$（$\times 10^6$ 吨）分别代表制造商的安全库存值、理想库存值和最大库存值。

基于成本切换的钢铁 CLSC 系统可由如下 2 个模型共 4 个模糊规则描述如下：

模型 1：R_1^1：If $x_1(k)$ is M_{11}^1，then

$$\begin{cases} \boldsymbol{x}(k+1)=(\boldsymbol{A}_{11}+\Delta\boldsymbol{A}_{11})\boldsymbol{x}(k)+(\boldsymbol{A}_{d11}+\Delta\boldsymbol{A}_{d11})\boldsymbol{x}(k-\tau)+ \\ \qquad (\boldsymbol{B}_{11}+\Delta\boldsymbol{B}_{11})\boldsymbol{u}_1(k)+(\boldsymbol{\Gamma}_{11}+\Delta\boldsymbol{\Gamma}_{11})\boldsymbol{w}(k) \\ z(k)=(\boldsymbol{C}_{11}+\Delta\boldsymbol{C}_{11})\boldsymbol{x}(k)+(\boldsymbol{D}_{11}+\Delta\boldsymbol{D}_{11})\boldsymbol{u}_1(k)+ \\ \qquad (\boldsymbol{D}_{w11}+\Delta\boldsymbol{D}_{w11})\boldsymbol{w}(k) \end{cases}$$

R_1^2：If $x_1(k)$ is M_{11}^2，then

$$\begin{cases} \boldsymbol{x}(k+1)=(\boldsymbol{A}_{12}+\Delta\boldsymbol{A}_{12})\boldsymbol{x}(k)+(\boldsymbol{A}_{d12}+\Delta\boldsymbol{A}_{d12})\boldsymbol{x}(k-\tau)+ \\ \qquad (\boldsymbol{B}_{12}+\Delta\boldsymbol{B}_{12})\boldsymbol{u}_1(k)+(\boldsymbol{\Gamma}_{12}+\Delta\boldsymbol{\Gamma}_{12})\boldsymbol{w}(k) \\ z(k)=(\boldsymbol{C}_{12}+\Delta\boldsymbol{C}_{12})\boldsymbol{x}(k)+(\boldsymbol{D}_{12}+\Delta\boldsymbol{D}_{12})\boldsymbol{u}_1(k)+ \\ \qquad (\boldsymbol{D}_{w12}+\Delta\boldsymbol{D}_{w12})\boldsymbol{w}(k) \end{cases}$$

模型 2：R_2^1：If $x_1(k)$ is M_{21}^1，then

$$\begin{cases} \boldsymbol{x}(k+1)=(\boldsymbol{A}_{21}+\Delta\boldsymbol{A}_{21})\boldsymbol{x}(k)+(\boldsymbol{A}_{d21}+\Delta\boldsymbol{A}_{d21})\boldsymbol{x}(k-\tau)+ \\ \qquad (\boldsymbol{B}_{21}+\Delta\boldsymbol{B}_{21})\boldsymbol{u}_2(k)+(\boldsymbol{\Gamma}_{21}+\Delta\boldsymbol{\Gamma}_{21})\boldsymbol{w}(k) \\ z(k)=(\boldsymbol{C}_{21}+\Delta\boldsymbol{C}_{21})\boldsymbol{x}(k)+(\boldsymbol{D}_{21}+\Delta\boldsymbol{D}_{21})\boldsymbol{u}_2(k)+ \\ \qquad (\boldsymbol{D}_{w21}+\Delta\boldsymbol{D}_{w21})\boldsymbol{w}(k) \end{cases}$$

R_2^2：If $x_1(k)$ is M_{21}^2，then

$$\begin{cases} \boldsymbol{x}(k+1)=(\boldsymbol{A}_{22}+\Delta\boldsymbol{A}_{22})\boldsymbol{x}(k)+(\boldsymbol{A}_{d22}+\Delta\boldsymbol{A}_{d22})\boldsymbol{x}(k-\tau)+ \\ \qquad (\boldsymbol{B}_{22}+\Delta\boldsymbol{B}_{22})\boldsymbol{u}_2(k)+(\boldsymbol{\Gamma}_{22}+\Delta\boldsymbol{\Gamma}_{22})\boldsymbol{w}(k) \\ z(k)=(\boldsymbol{C}_{22}+\Delta\boldsymbol{C}_{22})\boldsymbol{x}(k)+(\boldsymbol{D}_{22}+\Delta\boldsymbol{D}_{22})\boldsymbol{u}_2(k)+ \\ \qquad (\boldsymbol{D}_{w22}+\Delta\boldsymbol{D}_{w22})\boldsymbol{w}(k) \end{cases}$$

其中，$\boldsymbol{x}(k)=[x_1(k)\quad x_2(k)\quad x_3(k)\quad x_4(k)]^{\mathrm{T}}$，$\boldsymbol{u}_\sigma(k)=[u_1(k),\ u_2(k),\ u_3(k),\ u_4(k)]^{\mathrm{T}}$，$\boldsymbol{A}_{11}=\boldsymbol{A}_{12}=\begin{bmatrix} 1 & 0 & \mu\lambda & \alpha_1 \\ 0 & 1 & \mu(1-\lambda) & 0 \\ 0 & 0 & 1-\beta_1-\mu & 0 \\ 0 & 0 & 0 & 1-\alpha_1 \end{bmatrix}$，$\boldsymbol{A}_{d11}=\boldsymbol{A}_{d12}=$

$$\begin{bmatrix} 0 & 0 & 0 & \alpha_2 \\ 0 & 0 & 0 & 0 \\ 0 & 0 & 0 & 0 \\ 0 & 0 & 0 & -\alpha_2 \end{bmatrix},\ \boldsymbol{B}_{11}=\begin{bmatrix} 1 & -1 & 0 & 0 \\ 0 & 1 & 0 & 0 \\ 0 & 0 & -1 & 0 \\ 0 & 0 & 1 & -1 \end{bmatrix},$$

$$\boldsymbol{B}_{12}=\begin{bmatrix}0 & -1 & 0 & 0\\0 & 1 & 0 & 0\\0 & 0 & -1 & 0\\0 & 0 & 1 & -1\end{bmatrix},\quad \boldsymbol{B}_{21}=\begin{bmatrix}1 & -1 & 0 & 0\\0 & 1 & 0 & 0\\0 & 0 & 0 & 0\\0 & 0 & 0 & 0\end{bmatrix},\quad \boldsymbol{B}_{22}=$$

$$\begin{bmatrix}0 & -1 & 0 & 0\\0 & 1 & 0 & 0\\0 & 0 & 0 & 0\\0 & 0 & 0 & 0\end{bmatrix},\ \boldsymbol{A}_{21}=\boldsymbol{A}_{22}=\begin{bmatrix}1 & 0 & \alpha_3+\mu\lambda & 0\\0 & 1 & \mu(1-\lambda) & 0\\0 & 0 & 1-\beta_3-\alpha_3-\mu & 0\\0 & 0 & 0 & 0\end{bmatrix},\ \boldsymbol{A}_{d21}=\boldsymbol{A}_{d22}=$$

$$\begin{bmatrix}0 & 0 & \alpha_4 & 0\\0 & 0 & 0 & 0\\0 & 0 & -\alpha_4-\beta_4 & 0\\0 & 0 & 0 & 0\end{bmatrix},\ \boldsymbol{\Gamma}_{11}=\boldsymbol{\Gamma}_{12}=\boldsymbol{\Gamma}_{21}=\boldsymbol{\Gamma}_{22}=\begin{bmatrix}-\lambda & 0 & 0 & 0\\-(1-\lambda) & 0 & 0 & 0\\1 & 0 & 0 & 0\\0 & 0 & 0 & 0\end{bmatrix},$$

$\boldsymbol{C}_{11}=\boldsymbol{C}_{12}=[c_{h1}\quad c_{h2}\quad c_o\beta_1+c_m\mu\lambda+c_q\mu(1-\lambda)\quad c_{h3}+c_r\alpha_1]$，$\boldsymbol{D}_{11}=[c_n\quad 0\quad c_t\quad c_p]$，$\boldsymbol{D}_{12}=[0\quad 0\quad c_t\quad c_p]$，$\boldsymbol{D}_{w11}=\boldsymbol{D}_{w12}=\boldsymbol{D}_{w21}=\boldsymbol{D}_{w22}=\boldsymbol{0}$，$\boldsymbol{D}_{21}=[c_n\quad 0\quad 0\quad 0]$，$\boldsymbol{D}_{22}=\boldsymbol{0}$，$\boldsymbol{C}_{22}=\boldsymbol{C}_{21}=[c_{h1}\quad c_{h2}\quad c_o\beta_3+c_k\alpha_3+c_m\mu\lambda+c_q\mu(1-\lambda)\quad 0]$，$\boldsymbol{H}_{1ri}=0.1$，$\boldsymbol{H}_{2ri}=0.1$，$\boldsymbol{E}_{rx1i}=0.02$，$\boldsymbol{E}_{rx2i}=0.09$，$\boldsymbol{E}_{rx3i}=0.08$，$\boldsymbol{E}_{rx4i}=0.07$，$\boldsymbol{E}_{rz1i}=0.1$，$\boldsymbol{E}_{rz2i}=0.09$，$\boldsymbol{E}_{rz3i}=0.08$，$\boldsymbol{F}_{1ri}=\sin x$，$\boldsymbol{F}_{2ri}=\cos x(\sigma,\ r,\ i=1,\ 2)$。

针对以上 4 个规则，设计状态反馈控制律如下：

K_1^1: If $x_1(k)$ is M_{11}^1, then $\boldsymbol{u}_1(k)=\boldsymbol{K}_{11}\boldsymbol{x}(k)$

K_1^2: If $x_1(k)$ is M_{11}^2, then $\boldsymbol{u}_1(k)=\boldsymbol{K}_{12}\boldsymbol{x}(k)$

K_2^1: If $x_1(k)$ is M_{21}^1, then $\boldsymbol{u}_2(k)=\boldsymbol{K}_{21}\boldsymbol{x}(k)$

K_2^2: If $x_1(k)$ is M_{21}^2, then $\boldsymbol{u}_2(k)=\boldsymbol{K}_{22}\boldsymbol{x}(k)$

设置系统参数如下：$\beta_{12}=0.5$，$\beta_{21}=12$，$\varepsilon_{rij}^{-2}=1$，$r,\ i,\ j=1,\ 2$，$\lambda=0.67$，$\mu=0.02$，$\alpha_1=0.4$，$\alpha_2=0.01$，$\alpha_3=0.95$，$\alpha_4=0.19$，$\beta_1=0.5$，$\beta_3=0.01$，$\beta_4=0.01$，$c_{h1}=0.01$，$c_{h2}=0.1$，$c_{h3}=0.01$，$c_n=0.15$，$c_p=0.01$，$c_r=0.01$，$c_o=0.05$，$c_t=0.05$，$c_k=0.02$，$c_m=0.02$，$c_q=0.01$（$\times 10^5$ 元/吨），制造商自行回收废旧钢材的成本为 $P=4.5\times 10^7$（元）。

当 $\gamma=0.9$ 时，通过求解定理 6.1 中的不等式（6.9）得到了正定矩阵 $\boldsymbol{T}_1$、$\boldsymbol{T}_2$、$\boldsymbol{P}_1$ 和 $\boldsymbol{P}_2$，所以该 CLSC 系统在多重不确定因素和提前期的影响下是鲁棒稳定的，具体的求解结果如下：

$$T_1 = \begin{bmatrix} 191.2595 & 7.8102 & -13.3047 & -16.5583 \\ 7.8102 & 164.4250 & -9.1600 & -6.0871 \\ -13.3047 & -9.1600 & 200.8786 & 15.5447 \\ -16.5583 & -6.0871 & 15.5447 & 238.8433 \end{bmatrix},$$

$$T_2 = \begin{bmatrix} 168.6168 & 3.4534 & -2.7694 & -4.5947 \\ 3.4534 & 155.6224 & -1.5907 & -1.9484 \\ -2.7694 & -1.5907 & 158.6595 & 6.6616 \\ -4.5947 & -1.9484 & 6.6616 & 170.4500 \end{bmatrix},$$

$$P_1 = \begin{bmatrix} 0.2681 & 0.2187 & 0.0364 & 0.0977 \\ 0.2187 & 0.3915 & 0.0565 & 0.0893 \\ 0.0364 & 0.0565 & 0.0505 & 0.0042 \\ 0.0977 & 0.0893 & 0.0042 & 0.0554 \end{bmatrix},$$

$$P_2 = \begin{bmatrix} 1.3124 & 1.2624 & 1.1166 & 0.0741 \\ 1.2624 & 1.4395 & 1.1409 & 0.0674 \\ 1.1166 & 1.1409 & 1.1355 & -0.0027 \\ 0.0741 & 0.0674 & -0.0027 & 0.0490 \end{bmatrix},$$

$$K_{11} = \begin{bmatrix} -0.6914 & -0.4018 & -0.0422 & -0.3523 \\ -0.2094 & -0.8774 & -0.0414 & -0.0928 \\ 0.8771 & 1.4192 & 0.3781 & 0.3754 \\ 1.6443 & 2.1426 & 0.2163 & 1.1211 \end{bmatrix},$$

$$K_{12} = \begin{bmatrix} -1.2965 & -0.6650 & -0.1508 & -0.6056 \\ 0.1588 & -0.7137 & -0.0288 & 0.0639 \\ 0.4827 & 1.1123 & 0.3502 & 0.2549 \\ 2.0507 & 2.9346 & 0.3049 & 1.4546 \end{bmatrix},$$

$$K_{21} = \begin{bmatrix} -0.9796 & -0.9183 & -0.9538 & 0.0000 \\ -0.4547 & -1.2505 & -0.3623 & 0.0161 \\ -1.2893 & -0.5979 & -1.2635 & -0.0777 \\ 0.0187 & 1.1624 & 0.4690 & -0.4436 \end{bmatrix},$$

$$K_{22} = \begin{bmatrix} -1.1812 & -1.0727 & -1.1423 & 0.0007 \\ 0.1330 & -0.6598 & 0.2156 & 0.0159 \\ -0.1671 & 0.6021 & -0.1363 & -0.0675 \\ -0.2217 & 0.8494 & 0.2224 & -0.4419 \end{bmatrix}。$$

设各变量的初始值和标称值如下：$x_1(0)=5$，$x_2(0)=x_3(0)=x_4(0)=0$，$\vec{x}_1(k)=22$，$\vec{x}_2(k)=16$，$\vec{x}_3(k)=20$，$\vec{x}_4(k)=18$（$\times 10^6$ 吨）。并设 $\tau=2$（$\times 10$ 天），$\Delta \boldsymbol{B}_{ri} \sim U[-0.1,\ 0.1]$（$r=1,\ 2;\ i=1,\ 2$）。

（1）仿真实验 1。在客户的突变型需求 $\left(w_1(k)=\begin{cases}1 & 5\leqslant k\leqslant 10\\ -1 & \text{其他}\end{cases}\right)$ 下，系统的仿真结果如图 6.4 至图 6.6 所示。其中，图 6.4 表示的是在客户突变型需求下的切换信号，图 6.5 表示的是制造商、分销商、第三方回收商和客户的库存量变化情况，而图 6.6 表示的是 CLSC 系统总成本的变化过程。由图 6.4 显示的切换信号可知，在 $k=5.1$ 时，系统从由第三方回收商回收废旧钢材切换到由制造商自行回收废旧钢材，而在 $k=10.1$ 时，系统由制造商自行回收废旧钢材切换到了由第三方回收商回收废旧钢材。

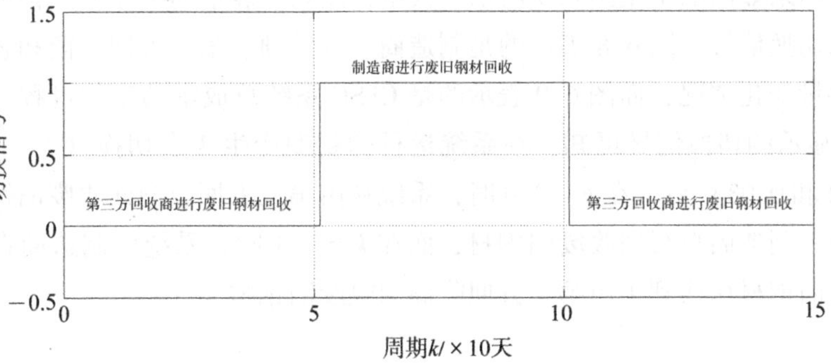

图 6.4　客户突变需求下的切换信号

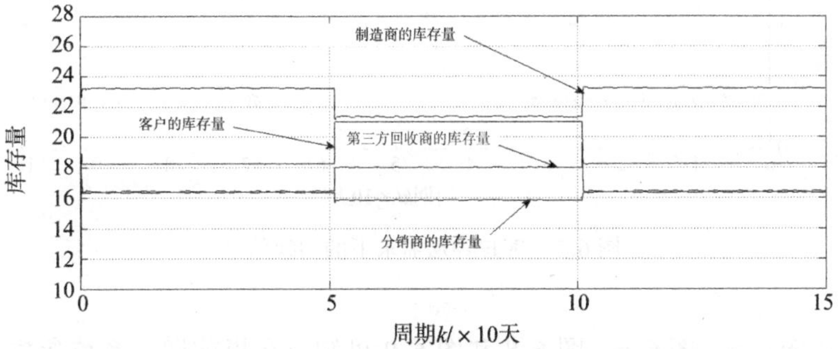

图 6.5　客户突变需求下的库存量的变化过程（$\times 10^6$ 吨）

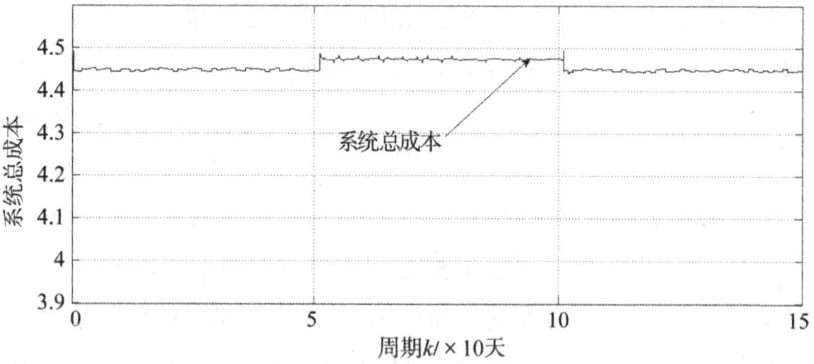

图 6.6 客户突变需求下的系统总成本的变化过程（×10^7 元）

(2) 仿真实验 2。在客户的钟形需求$\left(w_{1k}=\frac{10}{\sqrt{2\pi}}e^{-\frac{(k-5)^2}{2}}-0.5\right)$下，仿真结果如图 6.7 至图 6.9 所示，其中，图 6.7 表示的是在客户钟形需求下的切换信号，图 6.8 表示的是制造商、分销商、第三方回收商和客户的库存量变化情况，而图 6.9 表示的是 CLSC 系统总成本的变化过程。由图 6.7 显示的切换信号可知，在系统运行的初期产生 3 次切换（$k=0.01$、0.02 和 0.03）后，在 $k=3.9$ 时，系统从由第三方回收商回收废旧钢材切换到由制造商自行回收废旧钢材，而在 $k=7.1$ 时，系统由制造商自行回收废旧钢材切换到了由第三方回收商回收废旧钢材。

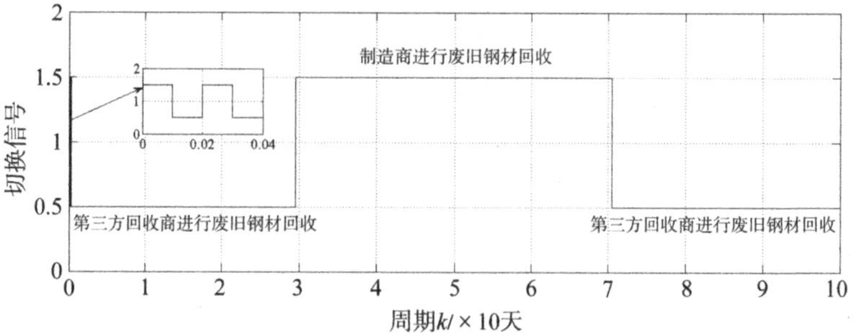

图 6.7 客户钟形需求下的切换信号

由图 6.5、图 6.6、图 6.8 和图 6.9 可知，在提前期、系统参数不确定、客户的突变需求和钟形需求下，制造商、分销商、第三方回收商和客户的库存量和系统的总成本的波动幅度均很小，且能保持稳定运行。因

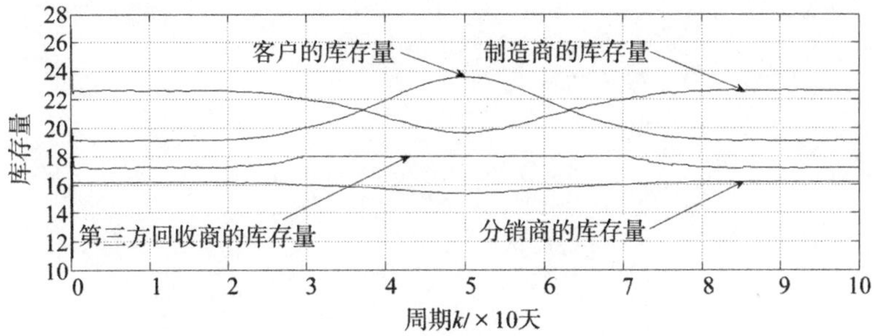

图 6.8　客户钟形需求下的库存量的变化过程（$\times 10^6$ 吨）

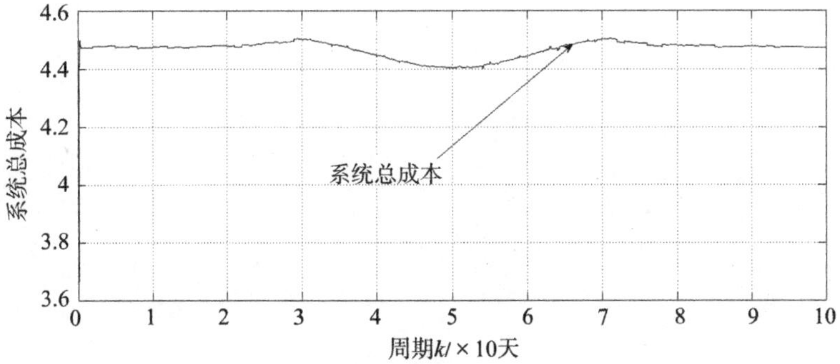

图 6.9　客户钟形需求下的系统总成本的变化过程（$\times 10^7$ 元）

此，本章提出的基于成本切换的鲁棒切换策略可以有效抑制提前期和多重不确定因素对 CLSC 系统的影响，保证系统鲁棒运作。

第 3 编　应用编

第7章 SCF系统多模型鲁棒切换策略

目前，因受国家的金融政策和银行放贷策略的影响，中小企业的外部融资越来越难（刘园等，2016）；与此相对应地，SC中资金充裕的节点企业又因为资金无法高效地利用而损失了机会成本，所以，以上两方面导致了SC系统各节点企业间的流动资金不平衡。因此，如何针对SC系统制定一种合理的、高效的流动资金管理策略成为了SC管理人员亟待解决的问题。

对于资金约束型的SC系统，无论是理论研究还是实证研究，主要是以一种融资策略（或支付策略）（刚号等，2019；Wang等，2020）或多种融资策略（或支付策略）间的比较（Aljazzar，2017；Huang等，2020）为主。但是，SCF系统在运行的过程中，不可避免地遭受到来自系统内部和系统外部一些不确定因素的干扰，如需求、成本、利率等。因此，以一种融资模式（或支付策略）为核心的单模型难以全面准确地刻画不断随时间变化的SCF系统。

基于SC系统中各个节点企业的不同流动资金水平，本章建立在不确定的外部需求、不确定的系统参数和不确定的支付时间下的SCF多模型动态系统，且对SCF多模型动态系统分别设计融资切换策略、支付切换策略和融资支付切换策略，并应用第1章至第3章中的模糊鲁棒控制策略提出SCF系统的鲁棒切换策略，以通过模型间的软切换保证SCF系统低成本稳定运行。

7.1 不确定SCF系统鲁棒融资切换策略

作为SC系统中的“血液”，流动资金在SC各个环节的运行过程中具有举足轻重的作用。由于SC系统经常不可避免地受到来自系统内外的诸多不确定因素的干扰，从而导致各个节点企业的流动资金相应地不断发生变化。在流动资金的动态变化下，节点企业的采购、生产、物流、销售等环节均受影响，严重的情况下可使 SC 系统中断乃至崩溃。所以，对于不确定下的 SC 系统，需提出可实现 SCF 系统低成本稳定运行的融资策略。

许多学者对 SCF 系统的融资策略进行了研究，例如，彭红军（2016）提出了在产出不确定下的 SCF 应收账款抵押融资策略；对于资金约束下的 SCF 系统，王宗润等（2016）和 Yan 等（2016）分别研究了核心企业回购担保下的保兑仓融资策略和部分信用担保契约融资策略；Gelsomino 等（2019）分别探讨了反向保理融资策略、存货质押融资策略和动态贴现融资策略对 SCF 效益的影响。现有的文献均是基于单模型 SCF 系统对融资策略进行的研究，而没有考虑在多种不确定下 SC 系统所呈现的多模态。

在 SCF 系统内外诸多不确定因素下，本章首先建立由节点企业闲置流动资金状态动态演变方程和系统总成本动态演变方程组成的基本融资模型；然后基于各个节点企业的闲置流动资金，提出在内部融资策略、外部融资策略和混合融资策略之间切换的融资策略；并基于 T-S 模糊控制系统建立不确定 SCF 融资多模型系统，最终提出一种包含鲁棒控制策略和融资切换策略的鲁棒融资切换策略，以实现在三种融资策略间的稳定切换。

本节涉及的主要变量的含义详见表 7.1。

表 7.1　　主要变量含义描述

符　号	含　义
$x_1(k)$	制造商的闲置流动资金
$x_2(k)$	零售商的闲置流动资金
$u_1(k)$	生产用的资金量
$u_2(k)$	订购用的资金量
$w(k)$	客户支付的资金量（表示不确定需求）
l_{21}	制造商的融资系数（从零售商）
l_{12}	零售商的融资系数（从制造商）
l_1	制造商的融资系数（从银行）
l_2	零售商的融资系数（从银行）
V	银行提供融资的资金量
$z(k)$	SCF 系统的总成本
c_{h1}	制造商的闲置流动资金利率
c_{h2}	零售商的闲置流动资金利率

续表

符　号	含　义
c_m	生产用的流动资金的利用系数
c_o	订购用的流动资金的利用系数
c_{c1}	零售商的融资利率（从制造商）
c_{c2}	制造商的融资利率（从零售商）
c_{c3}	制造商的融资利率（从银行）
c_{c4}	零售商的融资利率（从银行）
D_{0m}	制造商的安全闲置流动资金
D_{1m}	制造商的理想闲置流动资金
$D_{m\max}$	制造商的最大闲置流动资金
D_{0r}	零售商的安全闲置流动资金
D_{1r}	零售商的理想闲置流动资金
$D_{r\max}$	零售商的最大闲置流动资金

7.1.1　不确定 SCF 系统基本融资模型

在由两个节点企业构成的串行 SC 系统中，通过考虑制造商的闲置流动资金、制造商生产用的流动资金、制造商从零售商融资的资金、制造商从银行融资的资金、零售商的闲置流动资金、零售商订购用的流动资金、零售商从制造商融资的资金、零售商从银行融资的资金、客户支付的资金等变量，建立该 SC 系统如图 7.1 所示的 SCF 系统。

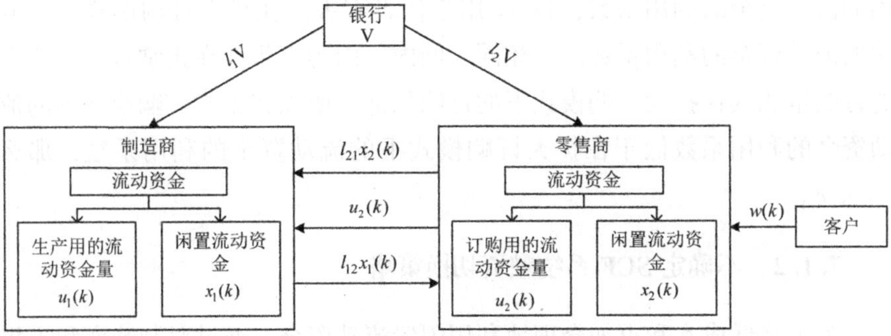

图 7.1　SCF 系统

对于图 7.1，考虑多种不确定变量，建立如下由制造商的闲置流动资金状态动态演变方程、零售商的闲置流动资金状态动态演变方程和 SCF 系统总成本动态演变方程组成的基本融资模型：

$$
\begin{cases}
x_1(k+1)=x_1(k)-u_1(k)+u_2(k)+(l_{21}+\Delta l_{21})x_2(k)-\\
\qquad (l_{12}+\Delta l_{12})x_1(k)+(l_1+\Delta l_1)V\\
x_2(k+1)=x_2(k)-u_2(k)+w(k)+(l_{12}+\Delta l_{12})x_1(k)-\\
\qquad (l_{21}+\Delta l_{21})x_2(k)+(l_2+\Delta l_2)V\\
z(k)=(c_{h1}+\Delta c_{h1})x_1(k)+(c_{h2}+\Delta c_{h2})x_2(k)+(c_m+\Delta c_m)u_1(k)+\\
\qquad (c_o+\Delta c_o)u_2(k)+(c_{c1}+\Delta c_{c1})(l_{12}+\Delta l_{12})x_1(k)+\\
\qquad (c_{c2}+\Delta c_{c2})(l_{21}+\Delta l_{21})x_2(k)+(c_{c3}+\Delta c_{c3})(l_1+\Delta l_1)V+\\
\qquad (c_{c4}+\Delta c_{c4})(l_2+\Delta l_2)V
\end{cases}
\tag{7.1}
$$

其中，Δc_{h1}、Δc_{h2}、Δc_m、Δc_o、Δc_{c1}、Δc_{c2}、Δc_{c3}、Δc_{c4}、Δl_{12}、Δl_{21}、Δl_1 和 Δl_2 为各自对应变量的不确定项。

注 7.1 式（7.1）内包含的变量均以偏差量描述。

注 7.2 ① 由于制造商在不同生产模式下生产用的流动资金的利用系数 c_m 也相应有所不同，所以，将 c_{m1} 用于代表制造商在正常生产模式下生产用的流动资金的利用系数，将 c_{m2} 用于代表制造商在扩大生产模式下生产用的流动资金的利用系数。在相同时间内，因为制造商在正常生产模式下的产量比其在扩大生产模式下的产量低，所以在正常生产模式下的流动资金的利用系数低于在扩大生产模式下的流动资金的利用系数，那么 $c_{m2}<c_{m1}$。② 由于零售商在不同订购模式下订购用的流动资金的利用系数 c_o 也相应地不同，所以，将 c_{o1} 用于代表零售商在正常订购模式下订购用的流动资金的利用系数，将 c_{o2} 用于代表零售商在扩大订购模式下订购用的流动资金的利用系数。在相同时间内，因为零售商在正常订购模式下的订购量比其在扩大订购模式下的订购量低，所以在正常订购模式下的流动资金的利用系数低于在扩大订购模式下的流动资金的利用系数，那么 $c_{o2}<c_{o1}$。

7.1.2 不确定 SCF 系统融资切换策略

为了降低成本和更加合理地利用闲置流动资金，通过对制造商和零售商的闲置流动资金分别设置理想闲置流动资金值、安全闲置流动资金值和 0，设计该 SCF 系统的融资切换策略如图 7.2 所示。

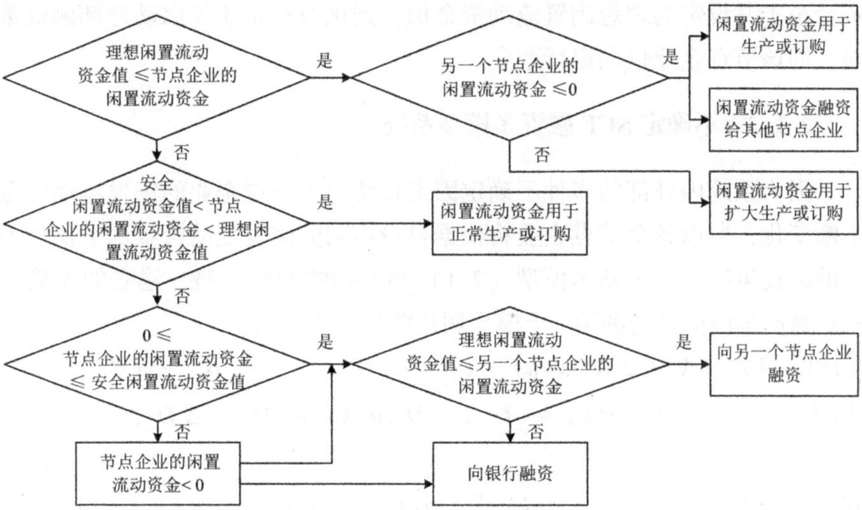

图 7.2 融资切换策略

由图 7.2 可知：

(1) 当制造商和零售商的闲置流动资金均小于其设定的理想闲置流动资金值且大于其设定的安全闲置流动资金值时，制造商和零售商均不进行融资且制造商执行正常生产模式和零售商执行正常订购模式。

(2) 当一个节点的闲置流动资金不小于其设定的理想闲置流动资金值时，如果另一个节点企业的闲置流动资金不大于其设定的安全闲置流动资金值，则该节点企业执行正常生产模式/正常订购模式的同时，启动内部融资策略，即该节点企业向另一个节点企业融资；如果另一个节点企业的闲置流动资金大于其设定的安全闲置流动资金值，则该节点企业执行扩大生产模式/扩大订购模式的同时，不启动内部融资策略。

(3) 当一个节点的闲置流动资金介于其设定的安全闲置流动资金值和0之间时，如果另一个节点企业的闲置流动资金不小于其设定的期望闲置流动资金值，则该节点企业启动内部融资策略，即该节点企业向另一个节点企业融资；如果另一个节点企业的闲置流动资金小于其设定的理想闲置流动资金值，则该节点企业启动外部融资策略，即该节点企业向银行融资。

(4) 当一个节点的闲置流动资金不大于0时，如果另一个节点企业的闲置流动资金不小于其设定的期望闲置流动资金值，则该节点企业启动混合融资策略，即该节点企业既启动向另一个节点企业融资的内部融资策略，也启动向银行融资的外部融资策略；如果另一个节点企业的闲置流动资金小于其设定的理想闲置流动资金值，则该节点企业仅启动外部融资策略，即该节点企业仅向银行融资。

7.1.3　不确定 SCF 融资多模型系统

因为系统内外部的多种不确定因素致使每个节点企业的闲置流动资金不断变化，所以各个节点企业将根据自身不同的闲置流动资金水平执行不同的融资策略。基于基本模型（7.1）和不同的融资策略，建立的不确定 SCF 融资多模型系统的第 i 个模型用矩阵形式表示为：

$$\begin{cases}\boldsymbol{x}(k+1)=(\boldsymbol{A}_i+\Delta\boldsymbol{A}_i)\boldsymbol{x}(k)+(\boldsymbol{B}_i+\Delta\boldsymbol{B}_i)\boldsymbol{u}(k)+(\boldsymbol{B}_{wi}+\Delta\boldsymbol{B}_{wi})\boldsymbol{w}(k)\\ z(k)=(\boldsymbol{C}_i+\Delta\boldsymbol{C}_i)\boldsymbol{x}(k)+(\boldsymbol{D}_i+\Delta\boldsymbol{D}_i)\boldsymbol{u}(k)+(\boldsymbol{D}_{wi}+\Delta\boldsymbol{D}_{wi})\boldsymbol{w}(k)\end{cases} \tag{7.2}$$

其中，$\boldsymbol{x}(k)=[x_1(k),\ x_2(k)]^{\mathrm{T}}$，$\boldsymbol{u}(k)=[u_1(k),\ u_2(k)]^{\mathrm{T}}$，$\boldsymbol{w}(k)=[V,\ w(k)]^{\mathrm{T}}$，$\boldsymbol{A}_i=\begin{bmatrix}1-l_{12} & l_{21}\\ l_{12} & 1-l_{21}\end{bmatrix}$ 为闲置流动资金的系数矩阵，$\boldsymbol{B}_i=\begin{bmatrix}-1 & 1\\ 0 & -1\end{bmatrix}$ 为制造商用于生产和零售商用于订购的流动资金的系数矩阵，$\boldsymbol{B}_{wi}=\begin{bmatrix}l_1 & 0\\ l_2 & 1\end{bmatrix}$ 为客户支付资金的系数矩阵，$\boldsymbol{C}_i=(c_{h1}+c_{c1}l_{12}\quad c_{h2}+c_{c2}l_{21})$ 为资金闲置成本的系数矩阵，$\boldsymbol{D}_i=(c_m\quad c_o)$ 为正常生产成本、订购成本和融资成本的系数矩阵，$\boldsymbol{D}_{wi}=(c_{c3}l_1+c_{c4}l_2\quad 0)$ 为银行融资系数矩阵；$\Delta\boldsymbol{A}_i$、$\Delta\boldsymbol{B}_i$、$\Delta\boldsymbol{B}_{wi}$、$\Delta\boldsymbol{C}_i$、$\Delta\boldsymbol{D}_i$ 和 $\Delta\boldsymbol{D}_{wi}$ 为各自对应系数矩阵的不确定矩阵。

7.1.4　考虑不同融资策略的 SCF 鲁棒控制策略

（1）模糊融资模型。

为了精确刻画在不同闲置流动资金下的不同融资策略，将不同的闲置流动资金及其对应启动的融资策略分别作为 T-S 模糊控制系统的前件变量和后件控制部分，则模型（7.2）可进一步转变为如下所示的模糊融资模型：

R_i：If $x_1(k)$ is M_1^i and $x_2(k)$ is M_2^i, then

$$\begin{cases}\boldsymbol{x}(k+1)=(\boldsymbol{A}_i+\Delta\boldsymbol{A}_i)\boldsymbol{x}(k)+(\boldsymbol{B}_i+\Delta\boldsymbol{B}_i)\boldsymbol{u}(k)+(\boldsymbol{B}_{wi}+\Delta\boldsymbol{B}_{wi})\boldsymbol{w}(k)\\ z(k)=(\boldsymbol{C}_i+\Delta\boldsymbol{C}_i)\boldsymbol{x}(k)+(\boldsymbol{D}_i+\Delta\boldsymbol{D}_i)\boldsymbol{u}(k)+(\boldsymbol{D}_{wi}+\Delta\boldsymbol{D}_{wi})\boldsymbol{w}(k)\\ \boldsymbol{x}(k)=\boldsymbol{\varphi}(k),\ i=1,\ 2,\ \cdots,\ r,\ k\in\{0,\ 1,\ \cdots,\ \mathrm{N}\}\end{cases} \tag{7.3}$$

其中，$\boldsymbol{x}(k)=[x_1(k),\ x_2(k)]^{\mathrm{T}}$，$\boldsymbol{u}(k)=[u_1(k),\ u_2(k)]^{\mathrm{T}}$，$\boldsymbol{w}(k)=[V,\ w(k)]$。

采用与 1.4.1 节相同的推理方法，式（7.3）可转换为：

$$\begin{cases}\boldsymbol{x}(k+1)=\sum\limits_{i=1}^{r}h_i[(\boldsymbol{A}_i+\Delta\boldsymbol{A}_i)\boldsymbol{x}(k)+(\boldsymbol{B}_i+\Delta\boldsymbol{B}_i)\boldsymbol{u}(k)+\\ \qquad(\boldsymbol{B}_{wi}+\Delta\boldsymbol{B}_{wi})\boldsymbol{w}(k)]\\ z(k)=\sum\limits_{i=1}^{r}h_i[(\boldsymbol{C}_i+\Delta\boldsymbol{C}_i)\boldsymbol{x}(k)+(\boldsymbol{D}_i+\Delta\boldsymbol{D}_i)\boldsymbol{u}(k)+\\ \qquad(\boldsymbol{D}_{wi}+\Delta\boldsymbol{D}_{wi})\boldsymbol{w}(k)]\end{cases}\tag{7.4}$$

（2）鲁棒控制策略。

对于式（7.4），基于式（1.10）的状态反馈控制律，应用定理 1.2，可得到多重不确定 SCF 多模型系统的鲁棒控制策略，该鲁棒控制策略与 7.1.2 节的融资切换策略相结合，可进一步得到多重不确定 SCF 多模型系统的鲁棒融资切换策略。

7.1.5　仿真分析

本节对一种电视机 SC 系统进行仿真实验，该 SC 具体的 SCF 系统详见图 7.1。

均满足 SFP 条件的制造商和零售商的闲置流动资金的模糊分划分别为 $F_1^t(x_1(k))(t=1,\ 2,\ 3)$ 和 $F_2^s(x_2(k))(s=1,\ 2,\ 3)$，如图 7.3 所示。令 $M_1^1=M_1^2=M_1^3=F_1^1$，$M_1^4=M_1^5=M_1^6=F_1^2$，$M_1^7=M_1^8=M_1^9=F_1^3$，$M_2^1=M_2^4=M_2^7=F_2^1$，$M_2^2=M_2^5=M_2^8=F_2^2$，$M_2^3=M_2^6=M_2^9=F_2^3$，$D_{0m}=25$，$D_{1m}=50$，$D_{m\max}=70$，$D_{0r}=20$，$D_{1r}=35$，$D_{r\max}=60$，$\mathrm{V}=85$（$\times10^6$元）。

由图 7.3 可知，该二阶电视机 SCF 系统存在 4 个 MORG：① 包含 R_1、R_2、R_4 和 R_5 的 G_1；② 包含 R_2、R_3、R_5 和 R_6 的 G_2；③ 包含 R_4、R_5、R_7 和 R_8 的 G_3；④ 包含 R_5、R_6、R_8 和 R_9 的 G_4。不同模糊规则下的融资策略设计如下：

R_1：为了保持正常生产模式和正常订购模式，制造商和零售商均执行外部融资策略。

R_2：为了保持正常生产模式，制造商执行外部融资策略；零售商不执行任何融资策略且保持正常订购模式。

R_3：为了保持正常生产模式，制造商执行混合融资策略；零售商不执行任何融资策略且启动扩大订购模式。

R_4：制造商不执行任何融资策略且保持正常生产模式；为了保持正

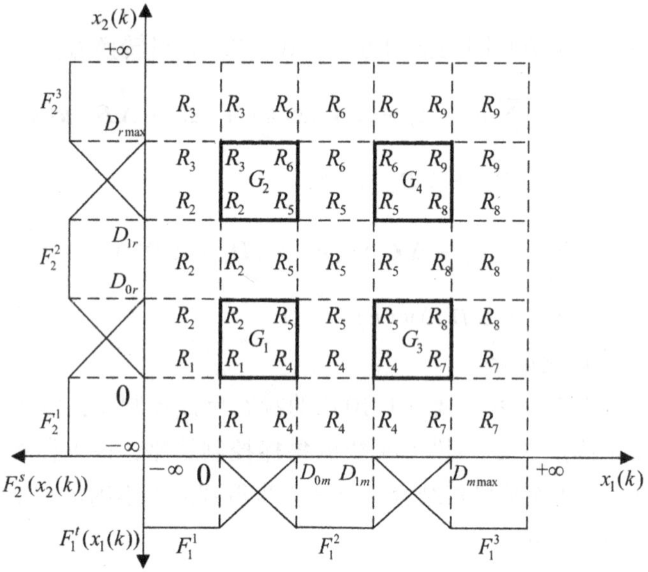

图 7.3 闲置流动资金的模糊分划

常订购模式，零售商执行外部融资策略。

R_5：制造商不执行任何融资策略且保持正常生产模式；零售商不执行任何融资策略且保持正常订购模式。

R_6：制造商不执行任何融资策略且保持正常生产模式；零售商不执行任何融资策略且启动扩大订购模式。

R_7：制造商不执行任何融资策略且启动扩大生产模式；为了保持正常订购模式，零售商执行混合融资策略。

R_8：制造商不执行任何融资策略且启动扩大生产模式；零售商不执行任何融资策略且保持正常订购模式。

R_9：制造商不执行任何融资策略且启动扩大生产模式；零售商不执行任何融资策略且启动扩大订购模式。

基于模型（7.1），可以分别得到如下的 R_1 至 R_9 的基本融资模型：

$$R_1:\begin{cases}x_1(k+1)=x_1(k)-u_1(k)+u_2(k)+(l_1+\Delta l_1)\mathrm{V}\\x_2(k+1)=x_2(k)-u_2(k)+w(k)+(l_2+\Delta l_2)\mathrm{V}\\z(k)=(c_{m1}+\Delta c_{m1})u_1(k)+(c_{o1}+\Delta c_{o1})u_2(k+(c_{c3}+\Delta c_{c3})\\\qquad(l_1+\Delta l_1)\mathrm{V}+(c_{c4}+\Delta c_{c4})(l_2+\Delta l_2)\mathrm{V}\end{cases}$$

$$R_2:\begin{cases}x_1(k+1)=x_1(k)-u_1(k)+u_2(k)+(l_1+\Delta l_1)\mathrm{V}\\x_2(k+1)=x_2(k)-u_2(k)+w(k)\\z(k)=(c_{h2}+\Delta c_{h2})x_2(k)+(c_{m1}+\Delta c_{m1})u_1(k)+(c_{o1}+\Delta c_{o1})\\\qquad u_2(k)+(c_{c3}+\Delta c_{c3})(l_1+\Delta l_1)\mathrm{V}\end{cases}$$

$$R_3:\begin{cases}x_1(k+1)=x_1(k)-u_1(k)+u_2(k)+(l_1+\Delta l_1)\mathrm{V}+\\\qquad(l_{21}+\Delta l_{21})x_2(k)\\x_2(k+1)=x_2(k)-u_2(k)-(l_{21}+\Delta l_{21})x_2(k)+w(k)\\z(k)=(c_{h2}+\Delta c_{h2})x_2(k)+(c_{m1}+\Delta c_{m1})u_1(k)+(c_{o1}+\Delta c_{o1})\\\qquad u_2(k)+(c_{c3}+\Delta c_{c3})(l_1+\Delta l_1)\mathrm{V}+(c_{c2}+\Delta c_{c2})\\\qquad(l_{21}+\Delta l_{21})x_2(k)\end{cases}$$

$$R_4:\begin{cases}x_1(k+1)=x_1(k)-u_1(k)+u_2(k)\\x_2(k+1)=x_2(k)-u_2(k)+(l_2+\Delta l_2)\mathrm{V}+w(k)\\z(k)=(c_{h1}+\Delta c_{h1})x_1(k)+(c_{m1}+\Delta c_{m1})u_1(k)+\\\qquad(c_{o1}+\Delta c_{o1})u_2(k)+(c_{c4}+\Delta c_{c4})(l_2+\Delta l_2)\mathrm{V}\end{cases}$$

$$R_5:\begin{cases}x_1(k+1)=x_1(k)-u_1(k)+u_2(k)\\x_2(k+1)=x_2(k)-u_2(k)+w(k)\\z(k)=(c_{h1}+\Delta c_{h1})x_1(k)+(c_{h2}+\Delta c_{h2})x_2(k)+(c_{m1}+\Delta c_{m1})\\\qquad u_1(k)+(c_{o1}+\Delta c_{o1})u_2(k)\end{cases}$$

$$R_6:\begin{cases}x_1(k+1)=x_1(k)-u_1(k)+u_2(k)\\x_2(k+1)=x_2(k)-u_2(k)+w(k)\\z(k)=(c_{h1}+\Delta c_{h1})x_1(k)+(c_{h2}+\Delta c_{h2})x_2(k)+(c_{m1}+\Delta c_{m1})\\\qquad u_1(k)+(c_{o2}+\Delta c_{o2})u_2(k)\end{cases}$$

$$R_7:\begin{cases}x_1(k+1)=x_1(k)-u_1(k)-(l_{12}+\Delta l_{12})x_1(k)+u_2(k)\\x_2(k+1)=x_2(k)-u_2(k)+(l_2+\Delta l_2)\mathrm{V}+w(k)+\\\qquad(l_{12}+\Delta l_{12})x_1(k)\\z(k)=(c_{h1}+\Delta c_{h1})x_1(k)+(c_{m1}+\Delta c_{m1})u_1(k)+(c_{o1}+\Delta c_{o1})\\\qquad u_2(k)+(c_{c4}+\Delta c_{c4})(l_2+\Delta l_2)\mathrm{V}+(c_{c1}+\Delta c_{c1})\\\qquad(l_{12}+\Delta l_{12})x_1(k)\end{cases}$$

$$R_8:\begin{cases}x_1(k+1)=x_1(k)-u_1(k)+u_2(k)\\x_2(k+1)=x_2(k)-u_2(k)+w(k)\\z(k)=(c_{h1}+\Delta c_{h1})x_1(k)+(c_{h2}+\Delta c_{h2})x_2(k)+\\\qquad(c_{m2}+\Delta c_{m2})u_1(k)+(c_{o1}+\Delta c_{o1})u_2(k)\end{cases}$$

$$R_9:\begin{cases}x_1(k+1)=x_1(k)-u_1(k)+u_2(k)\\x_2(k+1)=x_2(k)-u_2(k)+w(k)\\z(k)=(c_{h1}+\Delta c_{h1})x_1(k)+(c_{h2}+\Delta c_{h2})x_2(k)+\\\qquad(c_{m2}+\Delta c_{m2})u_1(k)+(c_{o2}+\Delta c_{o2})u_2(k)\end{cases}$$

建立模糊 SCF 系统如下：

R_i : if x_1 is M_1^i and x_2 is M_2^i, then

$$\begin{cases}\boldsymbol{x}(k+1)=\sum_{i=1}^{9}h_i[(\boldsymbol{A}_i+\Delta\boldsymbol{A}_i)\boldsymbol{x}(k)+(\boldsymbol{B}_i+\Delta\boldsymbol{B}_i)\boldsymbol{u}(k)+\\\qquad(\boldsymbol{B}_{wi}+\Delta\boldsymbol{B}_{wi})\boldsymbol{w}(k)]\\z(k)=\sum_{i=1}^{9}h_i[(\boldsymbol{C}_i+\Delta\boldsymbol{C}_i)\boldsymbol{x}(k)+(\boldsymbol{D}_i+\Delta\boldsymbol{D}_i)\boldsymbol{u}(k)+\\\qquad(\boldsymbol{D}_{wi}+\Delta\boldsymbol{D}_{wi})\boldsymbol{w}(k)]\end{cases}$$

对上述模糊 SCF 系统设计相应的闲置流动资金反馈控制律为：

K^i : if x_1 is M_1^i and x_2 is M_2^i, then $\quad \boldsymbol{u}(k)=-\sum_{i=1}^{9}h_i\boldsymbol{K}_{ic}\boldsymbol{x}(k)$

基于电视机 SCF 系统的运作过程，系统的各种参数选取如下所示：

当 $i=1\sim2,\ 4\sim6,\ 8\sim9$ 时，$l_{21}=l_{12}=0$；当 $i=3$ 时，$l_{21}=0.45$，$l_{12}=0$；当 $i=7$ 时，$l_{21}=0$，$l_{12}=0.35$；当 $i=1\sim3$ 时，$l_1=0.65$；当 $i=4\sim9$ 时，$l_1=0$；当 $i=1,\ 4,\ 7$ 时，$l_2=0.35$；当 $i=2\sim3,\ 5\sim6,\ 8\sim9$ 时，$l_2=0$；当 $i=1\sim7$ 时，$c_{m1}=0.15$；当 $i=8,\ 9$ 时，$c_{m2}=0.1$；当 $i=1\sim5,\ 7,\ 8$ 时，$c_{o1}=0.2$；当 $i=6,\ 9$ 时，$c_{o2}=0.15$；当 $i=1\sim9$ 时，$c_{h1}=c_{h2}=0.0025$，$c_{c1}=c_{c2}=0.01$，$c_{c3}=c_{c4}=0.04$ (10^4元/年)。因此，系统参数矩阵可表示如下：

$\boldsymbol{A}_i=\begin{bmatrix}1&0\\0&1\end{bmatrix}(i=1\sim2,\ 4\sim6,\ 8\sim9)$，$\boldsymbol{A}_3=\begin{bmatrix}1&l_{21}\\0&1-l_{21}\end{bmatrix}$，$\boldsymbol{A}_7=\begin{bmatrix}1-l_{12}&0\\l_{12}&1\end{bmatrix}$；$\boldsymbol{B}_i=\begin{bmatrix}-1&1\\0&-1\end{bmatrix}(i=1\sim9)$，$\boldsymbol{B}_{wi}=\begin{bmatrix}l_1&0\\l_2&1\end{bmatrix}(i=1\sim9)$，$\boldsymbol{C}_1=\boldsymbol{0}$，$\boldsymbol{C}_2=[0\quad c_{h2}]$，$\boldsymbol{C}_3=[0\quad c_{h2}+c_{c2}l_{21}]$，$\boldsymbol{C}_4=[c_{h1}\quad 0]$，$\boldsymbol{C}_5=\boldsymbol{C}_6=\boldsymbol{C}_8=\boldsymbol{C}_9=[c_{h1}\quad c_{h2}]$，$\boldsymbol{C}_7=[c_{h1}+c_{c1}l_{12}\quad 0]$，$\boldsymbol{D}_1=\boldsymbol{D}_2=\boldsymbol{D}_4=\boldsymbol{D}_5=[c_{m1}\quad c_{o1}]$，$\boldsymbol{D}_3=\boldsymbol{D}_6=[c_{m1}\quad c_{o2}]$，$\boldsymbol{D}_7=\boldsymbol{D}_8=[c_{m2}\quad c_{o1}]$，$\boldsymbol{D}_9=[c_{m2}\quad c_{o2}]$，$\boldsymbol{D}_{w5}=\boldsymbol{D}_{w6}=\boldsymbol{D}_{w8}=\boldsymbol{D}_{w9}=\boldsymbol{0}$，$\boldsymbol{D}_{w1}=[c_{c3}l_1+c_{c4}l_2\quad 0]$，$\boldsymbol{D}_{w2}=\boldsymbol{D}_{w3}=[c_{c3}l_1\quad 0]$，$\boldsymbol{D}_{w4}=\boldsymbol{D}_{w7}=[c_{c4}l_2\quad 0]$；$\boldsymbol{E}_{11i}=\begin{bmatrix}0.002&0\\0&0.002\end{bmatrix}(i=1\sim9)$，$\boldsymbol{E}_{12i}=\begin{bmatrix}0.002&0\\0&0.002\end{bmatrix}(i=1\sim9)$，$\boldsymbol{E}_{13i}=\begin{bmatrix}0&0\\0&0.003\end{bmatrix}(i=1\sim9)$，

$\boldsymbol{E}_{21i}=[0.0015 \quad 0.003](i=1\sim 9)$，$\boldsymbol{E}_{221}=[0.003 \quad 0.002]$，$\boldsymbol{E}_{222}=[0.003 \quad 0]$，$\boldsymbol{E}_{223}=\boldsymbol{E}_{226}=[0.001 \quad 0.002]$，$\boldsymbol{E}_{224}=\boldsymbol{E}_{225}=[0.001 \quad 0]$，$\boldsymbol{E}_{227}=\boldsymbol{E}_{228}=[0 \quad 0.002]$，$\boldsymbol{E}_{229}=\boldsymbol{0}$，$\boldsymbol{E}_{23i}=\boldsymbol{0}$，$\boldsymbol{H}_{1i}=[0.001](i=1\sim 9)$，$\boldsymbol{H}_{2i}=[0.002](i=1\sim 9)$，$\boldsymbol{F}_{1i}=\boldsymbol{F}_{2i}=\sin(k)(i=1\sim 9)$，$\varepsilon_{ijc}=0(i=j=1\sim 9,\ c=1\sim 4)$。

当 $\gamma=0.5$ 时，通过求解式（1.22）和式（1.23），得到了表征该系统是鲁棒渐近稳定的结果如下：

$$\boldsymbol{X}_1=\begin{bmatrix}70.5115 & -9.8856\\ -9.8856 & 8.7486\end{bmatrix},\ \boldsymbol{X}_2=\begin{bmatrix}71.2572 & -10.5447\\ -10.5447 & 8.9026\end{bmatrix},$$

$$\boldsymbol{X}_3=\boldsymbol{X}_4=\begin{bmatrix}70.8516 & -10.2062\\ -10.2062 & 8.8225\end{bmatrix}。$$

基于 Zhang 等（2016）提出的方法，得到以下状态反馈增益矩阵：

$$\boldsymbol{K}_{11}=\begin{bmatrix}-0.6507 & 0.2801\\ -0.0071 & -0.9490\end{bmatrix},\ \boldsymbol{K}_{21}=\begin{bmatrix}-0.6521 & 0.2800\\ -0.0067 & -0.9475\end{bmatrix},$$

$$\boldsymbol{K}_{41}=\begin{bmatrix}-0.6461 & 0.2853\\ -0.0065 & -0.9452\end{bmatrix},\ \boldsymbol{K}_{51}=\begin{bmatrix}-0.6470 & 0.2857\\ -0.0061 & -0.9434\end{bmatrix},$$

$$\boldsymbol{K}_{32}=\begin{bmatrix}-0.6607 & -0.7385\\ -0.1042 & -0.7411\end{bmatrix},\ \boldsymbol{K}_{62}=\begin{bmatrix}-0.6549 & 0.2825\\ -0.0057 & -0.9319\end{bmatrix},$$

$$\boldsymbol{K}_{73}=\begin{bmatrix}-0.5291 & 0.3906\\ 0.0000 & -0.8667\end{bmatrix},\ \boldsymbol{K}_{83}=\begin{bmatrix}-0.5544 & 0.3805\\ -0.0017 & -0.8952\end{bmatrix},$$

$$\boldsymbol{K}_{94}=\begin{bmatrix}-0.5663 & 0.3619\\ 0.0026 & -0.8610\end{bmatrix}。$$

以下将进行 3 个仿真实验以验证鲁棒融资切换策略在不确定环境下的控制效果。假设 $w(k)\sim N(6,\ 0.1^2)$ 和 $\Delta\boldsymbol{B}_{wi}(k)\sim U[0.05,\ 0.15](i=1\sim 9)$。3 个仿真实验中的状态变量和控制变量的不同的初始值和标称值见表 7.2。

表 7.2　**仿真实验中的初始值和标称值**

	初始值	标称值
仿真实验 1	$x_1(0)=-32,\ x_2(0)=-17$	$\vec{x}_1(k)=30,\ \vec{x}_2(k)=15$ $\vec{u}_1(k)=38,\ \vec{u}_2(k)=32$
仿真实验 2	$x_1(0)=-50,\ x_2(0)=60$	$\vec{x}_1(k)=33,\ \vec{x}_2(k)=19$ $\vec{u}_1(k)=41,\ \vec{u}_2(k)=36$
仿真实验 3	$x_1(0)=60,\ x_2(0)=3$	$\vec{x}_1(k)=31,\ \vec{x}_2(k)=16$ $\vec{u}_1(k)=39,\ \vec{u}_2(k)=33$

① 仿真实验1。对于制造商和零售商的初始闲置流动资金均小于0，R_1被触发，制造商和零售商均执行外部融资策略，即向银行融资。在外部融资策略下，由图7.4和图7.5可知，不仅制造商的闲置流动资金和用于生产的流动资金，而且零售商的闲置流动资金和用于订购的流动资金，均快速增加。相应地，由图7.6可知，SCF系统的总成本也快速提升。当制造商的闲置流动资金和零售商的闲置流动资金均上升到各自设置的安全流动资金值与理想流动资金值之间时，R_5被触发，制造商和零售商分别启动正常生产模式和正常订购模式，SCF系统则进入了鲁棒稳定状态。

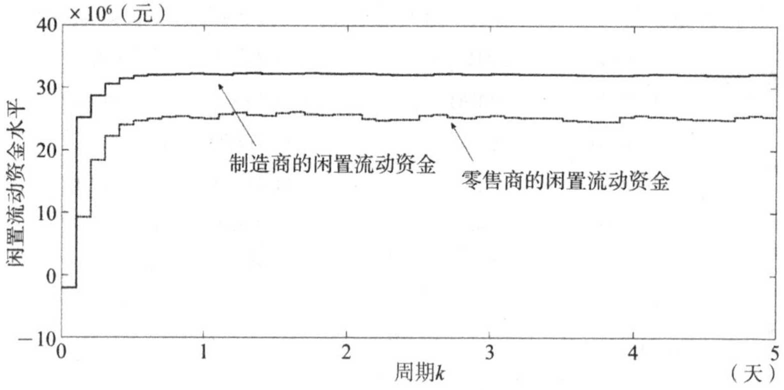

图7.4 仿真实验1中的流动资金量的变化过程

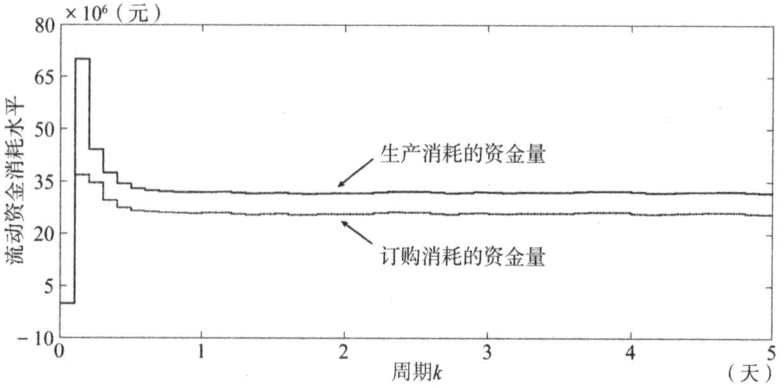

图7.5 仿真实验1中的控制变量的变化过程

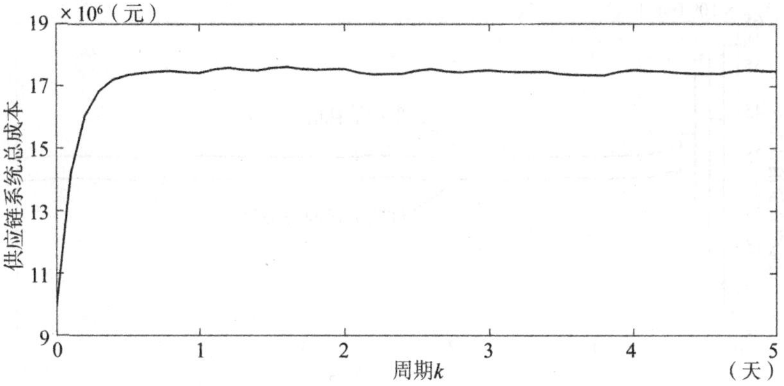

图 7.6　仿真实验 1 中的 SC 系统总成本的变化过程（$\times 10^6$ 元）

② 仿真实验 2。对于制造商的初始闲置流动资金小于 0 而零售商的初始闲置流动资金大于其理想流动资金值，R_3 被触发，制造商执行混合融资策略，即制造商不仅向银行融资并同时向零售商融资。在混合融资策略下，由图 7.7 至图 7.9 可知，制造商的闲置流动资金和用于生产的流动资金均快速增加，而零售商的闲置流动资金和用于订购的流动资金均迅速减少。相应地，SCF 系统的总成本也降低。当制造商的闲置流动资金和零售商的闲置流动资金均上升到各自设置的安全流动资金值与理想流动资金值之间时，R_5 被触发，制造商和零售商分别启动正常生产模式和正常订购模式，SCF 系统则进入了鲁棒稳定状态。

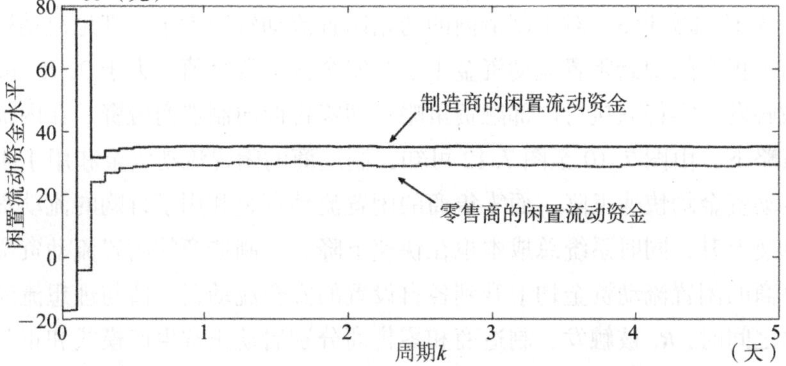

图 7.7　仿真实验 2 中的闲置流动资金的变化过程

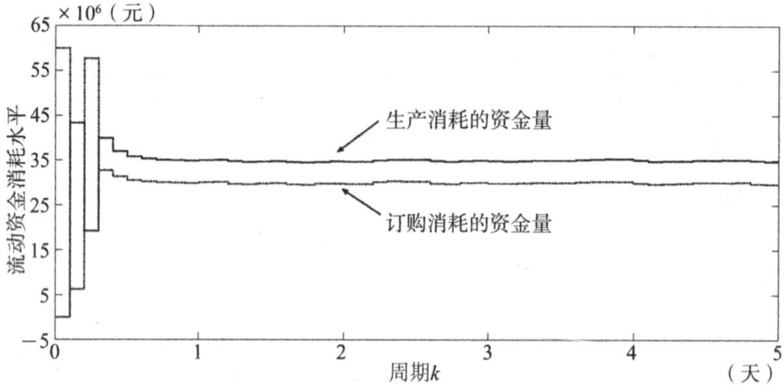

图 7.8　仿真实验 2 中的控制变量的变化过程

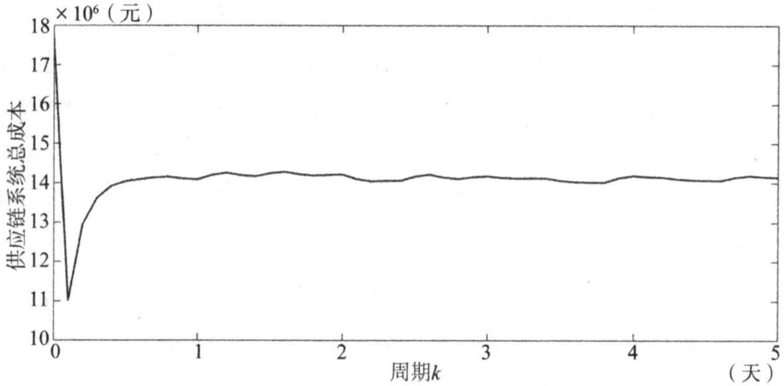

图 7.9　仿真实验 2 中的 SC 系统总成本的变化过程

③ 仿真实验 3。对于制造商的初始闲置流动资金大于其理想流动资金值而零售商的初始闲置流动资金小于其安全流动资金值且大于 0，R_7 和 R_8 均被触发，零售商执行内部融资策略，即零售商向制造商融资。在内部融资策略下，由图 7.10 至图 7.12 可知，制造商的闲置流动资金和用于生产的流动资金均快速下降，而零售商的闲置流动资金和用于订购的流动资金均迅速上升，同时系统总成本也在快速下降。当制造商的闲置流动资金和零售商的闲置流动资金均上升到各自设置的安全流动资金值与理想流动资金值之间时，R_5 被触发，制造商和零售商分别启动正常生产模式和正常订购模式，SCF 系统则进入了鲁棒稳定状态。

对以上 3 个仿真实验结果总结如下：（1）无论状态变量和控制变量的

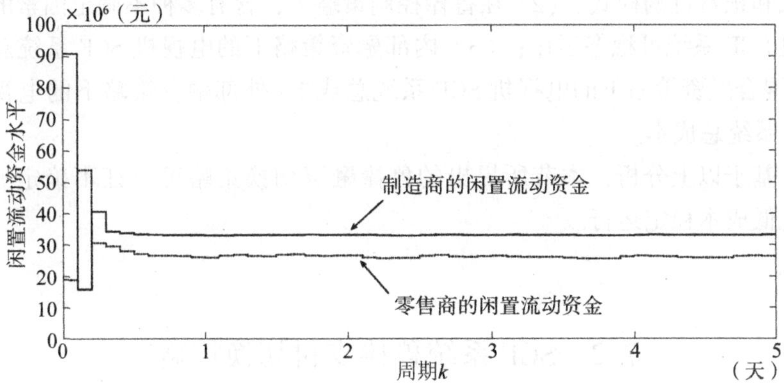

图7.10 仿真实验3中的闲置流动资金的变化过程

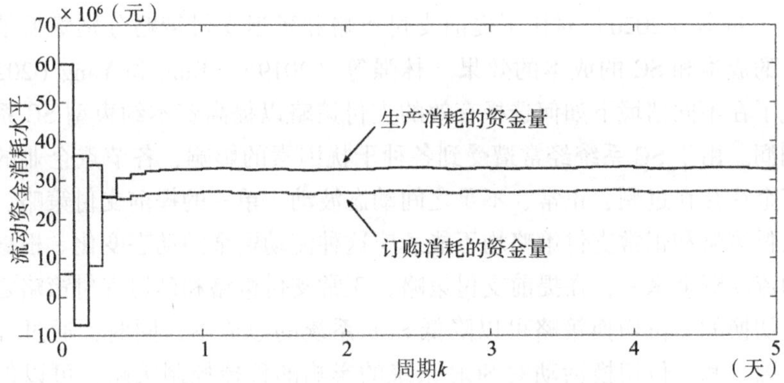

图7.11 仿真实验3中的控制变量的变化过程

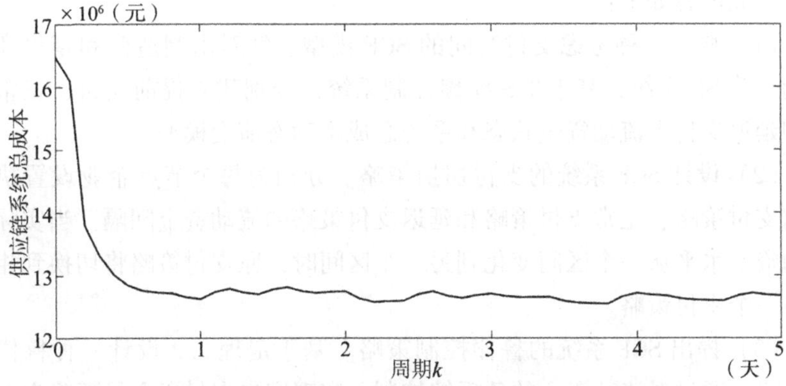

图7.12 仿真实验3中的SC系统总成本的变化过程

初始值如何，在融资切换策略下，制造商和零售商均能最终执行正常生产模式和正常订购模式；（2）在鲁棒控制策略下，含有多种不确定因素的电视机 SCF 系统可稳态运作；（3）内部融资策略下的电视机 SCF 系统总成本<混合融资策略下的电视机 SCF 系统总成本<外部融资策略下的电视机 SCF 系统总成本。

基于以上分析，本节所提出的鲁棒融资切换策略可保证不确定 SCF 系统低成本稳定运行。

7.2 SCF 系统鲁棒支付切换策略

在流动资金的管理策略中，提前支付策略和延期支付策略均是提高 SC 节点企业资金流动率和缓解资金短缺的有效途径。Gupta 等（2009）和 Pirttila 等（2020）对比了提前支付策略和延迟支付策略分别降低节点企业的成本和 SC 的成本的效果。林强等（2019）、Tang 和 Yang（2020）研究了在不同情境下如何选择有效的支付策略以提高资本约束型 SC 系统的利润。由于 SC 系统经常遭受到各种干扰因素的影响，各节点企业的流动资金往往在过剩、正常、不足之间动态波动。单一的提前支付策略、延迟支付策略和正常支付策略均不能适应这种流动资金的动态变化。根据不同的流动资金水平，在提前支付策略、正常支付策略和延迟支付策略之间进行切换的支付切换策略可以降低 SCF 系统的总成本，同时，通过抑制干扰因素和支付切换活动对 SCF 系统的影响的鲁棒控制策略，可以保持系统的稳定性。因此，对于客户支付资金量不确定的 SCF 系统，本节将研究包含支付切换策略和鲁棒控制策略在内的鲁棒支付切换策略。本节的主要研究内容如下：

（1）构建一种考虑支付时间的 SCF 模型。针对由制造商和零售商组成的二阶 SC 系统，基于 T-S 模糊控制系统，分别建立提前支付、正常支付和延迟支付下流动资金状态和系统总成本动态演变模型。

（2）设计 SCF 系统的支付切换策略。分别为每个节点企业设置执行提前支付策略、正常支付策略和延迟支付策略的流动资金间隔。当实际的流动资金水平从一个区间变化到另一个区间时，原支付策略将切换到相应的另一个支付策略。

（3）提出 SCF 系统的鲁棒控制策略。基于定理 2.2 设计一种鲁棒控制策略，通过对流动资金的负反馈控制，实现客户支付资金量不确定下的 SCF 系统稳定运行。

7.2.1　SCF 系统基本支付模型

本节与表 7.1 所描述的不同的变量含义如表 7.3 所示。

表 7.3　主要变量含义描述

符　号	含　义
$x_1(k)$	制造商的流动资金
$x_2(k)$	零售商的流动资金
V	制造商向银行融资的资金总量
c_{h1}	制造商的流动资金利率
c_{h2}	零售商的流动资金利率
c_b	制造商向银行融资的融资利率
τ	零售商的支付时间
D_{0m}	制造商的安全流动资金
D_{1m}	制造商的理想流动资金
$D_{m\max}$	制造商的最大流动资金
D_{0r}	零售商的安全流动资金
D_{1r}	零售商的理想流动资金
$D_{r\max}$	零售商的最大流动资金

假设 7.1　制造商可以从银行获得外部融资，而零售商不能获得外部融资。

本节考虑一个由一个制造商和一个零售商构成的串行 SC 系统，该系统的 SCF 系统如图 7.13 所示。

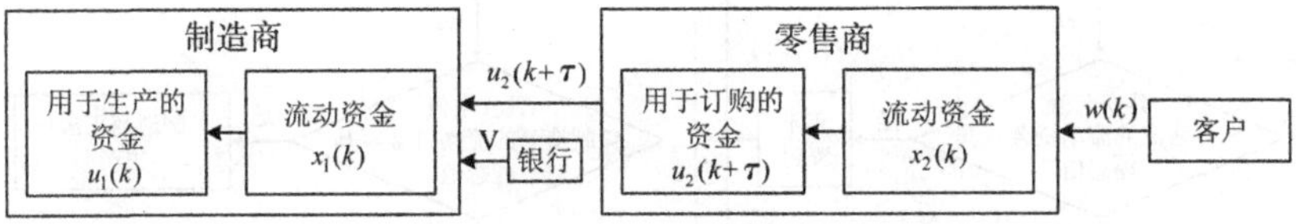

图 7.13　考虑支付时间的 SCF 系统

图 7.13 中考虑了零售商的支付时间（τ）和制造商的外部融资渠道（银行）。基于图 7.13，构建 SCF 系统的基本模型如下：

$$\begin{cases} x_1(k+1) = x_1(k) - u_1(k) + u_2(k+\tau) + V \\ x_2(k+1) = x_2(k) - u_2(k+\tau) + w(k) \\ z(k) = c_{h1}x_1(k) + c_{h2}x_2(k) + c_m u_1(k) + c_o u_2(k+\tau) + c_b V \end{cases} \tag{7.5}$$

注 7.3 在式（7.5）中，① 当零售商提前支付时，$\tau > 0$；② 当零售商延迟支付时，$\tau < 0$；③ 当零售商正常支付时，$\tau = 0$。

注 7.4 对于用于订购的流动资金利用系数 c_o，① 当零售商延迟支付时，用 c_{o1} 代表 c_o；② 当零售商正常支付时，用 c_{o2} 代表 c_o；③ 当零售商提前支付时，用 c_{o3} 代表 c_o。因为零售商在提前支付情况下可以从制造商处获得较低的批发价格折扣，所以提前支付的流动资金利用系数低于正常支付的流动资金利用系数，即 $c_{o3} < c_{o2}$；因为零售商在延迟支付下需要支付额外费用，所以延迟支付的流动资金利用系数要大于正常支付的流动资金利用系数，即 $c_{o2} < c_{o1}$。那么，c_{o1}、c_{o2} 和 c_{o3} 三者的大小关系如下：$c_{o3} < c_{o2} < c_{o1}$。

7.2.2 SCF 系统支付切换策略

通过分别设置制造商和零售商的流动资金的理想值和安全值，零售商的支付切换策略设计如下：当零售商的流动资金大于其理想值时，执行提前支付策略；当零售商的流动资金介于其安全值和理想值之间时，执行正常支付策略（既不延迟也不提前）；当零售商的流动资金低于其安全值时，执行延迟支付策略。相应地，如果制造商的流动资金低于其安全值，则制造商向银行融资以维持正常生产。

同时考虑零售商的支付切换策略和制造商的生产切换策略的 SCF 系统运作过程如图 7.14 所示。

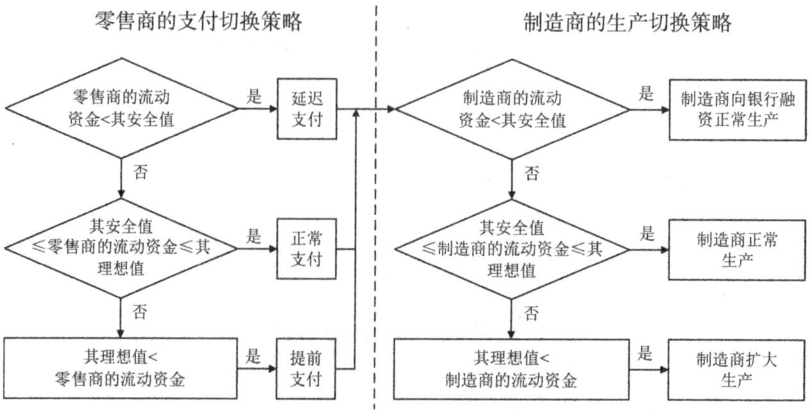

图 7.14 SCF 系统的运作过程

对于三种支付策略（延迟支付策略、正常支付策略、提前支付策略）和三种生产策略（正常生产策略、扩大生产策略、通过银行融资的正常生产策略），SCF系统共有9种运作模式：延迟支付策略+正常生产策略、延迟支付策略+扩大生产策略、延迟支付策略+通过银行融资的正常生产策略、正常支付策略+正常生产策略、正常支付策略+扩大生产策略、正常支付策略+通过银行融资的正常生产策略、提前支付策略+正常生产策略、提前支付策略+扩大生产策略、提前支付策略+通过银行融资的正常生产策略。

7.2.3　SCF支付多模型系统

基于式（7.5）的基本模型和图7.14所示的SCF系统的运作过程，建立的SCF支付多模型系统的第 i 个模型用矩阵形式表示如下：

$$\begin{cases} \boldsymbol{x}(k+1)=\boldsymbol{A}_i\boldsymbol{x}(k)+\boldsymbol{B}_i\boldsymbol{u}(k)+\boldsymbol{B}_{i\tau}\boldsymbol{u}(k+\tau)+\boldsymbol{B}_{wi}\boldsymbol{w}(k) \\ z(k)=\boldsymbol{C}_i\boldsymbol{x}(k)+\boldsymbol{D}_i\boldsymbol{u}(k)+\boldsymbol{D}_{i\tau}\boldsymbol{u}(k+\tau)+\boldsymbol{D}_{wi}\boldsymbol{w}(k) \end{cases} \tag{7.6}$$

7.2.4　考虑不同支付策略的SCF鲁棒控制策略

（1）考虑支付时间的SCF模糊控制模型。

针对考虑支付时间的SCF系统的9种运作模式，可用if-then规则描述的模糊控制系统来表达不同流动资金水平下的运作模式，实现运作模式之间的切换。因此，基于式（7.6），将节点企业的流动资金水平和运作模式分别作为前件变量和后件执行部分，则考虑支付时间的模糊SCF系统可以表示为：

R_i：If $x_1(k)$ is M_1^i and $x_2(k)$ is M_2^i, then

$$\begin{cases} \boldsymbol{x}(k+1)=\boldsymbol{A}_i\boldsymbol{x}(k)+\boldsymbol{B}_i\boldsymbol{u}(k)+\boldsymbol{B}_{i\tau}\boldsymbol{u}(k+\tau)+\boldsymbol{B}_{wi}\boldsymbol{w}(k) \\ z(k)=\boldsymbol{C}_i\boldsymbol{x}(k)+\boldsymbol{D}_i\boldsymbol{u}(k)+\boldsymbol{D}_{i\tau}\boldsymbol{u}(k+\tau)+\boldsymbol{D}_{wi}\boldsymbol{w}(k) \\ \boldsymbol{x}(k)=\boldsymbol{\varphi}(k),\quad i=1,2,\cdots,r,\ k\in\{0,1,\cdots,\mathrm{N}\} \end{cases} \tag{7.7}$$

采用与1.4.1节相同的推理方法，式（7.7）可转化为：

$$\begin{cases} \boldsymbol{x}(k+1)=\sum_{i=1}^{r}h_i[\boldsymbol{A}_i\boldsymbol{x}(k)+\boldsymbol{B}_i\boldsymbol{u}(k)+\boldsymbol{B}_{i\tau}\boldsymbol{u}(k+\tau)+\boldsymbol{B}_{wi}\boldsymbol{w}(k)] \\ z(k)=\sum_{i=1}^{r}h_i[\boldsymbol{C}_i\boldsymbol{x}(k)+\boldsymbol{D}_i\boldsymbol{u}(k)+\boldsymbol{D}_{i\tau}\boldsymbol{u}(k+\tau)+\boldsymbol{D}_{wi}\boldsymbol{w}(k)] \end{cases} \tag{7.8}$$

（2）鲁棒控制策略。

为了使式（7.8）在考虑支付时间的情况下鲁棒稳定运行，设计的流动资金状态反馈控制律如下所示：

K^i：If $x_1(k)$ is M_1^i and $x_2(k)$ is M_2^i, then

$$\begin{cases} \boldsymbol{u}(k) = -\boldsymbol{K}_i\boldsymbol{x}(k) \\ \boldsymbol{u}(k+\tau) = -\boldsymbol{K}_{i\tau}\boldsymbol{x}(k+\tau) \end{cases} \tag{7.9}$$

其中，$\boldsymbol{K}_{i\tau}$ 是第 i 个规则下具有支付时间的流动资金状态反馈增益矩阵。

对于式（7.8），基于式（7.9）的流动资金状态反馈控制律，应用定理 2.2，可得到考虑支付时间的 SCF 多模型系统的鲁棒控制策略，该鲁棒控制策略与 7.2.2 节的支付切换策略相结合，可进一步得到 SCF 多模型系统的鲁棒支付切换策略。

7.2.5 仿真分析

本节对一种电视机 SC 系统进行仿真实验，该 SC 具体的 SCF 系统详见图 7.13。制造商和零售商的流动资金的模糊分划如图 7.3 所示。设 $D_{0m}=25$，$D_{1m}=50$，$D_{m\max}=70$，$D_{0r}=20$，$D_{1r}=35$，$D_{r\max}=60$，$V=80$（$\times10^6$元）。

基于考虑支付时间的 SCF 基本模型式（7.5）和模糊控制模型式（7.8）、零售商的支付切换策略和制造商的生产切换策略，电视机 SCF 系统的模糊控制规则表示如下：

R_1：If x_1 is M_1^1 and x_2 is M_2^1, then

$$\begin{cases} x_1(k+1) = x_1(k) - u_1(k) + u_2(k-\tau) + V \\ x_2(k+1) = x_2(k) - u_2(k-\tau) + w(k) \\ z(k) = c_{h1}x_1(k) + c_{h2}x_2(k) + c_{m1}u_1(k) + c_{o1}u_2(k-\tau)) + c_bV \end{cases}$$

R_2：If x_1 is M_1^2 and x_2 is M_2^2, then

$$\begin{cases} x_1(k+1) = x_1(k) - u_1(k) + u_2(k) + V \\ x_2(k+1) = x_2(k) - u_2(k) + w(k) \\ z(k) = c_{h1}x_1(k) + c_{h2}x_2(k) + c_{m1}u_1(k) + c_{o2}u_2(k)) + c_bV \end{cases}$$

R_3：If x_1 is M_1^3 and x_2 is M_2^3, then

$$\begin{cases} x_1(k+1) = x_1(k) - u_1(k) + u_2(k+\tau) + V \\ x_2(k+1) = x_2(k) - u_2(k+\tau) + w(k) \\ z(k) = c_{h1}x_1(k) + c_{h2}x_2(k) + c_{m1}u_1(k) + c_{o3}u_2(k+\tau)) + c_bV \end{cases}$$

R_4：If x_1 is M_1^4 and x_2 is M_2^4, then

$$\begin{cases} x_1(k+1) = x_1(k) - u_1(k) + u_2(k-\tau) \\ x_2(k+1) = x_2(k) - u_2(k-\tau) + w(k) \\ z(k) = c_{h1}x_1(k) + c_{h2}x_2(k) + c_{m1}u_1(k) + c_{o1}u_2(k-\tau)) \end{cases}$$

R_5: If x_1 is M_1^5 and x_2 is M_2^5, then

$$\begin{cases} x_1(k+1) = x_1(k) - u_1(k) + u_2(k) \\ x_2(k+1) = x_2(k) - u_2(k) + w(k) \\ z(k) = c_{h1}x_1(k) + c_{h2}x_2(k) + c_{m1}u_1(k) + c_{o2}u_2(k)) \end{cases}$$

R_6: If x_1 is M_1^6 and x_2 is M_2^6, then

$$\begin{cases} x_1(k+1) = x_1(k) - u_1(k) + u_2(k+\tau) \\ x_2(k+1) = x_2(k) - u_2(k+\tau) + w(k) \\ z(k) = c_{h1}x_1(k) + c_{h2}x_2(k) + c_{m1}u_1(k) + c_{o3}u_2(k+\tau)) \end{cases}$$

R_7: If x_1 is M_1^7 and x_2 is M_2^7, then

$$\begin{cases} x_1(k+1) = x_1(k) - u_1(k) + u_2(k-\tau) \\ x_2(k+1) = x_2(k) - u_2(k-\tau) + w(k) \\ z(k) = c_{h1}x_1(k) + c_{h2}x_2(k) + c_{m2}u_1(k) + c_{o1}u_2(k-\tau)) \end{cases}$$

R_8: If x_1 is M_1^8 and x_2 is M_2^8, then

$$\begin{cases} x_1(k+1) = x_1(k) - u_1(k) + u_2(k) \\ x_2(k+1) = x_2(k) - u_2(k) + w(k) \\ z(k) = c_{h1}x_1(k) + c_{h2}x_2(k) + c_{m2}u_1(k) + c_{o2}u_2(k)) \end{cases}$$

R_9: If x_1 is M_1^9 and x_2 is M_2^9, then

$$\begin{cases} x_1(k+1) = x_1(k) - u_1(k) + u_2(k+\tau) \\ x_2(k+1) = x_2(k) - u_2(k+\tau) + w(k) \\ z(k) = c_{h1}x_1(k) + c_{h2}x_2(k) + c_{m2}u_1(k) + c_{o3}u_2(k+\tau)) \end{cases}$$

将上述 9 条模糊规则用矩阵形式表示如下：

R_i : If x_1 is M_1^i and x_2 is M_2^i, then

$$\begin{cases} \boldsymbol{x}(k+1) = \sum_{i=1}^{9} h_i[\boldsymbol{A}_i\boldsymbol{x}(k) + \boldsymbol{B}_i\boldsymbol{u}(k) + \boldsymbol{B}_{i\tau}\boldsymbol{u}(k+\tau) + \boldsymbol{B}_{wi}\boldsymbol{w}(k)] \\ z(k) = \sum_{i=1}^{9} h_i[\boldsymbol{C}_i\boldsymbol{x}(k) + \boldsymbol{D}_i\boldsymbol{u}(k) + \boldsymbol{D}_{i\tau}\boldsymbol{u}(k+\tau) + \boldsymbol{D}_{wi}\boldsymbol{w}(k)] \end{cases}$$

设计流动资金状态反馈控制律如下：

K^i : If x_1 is M_1^i and x_2 is M_2^i, then

$$\begin{cases} \boldsymbol{u}(k) = -\sum_{i=1}^{9} h_i(\boldsymbol{x}(k))\boldsymbol{K}_i\boldsymbol{x}(k) \\ \boldsymbol{u}(k+\tau) = -\sum_{i=1}^{9} h_i(\boldsymbol{x}(k))\boldsymbol{K}_{i\tau}\boldsymbol{x}(k+\tau) \end{cases}$$

基于电视机 SCF 系统的运作过程，系统的各种参数选取如下所示：当 $i=1\sim6$ 时，$c_{m1}=0.17$，$c_{m2}=0$；当 $i=7\sim9$ 时，$c_{m1}=0$，$c_{m2}=0.12$；当

$i=1, 4, 7$ 时，$c_{o1}=0.18$，$c_{o2}=c_{o3}=0$；当 $i=2, 5, 8$ 时，$c_{o2}=0.15$，$c_{o1}=c_{o3}=0$；当 $i=3, 6, 9$ 时，$c_{o3}=0.13$，$c_{o1}=c_{o2}=0$；当 $i=7\sim9$ 时，$c_{h1}=c_{h2}=0.0033$，$c_b=0.043$（$\times10^4$元/年）。进一步地，系统的系数矩阵可表示如下：$\boldsymbol{A}_i=\begin{bmatrix}1&0\\0&1\end{bmatrix}(i=1\sim9)$，$\boldsymbol{B}_i=\begin{bmatrix}-1&1\\0&-1\end{bmatrix}(i=2, 5, 8)$，$\boldsymbol{B}_i=\begin{bmatrix}-1&1\\0&0\end{bmatrix}(i=1, 3, 4, 6, 7, 9)$，$\boldsymbol{B}_{wi}=\begin{bmatrix}1&0\\0&1\end{bmatrix}(i=1\sim9)$，$\boldsymbol{C}_1=\boldsymbol{0}$，$\boldsymbol{C}_2=\boldsymbol{C}_3=[0\quad c_{h2}]$，$\boldsymbol{C}_4=\boldsymbol{C}_7=[c_{h1}\quad 0]$，$\boldsymbol{C}_5=\boldsymbol{C}_6=\boldsymbol{C}_8=\boldsymbol{C}_9=[c_{h1}\quad c_{h2}]$，$\boldsymbol{D}_1=\boldsymbol{D}_4=[c_{m1}\quad c_{o1}]$，$\boldsymbol{D}_2=\boldsymbol{D}_5=[c_{m1}\quad c_{o2}]$，$\boldsymbol{D}_3=\boldsymbol{D}_6=[c_{m1}\quad c_{o3}]$，$\boldsymbol{D}_7=[c_{m2}\quad c_{o1}]$，$\boldsymbol{D}_8=[c_{m2}\quad c_{o2}]$，$\boldsymbol{D}_9=[c_{m2}\quad c_{o3}]$，$\boldsymbol{D}_{w1}=\boldsymbol{D}_{w2}=\boldsymbol{D}_{w3}=[c_b\quad 0]$，$\boldsymbol{D}_{wi}=\boldsymbol{0}(i=4\sim9)$，$\boldsymbol{B}_{1\tau}=\boldsymbol{B}_{4\tau}=\boldsymbol{B}_{7\tau}=\begin{bmatrix}1&0\\-1&0\end{bmatrix}$，$\boldsymbol{B}_{2\tau}=\boldsymbol{B}_{5\tau}=\boldsymbol{B}_{8\tau}=\boldsymbol{0}$，$\boldsymbol{B}_{3\tau}=\boldsymbol{B}_{6\tau}=\boldsymbol{B}_{9\tau}=\begin{bmatrix}0&1\\0&-1\end{bmatrix}$，$\boldsymbol{D}_{1\tau}=\boldsymbol{D}_{4\tau}=\boldsymbol{D}_{7\tau}=[c_{o1}\quad 0]$，$\boldsymbol{D}_{3\tau}=\boldsymbol{D}_{6\tau}=\boldsymbol{D}_{9\tau}=[0\quad c_{o3}]$，$\boldsymbol{D}_{2\tau}=\boldsymbol{D}_{5\tau}=\boldsymbol{D}_{8\tau}=\boldsymbol{0}$。

当 $\gamma=0.75$ 时，通过求解定理 2.2 中的不等式（2.18）和不等式（2.19），得到以下 8 个正定矩阵。因此，考虑支付时间的电视机 SCF 系统是鲁棒渐近稳定的。

$$\boldsymbol{X}_1=\boldsymbol{X}_4=\begin{bmatrix}6.5816&-2.3876\\-2.3876&3.4385\end{bmatrix},\ \boldsymbol{X}_2=\begin{bmatrix}6.5844&-2.3904\\-2.3904&3.4439\end{bmatrix},$$

$$\boldsymbol{X}_3=\begin{bmatrix}6.5784&-2.3838\\-2.3838&3.4334\end{bmatrix},\ \boldsymbol{Q}_{\tau1}=\begin{bmatrix}0.4555&-0.0965\\-0.0965&0.2493\end{bmatrix},$$

$$\boldsymbol{Q}_{\tau2}=\begin{bmatrix}0.2278&-0.0483\\-0.0483&0.1240\end{bmatrix},\ \boldsymbol{Q}_{13}=\begin{bmatrix}0.1518&-0.0322\\-0.0322&0.0834\end{bmatrix},$$

$$\boldsymbol{Q}_{14}=\begin{bmatrix}0.1139&-0.0241\\-0.0241&0.0623\end{bmatrix}。$$

基于 Zhang 等（2016）提出的方法，得到以下状态反馈增益矩阵：

$$\boldsymbol{K}_{11}=\begin{bmatrix}-1.0070&-1.0176\\-1.0071&-1.0125\end{bmatrix},\ \boldsymbol{K}_{21}=\begin{bmatrix}-0.9480&-0.9029\\0.0226&-0.9551\end{bmatrix},$$

$$\boldsymbol{K}_{41}=\begin{bmatrix}-0.9428&-0.8876\\0.0092&-0.9797\end{bmatrix},\ \boldsymbol{K}_{51}=\begin{bmatrix}-0.9200&-0.8409\\0.0272&-0.9410\end{bmatrix},$$

$$\boldsymbol{K}_{32}=\begin{bmatrix}-0.9477&-0.9081\\0.0217&-0.9591\end{bmatrix},\ \boldsymbol{K}_{62}=\begin{bmatrix}-0.9245&-0.8668\\0.0297&-0.9458\end{bmatrix},$$

$$\boldsymbol{K}_{73}=\begin{bmatrix}-0.9561&-0.8953\\0.0056&-0.9838\end{bmatrix},\ \boldsymbol{K}_{83}=\begin{bmatrix}-0.9406&-0.8721\\0.0204&-0.9538\end{bmatrix},$$

$$K_{94} = \begin{bmatrix} -0.9412 & -0.8810 \\ 0.0211 & -0.9555 \end{bmatrix},\ K_{i\tau c} = \boldsymbol{0}(i = 1 \sim 9,\ c = 1 \sim 4)。$$

以下将进行 3 个仿真实验以验证鲁棒支付切换策略的有效性。设 $w(k) \sim N(3,\ 0.4^2)$ 以及 $\tau = 1$（天）。3 个仿真实验中的状态变量和控制变量的不同的初始值和标称值见表 7.4。

表 7.4　**仿真试验中的初始值和标称值**

	初始值（$\times 10^6$元）	标称值（$\times 10^6$元）
仿真实验 1	$x_1(0) = 3$, $x_2(0) = -15$	$\vec{x}_1(k) = 32$, $\vec{x}_2(k) = 13$, $\vec{u}_1(k) = 35$, $\vec{u}_2(k) = 0$
仿真实验 2	$x_1(0) = 0$, $x_2(0) = 3$	$\vec{x}_1(k) = 40$, $\vec{x}_2(k) = 27$, $\vec{u}_1(k) = 43$, $\vec{u}_2(k) = 33$
仿真实验 3	$x_1(0) = -35$, $x_2(0) = 36$	$\vec{x}_1(k) = 27$, $\vec{x}_2(k) = 19$, $\vec{u}_1(k) = 30$, $\vec{u}_2(k) = 25$

① 仿真实验 1。由于制造商的流动资金的初始值介于其安全值和理想值之间，而零售商的流动资金的初始值小于其安全库存值，因此 R_4 被激活。如图 7.15 至图 7.17 所示，制造商由于启动正常生产模式而其流动资金和用于生产的流动资金均已达到稳态，而零售商由于执行延迟支付策略和回笼了客户支付的资金，其流动资金在快速上升。当零售商的流动资金介于其安全值和理想值之间时，R_5 被激活，系统进入稳定状态。

② 仿真实验 2。由于制造商和零售商的流动资金均介于各自的安全值和理想值之间，所以 R_5 被激活，如图 7.18 至图 7.20 所示，制造商启动正常生产模式，零售商执行正常支付策略，系统始终为稳定状态，所以系统中的所有变量均平稳波动。

③ 仿真实验 3。由于制造商的流动资金初始值小于其安全值而零售商的流动资金初始值大于其理想值，R_2 和 R_3 被同时激活，如图 7.21 至图 7.23 所示，制造商从银行融资以维持其正常生产模式，则其流动资金和用于生产的流动资金快速上升；而零售商执行提前支付策略，其流动资金和用于订购的流动资金均下降。当制造商和零售商的流动资金均介于各自安全值和理想值之间时，R_5 被激活，系统进入稳定状态。

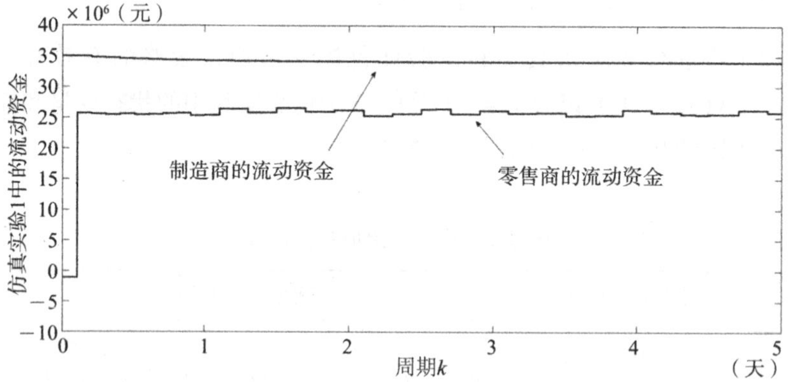

图 7.15 仿真实验 1 中流动资金的变化过程

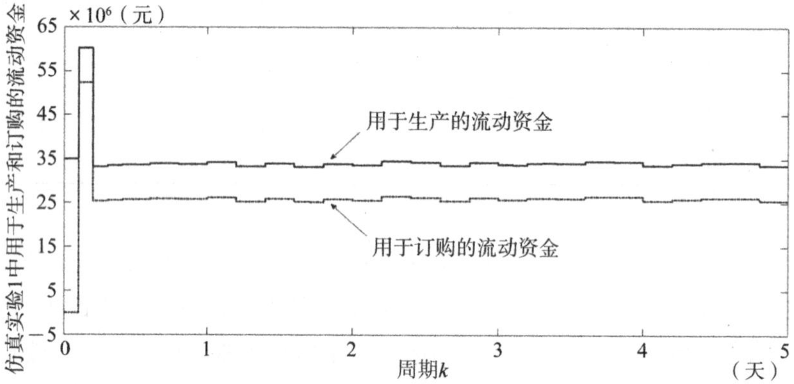

图 7.16 仿真实验 1 中用于生产和订购的流动资金的变化过程

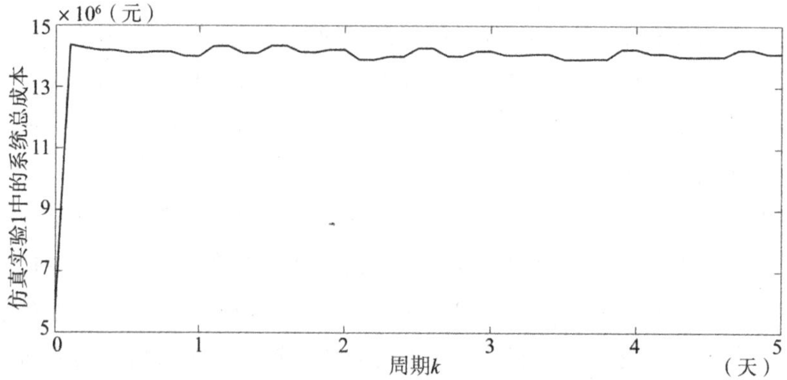

图 7.17 仿真实验 1 中系统总成本的变化过程

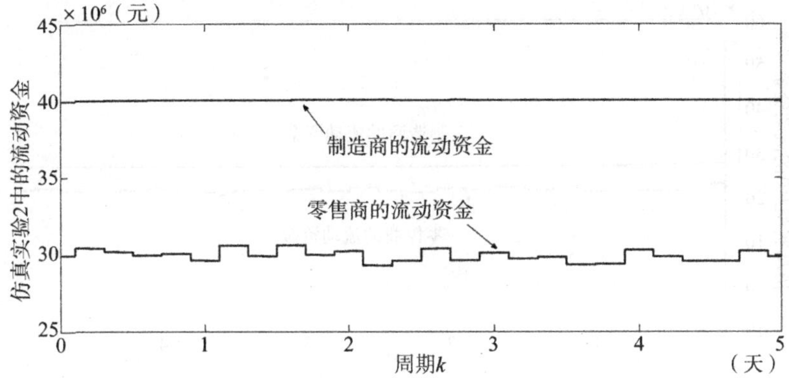

图 7.18　仿真实验 2 中流动资金的变化过程

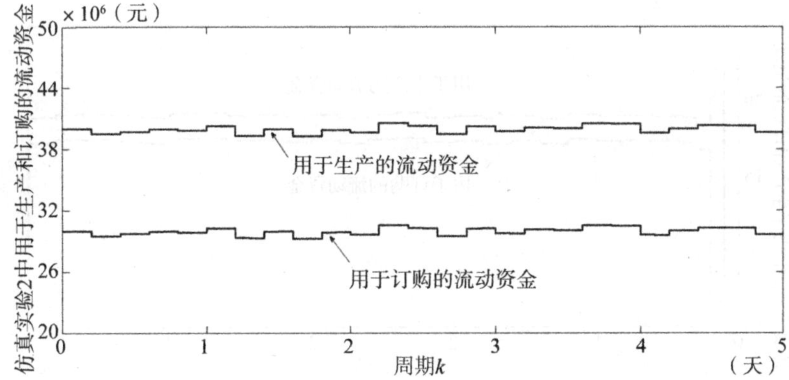

图 7.19　仿真实验 2 中用于生产和订购的流动资金的变化过程

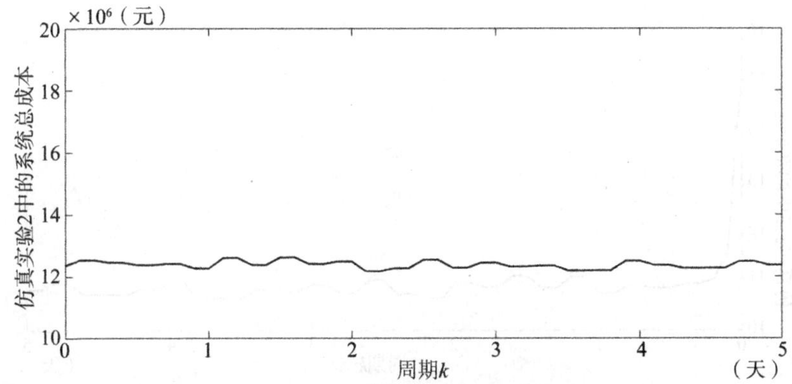

图 7.20　仿真实验 2 中系统总成本的变化进程

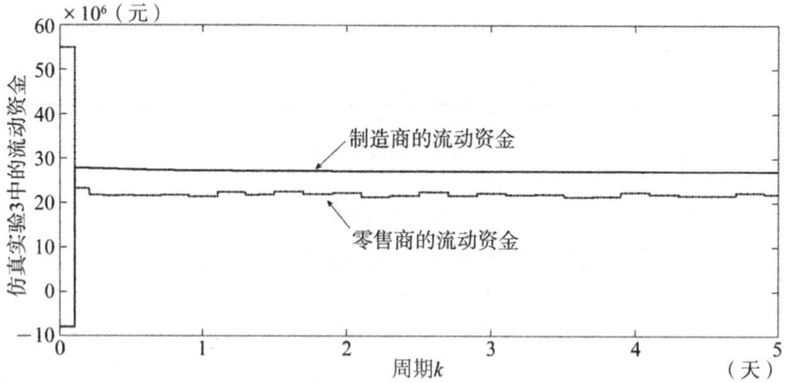

图 7.21　仿真实验 3 中流动资金的变化过程

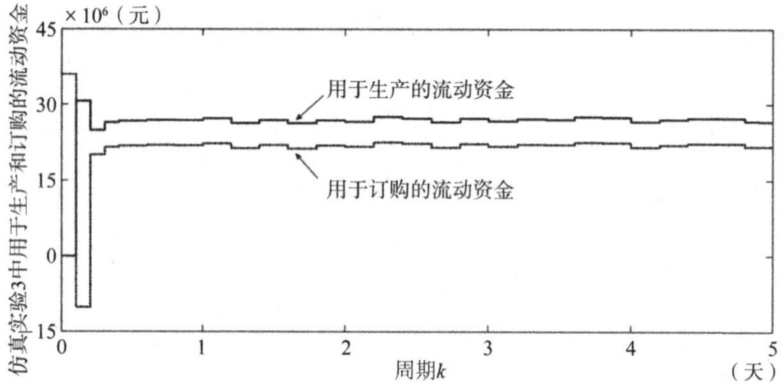

图 7.22　仿真实验 3 中用于生产和订购的流动资金的变化过程

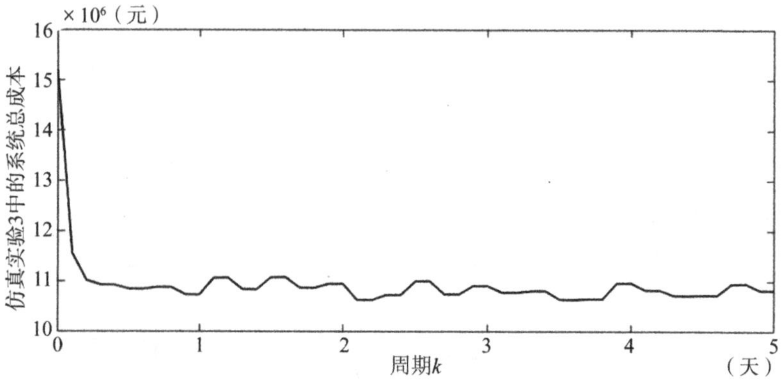

图 7.23　仿真实验 3 中系统总成本的变化过程

对以上 3 个仿真实验结果总结如下：（1）无论状态变量和控制变量的初始值如何，在支付切换策略下，制造商和零售商均能最终执行正常生产模式和正常订购模式；（2）在鲁棒控制策略下，含有支付时间的电视机 SCF 系统可稳态运作；（3）提前支付策略下的电视机 SCF 系统总成本<正常支付策略下的电视机 SCF 系统总成本<延迟支付策略下的电视机 SCF 系统总成本。

基于以上分析，本节所提出的由支付切换策略和鲁棒控制策略组成的鲁棒支付切换策略可保证含支付时间的 SCF 系统低成本稳定运行。

7.3　不确定 SCF 系统鲁棒融资支付切换策略

基于 7.1 节中对具有不确定的 SCF 系统分析的 3 种融资策略（内部融资策略、外部融资策略、混合融资策略）和 7.2 节中对考虑支付时间的 SCF 系统分析的 3 种支付策略（提前支付策略、正常支付策略、延迟支付策略），本节将在既考虑多种不确定因素又考虑支付时间的基础上，充分利用系统内外部的资金研究降低系统成本的融资支付策略。

迄今为止，仅有极少数文献对支付策略和融资策略做了比较分析，如 Wu 等（2019）研究了 SCF 系统中不同节点企业在不同情境下执行不同的支付策略和不同的融资策略所产生的成本，而尚无文献将融资策略和支付策略相结合来研究融资支付策略。

考虑 SC 系统中的支付时间和多种不确定因素，本节将提出一种鲁棒融资支付切换策略。本节的主要研究内容如下：

（1）构建一种考虑支付时间的不确定 SCF 模型。针对由一个制造商和一个零售商组成的二阶 SC 系统，在不确定环境下，基于 T-S 模糊控制系统，分别建立提前支付、正常支付和延迟支付下流动资金状态和系统总成本动态演变不确定模型。

（2）设计考虑支付时间的不确定 SCF 系统的融资支付切换策略。在设置每个节点企业的 0、安全流动资金值和理想流动资金值三个临界点的基础上，设计由外部融资策略与提前支付策略、正常支付策略、延迟支付策略构成的不同的融资支付策略。当节点企业的流动资金在不同的临界值之间变化时，制定在不同的融资支付换策略间切换的规则。

（3）提出考虑支付时间的不确定 SCF 系统的鲁棒控制策略。基于定理 3.2 设计一种鲁棒控制策略，实现考虑支付时间和多种不确定的 SCF 系统的低成本稳定运行。

7.3.1 不确定 SCF 系统基本融资支付模型

本节考虑一个由一个制造商和一个零售商构成的串行 SC 系统，该系统的 SCF 系统如图 7.24 所示。

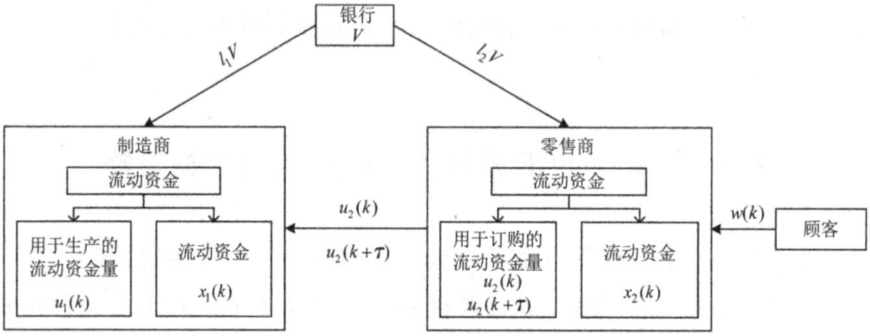

图 7.24 考虑不确定和支付时间的 SCF 系统

基于图 7.24，建立包含不确定客户支付资金量、不确定系统参数和支付时间的 SCF 系统的基本融资支付模型如下所示：

$$
\begin{cases}
x_1(k+1) = x_1(k) - u_1(k) + u_2(k) + u_2(k-\tau) + (l_1 + \Delta l_1)V \\
x_2(k+1) = x_2(k) - u_2(k-\tau) + w(k) + (l_2 + \Delta l_2)V \\
z(k) = (c_{h1} + \Delta c_{h1})x_1(k) + (c_{h2} + \Delta c_{h2})x_2(k) + (c_m + \Delta c_m)u_1(k) + \\
\qquad (c_o + \Delta c_o)(u_2(k) + u_2(k-\tau)) + (c_{c1} + \Delta c_{c1})(l_1 + \Delta l_1)V + \\
\qquad (c_{c2} + \Delta c_{c2})(l_2 + \Delta l_2)V
\end{cases}
\tag{7.10}
$$

假设 7.2 在本节的 SCF 系统中，在融资策略和支付策略的支持下，制造商的生产和零售商的订购均连续进行。

7.3.2 不确定 SCF 系统融资支付切换策略

对于考虑支付时间的不确定 SCF 系统，设计如图 7.25 所示的融资支付切换策略。

由图 7.25 可知：

(1) 当零售商的流动资金小于其安全流动资金值，零售商执行延迟支

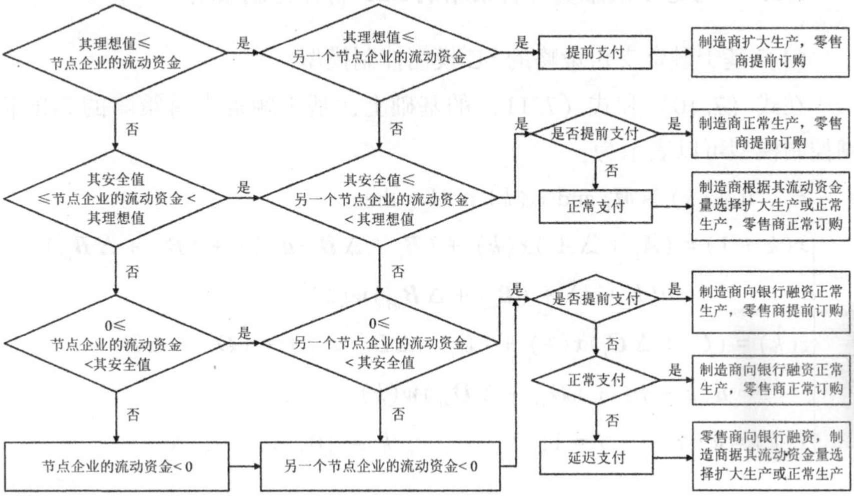

图 7.25　融资支付切换策略

付策略且启动外部融资策略；当零售商的流动资金不小于其理想流动资金值时，零售商执行提前支付策略并启动扩大订购模式；当零售商的流动资金介于其理想流动资金值与其安全流动资金值之间时，零售商执行正常支付策略并启动行正常订购模式。

（2）当制造商的流动资金小于其安全流动资金值时，制造商执行外部融资策略并启动正常生产模式；当制造商的流动资金不小于其理想流动资金值时，制造商启动扩大生产模式；当制造商的流动资金介于其安全流动资金值与理想流动资金值之间时，制造商启动正常生产模式。

7.3.3　不确定 SCF 融资支付多模型系统

基于式（7.10）所示的基本模型和图 7.25 所示的不同融资支付策略，建立的不确定 SCF 融资支付多模型系统的第 i 个模型用矩阵形式表示如下：

$$\begin{cases} \boldsymbol{x}(k+1) = (\boldsymbol{A}_i + \Delta\boldsymbol{A}_i)\boldsymbol{x}(k) + (\boldsymbol{B}_i + \Delta\boldsymbol{B}_i)\boldsymbol{u}(k) + (\boldsymbol{B}_{i\tau} + \Delta\boldsymbol{B}_{i\tau}) \\ \qquad \boldsymbol{u}(k+\tau) + (\boldsymbol{B}_{wi} + \Delta\boldsymbol{B}_{wi})\boldsymbol{w}(k) \\ z(k) = (\boldsymbol{C}_i + \Delta\boldsymbol{C}_i)\boldsymbol{x}(k) + (\boldsymbol{D}_i + \Delta\boldsymbol{D}_i)\boldsymbol{u}(k) + (\boldsymbol{D}_{i\tau} + \Delta\boldsymbol{D}_{i\tau}) \\ \qquad \boldsymbol{u}(k+\tau) + (\boldsymbol{D}_{wi} + \Delta\boldsymbol{D}_{wi})\boldsymbol{w}(k) \end{cases} \tag{7.11}$$

7.3.4 考虑不同融资支付策略的 SCF 鲁棒控制策略

（1）基于融资支付策略的 SC 模糊控制模型。

在式（7.10）和式（7.11）的基础上，基于融资支付策略的 SCF 模糊控制模型可以表示为：

R_i：If $x_1(k)$ is M_1^i and $x_2(k)$ is M_2^i, then

$$\begin{cases} \boldsymbol{x}(k+1)=(\boldsymbol{A}_i+\Delta\boldsymbol{A}_i)\boldsymbol{x}(k)+(\boldsymbol{B}_i+\Delta\boldsymbol{B}_i)\boldsymbol{u}(k)+(\boldsymbol{B}_{i\tau}+\Delta\boldsymbol{B}_{i\tau}) \\ \qquad\qquad \boldsymbol{u}(k+\tau)+(\boldsymbol{B}_{wi}+\Delta\boldsymbol{B}_{wi})\boldsymbol{w}(k) \\ z(k)=(\boldsymbol{C}_i+\Delta\boldsymbol{C}_i)\boldsymbol{x}(k)+(\boldsymbol{D}_i+\Delta\boldsymbol{D}_i)\boldsymbol{u}(k)+(\boldsymbol{D}_{i\tau}+\Delta\boldsymbol{D}_{i\tau}) \\ \qquad \boldsymbol{u}(k+\tau)+(\boldsymbol{D}_{wi}+\Delta\boldsymbol{D}_{wi})\boldsymbol{w}(k) \\ \boldsymbol{x}(k)=\boldsymbol{\varphi}(k), \quad i=1,2,\cdots,r,\ k\in\{0,1,\cdots,\mathrm{N}\} \end{cases} \tag{7.12}$$

采用与 1.4.1 节相同的推理方法，式（7.12）可转换为

$$\begin{cases} \boldsymbol{x}(k+1)=\sum_{i=1}^{r}h_i[(\boldsymbol{A}_i+\Delta\boldsymbol{A}_i)\boldsymbol{x}(k)+(\boldsymbol{B}_i+\Delta\boldsymbol{B}_i)\boldsymbol{u}(k)+ \\ \qquad (\boldsymbol{B}_{i\tau}+\Delta\boldsymbol{B}_{i\tau})\boldsymbol{u}(k+\tau)+(\boldsymbol{B}_{wi}+\Delta\boldsymbol{B}_{wi})\boldsymbol{w}(k)] \\ z(k)=\sum_{i=1}^{r}h_i[(\boldsymbol{C}_i+\Delta\boldsymbol{C}_i)\boldsymbol{x}(k)+(\boldsymbol{D}_i+\Delta\boldsymbol{D}_i)\boldsymbol{u}(k)+ \\ \qquad (\boldsymbol{D}_{i\tau}+\Delta\boldsymbol{D}_{i\tau})\boldsymbol{u}(k+\tau)+(\boldsymbol{D}_{wi}+\Delta\boldsymbol{D}_{wi})\boldsymbol{w}(k)] \end{cases} \tag{7.13}$$

（2）鲁棒控制策略。

对于式（7.13），基于式（7.9）的流动资金状态反馈控制律，应用定理 3.2，可得到融资支付下的不确定 SCF 多模型系统的鲁棒控制策略，该鲁棒控制策略与 7.3.2 节的融资支付切换策略相结合，可进一步得到 SCF 多模型系统的鲁棒融资支付切换策略。

7.3.5 仿真分析

本节对一种电视机 SC 系统进行仿真实验，该 SC 具体的 SCF 系统详见图 7.24。制造商和零售商的流动资金的模糊分划如图 7.3 所示。设 $D_{0m}=25$，$D_{1m}=50$，$D_{m\max}=70$，$D_{0r}=20$，$D_{1r}=35$，$D_{r\max}=60$，$V=75$（$\times10^6$ 元）。

基于式（7.10）的基本模型、式（7.13）的模糊控制模型以及融资支付切换策略，电视机 SCF 系统的模糊控制规则表示如下：

R_1: If x_1 is M_1^1 and x_2 is M_2^1, then

$$\begin{cases} x_1(k+1)=x_1(k)-u_1(k)+u_2(k)+u_2(k-\tau)+(l_1+\Delta l_1)V \\ x_2(k+1)=x_2(k)-u_2(k-\tau)+w(k)+(l_2+\Delta l_2)V \\ z(k)=(c_{m1}+\Delta c_{m1})u_1(k)+(c_{o1}+\Delta c_{o1})(u_2(k)+u_2(k-\tau))+ \\ \qquad (c_{c1}+\Delta c_{c1})(l_1+\Delta l_1)V+(c_{c2}+\Delta c_{c2})(l_2+\Delta l_2)V \end{cases}$$

R_2: If x_1 is M_1^2 and x_2 is M_2^2, then

$$\begin{cases} x_1(k+1)=x_1(k)-u_1(k)+u_2(k)+(l_1+\Delta l_1)V \\ x_2(k+1)=x_2(k)-u_2(k)+w(k) \\ z(k)=(c_{h2}+\Delta c_{h2})x_2(k)+(c_{m1}+\Delta c_{m1})u_1(k)+(c_{o2}+\Delta c_{o2}) \\ \qquad u_2(k)+(c_{c1}+\Delta c_{c1})(l_1+\Delta l_1)V \end{cases}$$

R_3: If x_1 is M_1^3 and x_2 is M_2^3, then

$$\begin{cases} x_1(k+1)=x_1(k)-u_1(k)+u_2(k)+u_2(k+\tau)+(l_1+\Delta l_1)V \\ x_2(k+1)=x_2(k)-u_2(k+\tau)+w(k) \\ z(k)=(c_{h2}+\Delta c_{h2})x_2(k)+(c_{m1}+\Delta c_{m1})u_1(k)+(c_{o3}+\Delta c_{o3}) \\ \qquad (u_2(k)+u_2(k+\tau))+(c_{c1}+\Delta c_{c1})(l_1+\Delta l_1)V \end{cases}$$

R_4: If x_1 is M_1^4 and x_2 is M_2^4, then

$$\begin{cases} x_1(k+1)=x_1(k)-u_1(k)+u_2(k)+u_2(k-\tau) \\ x_2(k+1)=x_2(k)-u_2(k-\tau)+w(k)+(l_2+\Delta l_2)V \\ z(k)=(c_{h1}+\Delta c_{h1})x_1(k)+(c_{m1}+\Delta c_{m1})u_1(k)+(c_{o1}+\Delta c_{o1}) \\ \qquad (u_2(k)+u_2(k-\tau))+(c_{c2}+\Delta c_{c2})(l_2+\Delta l_2)V \end{cases}$$

R_5: If x_1 is M_1^5 and x_2 is M_2^5, then

$$\begin{cases} x_1(k+1)=x_1(k)-u_1(k)+u_2(k) \\ x_2(k+1)=x_2(k)-u_2(k)+w(k) \\ z(k)=(c_{h1}+\Delta c_{h1})x_1(k)+(c_{h2}+\Delta c_{h2})x_2(k)+(c_{m1}+\Delta c_{m1}) \\ \qquad u_1(k)+(c_{o2}+\Delta c_{o2})u_2(k) \end{cases}$$

R_6: If x_1 is M_1^6 and x_2 is M_2^6, then

$$\begin{cases} x_1(k+1)=x_1(k)-u_1(k)+u_2(k)+u_2(k+\tau) \\ x_2(k+1)=x_2(k)-u_2(k+\tau)+w(k) \\ z(k)=(c_{h1}+\Delta c_{h1})x_1(k)+(c_{h2}+\Delta c_{h2})x_2(k)+(c_{m1}+\Delta c_{m1}) \\ \qquad u_1(k)+(c_{o3}+\Delta c_{o3})(u_2(k)+u_2(k+\tau)) \end{cases}$$

R_7: If x_1 is M_1^7 and x_2 is M_2^7, then

$$\begin{cases} x_1(k+1) = x_1(k) - u_1(k) + u_2(k) + u_2(k-\tau) \\ x_2(k+1) = x_2(k) - u_2(k-\tau) + w(k) + (l_2 + \Delta l_2)V \\ z(k) = (c_{hi} + \Delta c_{h1})x_1(k) + (c_{m2} + \Delta c_{m2})u_1(k) + (c_{o1} + \Delta c_{o1}) \\ \qquad (u_2(k) + u_2(k-\tau)) + (c_{c2} + \Delta c_{c2})(l_2 + \Delta l_2)V \end{cases}$$

R_8: If x_1 is M_1^8 and x_2 is M_2^8, then

$$\begin{cases} x_1(k+1) = x_1(k) - u_1(k) + u_2(k) \\ x_2(k+1) = x_2(k) - u_2(k) + w(k) \\ z(k) = (c_{h1} + \Delta c_{h1})x_1(k) + (c_{h2} + \Delta c_{h2})x_2(k) + (c_{m2} + \Delta c_{m2}) \\ \qquad u_1(k) + (c_{o2} + \Delta c_{o2})u_2(k) \end{cases}$$

R_9: If x_1 is M_1^9 and x_2 is M_2^9, then

$$\begin{cases} x_1(k+1) = x_1(k) - u_1(k) + u_2(k) + u_2(k+\tau) \\ x_2(k+1) = x_2(k) - u_2(k+\tau) + w(k) \\ z(k) = (c_{h1} + \Delta c_{h1})x_1(k) + (c_{h2} + \Delta c_{h2})x_2(k) + (c_{m2} + \Delta c_{m2}) \\ \qquad u_1(k) + (c_{o3} + \Delta c_{o3})(u_2(k) + u_2(k+\tau)) \end{cases}$$

将上述 9 条模糊规则用矩阵形式表示如下：

R_i : If x_1 is M_1^i and x_2 is M_2^i, then

$$\begin{cases} \boldsymbol{x}(k+1) = \sum_{i=1}^{9} h_i[(\boldsymbol{A}_i + \Delta\boldsymbol{A}_i)\boldsymbol{x}(k) + (\boldsymbol{B}_i + \Delta\boldsymbol{B}_i)\boldsymbol{u}(k) + \\ \qquad (\boldsymbol{B}_{wi} + \Delta\boldsymbol{B}_{wi})\boldsymbol{w}(k) + (\boldsymbol{B}_{i1} + \Delta\boldsymbol{B}_{i1})\boldsymbol{u}(k+\tau)] \\ z(k) = \sum_{i=1}^{9} h_i[(\boldsymbol{C}_i + \Delta\boldsymbol{C}_i)\boldsymbol{x}(k) + (\boldsymbol{D}_i + \Delta\boldsymbol{D}_i)\boldsymbol{u}(k) + (\boldsymbol{D}_{wi} + \Delta\boldsymbol{D}_{wi}) \\ \qquad \boldsymbol{w}(k) + (\boldsymbol{D}_{i1} + \Delta\boldsymbol{D}_{i1})\boldsymbol{u}(k+\tau)] \end{cases}$$

设计流动资金状态反馈控制律如下：

K^i : If x_1 is M_1^i and x_2 is M_2^i then

$$\begin{cases} \boldsymbol{u}(k) = -\sum_{i=1}^{9} h_i\boldsymbol{K}_{ic}\boldsymbol{x}(k) \\ \boldsymbol{u}(k+\tau_1) = -\sum_{i=1}^{9} h_i\boldsymbol{K}_{i1c}\boldsymbol{x}(k+\tau) \\ c = 1 \sim 4 \end{cases}$$

基于电视机 SCF 系统的运作过程，系统的各种参数选取如下所示：当 $i=1\sim3$ 时，$l_1=0.56$；当 $i=4\sim9$ 时，$l_1=0$；当 $i=1$，4，7 时，$l_2=0.44$；当 $i=2$，3，5，6，8，9 时，$l_2=0$；当 $i=1\sim7$ 时，$c_{m1}=0.16$；当 $i=8$，9 时，$c_{m2}=0.09$；当 $i=1$，4，7 时，$c_{o1}=0.19$；当 $i=2$，5，8 时，

$c_{o2}=0.14$；当 $i=3, 6, 9$ 时，$c_{o3}=0.1$；当 $i=1\sim9$ 时，$c_{h1}=c_{h2}=0.003$，$c_{c1}=c_{c2}=0.045$（$\times10^4$元）。进一步地，系统的系数矩阵可表示如下：

$$\boldsymbol{A}_i=\begin{bmatrix}1&0\\0&1\end{bmatrix}(i=1\sim9)；\boldsymbol{B}_i=\begin{bmatrix}-1&1\\0&0\end{bmatrix}(i=1, 3, 4, 6, 7, 9),$$

$\boldsymbol{B}_i=\begin{bmatrix}-1&1\\0&-1\end{bmatrix}(i=2, 5, 8)$，$\boldsymbol{B}_{w1}=\begin{bmatrix}0.56&0\\0.44&1\end{bmatrix}$，$\boldsymbol{B}_{w2}=\boldsymbol{B}_{w3}=\begin{bmatrix}0.56&0\\0&1\end{bmatrix}$，$\boldsymbol{B}_{w4}=\boldsymbol{B}_{w7}=\begin{bmatrix}0&0\\0.44&1\end{bmatrix}$，$\boldsymbol{B}_{w5}=\boldsymbol{B}_{w6}=\boldsymbol{B}_{w8}=\boldsymbol{B}_{w9}=\begin{bmatrix}0&0\\0&1\end{bmatrix}$，$\boldsymbol{C}_1=\boldsymbol{0}$，$\boldsymbol{C}_2=\boldsymbol{C}_3=[0\quad c_{h2}]$，$\boldsymbol{C}_4=\boldsymbol{C}_7=[c_{h1}\quad 0]$，$\boldsymbol{C}_5=\boldsymbol{C}_6=\boldsymbol{C}_8=\boldsymbol{C}_9=[c_{h1}\quad c_{h2}]$，$\boldsymbol{D}_1=\boldsymbol{D}_4=[c_{m1}\quad c_{o1}]$，$\boldsymbol{D}_2=\boldsymbol{D}_5=[c_{m1}\quad c_{o2}]$，$\boldsymbol{D}_3=\boldsymbol{D}_6=[c_{m1}\quad c_{o3}]$，$\boldsymbol{D}_7=[c_{m2}\quad c_{o1}]$，$\boldsymbol{D}_8=[c_{m2}\quad c_{o2}]$，$\boldsymbol{D}_9=[c_{m2}\quad c_{o3}]$，$\boldsymbol{D}_{w1}=[c_{c1}l_1+c_{c2}l_2\quad 0]$，$\boldsymbol{D}_{w2}=\boldsymbol{D}_{w3}=[c_{c1}l_1\quad 0]$，$\boldsymbol{D}_{w4}=\boldsymbol{D}_{w7}=[c_{c2}l_2\quad 0]$，$\boldsymbol{D}_{w5}=\boldsymbol{D}_{w6}=\boldsymbol{D}_{w8}=\boldsymbol{D}_{w9}=\boldsymbol{0}$，$\boldsymbol{B}_{11}=\boldsymbol{B}_{41}=\boldsymbol{B}_{71}=\begin{bmatrix}1&0\\-1&0\end{bmatrix}$，$\boldsymbol{B}_{21}=\boldsymbol{B}_{51}=\boldsymbol{B}_{81}=\boldsymbol{0}$，$\boldsymbol{B}_{31}=\boldsymbol{B}_{61}=\boldsymbol{B}_{91}=\begin{bmatrix}0&1\\0&-1\end{bmatrix}$，$\boldsymbol{D}_{11}=\boldsymbol{D}_{41}=\boldsymbol{D}_{71}=[c_{o1}\quad 0]$，$\boldsymbol{D}_{21}=\boldsymbol{D}_{51}=\boldsymbol{D}_{81}=\boldsymbol{0}$，$\boldsymbol{D}_{31}=\boldsymbol{D}_{61}=\boldsymbol{D}_{91}=[0\quad c_{o3}]$，$\boldsymbol{E}_{11i}=\begin{bmatrix}0.002&0\\0&0.002\end{bmatrix}(i=1\sim9)$，$\boldsymbol{E}_{12i}=\begin{bmatrix}0.002&0.001\\0&0.002\end{bmatrix}(i=1\sim9)$，$\boldsymbol{E}_{131}=\begin{bmatrix}0.002&0\\0.001&0.003\end{bmatrix}$，$\boldsymbol{E}_{132}=\boldsymbol{E}_{133}=\begin{bmatrix}0.002&0\\0&0.003\end{bmatrix}$，$\boldsymbol{E}_{134}=\boldsymbol{E}_{137}=\begin{bmatrix}0&0\\0.001&0.003\end{bmatrix}$，$\boldsymbol{E}_{135}=\boldsymbol{E}_{136}=\boldsymbol{E}_{138}=\boldsymbol{E}_{139}=\begin{bmatrix}0&0\\0&0.003\end{bmatrix}$，$\boldsymbol{E}_{211}=\boldsymbol{0}$，$\boldsymbol{E}_{212}=\boldsymbol{E}_{213}=[0\quad 0.001]$，$\boldsymbol{E}_{214}=\boldsymbol{E}_{217}=[0.001\quad 0]$，$\boldsymbol{E}_{215}=\boldsymbol{E}_{216}=\boldsymbol{E}_{218}=\boldsymbol{E}_{219}=[0.001\quad 0.001]$，$\boldsymbol{E}_{221}=\boldsymbol{E}_{224}=[0.003\quad 0.004]$，$\boldsymbol{E}_{222}=\boldsymbol{E}_{225}=[0.003\quad 0.002]$，$\boldsymbol{E}_{223}=\boldsymbol{E}_{226}=[0.003\quad 0.001]$，$\boldsymbol{E}_{227}=[0.001\quad 0.004]$，$\boldsymbol{E}_{228}=[0.001\quad 0.002]$，$\boldsymbol{E}_{229}=[0.001\quad 0.001]$，$\boldsymbol{E}_{231}=[0.003\quad 0]$，$\boldsymbol{E}_{232}=\boldsymbol{E}_{233}=[0.002\quad 0]$，$\boldsymbol{E}_{234}=\boldsymbol{E}_{237}=[0.001\quad 0]$，$\boldsymbol{E}_{235}=\boldsymbol{E}_{236}=\boldsymbol{E}_{238}=\boldsymbol{E}_{239}=\boldsymbol{0}$，$\boldsymbol{L}_{11}=\boldsymbol{L}_{41}=\boldsymbol{L}_{71}=\begin{bmatrix}0.002&0\\0.001&0\end{bmatrix}$，$\boldsymbol{L}_{21}=\boldsymbol{L}_{51}=\boldsymbol{L}_{81}=\boldsymbol{0}$，$\boldsymbol{L}_{31}=\boldsymbol{L}_{61}=\boldsymbol{L}_{91}=\begin{bmatrix}0&0.001\\0&0.002\end{bmatrix}$，$\boldsymbol{O}_{11}=\boldsymbol{O}_{41}=\boldsymbol{O}_{71}=[0.001\quad 0]$，$\boldsymbol{O}_{21}=\boldsymbol{O}_{51}=\boldsymbol{O}_{81}=\boldsymbol{0}$，$\boldsymbol{O}_{31}=\boldsymbol{O}_{61}=\boldsymbol{O}_{91}=[0\quad 0.001]$，$\boldsymbol{H}_{1i}=[0.001]$，$\boldsymbol{H}_{2i}=[0.002]$，$\boldsymbol{F}_{1i}=\boldsymbol{F}_{2i}=\sin(k)(i=1\sim9)$。

当 $\gamma=0.75$ 时，通过求解定理3.2中的不等式（3.14）和不等式（3.15），得到了以下8个正定矩阵。因此，该电视机SCF系统是鲁棒渐近稳定的。

$$X_1=\begin{bmatrix}5.4223 & -1.9081\\ -1.9081 & 3.2536\end{bmatrix},$$

$$X_2=X_3=X_4=\begin{bmatrix}11.9975 & -4.7282\\ -4.7282 & 4.4976\end{bmatrix},$$

$$Q_{11}=\begin{bmatrix}0.0160 & -0.0060\\ -0.0060 & 0.0025\end{bmatrix},\ Q_{12}=\begin{bmatrix}0.1849 & -0.0331\\ -0.0331 & 0.1131\end{bmatrix},$$

$$Q_{13}=\begin{bmatrix}0.1232 & -0.0220\\ -0.0220 & 0.0754\end{bmatrix},\ Q_{14}=\begin{bmatrix}0.0924 & -0.0165\\ -0.0165 & 0.0566\end{bmatrix}。$$

基于 Zhang 等（2016）提出的方法，得到以下状态反馈增益矩阵：

$$K_{11}=\begin{bmatrix}-1.1215 & -1.2539\\ 0.1143 & -0.7749\end{bmatrix},\ K_{21}=\begin{bmatrix}-0.9487 & -0.8977\\ 0.0193 & -0.9550\end{bmatrix},$$

$$K_{41}=\begin{bmatrix}-0.9535 & -0.8990\\ 0.0036 & -0.9839\end{bmatrix},\ K_{51}=\begin{bmatrix}-0.9339 & -0.8542\\ 0.0220 & -0.9425\end{bmatrix},$$

$$K_{32}=\begin{bmatrix}-0.9327 & -0.8938\\ 0.0096 & -0.9761\end{bmatrix},\ K_{62}=\begin{bmatrix}-0.9145 & -0.8640\\ 0.0097 & -0.9745\end{bmatrix},$$

$$K_{73}=\begin{bmatrix}-0.9695 & -0.9443\\ 0.0051 & -0.9663\end{bmatrix},\ K_{83}=\begin{bmatrix}-0.9581 & -0.9013\\ 0.0159 & -0.9595\end{bmatrix},$$

$$K_{94}=\begin{bmatrix}-0.9570 & -0.9107\\ 0.0136 & -0.9707\end{bmatrix},\ K_{11i}=K_{21i}=K_{31i}=K_{41i}=K_{51i}=K_{61i}=$$

$K_{71i}=K_{81i}=K_{91i}=\mathbf{0}$，$i=1, 2, 3, 4$。

以下将进行 3 个仿真实验以验证鲁棒融资支付切换策略的有效性。设 $w(k)\sim N(4, 0.3^2)$ 以及 $\tau=1$（天）。3 个仿真实验中的状态变量和控制变量的不同的初始值和标称值详见表 7.5。

表 7.5　　仿真实验中的初始值和标称值

	初始值（$\times10^6$元）	标称值（$\times10^6$元）
仿真实验 1	$x_1(0)=-15$，$x_2(0)=-10$	$\vec{x}_1(k)=28$，$\vec{x}_2(k)=18$ $\vec{u}_1(k)=31$，$\vec{u}_2(k)=27$
仿真实验 2	$x_1(0)=1$，$x_2(0)=4$	$\vec{x}_1(k)=36$，$\vec{x}_2(k)=25$ $\vec{u}_1(k)=39$，$\vec{u}_2(k)=34$

续表

	初始值（×10⁶元）	标称值（×10⁶元）
仿真实验 3	$x_1(0) = -32,\ x_2(0) = 40$	$\vec{x}_1(k) = 29,\ \vec{x}_2(k) = 17$ $\vec{u}_1(k) = 32,\ \vec{u}_2(k) = 26$

① 仿真实验 1。由于制造商和零售商的初始流动资金均介于安全值和 0 之间，因此 R_1、R_2、R_4 和 R_5 均被激活，制造商执行外部融资策略，而零售商同时执行外部融资策略和延迟支付策略。如图 7.26 至图 7.28 所示，制造商的流动资金和用于生产的流动资金均快速上升，并且零售商的流动资金和用于订购的流动资金也快速上升，同时系统总成本也快速上升。当制造商和零售商的流动资金介于各自的安全值和理想值之间时，R_5 被激活，系统进入稳定状态。

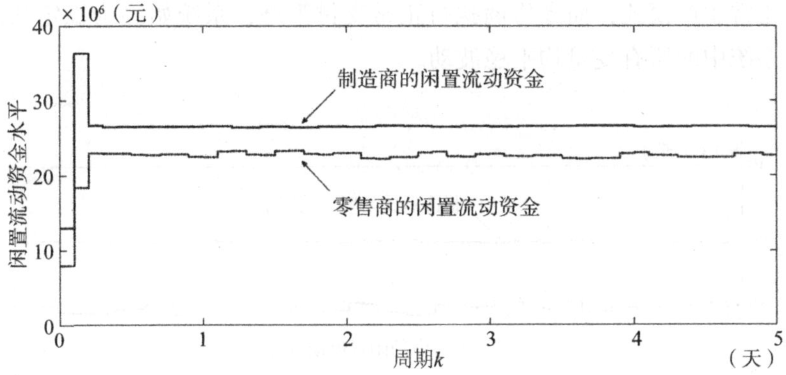

图 7.26　仿真实验 1 中流动资金的变化过程

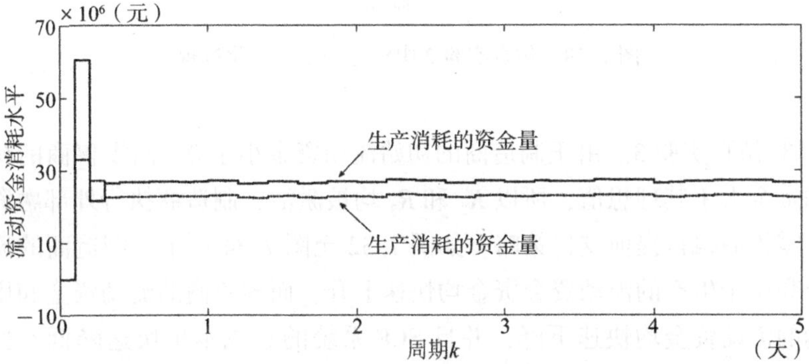

图 7.27　仿真实验 1 中控制变量的变化过程

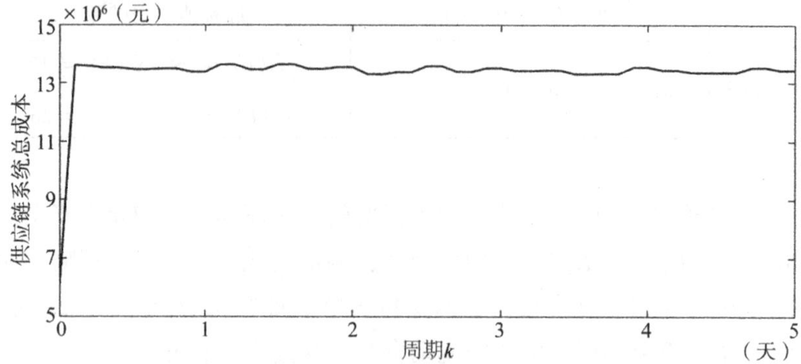

图 7.28　仿真实验 1 中 SC 系统总成本的变化过程

② 仿真实验 2。由于制造商和零售商的初始流动资金均介于各自的安全值和理想值之间，所以 R_5 被激活。如图 7.29 至图 7.31 所示，制造商启动正常生产模式，而零售商执行正常支付策略，系统始终为稳定状态，所以系统中的所有变量均平稳波动。

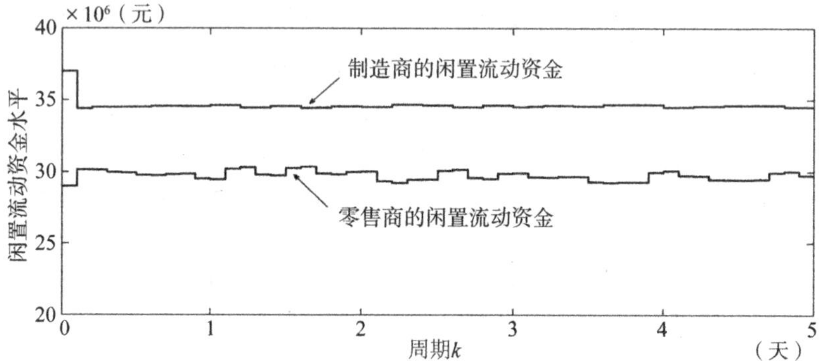

图 7.29　仿真实验 2 中状态变量的变化过程

③ 仿真实验 3。由于制造商的初始流动资金小于 0，而零售商的初始流动资金大于其理想值，所以 R_2 和 R_3 均被激活，制造商执行外部融资策略，零售商执行提前支付策略。如图 7.32 至图 7.34 所示，制造商的流动资金和用于生产的流动资金资金均快速上升，而零售商的流动资金和用于订购的流动资金均快速下降，并且 SCF 系统的总成本也快速降低。当制造商和零售商的流动资金介于各自的安全值和理想值之间时，R_5 被激活，系统进入稳定状态。

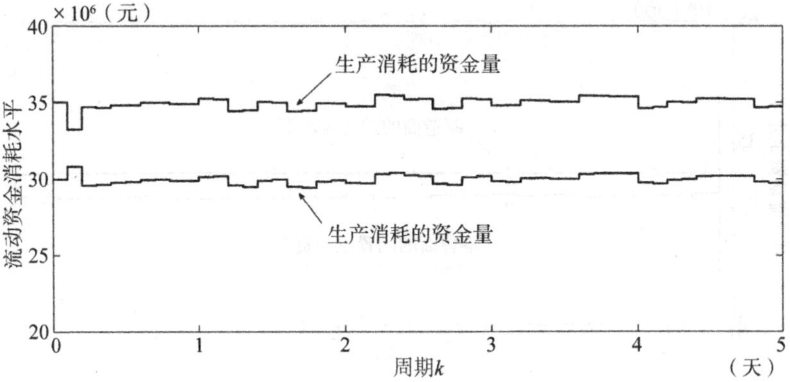

图 7. 30　仿真实验 2 中控制变量的变化过程

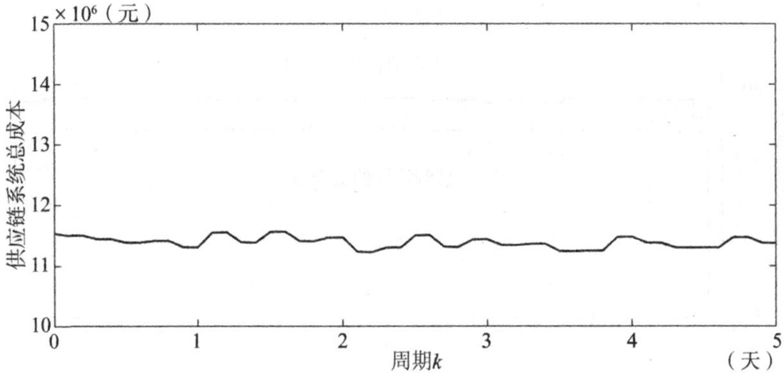

图 7. 31　仿真实验 2 中 SC 系统总成本的变化过程

对以上 3 个仿真实验结果总结如下：(1) 无论状态变量和控制变量的初始值如何，在融资支付切换策略下，制造商和零售商均能最终执行正常生产模式和正常订购模式；(2) 在鲁棒控制策略下，含有支付时间的不确定电视机 SCF 系统可稳态运作；(3) 外部融资+提前支付组合策略下的不确定电视机 SCF 系统总成本<不融资+正常支付组合策略下的不确定电视机 SCF 系统总成本<外部融资+延迟支付组合策略下的不确定电视机 SCF 系统总成本。

基于以上分析，本节所提出的由融资支付切换策略和鲁棒控制策略组成的鲁棒融资支付切换策略可保证含支付时间的不确定 SCF 系统低成本稳定运行。

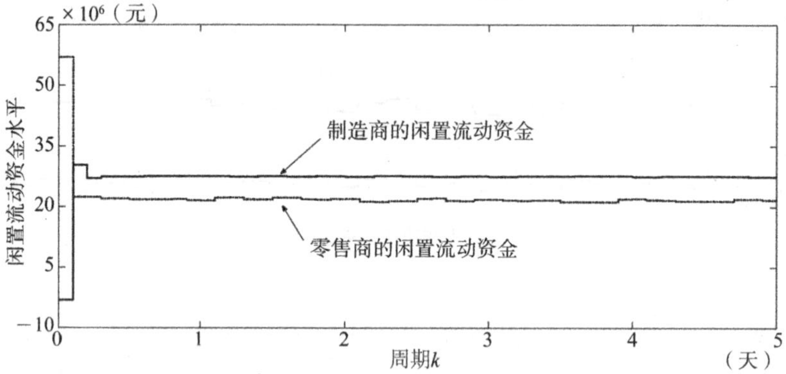

图 7.32　仿真实验 3 中状态变量的变化过程

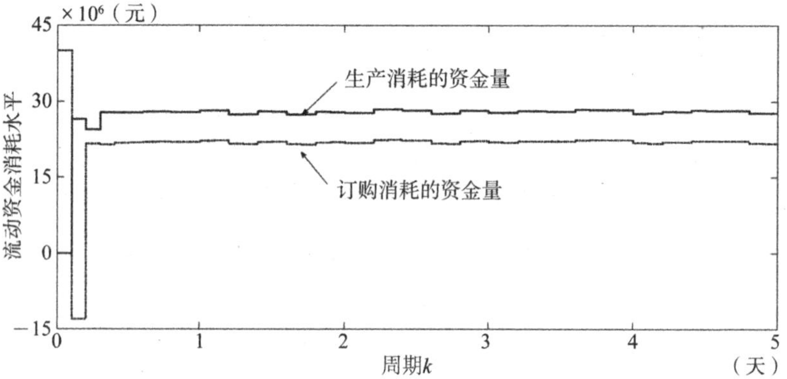

图 7.33　仿真实验 3 中控制变量的变化过程

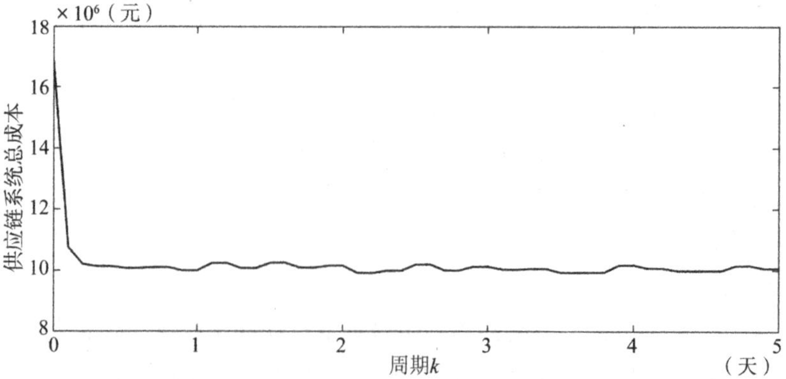

图 7.34　仿真实验 3 中 SC 系统总成本的变化过程

第 8 章　周转箱 SCN 多模型鲁棒切换策略

由于具有重量轻、可堆叠、可重复使用、不污染环境等特点，周转箱现已广泛地应用在汽车、电子、农产品等行业，并且成为了各种物料和产成品在生产和流通过程中的重要载体。

周转箱从生产出来到客户使用的整个过程构成了一个 SC 系统。周转箱 SC 系统在运行的过程中，不可避免地遭受客户需求的不断变化和系统参数的扰动的影响。这些不确定因素，轻者可使周转箱 SC 系统成本高企，重者可使周转箱 SC 系统中断，乃至可使周转箱 SC 系统崩溃。

因此，本研究从 SCN 的角度出发，设计周转箱 SCN 系统的结构、各节点企业间的供需关系、由周转箱运作的切换策略和 SCN 系统的鲁棒控制策略构成的鲁棒切换策略，以达到周转箱 SCN 在各种干扰下低成本稳定运作的目的。

8.1　需求不确定下周转箱 SCN 多模型鲁棒切换策略

由于客户的不确定需求的影响，周转箱 SCN 的节点企业的周转箱库存水平不断变化，如果不能及时调整周转箱库存量以匹配客户的需求，一方面将导致周转箱的高闲置率，另一方面也可导致周转箱供应中断。而如果在整个周转箱 SCN 中协调和调度周转箱，则可以在各节点企业间动态平衡周转箱的库存量，进而可以满足客户需求和降低系统成本，实现客户不确定需求下的周转箱 SCN 的稳定运行。

在综合第 1 章至第 3 章中 SCN 和 CLSC 的研究成果的基础上，本节主要研究内容如下：

(1) 建立由周转箱制造商、周转箱运营商和周转箱客户组成的周转箱 SCN 系统。该系统既考虑了周转箱的正向流动（周转箱从制造商到运营商再到客户的流动方向），又考虑了周转箱的逆向流动（周转箱从客户到运营商的流动方向）；

(2) 基于周转箱的正常运作模式和共用模式（链内横向转运、跨链横向转运、跨链采购），设计周转箱在各种运作模式间的切换策略；

(3) 研究周转箱 SCN 的鲁棒控制策略，使周转箱 SCN 在需求不确定下可保持平稳运行。

表 8.1 中描述了本节所涉及的主要变量的含义。

表 8.1　　主要变量的含义

符　号	说　　明
$x_a(k)$	制造商 a 在周期 k 的周转箱库存
$x_{ab}(k)$	运营商 a 在周期 k 的周转箱库存
$y_{ab}(k)$	客户 ab 在周期 k 的周转箱库存
$u_a(k)$	制造商 a 在周期 k 的周转箱生产量
$u_{ab}(k)$	运营商 ab 在周期 k 的周转箱总订购量
$u_{a,\ ab}(k)$	客户 ab 在周期 k 对使用过的周转箱的返回箱数量
$w_{ab}(k)$	客户 ab 在周期 k 的周转箱需求量
$z(k)$	周转箱 SCN 在周期 k 的总成本
g_{ab}	运营商 ab 从制造商 a 处订购周转箱的订购系数
$g_{a,\ qb}$	运营商 qb 从制造商 a 处订购周转箱的订购系数，$q \neq a$
λ	返还的周转箱的修复率，$\lambda \in [0,\ 1]$
η	退还的周转箱的废弃率，$\eta \in [0,\ 1]$
$l_{a,\ bs}$	运营商 ab 从运营商 as 横向转运周转箱的横向转运系数，$s \neq b$
$l_{ab,\ qs}$	运营商 ab 从运营商 qs 横向转运周转箱的横向转运系数，$q \neq a$
c_{ha}	制造商 a 的单位库存成本
c_{hab}	运营商 ab 的单位库存成本
c_{na}	制造商 a 的单位生产成本
c_{mab}	运营商 ab 从制造商 a 订购周转箱的单位订购成本
c_{mqab}	运营商 ab 从制造商 q 订购周转箱的单位订购成本，$q \neq a$
c_{cabs}	运营商 ab 从运营商 as 横向转运周转箱的单位横向转运成本，$s \neq b$
c_{cabqs}	运营商 ab 从运营商 qs 横向转运周转箱的单位横向转运成本，$q \neq a$
c_{dab}	客户 ab 的单位还箱成本
c_{rab}	客户 ab 返回的周转箱的单位修复成本
c_{oab}	客户 ab 返回的周转箱的单位废弃成本

8.1.1　需求不确定下周转箱 SCN 运作模式与基本模型

(1) 周转箱 SCN 的运作模式。

如图 8.1 所示，在本节，构建由 M 个周转箱 SC 组成的周转箱 SCN，而所有的周转箱 SC 均为由 1 个制造商，N 个运营商和 N 个客户组成的 V 型 SC。

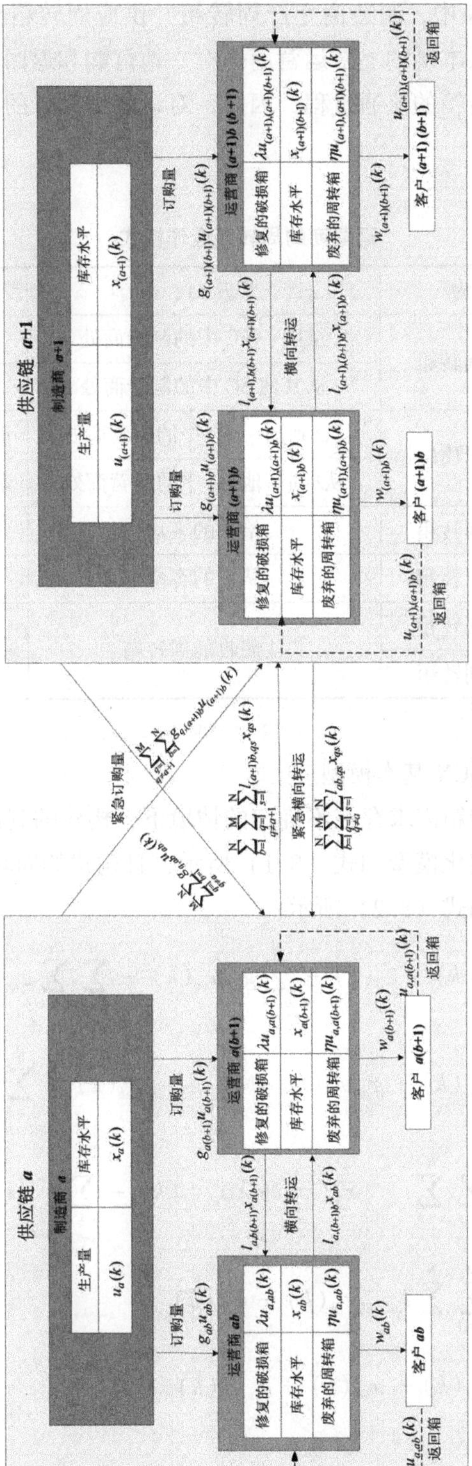

图8.1　周转箱供应链网络的微观模型

在周转箱 SCN 中，制造商生产周转箱并供应周转箱给本链和它链的运营商，客户仅从本链的上游运营商一对一地订购和返回周转箱，而运营商主要承担着周转箱的流通过程，因此，对运营商设计的周转箱运作模式如表 8.2 所示。

表 8.2 运营商的周转箱运作模式

执行者	行为	从/到	运作模式
运营商	订购周转箱	从同一 SC 中的制造商处	正常订购模式
		从其他 SC 中的制造商处	紧急订购模式
	横向转运周转箱	从/到同一 SC 中的运营商处	正常横向转运模式
		从/到其他 SC 中的运营商处	紧急横向转运模式
	供应周转箱	给它的客户	供应模式
	回收周转箱	从它的客户	回收模式
	修复周转箱	从回收的周转箱	修复模式
	废弃周转箱		废弃模式

（2）周转箱 SCN 基本模型。

在客户对周转箱需求存在不确定的情境下，构建的制造商、运营商和客户的库存动态演化模型如式（8.1）所示，且构建的周转箱 SCN 的总成本动态演化模型如式（8.2）所示：

$$
\begin{cases}
x_a(k+1) = x_a(k) + u_a(k) - \sum\limits_{b=1}^{N} g_{ab}u_{ab}(k) - \sum\limits_{\substack{q=1\\q\neq a}}^{M}\sum\limits_{b=1}^{N} g_{a,\,qb}u_{qb}(k) \\
x_{ab}(k+1) = x_{ab}(k) + g_{ab}u_{ab}(k) + \sum\limits_{\substack{q=1\\q\neq a}}^{M} g_{q,\,ab}u_{ab}(k) + \sum\limits_{\substack{s=1\\s\neq b}}^{N} l_{a,\,bs}x_{as}(k) + \\
\qquad \sum\limits_{\substack{q=1\\q\neq a}}^{M}\sum\limits_{s=1}^{N} l_{ab,\,qs}x_{qs}(k) + \lambda u_{a,\,ab}(k) - \sum\limits_{\substack{s=1\\s\neq b}}^{N} l_{a,\,sb}x_{ab}(k) - \\
\qquad \sum\limits_{\substack{q=1\\q\neq a}}^{M}\sum\limits_{s=1}^{N} l_{qs,\,ab}x_{ab}(k) - w_{ab}(k) \\
y_{ab}(k+1) = y_{ab}(k) + w_{ab}(k) - u_{a,\,ab}(k)
\end{cases}
\tag{8.1}
$$

$$z(k)=\sum_{a=1}^{M}c_{ha}x_{a}(k)+\sum_{a=1}^{M}\sum_{b=1}^{N}c_{hab}x_{ab}(k)+\sum_{a=1}^{M}c_{na}u_{a}(k)+\sum_{a=1}^{M}\sum_{b=1}^{N}c_{mab}g_{ab}u_{ab}(k)+\sum_{a=1}^{M}\sum_{b=1}^{N}\sum_{q=1}^{M}c_{mqab}g_{q,\ ab}u_{ab}(k)+\sum_{a=1}^{M}\sum_{b=1}^{N}\sum_{\substack{s=1\\ s\neq b}}^{N}c_{cabs}l_{a,\ bs}x_{as}(k)+\sum_{a=1}^{M}\sum_{b=1}^{N}\sum_{\substack{q=1\\ q\neq a}}^{M}\sum_{\substack{s=1\\ s\neq b}}^{N}c_{cabqs}l_{ab,\ qs}x_{qs}(k)+\sum_{a=1}^{M}\sum_{b=1}^{N}c_{dab}u_{a,\ ab}(k)+\sum_{a=1}^{M}\sum_{b=1}^{N}c_{rab}\lambda u_{a,\ ab}(k)+\sum_{a=1}^{M}\sum_{b=1}^{N}c_{oab}\eta u_{a,\ ab}(k)\tag{8.2}$$

注 8.1　在式（8.2）中，周转箱正常订购模式的单位成本 c_{mab} < 周转箱正常横向转运模式的单位成本 c_{cabs} < 周转箱紧急横向转运模式的单位成本 c_{cabqs} < 周转箱紧急订购模式的单位成本 c_{mqab}。

8.1.2　需求不确定下周转箱 SCN 库存切换策略

在周转箱需求量不断变化的外部环境下，为了保证周转箱的低成本流通，通过设置运营商的周转箱库存的安全库存值和理想库存值，设计周转箱的库存切换策略如图 8.2 所示。

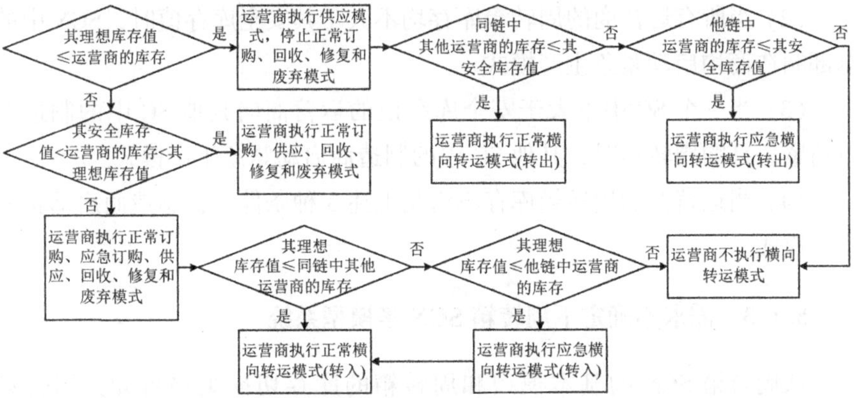

图 8.2　周转箱库存切换策略

由图 8.2 可知：

（1）当一个运营商的周转箱库存不小于其理想库存值时，该运营商将① 启动供应模式：该运营商供应周转箱至其负责的下游客户；② 启动正常横向转运模式：该运营商将周转箱转运至同链中周转箱库存不大于安全库存的其他运营商；③ 启动紧急横向转运模式：该运营商将周转箱转运至它链中周转箱库存不大于安全库存的运营商。

（2）当一个运营商的周转箱库存介于其理想库存值和安全库存值之间时，该运营商将① 启动正常订购模式：该运营商向其上游制造商订购周转箱；② 启动供应模式：该运营商供应周转箱至其负责的下游客户；③ 启动回收模式：该运营商从其下游客户回收周转箱；④ 启动修复模式：该运营商修复从客户处回收的周转箱；⑤ 启动废弃模式：该运营商废弃无法修复的周转箱。

（3）当一个运营商的周转箱库存不大于其安全库存值时，该运营商将① 启动正常订购模式：该运营商向其上游制造商订购周转箱；② 启动紧急订购模式：该运营商向它链制造商紧急订购周转箱；③ 启动供应模式：该运营商供应周转箱至其负责的下游客户；④ 启动回收模式：该运营商从其下游客户回收周转箱；⑤ 启动修复模式：该运营商修复从客户处回收的周转箱；⑥ 启动废弃模式：该运营商废弃无法修复的周转箱。

相应地，设计如下所示的制造商的生产切换模式：

（1）当所有的运营商的周转箱库存均不小于各自设定的理想库存值时，SCN 中的全部制造商均不启动任何生产模式。

（2）当所有运营商的周转箱库存均不大于其安全库存值时，SCN 中的全部制造商均启动紧急生产模式。

（3）当一个 SC 中不大于安全库存值的运营商向其他 SC 中的制造商申请紧急订购周转箱时，其他 SC 中的制造商启动紧急生产模式。

（4）当运营商的周转箱库存不满足上述 3 种条件时，制造商启动正常生产模式。

8.1.3 需求不确定下周转箱 SCN 多模型系统

从周转箱 SCN 的基本模型和周转箱的库存切换策略可知，周转箱 SCN 存在多种模态，那么以矩阵形式表示周转箱 SCN 的第 i 个模型如下：

$$\begin{cases} \boldsymbol{x}(k+1)=\boldsymbol{A}_i\boldsymbol{x}(k)+\boldsymbol{B}_i\boldsymbol{u}(k)+\boldsymbol{B}_{wi}\boldsymbol{w}(k) \\ z(k)=\boldsymbol{C}_i\boldsymbol{x}(k)+\boldsymbol{D}_i\boldsymbol{u}(k) \end{cases} \tag{8.3}$$

其中，$\boldsymbol{x}(k)=[x_1(k),\ \cdots,\ x_a(k),\ \cdots,\ x_{\mathrm{M}}(k),\ x_{11}(k),\ \cdots,\ x_{ab}(k),\ \cdots,\ x_{\mathrm{MN}}(k),\ y_{11}(k),\ \cdots,\ y_{ab}(k),\ \cdots,\ y_{\mathrm{MN}}(k)]^{\mathrm{T}}$，$\boldsymbol{U}(k)=[u_1(k),\ \cdots,\ u_a(k),\ \cdots,\ u_{\mathrm{M}}(k),\ u_{11}(k),\ \cdots,\ u_{ab}(k),\ \cdots,\ u_{\mathrm{MN}}(k),\ u_{1,\,11}(k),\ \cdots,\ u_{a,\,ab}(k),$

$\cdots, u_{\mathrm{M,MN}}(k)]^{\mathrm{T}}$，$\boldsymbol{w}(k) = [\underbrace{0,\cdots,0}_{\mathrm{M}}, w_{11}(k), \cdots, w_{ab}(k), \cdots, w_{\mathrm{MN}}(k)]^{\mathrm{T}}$，$\boldsymbol{A}_i = \begin{bmatrix} \boldsymbol{I}_{\mathrm{M}} & \boldsymbol{0} & \boldsymbol{0} \\ \boldsymbol{0} & \boldsymbol{I}_{\mathrm{MN}} + \boldsymbol{H} + \boldsymbol{G} - \boldsymbol{H}' - \boldsymbol{G}' & \boldsymbol{0} \\ \boldsymbol{0} & \boldsymbol{0} & \boldsymbol{I}_{\mathrm{MN}} \end{bmatrix}_{(\mathrm{M+2MN})\times(\mathrm{M+2MN})}$ 代表周转箱库存系数矩阵，$\boldsymbol{I}_{\mathrm{M}} = \begin{bmatrix} 1 & & \\ & \ddots & \\ & & 1 \end{bmatrix}_{\mathrm{M}\times\mathrm{M}}$，$\boldsymbol{I}_{\mathrm{MN}} = \begin{bmatrix} 1 & & \\ & \ddots & \\ & & 1 \end{bmatrix}_{\mathrm{MN}\times\mathrm{MN}}$，$\boldsymbol{H} = \begin{bmatrix} \boldsymbol{H}_{11} & & & & \\ & \ddots & & & \\ & & \boldsymbol{H}_{ab} & & \\ & & & \ddots & \\ & & & & \boldsymbol{H}_{\mathrm{MN}} \end{bmatrix}_{\mathrm{MN}\times\mathrm{MN}}$，$\boldsymbol{H}_{ab} = [l_{a,b1}, \cdots, l_{a,b(b-1)}, 0, l_{a,b(b+1)}, \cdots, l_{a,b\mathrm{N}}]_{1\times\mathrm{N}}$ 代表正常横向转运周转箱给运营商 ab 的周转箱库存系数矩阵，$\boldsymbol{G} = \begin{bmatrix} \boldsymbol{G}_{11} \\ \vdots \\ \boldsymbol{G}_{ab} \\ \vdots \\ \boldsymbol{G}_{\mathrm{MN}} \end{bmatrix}_{\mathrm{MN}\times\mathrm{MN}}$，$\boldsymbol{G}_{ab} = [l_{ab,11}, \cdots, l_{ab,1b}, \cdots, l_{ab,1\mathrm{N}}, \cdots, l_{ab,(a-1)1}, \cdots, l_{ab,(a-1)b}, \cdots, l_{ab,(a-1)\mathrm{N}}, \underbrace{0,\cdots,0}_{\mathrm{N}}, l_{ab,(a+1)1}, \cdots, l_{ab,(a+1)b}, \cdots, l_{ab,(a+1)\mathrm{N}}, \cdots, l_{ab,\mathrm{M}1}, \cdots, l_{ab,\mathrm{M}b}, \cdots, l_{ab,\mathrm{MN}}]$ 代表从运营商 ab 从他链紧急横向转运周转箱的周转箱库存系数矩阵，$\boldsymbol{H}' = diag\left[\sum_{\substack{q=1\\q\neq 1}}^{\mathrm{M}} \sum_{s=1}^{\mathrm{N}} l_{qs,11}, \cdots, \sum_{\substack{q=1\\q\neq a}}^{\mathrm{M}} \sum_{s=1}^{\mathrm{N}} l_{qs,ab}, \cdots, \sum_{\substack{q=1\\q\neq \mathrm{M}}}^{\mathrm{M}} \sum_{s=1}^{\mathrm{N}} l_{qs,\mathrm{MN}}\right]$，$\sum_{\substack{q=1\\q\neq a}}^{\mathrm{M}} \sum_{s=1}^{\mathrm{N}} l_{qs,ab}$ 代表紧急横向转运周转箱至运营商 ab 的库存系数矩阵，$G' = diag\left[\sum_{\substack{s=1\\s\neq 1}}^{\mathrm{N}} l_{1,s1}, \cdots, \sum_{\substack{s=1\\s\neq b}}^{\mathrm{N}} l_{a,sb} \cdots, \sum_{\substack{s=1\\s\neq \mathrm{N}}}^{\mathrm{N}} l_{\mathrm{M},s\mathrm{N}}\right]$，$\sum_{\substack{s=1\\s\neq b}}^{\mathrm{N}} l_{a,sb}$ 代表从运营商 ab 正常横向转运的库存系数矩阵；$\boldsymbol{B}_i = \begin{bmatrix} \boldsymbol{I}_{\mathrm{M}} & -\boldsymbol{T} - \boldsymbol{T}' & \boldsymbol{0} \\ \boldsymbol{0} & \boldsymbol{K} & \lambda \boldsymbol{I}_{\mathrm{MN}} \\ \boldsymbol{0} & \boldsymbol{0} & -\boldsymbol{I}_{\mathrm{MN}} \end{bmatrix}_{(\mathrm{M+2MN})\times(\mathrm{M+2MN})}$

代表生产、订购和返还周转箱的系数矩阵，$\boldsymbol{T}=\begin{bmatrix}\boldsymbol{T}_1 & & & & \\ & \ddots & & & \\ & & \boldsymbol{T}_a & & \\ & & & \ddots & \\ & & & & \boldsymbol{T}_{\mathrm{M}}\end{bmatrix}_{\mathrm{M}\times\mathrm{MN}}$，$\boldsymbol{T}_a=[g_{a1} \quad \cdots \quad g_{ab} \quad \cdots \quad g_{a\mathrm{N}}]$ 代表运营商的正常订购系数矩阵，$\boldsymbol{T}'=\begin{bmatrix}\boldsymbol{T}'_1\\ \vdots \\ \boldsymbol{T}'_a \\ \vdots \\ \boldsymbol{T}'_{\mathrm{M}}\end{bmatrix}_{\mathrm{M}\times\mathrm{MN}}$，$\boldsymbol{T}'_a=[g_{a,\,11},\ \cdots,\ g_{a,\,1b},\ \cdots,\ g_{a,\,1\mathrm{N}},\ \cdots,\ g_{a,\,(a-1)1},\ \cdots,\ g_{a,\,(a-1)b},\ \cdots,\ g_{a,\,(a-1)\mathrm{N}},\ 0,\ \cdots,\ 0,\ g_{a,\,(a+1)1},\ \cdots,\ g_{a,\,(a+1)b},\ \cdots,\ g_{a,\,(a+1)\mathrm{N}},\ \cdots,\ g_{a,\,\mathrm{M}1},\ \cdots,\ g_{a,\,\mathrm{M}b},\ \cdots,\ g_{a,\,\mathrm{MN}}]$ 代表从制造商 a 紧急订购的系数矩阵，$\boldsymbol{K}=diag\Big[g_{11}+\sum\limits_{\substack{q=1\\q\neq 1}}^{\mathrm{M}} g_{q,\,11},\ \cdots,\ g_{ab}+\sum\limits_{\substack{q=1\\q\neq a}}^{\mathrm{M}} g_{q,\,ab},\ \cdots,\ g_{\mathrm{MN}}+\sum\limits_{\substack{q=1\\q\neq \mathrm{M}}}^{\mathrm{M}} g_{q,\,\mathrm{MN}}\Big]$ 代表正常订购和紧急订购下的订购系数矩阵；$\boldsymbol{B}_{wi}=\begin{bmatrix}\boldsymbol{0} & \boldsymbol{0}\\ \boldsymbol{0} & \boldsymbol{I}_{\mathrm{MN}}\\ \boldsymbol{0} & -\boldsymbol{I}_{\mathrm{MN}}\end{bmatrix}_{(\mathrm{M}+2\mathrm{MN})\times(\mathrm{M}+\mathrm{MN})}$ 代表周转箱的客户需求系数矩阵；$\boldsymbol{C}_i=[\boldsymbol{F},\ \boldsymbol{F}'+\boldsymbol{S}+\boldsymbol{S}',\ \underbrace{0,\ \cdots,\ 0}_{\mathrm{MN}}]_{1\times(\mathrm{M}+2\mathrm{MN})}$ 代表周转箱库存和横向转运的成本系数矩阵，$\boldsymbol{F}=[ch_1,\ \cdots,\ ch_a,\ \cdots,\ ch_{\mathrm{M}}]$，$\boldsymbol{F}'=[ch_{11},\ \cdots,\ ch_{ab},\ \cdots,\ ch_{\mathrm{MN}}]$，$\boldsymbol{S}=[0+c_{c121}l_{1,\,21}+\cdots c_{c1b1}l_{1,\,b1}+\cdots+c_{c1\mathrm{N}1}l_{1,\,\mathrm{N}1},\ \cdots,\ c_{c11b}l_{1,\,1b}+\cdots+c_{c1(b-1)b}l_{1,\,(b-1)b}+0+c_{c1(b+1)b}l_{1,\,(b+1)b}+\cdots+c_{c1\mathrm{N}b}l_{1,\,\mathrm{N}b},\ \cdots,\ c_{c11\mathrm{N}}l_{1,\,1\mathrm{N}}+\cdots+c_{c1b\mathrm{N}}l_{1,\,b\mathrm{N}}+\cdots+c_{c1(\mathrm{N}-1)\mathrm{N}}l_{1,\,(\mathrm{N}-1)\mathrm{N}}+0,\ \cdots,\ 0+c_{ca21}l_{a,\,21}+\cdots+c_{cab1}l_{a,\,b1}+\cdots+c_{ca\mathrm{N}1}l_{a,\,\mathrm{N}1},\ \cdots,\ c_{ca1b}l_{a,\,1b}+\cdots+c_{ca(b-1)b}l_{a,\,(b-1)b}+0+c_{ca(b+1)b}l_{a,\,(b+1)b}+\cdots+c_{ca\mathrm{N}b}l_{a,\,\mathrm{N}b},\ \cdots,\ c_{ca1\mathrm{N}}l_{a,\,1\mathrm{N}}+\cdots+c_{cab\mathrm{N}}l_{a,\,b\mathrm{N}}+\cdots+c_{ca(\mathrm{N}-1)\mathrm{N}}l_{a,\,(\mathrm{N}-1)\mathrm{N}}+0,\ \cdots,\ 0+c_{c\mathrm{M}21}l_{\mathrm{M},\,21}+\cdots c_{c\mathrm{M}b1}l_{\mathrm{M},\,b1}+\cdots+c_{c\mathrm{MN}1}l_{\mathrm{M},\,\mathrm{N}1},\ \cdots,\ c_{c\mathrm{M}1b}l_{\mathrm{M},\,1b}+\cdots+c_{c\mathrm{M}(b-1)b}l_{\mathrm{M},\,(b-1)b}+0+c_{c\mathrm{M}(b+1)b}l_{\mathrm{M},\,(b+1)b}+\cdots+c_{c\mathrm{MN}b}l_{\mathrm{M},\,\mathrm{N}b},\ \cdots,\ c_{c\mathrm{M}1\mathrm{N}}l_{\mathrm{M},\,1\mathrm{N}}+\cdots+c_{c\mathrm{M}b\mathrm{N}}l_{\mathrm{M},\,b\mathrm{N}}+\cdots+c_{c\mathrm{M}(\mathrm{N}-1)\mathrm{N}}l_{\mathrm{M},\,(\mathrm{N}-1)\mathrm{N}}+0]_{1\times\mathrm{MN}}$ 代表周转箱正常横向转运下的成本系数矩阵，$\boldsymbol{S}'=[\underbrace{0+\cdots+0}_{\mathrm{N}}+c_{c21,\,11}l_{21,\,11}+\cdots+c_{c2b,\,11}l_{2b,\,11}+\cdots+c_{c2\mathrm{N},\,11}l_{2\mathrm{N},\,11}+\cdots+c_{ca1,\,11}l_{a1,\,11}+\cdots+c_{cab,\,11}l_{ab,\,11}+\cdots+c_{ca\mathrm{N},\,11}l_{a\mathrm{N},\,11}+\cdots+c_{c\mathrm{M}1,\,11}l_{\mathrm{M}1,\,11}+\cdots+c_{c\mathrm{M}b,\,11}l_{\mathrm{M}b,\,11}+\cdots+$

$c_{cMN,\ 11}l_{MN,\ 11}$，…，$c_{c11,\ ab}l_{11,\ ab} + \cdots + c_{c1b,\ ab}l_{1b,\ ab} + \cdots + c_{c1N,\ ab}l_{1N,\ ab} + \cdots + c_{c(a-1)1,\ ab}l_{(a-1)1,\ ab} + \cdots + c_{c(a-1)b,\ ab}l_{(a-1)b,\ ab} + \cdots + c_{c(a-1)N,\ ab}l_{(a-1)N,\ ab} + \underbrace{0 + \cdots + 0}_{N} + c_{c(a+1)1,\ ab}l_{(a+1)1,\ ab} + \cdots + c_{c(a+1)b,\ ab}l_{(a+1)b,\ ab} + \cdots + c_{c(a+1)N,\ ab}l_{(a+1)N,\ ab}$，…，$c_{c11,\ MN}l_{11,\ MN} + \cdots + c_{c1b,\ MN}l_{1b,\ MN} + \cdots + c_{c1N,\ MN}l_{1N,\ MN} + \cdots + c_{ca1,\ MN}l_{a1,\ MN} + \cdots + c_{cab,\ MN}l_{ab,\ MN} + \cdots + c_{caN,\ MN}l_{aN,\ MN} + \cdots + c_{c(M-1)1,\ 11}l_{(M-1)1,\ 11} + \cdots + c_{c(M-1)b,\ 11}l_{(M-1)b,\ 11} + \cdots + c_{c(M-1)N,\ 11}l_{(M-1)N,\ 11} + \underbrace{0 + \cdots + 0}_{N}]_{1\times MN}$ 代表周转箱紧急横向转运的成本系数矩阵；$\boldsymbol{D}_i = [\boldsymbol{J},\ \boldsymbol{V},\ \boldsymbol{R}]_{1\times(M+2MN)}$ 代表生产、订购和返还周转箱的成本系数矩阵，$\boldsymbol{J} = [c_{n1},\ \cdots,\ c_{na},\ \cdots,\ c_{nM}]_{1\times M}$ 代表制造商的生产成本系数矩阵，$\boldsymbol{V} = \left[c_{m11}g_{11} + c_{mq11}\sum_{\substack{q=1\\ q\neq 1}}^{M} g_{q,\ 11},\ \cdots,\ c_{mab}g_{ab} + c_{mqab}\sum_{\substack{q=1\\ q\neq a}}^{M} g_{q,\ ab},\ \cdots,\ c_{mMN}g_{MN} + c_{mqMN}\sum_{\substack{q=1\\ q\neq M}}^{M} g_{q,\ MN}\right]_{1\times MN}$ 代表运营商的订购成本系数矩阵，$\boldsymbol{R} = [c_{d11} + c_{r11}\lambda + c_{o11}\eta,\ \cdots,\ c_{d1b} + c_{r1b}\lambda + c_{o1b}\eta,\ \cdots,\ c_{d1N} + c_{r1N}\lambda + c_{o1N}\eta,\ \cdots,\ c_{da1} + c_{ra1}\lambda + c_{oa1}\eta,\ \cdots,\ c_{dab} + c_{rab}\lambda + c_{oab}\eta,\ \cdots,\ c_{daN} + c_{raN}\lambda + c_{oaN}\eta,\ \cdots,\ c_{dM1} + c_{rM1}\lambda + c_{oM1}\eta,\ \cdots,\ c_{dMb} + c_{rMb}\lambda + c_{oMb}\eta,\ \cdots,\ c_{dMN} + c_{rMN}\lambda + c_{oMN}\eta]_{1\times MN}$ 代表返还周转箱的成本系数矩阵。

8.1.4　需求不确定下周转箱 SCN 鲁棒控制策略

（1）周转箱 SCN 模糊控制模型。

为了实现精确融合周转箱 SCN 的模型与周转箱库存切换策略，建立周转箱 SCN 模糊控制系统如下：

R_i: If $x_1(k)$ is M_1^i, …, $x_a(k)$ is M_a^i, …, $x_M(k)$ is M_M^i, $x_{11}(k)$ is M_{11}^i, …, $x_{ab}(k)$ is M_{ab}^i, …, $x_{MN}(k)$ is M_{MN}^i, $y_{11}(k)$ is $\widetilde{M}_{11}^i$, …, $y_{ab}(k)$ is $\widetilde{M}_{ab}^i$, …, and $y_{MN}(k)$ is $\widetilde{M}_{MN}^i$, then

$$\begin{cases}\boldsymbol{x}(k+1) = \boldsymbol{A}_i\boldsymbol{x}(k) + \boldsymbol{B}_i\boldsymbol{u}(k) + \boldsymbol{B}_{wi}\boldsymbol{w}(k)\\ z(k) = \boldsymbol{C}_i\boldsymbol{x}(k) + \boldsymbol{D}_i\boldsymbol{u}(k)\\ \boldsymbol{x}(k) = \boldsymbol{\varphi}(k)\end{cases} \tag{8.4}$$

其中，M_a^i、M_{ab}^i 和 $\widetilde{M}_{ab}^i$ 分别代表在第 i 条规则下制造商 a、运营商 ab 和客户 ab 的模糊集。

通过使用与 1.4.1 节相同的推理，则式（8.4）可转换为：

$$\begin{cases} \boldsymbol{x}(k+1)=\sum_{i=1}^{r}h_i[\boldsymbol{A}_i\boldsymbol{x}(k)+\boldsymbol{B}_i\boldsymbol{u}(k)+\boldsymbol{B}_{wi}\boldsymbol{w}(k)] \\ z(k)=\sum_{i=1}^{r}h_i[\boldsymbol{C}_i\boldsymbol{x}(k)+\boldsymbol{D}_i\boldsymbol{u}(k)] \end{cases} \tag{8.5}$$

其中，$h_i=\dfrac{\mu_i(\boldsymbol{x}(k))}{\sum_{i=1}^{r}\mu_i(\boldsymbol{x}(k))}$，$\mu_i(\boldsymbol{x}(k))=\prod_{a=1}^{\mathrm{M}}M_a^i(x_a(k))\prod_{a=1}^{\mathrm{M}}\prod_{b=1}^{\mathrm{N}}M_{ab}^i(x_{ab}(k))$

$\prod_{a=1}^{\mathrm{M}}\prod_{b=1}^{\mathrm{N}}\widetilde{M}_{ab}^i(y_{ab}(k))$ 代表第 i 条规则的隶属度函数。

（2）鲁棒控制策略。

对式（8.5）设计如下的周转箱库存状态反馈控制律：

K^i：If $x_1(k)$ is M_1^i，…，$x_a(k)$ is M_a^i，…，$x_{\mathrm{M}}(k)$ is M_{M}^i，$x_{11}(k)$ is M_{11}^i，…，$x_{ab}(k)$ is M_{ab}^i，…，$x_{\mathrm{MN}}(k)$ is M_{MN}^i，$y_{11}(k)$ is $\widetilde{M}_{11}^i$，…，$y_{ab}(k)$ is $\widetilde{M}_{ab}^i$，…，and $y_{\mathrm{MN}}(k)$ is $\widetilde{M}_{\mathrm{MN}}^i$，then

$$\boldsymbol{u}(k)=-\boldsymbol{K}_i\boldsymbol{x}(k)$$

其中，$i=1,2,\cdots,r$，$\boldsymbol{K}_i$ 代表周转箱的库存状态反馈增益矩阵。

将定理 5.1 中第 c 个 MORG 的表达式修改为 $c=1,2,\cdots,\prod_{a=1}^{\mathrm{M}}(m_a-1)+\prod_{a=1}^{\mathrm{M}}\prod_{b=1}^{\mathrm{N}}(m_{ab}-1)+\prod_{a=1}^{\mathrm{M}}\prod_{b=1}^{\mathrm{N}}(\widetilde{m}_{ab}-1)$（$m_a$、$m_{ab}$ 和 $\widetilde{m}_{ab}$ 分别代表制造商 a、运营商 ab 和客户 ab 的模糊分划数），则修改后的定理 5.1 所表示的鲁棒控制策略结合 8.1.2 节设计的周转箱库存切换策略，可得到适用于需求不确定下周转箱 SCN 的鲁棒切换策略。

8.1.5 仿真分析

本节选择汽车的零部件周转箱 SCN 进行仿真分析以验证需求不确定下周转箱 SCN 的鲁棒切换策略的有效性。该汽车的零部件周转箱 SCN 包含 2 个周转箱制造商（制造商 1——四川恒丰塑胶有限公司，制造商 2——江苏坚美塑业有限公司）、3 个运营商（运营商 11——上海携赁物流设备有限公司苏州服务中心、运营商 12——上海携赁物流设备有限公司芜湖服务中心、运营商 21——上海携赁物流设备有限公司成都服务中心）和 3 个客户（客户 11——博世汽车部件（苏州）有限公司、客户 12——博世汽车部件（芜湖）有限公司、客户 21——博世汽车部件（成都）有限公司）。制造商 1、运营商 11、运营商 12、客户 11 和客户 12 组成周转箱 SC 1，制造商 2、运营商 21 和客户 21 构成周转箱 SC 2，SC 1 和

SC 2 组成了汽车的零部件周转箱 SCN。运营商的周转箱库存模糊分划如图 8.3 所示。

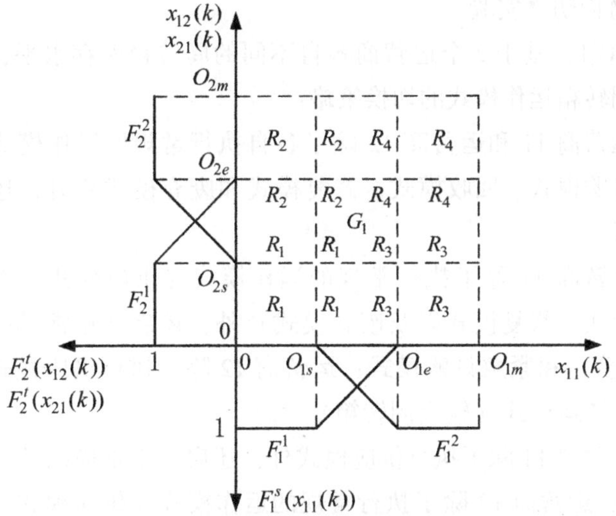

图 8.3　运营商周转箱的库存模糊分划

在图 8.3 中分别代表运营商 11、运营商 12 和运营商 21 的周转箱库存的 $x_{11}(k)$ 、$x_{12}(k)$ 和 $x_{21}(k)$ 的模糊分划各自表示为 $F_1^s(x_{11}(k))$ 、$F_2^t(x_{12}(k))$ 和 $F_2^t(x_{21}(k))$ $(s, t = 1, 2)$，且它们均满足 SFP 的条件。O_{1s} 、O_{1e} 和 O_{1m} 分别代表运营商 11 的安全库存值、理想库存值和最大库存值；O_{2s} 、O_{2e} 和 O_{2m} 分别代表运营商 12 和运营商 21 的安全库存值、理想库存值和最大库存值。设 $M_1^1 = M_1^2 = F_1^1$，$M_1^3 = M_1^4 = F_1^2$，$M_2^1 = M_2^3 = F_2^1$，$M_2^2 = M_2^4 = F_2^2$，$O_{1s} = O_{2s} = 10$，$O_{1e} = O_{2e} = 35$（$\times 10^4$个）。

从图 8.3 可知，该系统仅有一个包含 R_1、R_2、R_3 和 R_4 的 MORG G_1。

基于汽车零部件周转箱 SCN 的运作过程，系统的各种参数选取如下所示：

$c_{h1} = 0.002$，$c_{h2} = 0.002$，$c_{h11} = 0.003$，$c_{h12} = 0.003$，$c_{h21} = 0.003$，$c_{n1} = 0.045$，$c_{n2} = 0.045$，$c_{m11} = 0.058$，$c_{m12} = 0.058$，$c_{m21} = 0.058$，$c_{c112} = 0.059$，$c_{c121} = 0.059$，$c'_{m11} = 0.061$，$c'_{m21} = 0.061$，$c_{c1121} = 0.062$，$c_{c2111} = 0.062$，$c_{m211} = 0.063$，$c_{m212} = 0.063$，$c_{m121} = 0.063$，$c_{d11} = 0.002$，$c_{d12} = 0.002$，$c_{d21} = 0.002$，$c_{r11} = 0.020$，$c_{r12} = 0.020$，$c_{r21} = 0.020$，$c_{o11} = 0.002$，$c_{o12} = 0.002$，$c_{o21} = 0.002$（$\times 10^3$元），$\lambda = 0.95$，$\eta = 0.05$，$w_{11}(k) = w_{12}(k) = w_{21}(k) \sim N(6, 1^2)$ 。

注 8.2 c'_{m11} 代表制造商 1 在紧急生产模式下的运营商 11 的单位订购成本，c'_{m21} 代表制造商 2 在紧急生产模式下的运营商 21 的单位订购成本。

(1) 链内仿真实验。

对于 SC 1，基于 2 个运营商各自不同的周转箱库存水平，设计如下的运营商周转箱运作模式的切换策略：

R_1：运营商 11 和运营商 12 除了各自执行常规的运作模式（供应模式、正常订购模式、回收模式、修复模式和废弃模式）外，还均启动紧急订购模式。

R_2：运营商 11 除了执行常规的运作模式（供应模式、正常订购模式、回收模式、修复模式以及废弃模式）外，还启动正常横向转运模式（输入周转箱）和紧急订购模式；运营商 12 除了执行供应模式外，还启动正常横向转运模式（输出周转箱）。

R_3：运营商 11 除了执行供应模式外，还启动正常横向转运模式（输出周转箱）；运营商 12 除了执行常规的运作模式（供应模式、正常订购模式、回收模式、修复模式以及废弃模式）外，还同时启动紧急订购模式和正常横向转运模式（输入周转箱）。

R_4：运营商 11 和运营商 12 均仅执行供应模式。

基于周转箱库存切换策略以及式（8.1）和式（8.2），建立周转箱 SC 的基本模型如下：

$$
R_1:\begin{cases}
x_1(k+1)=x_1(k)+u_1(k)-g_{11}u_{11}(k)-g_{12}u_{12}(k)\\
x_{11}(k+1)=x_{11}(k)+g_{11}u_{11}(k)+g_{2,\ 11}u_{11}(k)+\\
\qquad\qquad \lambda u_{1,\ 11}(k)-w_{11}(k)\\
x_{12}(k+1)=x_{12}(k)+g_{12}u_{12}(k)+g_{2,\ 12}u_{12}(k)+\lambda u_{1,\ 12}(k)-\\
\qquad\qquad w_{12}(k)\\
y_{11}(k+1)=y_{11}(k)+w_{11}(k)-u_{1,\ 11}(k)\\
y_{12}(k+1)=y_{12}(k)+w_{12}(k)-u_{1,\ 12}(k)\\
z(k)=c_{h1}x_1(k)+c_{h11}x_{11}(k)+c_{h12}x_{12}(k)+c_{m11}g_{11}u_{11}(k)+\\
\qquad c_{m12}g_{12}u_{12}(k)+c_{m211}g_{2,\ 11}u_{11}(k)+c_{m212}g_{2,\ 12}u_{12}(k)+\\
\qquad c_{n1}u_1(k)+c_{d11}u_{1,\ 11}(k)+c_{d12}u_{1,\ 12}(k)+c_{r11}\lambda u_{1,\ 11}(k)+\\
\qquad c_{r12}\lambda u_{1,\ 12}(k)+c_{o11}\eta u_{1,\ 11}(k)+c_{o12}\eta u_{1,\ 12}(k)
\end{cases}
$$

$$
R_2:\begin{cases}
x_1(k+1)=x_1(k)+u_1(k)-g_{11}u_{11}(k)\\
x_{11}(k+1)=x_{11}(k)+g_{11}u_{11}(k)+g_{2,11}u_{11}(k)+l_{1,12}x_{12}(k)+\\
\qquad\lambda u_{1,11}(k)-w_{11}(k)\\
x_{12}(k+1)=x_{12}(k)-l_{1,12}x_{12}(k)-w_{12}(k)\\
y_{11}(k+1)=y_{11}(k)+w_{11}(k)-u_{1,11}(k)\\
y_{12}(k+1)=y_{12}(k)+w_{12}(k)\\
z(k)=c_{h1}x_1(k)+c_{h11}x_{11}(k)+c_{h12}x_{12}(k)+c_{m11}g_{11}u_{11}(k)+\\
\qquad c_{m211}g_{2,11}u_{11}(k)+c_{c112}l_{1,12}x_{12}(k)+c_{n1}u_1(k)+\\
\qquad c_{d11}u_{1,11}(k)+c_{r11}\lambda u_{1,11}(k)+c_{o11}\eta u_{1,11}(k)
\end{cases}
$$

$$
R_3:\begin{cases}
x_1(k+1)=x_1(k)+u_1(k)-g_{12}u_{12}(k)\\
x_{11}(k+1)=x_{11}(k)-l_{1,21}x_{11}(k)-w_{11}(k)\\
x_{12}(k+1)=x_{12}(k)+g_{12}u_{12}(k)+g_{2,12}u_{12}(k)+l_{1,21}x_{11}(k)+\\
\qquad\lambda u_{1,12}(k)-w_{12}(k)\\
y_{11}(k+1)=y_{11}(k)+w_{11}(k)\\
y_{12}(k+1)=y_{12}(k)+w_{12}(k)-u_{1,12}(k)\\
z(k)=c_{h1}x_1(k)+c_{h11}x_{11}(k)+c_{h12}x_{12}(k)+c_{m12}g_{12}u_{12}(k)+\\
\qquad c_{m212}g_{2,12}u_{12}(k)+c_{c121}l_{1,21}x_{11}(k)+c_{n1}u_1(k)+\\
\qquad c_{d12}u_{1,12}(k)+c_{r12}\lambda u_{1,12}(k)+c_{o12}\eta u_{1,12}(k)
\end{cases}
$$

$$
R_4:\begin{cases}
x_1(k+1)=x_1(k)\\
x_{11}(k+1)=x_{11}(k)-w_{11}(k)\\
x_{12}(k+1)=x_{12}(k)-w_{12}(k)\\
y_{11}(k+1)=y_{11}(k)+w_{11}(k)\\
y_{12}(k+1)=y_{12}(k)+w_{12}(k)\\
z(k)=c_{h1}x_1(k)+c_{h11}x_{11}(k)+c_{h12}x_{12}(k)
\end{cases}
$$

进一步地，构建如下的周转箱 SC 的 T-S 模糊控制模型：

R_i ：If $x_{11}(k)$ is M_{11}^i and $x_{12}(k)$ is M_{12}^i ，then

$$
\begin{cases}
\boldsymbol{x}(k+1)=\sum_{i=1}^{4}h_i(\boldsymbol{x}(k))[\boldsymbol{A}_i\boldsymbol{x}(k)+\boldsymbol{B}_i\boldsymbol{u}(k)+\boldsymbol{B}_{wi}\boldsymbol{w}(k)]\\
z(k)=\sum_{i=1}^{4}h_i(\boldsymbol{x}(k))[\boldsymbol{C}_i\boldsymbol{x}(k)+\boldsymbol{D}_i\boldsymbol{u}(k)]
\end{cases}
$$

对上述模型设计如下的周转箱库存状态反馈控制律：

K^i : If $x_{11}(k)$ is M_{11}^i and $x_{12}(k)$ is M_{12}^i , then

$$\boldsymbol{u}(k)=-\sum_{i=1}^{4}h_i(\boldsymbol{x}(k))\boldsymbol{K}_{ic}\boldsymbol{x}(k)$$

设置不同规则下的参数如下：当 $i=1$ 时，$g_{11}=0.7$；当 $i=2$ 时，$g_{11}=0.9$；当 $i=3$，4 时，$g_{11}=0$；当 $i=1$ 时，$g_{2,11}=0.3$；当 $i=2$ 时，$g_{2,11}=0.1$；当 $i=3$，4 时，$g_{2,11}=0$；当 $i=1$ 时，$g_{12}=0.7$；当 $i=2$，4 时，$g_{12}=0$；当 $i=3$ 时，$g_{12}=0.9$；当 $i=1$ 时，$g_{2,12}=0.3$；当 $i=2$，4 时，$g_{2,12}=0$；当 $i=3$ 时，$g_{2,12}=0.1$；当 $i=1$，3，4 时，$l_{1,12}=0$；当 $i=2$ 时，$l_{1,12}=0.2$；当 $i=1$，2，4 时，$l_{1,21}=0$；当 $i=3$ 时，$l_{1,21}=0.2$。

那么，系统参数矩阵可表示如下：

$$\boldsymbol{A}_1=\boldsymbol{A}_4=\begin{bmatrix}1&0&0&0&0\\0&1&0&0&0\\0&0&1&0&0\\0&0&0&1&0\\0&0&0&0&1\end{bmatrix},\ \boldsymbol{A}_2=\begin{bmatrix}1&0&0&0&0\\0&1&0.2&0&0\\0&0&0&0.8&0\\0&0&0&1&0\\0&0&0&0&1\end{bmatrix},\ \boldsymbol{A}_3=$$

$$\begin{bmatrix}1&0&0&0&0\\0&0.8&0&0&0\\0&0.2&1&0&0\\0&0&0&1&0\\0&0&0&0&1\end{bmatrix},\ \boldsymbol{B}_1=\begin{bmatrix}1&-0.7&-0.7&0&0\\0&1&0&0.95&0\\0&0&1&0&0.95\\0&0&0&-1&0\\0&0&0&0&-1\end{bmatrix},\ \boldsymbol{B}_2=$$

$$\begin{bmatrix}1&-0.9&0&0&0\\0&1&0&0.95&0\\0&0&0&0&0\\0&0&0&-1&0\\0&0&0&0&0\end{bmatrix},\boldsymbol{B}_3=\begin{bmatrix}1&0&-0.9&0&0\\0&0&0&0&0\\0&0&1&0&0.95\\0&0&0&0&0\\0&0&0&0&-1\end{bmatrix},\boldsymbol{B}_4=\boldsymbol{0},\boldsymbol{B}_{w1}=$$

$$\boldsymbol{B}_{w2}=\boldsymbol{B}_{w3}=\boldsymbol{B}_{w4}=\begin{bmatrix}0&0&0\\0&-1&0\\0&0&-1\\0&1&0\\0&0&1\end{bmatrix},\ \boldsymbol{C}_1=\boldsymbol{C}_4=[0.002\ \ 0.003\ \ 0.003\ \ 0\ \ 0],$$

$\boldsymbol{C}_2=[0.002\ \ 0.003\ \ 0.0148\ \ 0\ \ 0]$，$\boldsymbol{C}_3=[0.002\ \ 0.0148\ \ 0.003\ \ 0\ \ 0]$，

$\boldsymbol{D}_1=[0.045\ \ 0.0595\ \ 0.0595\ \ 0.0211\ \ 0.0211]$，

$\boldsymbol{D}_2=[0.045\ \ 0.0585\ \ 0\ \ 0.0211\ \ 0]$，

$\boldsymbol{D}_3 = [0.045 \quad 0 \quad 0.0585 \quad 0 \quad 0.0211]$，$\boldsymbol{D}_4 = \boldsymbol{0}$。

当 $\gamma = 0.5$ 时，通过求解修改后的定理 5.1 中的式（5.8）和式（5.9），得到了局部公共正定矩阵，所以周转箱 SC 1 在不确定需求的影响下是鲁棒稳定的。具体的求解结果如下：

$$\boldsymbol{P}_1 = \begin{bmatrix} 8.2885 & 0.0041 & 0.0041 & 0.0050 & 0.0050 \\ 0.0041 & 8.7372 & 0.0095 & -0.4890 & 0.0028 \\ 0.0041 & 0.0095 & 8.7372 & 0.0028 & -0.4890 \\ 0.0050 & -0.4890 & 0.0028 & 8.7287 & 0.0055 \\ 0.0050 & 0.0028 & -0.4890 & 0.0055 & 8.7287 \end{bmatrix},$$

$$\boldsymbol{K}_{11} = \begin{bmatrix} 0.9403 & 0.6308 & 0.6308 & 0.6141 & 0.6141 \\ -0.0333 & 0.9861 & -0.1218 & 0.9737 & -0.1346 \\ -0.0333 & -0.1218 & 0.9861 & -0.1346 & 0.9737 \\ 0.0142 & 0.0019 & 0.0551 & -1.0154 & 0.0629 \\ 0.0142 & 0.0551 & 0.0019 & 0.0629 & -1.0154 \end{bmatrix},$$

$$\boldsymbol{K}_{21} = \begin{bmatrix} 0.9460 & 0.8490 & 0.3023 & 0.8537 & 0.1863 \\ -0.0424 & 0.9444 & 0.2519 & 0.9383 & 0.0933 \\ -0.0568 & -0.0899 & 1.5041 & -0.1799 & 1.5434 \\ 0.0186 & 0.0218 & -0.0272 & -0.9987 & -0.0470 \\ 0.0235 & 0.0846 & 0.1379 & 0.0821 & -1.8300 \end{bmatrix},$$

$$\boldsymbol{K}_{31} = \begin{bmatrix} 0.9460 & 0.3023 & 0.8490 & 0.1863 & 0.8537 \\ -0.0568 & 1.5041 & -0.0899 & 1.5434 & -0.1799 \\ -0.0424 & 0.2519 & 0.9444 & 0.0933 & 0.9383 \\ 0.0235 & 0.1379 & 0.0846 & -1.8300 & 0.0821 \\ 0.0186 & -0.0272 & 0.0218 & -0.0470 & -0.9987 \end{bmatrix},$$

$$\boldsymbol{K}_{41} = \begin{bmatrix} 1.9125 & 0.8710 & 0.8710 & 0.8049 & 0.8049 \\ -0.0662 & 1.3763 & 0.3557 & 1.3112 & 0.2844 \\ -0.0662 & 0.3557 & 1.3763 & 0.2844 & 1.3112 \\ 0.0279 & 0.2992 & -0.1302 & -1.7156 & -0.1433 \\ 0.0279 & -0.1302 & 0.2992 & -0.1433 & -1.7156 \end{bmatrix}。$$

以下针对 3 种不同的变量的初始值和标称值进行仿真实验。仿真实验 1 至仿真实验 3 中的变量初始值和标称值如表 8.3 所示。

表 8.3 需求不确定下状态变量和控制变量的初始值和标称值

	初始值（$\times10^4$个）	标称值（$\times10^4$个）
仿真实验 1	$x_{11}(0)=-30$，$x_{12}(0)=-28$	$\vec{x}_{11}(k)=34$，$\vec{x}_{12}(k)=31$ $\vec{u}_{11}(k)=35$，$\vec{u}_{12}(k)=32$
仿真实验 2	$x_{11}(0)=-27$，$x_{12}(0)=10$	$\vec{x}_{11}(k)=32$，$\vec{x}_{12}(k)=35$ $\vec{u}_{11}(k)=33$，$\vec{u}_{12}(k)=36$
仿真实验 3	$x_{11}(0)=8$，$x_{12}(0)=9$	$\vec{x}_{11}(k)=31$，$\vec{x}_{12}(k)=33$ $\vec{u}_{11}(k)=34$，$\vec{u}_{12}(k)=36$

① 仿真实验 1。对于运营商 11 和运营商 12 的周转箱初始库存水平均小于其安全库存值，运营商 11 和运营商 12 除了各自执行常规的运作模式（供应模式、正常订购模式、回收模式、修复模式和废弃模式）外，还均启动了向制造商 2 订购周转箱的紧急订购模式。如图 8.4 至图 8.6 所示，在上述周转箱运作模式的作用下，运营商 11 和运营商 12 的周转箱库存水平均开始快速上升。当运营商 11 和运营商 12 的库存水平介于其理想库存值和安全库存值之间时，运营商 11 和运营商 12 均取消紧急订购模式，各自继续执行常规的运作模式（供应模式、正常订购模式、回收模式、修复模式和废弃模式），周转箱 SC 1 系统则进入了鲁棒稳定状态。

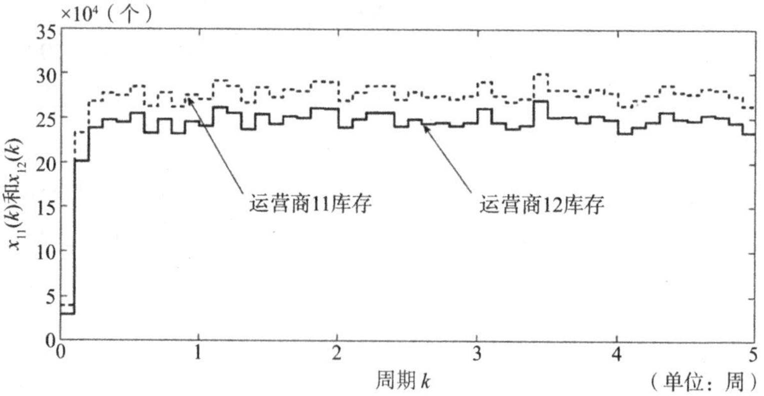

图 8.4 需求不确定下仿真实验 1 中状态变量的变化过程

② 仿真实验 2。对于运营商 11 的周转箱初始库存水平小于其安全库存值且运营商 12 的周转箱初始库存水平大于其理想库存值，运营商 11 除了执行常规的运作模式（供应模式、正常订购模式、回收模式、修复模

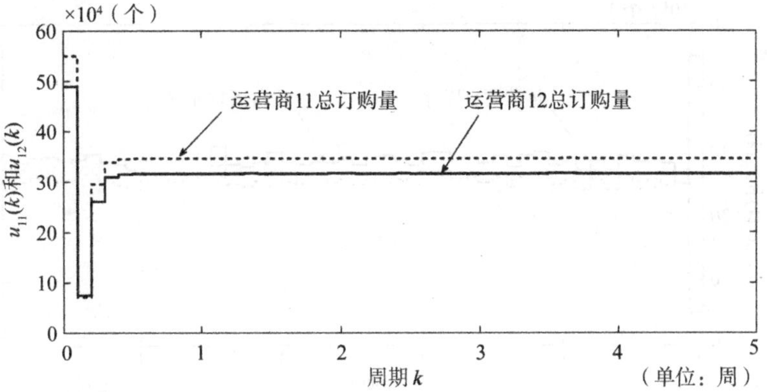

图 8.5　需求不确定下仿真实验 1 中控制变量的变化过程

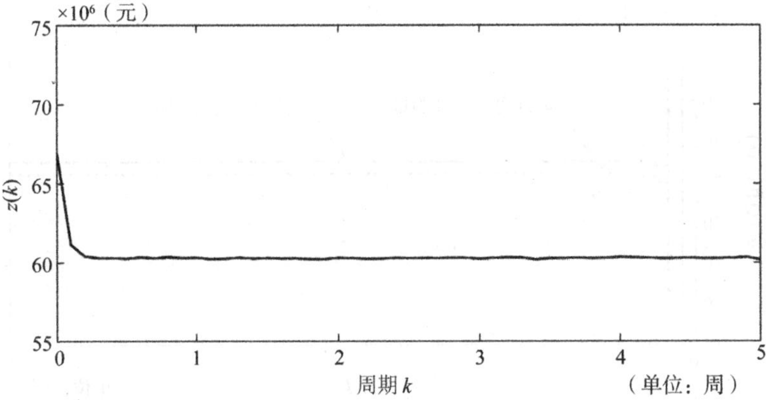

图 8.6　需求不确定下仿真实验 1 中总成本的变化过程

式和废弃模式）外，还启动了向制造商 2 订购周转箱的紧急订购模式和从运营商 12 转运周转箱的正常横向转运模式，而运营商 12 仅执行供应模式和向运营商 11 转运周转箱的正常横向转运模式。如图 8.7 至图 8.9 所示，在上述周转箱运作模式的作用下，运营商 11 的周转箱库存水平开始快速上升而运营商 12 的周转箱库存水平快速降低。当运营商 11 和运营商 12 的周转箱库存水平均介于各自的安全库存值和理想库存值之间时，运营商 11 和运营商 12 均取消正常横向转运模式，且运营商 11 还取消紧急订购模式，同时运营商 11 和运营商 12 均执行常规的运作模式（供应模式、正常订购模式、回收模式、修复模式和废弃模式），周转箱 SC 1 系统则进入了鲁棒稳定状态。

③ 仿真实验 3。对于运营商 11 和运营商 12 的周转箱初始库存水平均

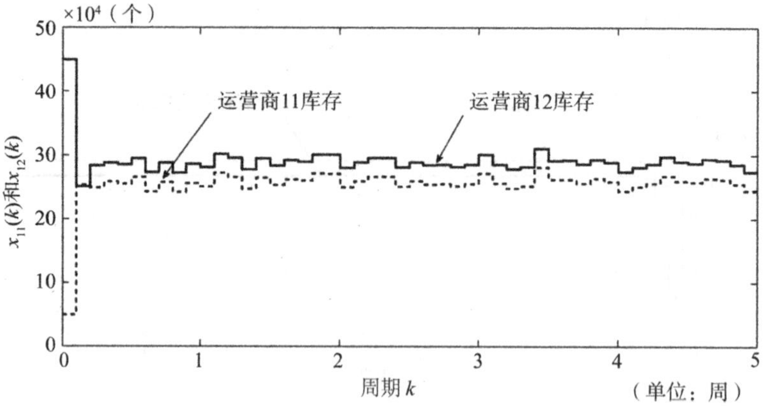

图 8.7 需求不确定下仿真实验 2 中状态变量的变化过程

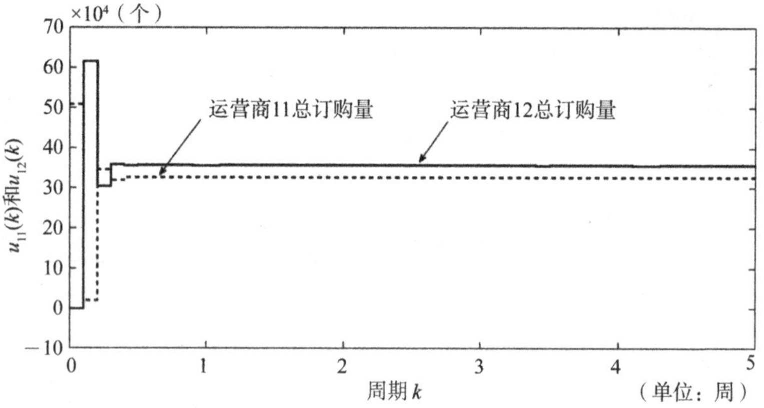

图 8.8 需求不确定下仿真实验 2 中控制变量的变化过程

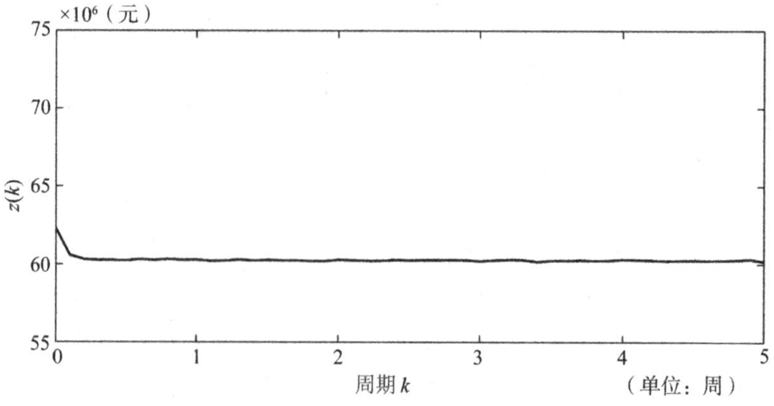

图 8.9 需求不确定下仿真实验 2 中总成本的变化过程

大于各自的理想库存值，运营商 11 和运营商 12 均仅执行供应模式。如图 8.10 至图 8.12 所示，在供应模式下，运营商 11 和运营商 12 的周转箱库存水平均持续降低。当运营商 11 和运营商 12 的周转箱库存水平下降至各自的理想库存值之下时，运营商 11 和运营商 12 除了继续执行供应模式外，启动正常订购模式、回收模式、修复模式和废弃模式 4 个其他的常规运作模式，周转箱 SC 1 系统则进入了鲁棒稳定状态。

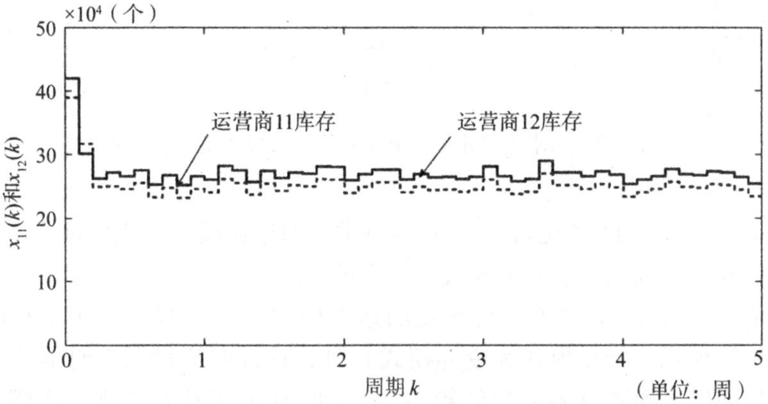

图 8.10　需求不确定下仿真实验 3 中状态变量的变化过程

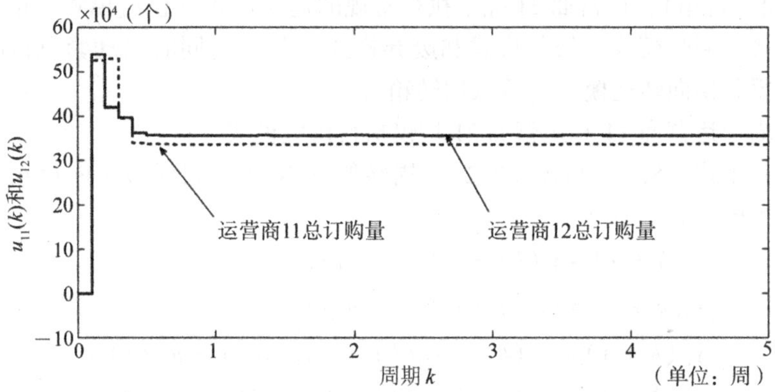

图 8.11　需求不确定下仿真实验 3 中控制变量的变化过程

（2）链间仿真实验。

将由 SC 1 和 SC 2 组成的汽车零部件周转箱 SCN 作为仿真对象，其中，SC 1 包含制造商 1、运营商 11 和客户 11，SC 2 包含制造商 2、运营商 21 和客户 21。基于图 8.3，汽车零部件周转箱 SCN 的周转箱库存切换策略设计如下：

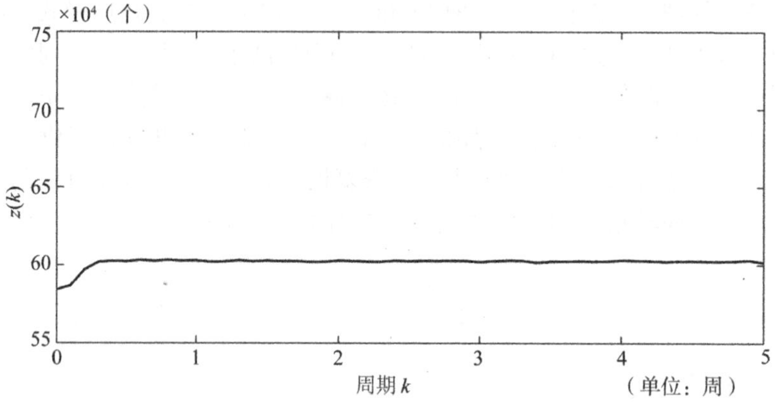

图 8.12 需求不确定下仿真实验 3 中总成本的变化过程

R_1：运营商 11 和运营商 12 均执行常规的运作模式（供应模式、正常订购模式、回收模式、修复模式和废弃模式）。

R_2：运营商 11 除了执行常规的运作模式（供应模式、正常订购模式、回收模式、修复模式和废弃模式）外，还同时启动紧急订购模式和紧急横向转运模式（输入周转箱）；运营商 21 除了执行常规运作模式中的供应模式外，还同时启动紧急横向转运模式（输出周转箱）。

R_3：运营商 11 除了执行供应模式外，同时启动紧急横向转运模式（输出周转箱）；运营商 21 除了执行常规的运作模式（供应模式、正常订购模式、回收模式、修复模式和废弃模式）外，还同时启动紧急订购模式、紧急横向转运模式（输入周转箱）。

R_4：运营商 11 和运营商 21 均仅执行供应模式。

基于式（8.1）和式（8.2），周转箱 SCN 在不同周转箱库存水平下的基本模型如下所示：

$$R_1:\begin{cases}x_1(k+1)=x_1(k)+u_1(k)-u_{11}(k)\\x_2(k+1)=x_2(k)+u_2(k)-u_{21}(k)\\x_{11}(k+1)=x_{11}(k)+u_{11}(k)+\lambda u_{1,11}(k)-w_{11}(k)\\x_{21}(k+1)=x_{21}(k)+u_{21}(k)+\lambda u_{2,21}(k)-w_{21}(k)\\y_{11}(k+1)=y_{11}(k)+w_{11}(k)-u_{1,11}(k)\\y_{21}(k+1)=y_{21}(k)+w_{21}(k)-u_{2,21}(k)\\z(k)=c_{h1}x_1(k)+c_{h2}x_2(k)+c_{h11}x_{11}(k)+c_{h21}x_{21}(k)+\\\qquad c'_{m11}g_{11}u_{11}(k)+c'_{m21}g_{21}u_{21}(k)+c_{n1}u_1(k)+c_{n2}u_2(k)+\\\qquad c_{d11}u_{1,11}(k)+c_{d21}u_{2,21}(k)+c_{r11}\lambda u_{1,11}(k)+\\\qquad c_{r21}\lambda u_{2,21}(k)+c_{o11}\eta u_{1,11}(k)+c_{o21}\eta u_{2,21}(k)\end{cases}$$

$$R_2:\begin{cases}x_1(k+1)=x_1(k)+u_1(k)-g_{11}u_{11}(k)\\x_2(k+1)=x_2(k)+u_2(k)-g_{2,\ 11}u_{11}(k)\\x_{11}(k+1)=x_{11}(k)+g_{11}u_{11}(k)+g_{2,\ 11}u_{11}(k)+l_{11,\ 21}x_{21}(k)+\\\qquad\lambda u_{1,\ 11}(k)-w_{11}(k)\\x_{21}(k+1)=x_{21}(k)-l_{11,\ 21}x_{21}(k)-w_{21}(k)\\y_{11}(k+1)=y_{11}(k)+w_{11}(k)-u_{1,\ 11}(k)\\y_{21}(k+1)=y_{21}(k)+w_{21}(k)\\z(k)=c_{h1}x_1(k)+c_{h2}x_2(k)+c_{h11}x_{11}(k)+c_{h21}x_{21}(k)+\\\qquad c_{m11}g_{11}u_{11}(k)+c_{m211}g_{2,\ 11}u_{11}(k)+c_{c1121}l_{11,\ 21}x_{21}(k)+\\\qquad c_{n1}u_1(k)+c_{n2}u_2(k)+c_{d11}u_{1,\ 11}(k)+c_{r11}\lambda u_{1,\ 11}(k)+\\\qquad c_{o11}\eta u_{1,\ 11}(k)\end{cases}$$

$$R_3:\begin{cases}x_1(k+1)=x_1(k)+u_1(k)-g_{1,\ 21}u_{21}(k)\\x_2(k+1)=x_2(k)+u_2(k)-g_{21}u_{21}(k)\\x_{11}(k+1)=x_{11}(k)-l_{21,\ 11}x_{11}(k)-w_{11}(k)\\x_{21}(k+1)=x_{21}(k)+g_{21}u_{21}(k)+g_{1,\ 21}u_{21}(k)+\\\qquad l_{21,\ 11}x_{11}(k)+\lambda u_{2,\ 21}(k)-w_{21}(k)\\y_{11}(k+1)=y_{11}(k)+w_{11}(k)\\y_{21}(k+1)=y_{21}(k)+w_{21}(k)-u_{2,\ 21}(k)\\z(k)=c_{h1}x_1(k)+c_{h2}x_2(k)+c_{h11}x_{11}(k)+c_{h21}x_{21}(k)+\\\qquad c_{m21}g_{21}u_{21}(k)+c_{m121}g_{1,\ 21}u_{21}(k)+c_{c2111}l_{21,\ 11}\\\qquad x_{11}(k)+c_{n1}u_1(k)+c_{n2}u_2(k)+c_{d21}u_{2,\ 21}(k)+\\\qquad c_{r21}\lambda u_{2,\ 21}(k)+c_{o21}\eta u_{2,\ 21}(k)\end{cases}$$

$$R_4:\begin{cases}x_1(k+1)=x_1(k)\\x_2(k+1)=x_2(k)\\x_{11}(k+1)=x_{11}(k)-w_{11}(k)\\x_{21}(k+1)=x_{21}(k)-w_{21}(k)\\y_{11}(k+1)=y_{11}(k)+w_{11}(k)\\y_{21}(k+1)=y_{21}(k)+w_{21}(k)\\z(k)=c_{h1}x_1(k)+c_{h2}x_2(k)+c_{h11}x_{11}(k)+c_{h21}x_{21}(k)\end{cases}$$

进一步地，构建如下的周转箱 SCN 的 T-S 模糊控制模型：

R_i ：If $x_{11}(k)$ is M_{11}^i and $x_{21}(k)$ is M_{21}^i ，then

$$\begin{cases} \boldsymbol{x}(k+1)=\sum_{i=1}^{4}h_i(\boldsymbol{x}(k))[\boldsymbol{A}_i\boldsymbol{x}(k)+\boldsymbol{B}_i\boldsymbol{u}(k)+\boldsymbol{B}_{wi}\boldsymbol{w}(k)] \\ z(k)=\sum_{i=1}^{4}h_i(\boldsymbol{x}(k))[\boldsymbol{C}_i\boldsymbol{x}(k)+\boldsymbol{D}_i\boldsymbol{u}(k)] \end{cases}$$

对上述模型设计如下的周转箱库存状态反馈控制律：

K^i ：If $x_{11}(k)$ is M_{11}^i and $x_{21}(k)$ is M_{21}^i ，then

$$\boldsymbol{u}(k)=-\sum_{i=1}^{4}h_i(\boldsymbol{x}(k))\boldsymbol{K}_{ic}\boldsymbol{x}(k)$$

设置不同规则下的参数如下：当 $i=1$ 时，$g_{11}=1$；当 $i=2$ 时，$g_{11}=0.9$；当 $i=3$，4 时，$g_{11}=0$；当 $i=1$ 时，$g_{2,11}=0$；当 $i=2$ 时，$g_{2,11}=0.1$；当 $i=3$，4 时，$g_{2,11}=0$；当 $i=1$ 时，$g_{21}=1$；当 $i=2$，4 时，$g_{21}=0$；当 $i=3$ 时，$g_{21}=0.9$；当 $i=1$ 时，$g_{1,21}=0$；当 $i=2$ 时，$g_{1,21}=0.1$；当 $i=3$，4 时，$g_{1,21}=0$；当 $i=1$，2，4 时，$l_{21,11}=0$；当 $i=3$ 时，$l_{21,11}=0.2$；当 $i=1$，3，4 时，$l_{11,21}=0$；当 $i=2$ 时，$l_{11,21}=0.2$。

那么系统参数矩阵可表示如下：

$$\boldsymbol{A}_1=\boldsymbol{A}_4=\begin{bmatrix}1&0&0&0&0&0\\0&1&0&0&0&0\\0&0&1&0&0&0\\0&0&0&1&0&0\\0&0&0&0&1&0\\0&0&0&0&0&1\end{bmatrix},\ \boldsymbol{A}_2=\begin{bmatrix}1&0&0&0&0&0\\0&1&0&0&0&0\\0&0&1&0.2&0&0\\0&0&0&0.8&0&0\\0&0&0&0&1&0\\0&0&0&0&0&1\end{bmatrix},\ \boldsymbol{A}_3=$$

$$\begin{bmatrix}1&0&0&0&0&0\\0&1&0&0&0&0\\0&0&0.8&0&0&0\\0&0&0.2&1&0&0\\0&0&0&0&1&0\\0&0&0&0&0&1\end{bmatrix},\ \boldsymbol{B}_1=\begin{bmatrix}1&0&-1&0&0&0\\0&1&0&-1&0&0\\0&0&1&0&0.95&0\\0&0&0&1&0&0.95\\0&0&0&0&-1&0\\0&0&0&0&0&-1\end{bmatrix},\ \boldsymbol{B}_2=$$

$$\begin{bmatrix}1&0&-0.9&0&0&0\\0&1&-0.1&0&0&0\\0&0&1&0&0.95&0\\0&0&0&0&0&0\\0&0&0&0&-1&0\\0&0&0&0&0&0\end{bmatrix},\ \boldsymbol{B}_3=\begin{bmatrix}1&0&0&-0.1&0&0\\0&1&0&-0.9&0&0\\0&0&0&0&0&0\\0&0&0&1&0&0.95\\0&0&0&0&0&0\\0&0&0&0&0&-1\end{bmatrix},\ \boldsymbol{B}_4=$$

$$
\boldsymbol{0},\ \boldsymbol{B}_{w1}=\boldsymbol{B}_{w2}=\boldsymbol{B}_{w3}=\boldsymbol{B}_{w4}=\begin{bmatrix}0&0&0&0\\0&0&0&0\\0&0&-1&0\\0&0&0&-1\\0&0&1&0\\0&0&0&1\end{bmatrix},
$$

$\boldsymbol{C}_1=\boldsymbol{C}_4=[0.002\quad 0.002\quad 0.003\quad 0.003\quad 0\quad 0]$，

$\boldsymbol{C}_2=[0.002\quad 0.002\quad 0.003\quad 0.0154\quad 0]$，

$\boldsymbol{C}_3=[0.002\quad 0.002\quad 0.0154\quad 0.003\quad 0\quad 0]$，

$\boldsymbol{D}_1=[0.045\quad 0.045\quad 0.061\quad 0.061\quad 0.0211\quad 0.0211]$，

$\boldsymbol{D}_2=[0.045\quad 0.045\quad 0.0585\quad 0\quad 0.0211\quad 0]$，

$\boldsymbol{D}_3=[0.045\quad 0.045\quad 0\quad 0.0585\quad 0\quad 0.0211]$，$\boldsymbol{D}_4=\boldsymbol{0}$。

当 $\gamma=0.5$ 时，通过求解修改后的定理 5.1 中的式（5.8）和式（5.9），得到了局部公共正定矩阵，所以该周转箱 SCN 在不确定需求的影响下是鲁棒稳定的。具体的求解结果如下：

$$
\boldsymbol{P}_1=\begin{bmatrix}13.8745&0.0004&0.0043&0.0008&0.0021&0.0005\\0.0004&13.8745&0.0008&0.0043&0.0005&0.0021\\0.0043&0.0008&14.4149&0.0003&-0.5325&0.0025\\0.0008&0.0043&0.0003&14.4149&0.0025&-0.5325\\0.0021&0.0005&-0.5325&0.0025&14.4222&0.0016\\0.0005&0.0021&0.0025&-0.5325&0.0016&14.4222\end{bmatrix},
$$

$$
\boldsymbol{K}_{11}=\begin{bmatrix}0.9133&-0.0877&0.8822&-0.1823&0.9098&-0.1795\\-0.0877&0.9133&-0.1823&0.8822&-0.1795&0.9098\\-0.0675&-0.0682&0.8914&-0.1586&0.8998&-0.1482\\-0.0682&-0.0675&-0.1586&0.8914&-0.1482&0.8998\\0.0299&0.0302&0.0439&0.0681&-0.9828&0.0655\\0.0302&0.0299&0.0681&0.0439&0.0655&-0.9828\end{bmatrix},
$$

$$
\boldsymbol{K}_{21}=\begin{bmatrix}0.9095&-0.0910&0.7665&0.0959&0.7863&-0.0273\\-0.0351&0.9648&0.0132&0.1010&0.0299&0.1052\\-0.0779&-0.0782&0.8677&0.1419&0.8704&-0.0149\\-0.1045&-0.1040&-0.1237&1.2461&-0.1767&1.3135\\0.0343&0.0344&0.0546&0.0280&-0.9693&0.0068\\0.0435&0.0433&0.0935&0.2619&0.0745&-1.7177\end{bmatrix},
$$

$$
\boldsymbol{K}_{31}=\begin{bmatrix}
0.9648 & -0.0351 & 0.1010 & 0.0132 & 0.1052 & 0.0299\\
-0.0910 & 0.9095 & 0.0959 & 0.7665 & -0.0273 & 0.7863\\
-0.1040 & -0.1045 & 1.2461 & -0.1237 & 1.3135 & -0.1767\\
-0.0782 & -0.0779 & 0.1419 & 0.8677 & -0.0149 & 0.8704\\
0.0433 & 0.0435 & 0.2619 & 0.0935 & -1.7177 & 0.0745\\
0.0344 & 0.0343 & 0.0280 & 0.0546 & 0.0068 & -0.9693
\end{bmatrix},
$$

$$
\boldsymbol{K}_{41}=\begin{bmatrix}
1.8815 & -0.1128 & 0.7513 & 0.0225 & 0.7353 & 0.0154\\
-0.1128 & 1.8815 & 0.0225 & 0.7513 & 0.0154 & 0.7353\\
-0.1111 & -0.1072 & 1.1834 & 0.0409 & 1.1537 & 0.0105\\
-0.1072 & -0.1111 & 0.0409 & 1.1834 & 0.0105 & 1.1537\\
0.0463 & 0.0444 & 0.3882 & 0.0139 & -1.6409 & -0.0120\\
0.0444 & 0.0463 & 0.0139 & 0.3882 & -0.0120 & -1.6409
\end{bmatrix}。
$$

以下针对 3 种不同的变量的初始值和标称值进行仿真实验。仿真实验 4 至仿真实验 6 中的变量初始值和标称值如表 8.4 所示。

表 8.4　**需求不确定下仿真实验 4 至仿真实验 6 的初始值和标称值**

	初始值（×10^4个）	标称值（×10^4个）
仿真实验 4	$x_{11}(0)=-33$，$x_{21}(0)=-31$	$\vec{x}_{11}(k)=37$，$\vec{x}_{21}(k)=34$ $\vec{u}_{11}(k)=39$，$\vec{u}_{21}(k)=36$
仿真实验 5	$x_{11}(0)=-32$，$x_{21}(0)=14$	$\vec{x}_{11}(k)=35$，$\vec{x}_{21}(k)=38$ $\vec{u}_{1}(k)=37$，$\vec{u}_{2}(k)=40$
仿真实验 6	$x_{11}(0)=9$，$x_{21}(0)=7$	$\vec{x}_{11}(k)=34$，$\vec{x}_{21}(k)=31$ $\vec{u}_{1}(k)=36$，$\vec{u}_{2}(k)=33$

① 仿真实验 4。对于运营商 11 和运营商 21 的周转箱初始库存水平均小于各自的安全库存值，除了启动紧急订购模式外，运营商 11 和运营商 21 均执行与仿真实验 1 相同的周转箱运作模式。如图 8.13 至图 8.15 所示，仿真实验 4 中各个变量的变化过程与仿真实验 1 中对应的各个变量的变化过程类似。

② 仿真实验 5。对于运营商 11 的周转箱初始库存水平小于其安全库存值且运营商 21 的周转箱初始库存水平大于其理想库存值，运营商 11 除

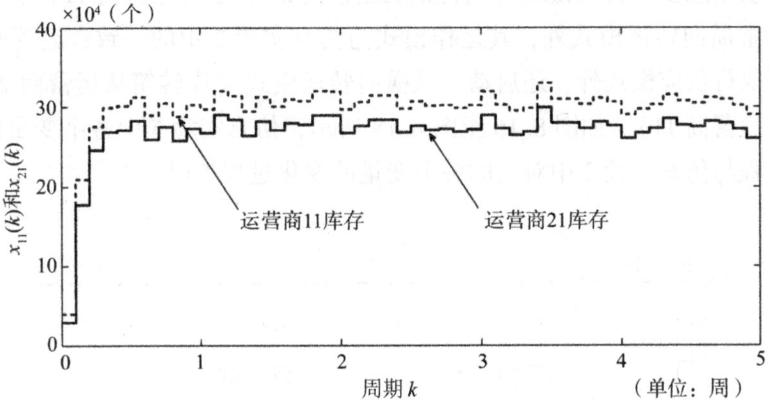

图 8.13　需求不确定下仿真实验 4 中状态变量的变化过程

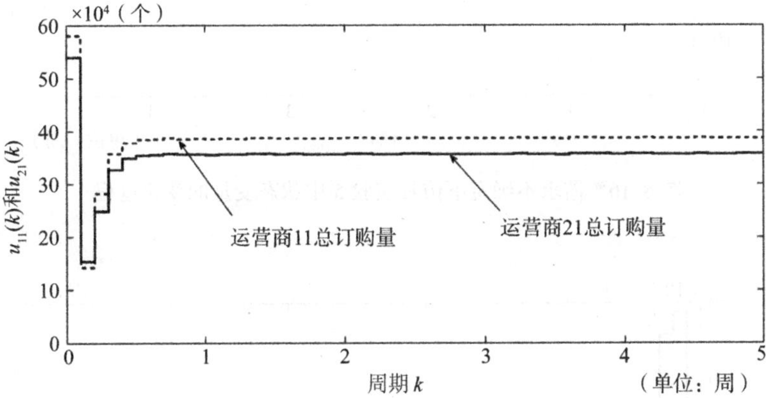

图 8.14　需求不确定下仿真实验 4 中控制变量的变化过程

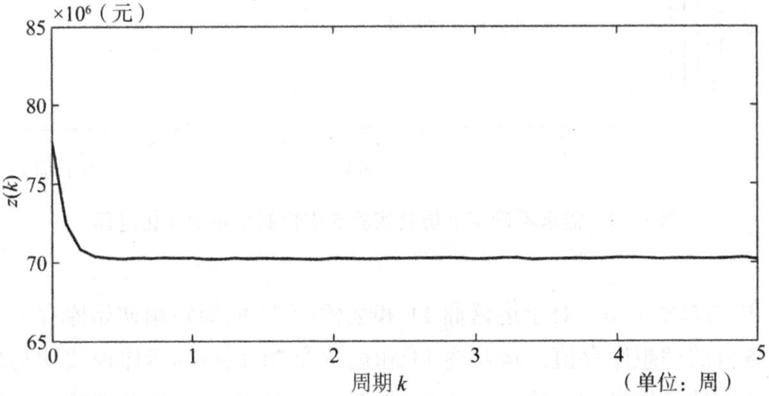

图 8.15　需求不确定下仿真实验 4 中总成本的变化过程

了启动紧急横向转运模式（周转箱从运营商 21 转运至运营商 11）替代启动正常横向转运模式外，其运作模式与仿真实验 2 中的一致；运营商 21 除了执行供应模式外，还启动紧急横向转运模式（周转箱从运营商 21 周转至运营商 11）。如图 8.16 至图 8.18 所示，仿真实验 5 中各个变量的变化过程与仿真实验 2 中对应的各个变量的变化过程类似。

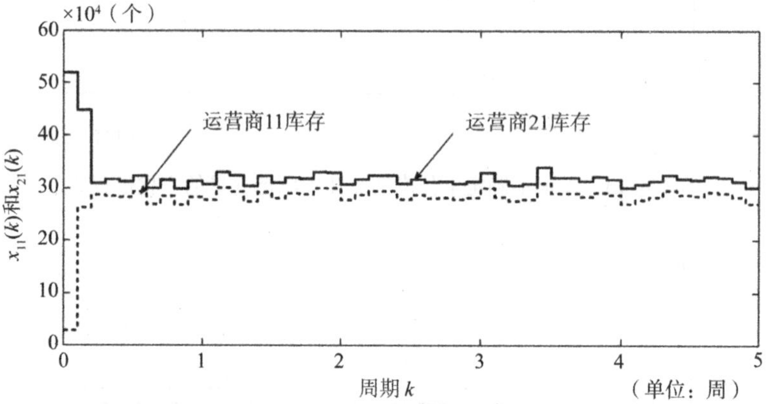

图 8.16　需求不确定下仿真实验 5 中状态变量的变化过程

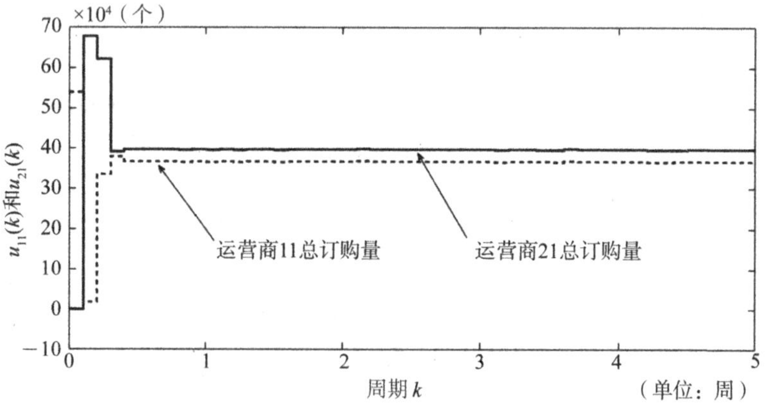

图 8.17　需求不确定下仿真实验 5 中控制变量的变化过程

③ 仿真实验 6。对于运营商 11 和运营商 21 的周转箱初始库存水平均大于各自的理想库存值，运营商 11 和运营商 21 执行的运作模式均与仿真实验 3 中的运作模式一致。如图 8.19 至图 8.21 所示，仿真实验 6 中各个变量的变化过程与仿真实验 3 中对应的各个变量的变化过程类似。

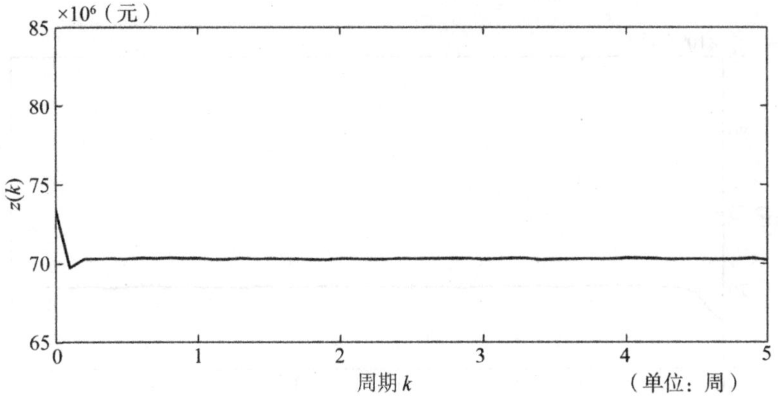

图 8.18 需求不确定下仿真实验 5 中总成本的变化过程

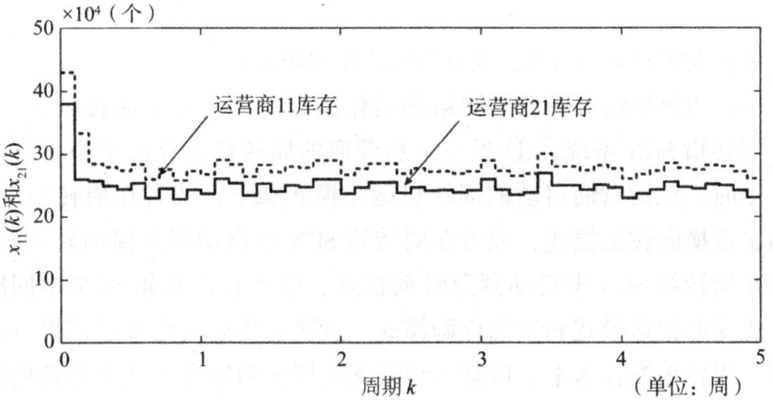

图 8.19 需求不确定下仿真实验 6 中状态变量的变化过程

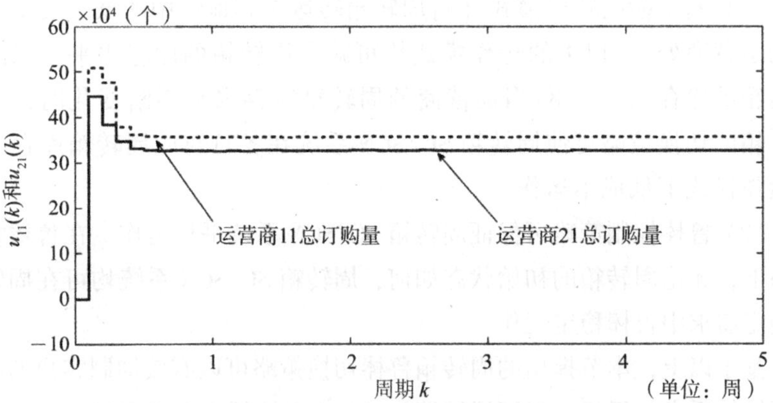

图 8.20 需求不确定下仿真实验 6 中控制变量的变化过程

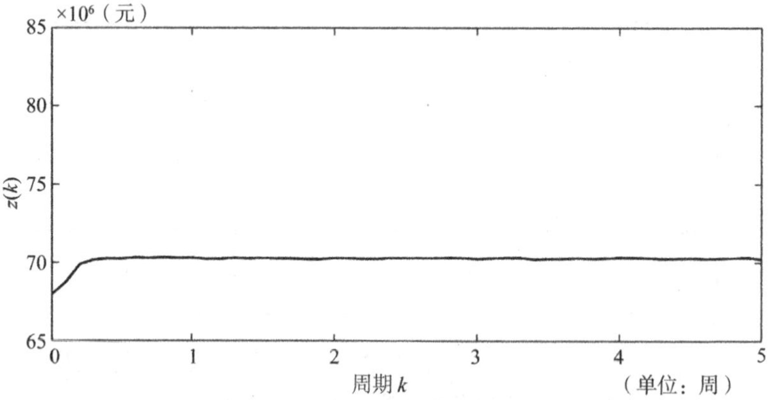

图 8.21 需求不确定下仿真实验 6 中总成本的变化过程

从仿真实验 4 至仿真实验 6 的仿真结果可知：

（1）切换策略可降低周转箱的运作成本。无论对于周转箱 SC 系统还是周转箱 SCN 系统，① 当一个运营商的周转箱库存水平小于其安全库存值时，该运营商启动的周转箱运作模式如下：或者在周转箱 SC 中启动正常横向转运模式，或者在周转箱 SCN 中启动紧急横向转运模式，或者在周转箱 SCN 中启动紧急订购模式，或者在周转箱 SCN 中同时启动紧急横向转运模式和紧急订购模式。这些运作模式均可迅速提升该运营商的周转箱库存水平，以降低运营商的周转箱库存不足而导致的缺货成本；② 当一个运营商的周转箱库存水平大于其理想库存值时，该运营商启动的周转箱运作模式如下：或者启动供应模式，或者同时启动供应模式和紧急横向转运模式（将周转箱转运至其他链中的低于安全库存值的运营商处）。以上的运作模式均可减少周转箱的库存水平，以降低周转箱的库存成本。③ 当运营商的周转箱库存水平不断变化时，通过周转箱的切换策略可使周转箱 SC/SCN 系统在各自对应周转箱库存水平的运作模式下低成本运作。

（2）鲁棒控制策略可保证周转箱 SC/SCN 系统平稳运作。在鲁棒控制策略下，无论周转箱的初始状态如何，周转箱 SC/SCN 系统均可在周转箱不确定需求中鲁棒稳定运作。

基于以上，本节提出的周转箱鲁棒切换策略可以有效抑制客户的不确定周转箱需求的干扰，保证周转箱 SC/SCN 系统低成本稳定运行。

8.2　多重不确定周转箱 SCN 多模型鲁棒切换策略

8.2.1　多重不确定周转箱 SCN 基本模型

基于式（8.1）和式（8.2），并且同时考虑周转箱 SCN 运作过程中的不确定的订购量、不确定的紧急订购量、不确定的客户需求、不确定的库存成本、不确定的横向转运成本、不确定的订购成本、不确定的紧急订购成本、不确定的修复成本和不确定的废弃成本，建立包含式（8.6）所示的节点企业库存动态演变和式（8.7）所示的系统总成本动态演变的多重不确定周转箱 SCN 基本模型如下：

$$\begin{cases} x_a(k+1) = x_a(k) + u_a(k) - \sum_{b=1}^{N}(g_{ab}+\Delta g_{ab})u_{ab}(k) - \\ \qquad \sum_{\substack{q=1\\q\neq a}}^{M}\sum_{b=1}^{N}(g_{a,\,qb}+\Delta g_{a,\,qb})u_{qb}(k) \\ x_{ab}(k+1) = x_{ab}(k) + (g_{ab}+\Delta g_{ab})u_{ab}(k) + \sum_{\substack{q=1\\q\neq a}}^{M}(g_{q,\,ab}+\Delta g_{q,\,ab})u_{ab}(k) + \\ \qquad \sum_{\substack{s=1\\s\neq b}}^{N}(l_{a,\,bs}+\Delta l_{a,\,bs})x_{as}(k) + \sum_{\substack{q=1\\q\neq a}}^{M}\sum_{s=1}^{N}(l_{ab,\,qs}+\Delta l_{ab,\,qs})x_{qs}(k) + \\ \qquad (\lambda+\Delta\lambda)u_{a,\,ab}(k) - \sum_{\substack{s=1\\s\neq b}}^{N}(l_{a,\,sb}+\Delta l_{a,\,sb})x_{ab}(k) - \\ \qquad \sum_{\substack{q=1\\q\neq a}}^{M}\sum_{s=1}^{N}(l_{qs,\,ab}+\Delta l_{qs,\,ab})x_{ab}(k) - w_{ab}(k) \\ y_{ab}(k+1) = y_{ab}(k) + w_{ab}(k) - u_{a,\,ab}(k) \end{cases} \tag{8.6}$$

$$\begin{aligned} z(k) = {} & \sum_{a=1}^{M}(c_{ha}+\Delta c_{ha})x_a(k) + \sum_{a=1}^{M}\sum_{b=1}^{N}(c_{hab}+\Delta c_{hab})x_{ab}(k) + \\ & \sum_{a=1}^{M}(c_{na}+\Delta c_{na})u_a(k) + \sum_{a=1}^{M}\sum_{b=1}^{N}(c_{mab}+\Delta c_{mab})(g_{ab}+\Delta g_{ab}) \\ & u_{ab}(k) + \sum_{a=1}^{M}\sum_{b=1}^{N}\sum_{\substack{q=1\\q\neq a}}^{M}(c_{mqab}+\Delta c_{mqab})(g_{q,\,ab}+\Delta g_{q,\,ab})u_{ab}(k) + \end{aligned}$$

$$\sum_{a=1}^{M}\sum_{b=1}^{N}\sum_{\substack{s=1\\s\neq b}}^{N}(c_{cabs}+\Delta c_{cabs})(l_{a,\ bs}+\Delta l_{a,\ bs})x_{as}(k)+$$
$$\sum_{a=1}^{M}\sum_{b=1}^{N}(c_{dab}+\Delta c_{dab})u_{a,\ ab}(k)+\sum_{a=1}^{M}\sum_{b=1}^{N}\sum_{\substack{q=1\\q\neq a}}^{M}(c_{cabqs}+\Delta c_{cabqs})$$
$$(l_{ab,\ qs}+\Delta l_{ab,\ qs})x_{qs}(k)+\sum_{a=1}^{M}\sum_{b=1}^{N}(c_{rab}+\Delta c_{rab})(\lambda+\Delta\lambda)$$
$$u_{a,\ ab}(k)+\sum_{a=1}^{M}\sum_{b=1}^{N}(c_{oab}+\Delta c_{oab})(\eta+\Delta\eta)u_{a,\ ab}(k) \tag{8.7}$$

其中，$\Delta\eta$、$\Delta\lambda$、Δg_{ab}、$\Delta g_{a,\ qb}$、$\Delta g_{q,\ ab}$、$\Delta_{a,\ bs}$、$\Delta l_{ab,\ qs}$、$\Delta l_{a,\ sb}$、$\Delta l_{qs,\ ab}$、Δc_{ha}、Δc_{hab}、Δc_{na}、Δc_{mab}、Δc_{mqab}、Δc_{cabs}、Δc_{dab}、Δc_{cabas}、Δc_{rab} 和 Δc_{oab} 代表相对应变量的不确定项。

8.2.2 多重不确定周转箱 SCN 库存切换策略

本节的多重不确定周转箱 SCN 库存切换策略与 8.1.2 节所设计的需求不确定下周转箱 SCN 库存切换策略相同。

8.2.3 多重不确定周转箱 SCN 多模型系统

基于图 8.2 所示的周转箱库存切换策略和式（8.3），以矩阵形式将式（8.6）和式（8.7）表示为多重不确定周转箱 SCN 的第 i 个模型：

$$\begin{cases}\boldsymbol{x}(k+1)=(\boldsymbol{A}_i+\Delta\boldsymbol{A}_i)\boldsymbol{x}(k)+(\boldsymbol{B}_i+\Delta\boldsymbol{B}_i)\boldsymbol{u}(k)+(\boldsymbol{B}_{wi}+\Delta\boldsymbol{B}_{wi})\boldsymbol{w}(k)\\ z(k)=(\boldsymbol{C}_i+\Delta\boldsymbol{C}_i)\boldsymbol{x}(k)+(\boldsymbol{D}_i+\Delta\boldsymbol{D}_i)\boldsymbol{u}(k)\end{cases} \tag{8.8}$$

其中，$\Delta\boldsymbol{A}_i$，$\Delta\boldsymbol{B}_i$，$\Delta\boldsymbol{B}_{wi}$，$\Delta\boldsymbol{C}_i$，$\Delta\boldsymbol{D}_i$ 为相对应系数矩阵的不确定项。

8.2.4 多重不确定周转箱 SCN 鲁棒控制策略

（1）周转箱 SCN 模糊控制模型。

将式（8.8）转化为用 T-S 模糊控制规则描述的周转箱 SCN 系统如下所示：

R_i：If $x_1(k)$ is M_1^i，…，$x_a(k)$ is M_a^i，…，$x_M(k)$ is M_M^i，$x_{11}(k)$ is M_{11}^i，…，$x_{ab}(k)$ is M_{ab}^i，…，$x_{MN}(k)$ is M_{MN}^i，$y_{11}(k)$ is $\widetilde{M}_{11}^i$，…，$y_{ab}(k)$ is $\widetilde{M}_{ab}^i$，…，and $y_{MN}(k)$ is $\widetilde{M}_{MN}^i$，then

$$\begin{cases} \boldsymbol{x}(k+1) = (\boldsymbol{A}_i + \Delta \boldsymbol{A}_i)\boldsymbol{x}(k) + (\boldsymbol{B}_i + \Delta \boldsymbol{B}_i)\boldsymbol{u}(k) + \\ \qquad (\boldsymbol{B}_{wi} + \Delta \boldsymbol{B}_{wi})\boldsymbol{w}(k) \\ z(k) = (\boldsymbol{C}_i + \Delta \boldsymbol{C}_i)\boldsymbol{x}(k) + (\boldsymbol{D}_i + \Delta \boldsymbol{D}_i)\boldsymbol{u}(k) \\ \boldsymbol{x}(k) = \boldsymbol{\varphi}(k) \end{cases} \tag{8.9}$$

基于与 1.4.1 节相同的推理，式（8.9）可转化如下：

$$\begin{cases} \boldsymbol{x}(k+1) = \sum_{i=1}^{r} h_i[(\boldsymbol{A}_i + \Delta \boldsymbol{A}_i)\boldsymbol{x}(k) + (\boldsymbol{B}_i + \Delta \boldsymbol{B}_i) \\ \qquad \boldsymbol{u}(k) + (\boldsymbol{B}_{wi} + \Delta \boldsymbol{B}_{wi})\boldsymbol{w}(k)] \\ z(k) = \sum_{i=1}^{r} h_i[(\boldsymbol{C}_i + \Delta \boldsymbol{C}_i)\boldsymbol{x}(k) + (\boldsymbol{D}_i + \Delta \boldsymbol{D}_i)\boldsymbol{u}(k)] \end{cases} \tag{8.10}$$

（2）鲁棒控制策略。

本节的不确定参数矩阵应用假设 1.1 中不确定参数的表达方法来表示。

对式（8.10）设计如下的周转箱库存状态反馈控制律：

K^i：If $x_1(k)$ is M_1^i，…，$x_a(k)$ is M_a^i，…，$x_M(k)$ is M_M^i，$x_{11}(k)$ is M_{11}^i，…，$x_{ab}(k)$ is M_{ab}^i，…，$x_{MN}(k)$ is M_{MN}^i，$y_{11}(k)$ is $\widetilde{M}_{11}^i$，…，$y_{ab}(k)$ is $\widetilde{M}_{ab}^i$，…，and $y_{MN}(k)$ is $\widetilde{M}_{MN}^i$，then

$$\boldsymbol{u}(k) = -\boldsymbol{K}_i\boldsymbol{x}(k)$$

将定理 1.2 中第 c 个 MORG 的表达式修改为 $c = 1, 2, \cdots, \prod_{a=1}^{M}(m_a - 1) + \prod_{a=1}^{M}\prod_{b=1}^{N}(m_{ab} - 1) + \prod_{a=1}^{M}\prod_{b=1}^{N}(\widetilde{m}_{ab} - 1)$（$m_a$、$m_{ab}$ 和 $\widetilde{m}_{ab}$ 分别表示制造商 a、运营商 ab 和客户 ab 的模糊分划数），则修改后的定理 1.2 所表示的鲁棒控制策略结合 8.1.2 节设计的周转箱库存切换策略，可得到适用于多重不确定周转箱 SCN 的鲁棒切换策略。

8.2.5　仿真分析

选取与 8.1.5 节相同的汽车零部件周转箱 SCN 作为仿真对象。除了设置 $O_{1s} = O_{2s} = 15$ 和 $\Delta \boldsymbol{B}_{wi}(k) \sim U[-0.1, 0.1](i = 1 \sim 4)$ 以外，本节的运营商的库存模糊分划及系统参数的设置均与 8.1.5 节相同。

（1）链内仿真实验。

在将制造商 2 作为 SC 1 的应急战略供应商的基础上，将由制造商 1、运营商 11、运营商 12 和客户 11、客户 12 组成的汽车零部件周转箱 SC 1

作为仿真对象，那么可分别建立如下的周转箱 SC 1 中的各节点企业的周转箱库存状态转移方程和系统总成本转移方程：

$$\begin{cases} x_1(k+1)=x_1(k)+u_1(k)-(g_{11}+\Delta g_{11})u_{11}(k)-(g_{12}+\Delta g_{12})u_{12}(k) \\ x_{11}(k+1)=x_{11}(k)+(g_{11}+\Delta g_{11})u_{11}(k)+(g_{2,11}+\Delta g_{2,11})u_{11}(k)+ \\ \qquad (l_{1,12}+\Delta l_{1,12})x_{12}(k)+(\lambda+\Delta\lambda)u_{1,11}(k)- \\ \qquad (l_{1,21}+\Delta l_{1,21})x_{11}(k)-w_{11}(k) \\ x_{12}(k+1)=x_{12}(k)+(g_{12}+\Delta g_{12})u_{12}(k)+(g_{2,12}+\Delta g_{2,12})u_{12}(k)+ \\ \qquad (l_{1,21}+\Delta l_{1,21})x_{11}(k)+(\lambda+\Delta\lambda)u_{1,12}(k)- \\ \qquad (l_{1,12}+\Delta l_{1,12})x_{12}(k)-w_{12}(k) \\ y_{11}(k+1)=y_{11}(k)+w_{11}(k)-u_{1,11}(k) \\ y_{12}(k+1)=y_{12}(k)+w_{12}(k)-u_{1,12}(k) \end{cases}$$

$$\begin{aligned} z(k)=\ &(c_{h1}+\Delta c_{h1})x_1(k)+(c_{h11}+\Delta c_{h11})x_{11}(k)+(c_{h12}+\Delta c_{h12}) \\ &x_{12}(k)+(c_{n1}+\Delta c_{n1})u_1(k)+(c_{m11}+\Delta c_{m11})(g_{11}+\Delta g_{11}) \\ &u_{11}(k)+(c_{m12}+\Delta c_{m12})(g_{12}+\Delta g_{12})u_{12}(k)+(c_{m211}+\Delta c_{m211}) \\ &(g_{2,11}+\Delta g_{2,11})u_{11}(k)+(c_{m212}+\Delta c_{m212})(g_{2,12}+\Delta g_{2,12}) \\ &u_{12}(k)+(c_{c112}+\Delta c_{c112})(l_{1,12}+\Delta l_{1,12})x_{12}(k)+(c_{c121}+\Delta c_{c121}) \\ &(l_{1,21}+\Delta l_{1,21})x_{11}(k)+(c_{d11}+\Delta c_{d11})u_{1,11}(k)+(c_{d12}+\Delta c_{d12}) \\ &u_{1,12}(k)+(c_{r11}+\Delta c_{r11})(\lambda+\Delta\lambda)u_{1,11}(k)+(c_{r12}+\Delta c_{r12}) \\ &(\lambda+\Delta\lambda)u_{1,12}(k)+(c_{o11}+\Delta c_{o11})(\eta+\Delta\eta)u_{1,11}(k)+ \\ &(c_{o12}+\Delta c_{o12})(\eta+\Delta\eta)u_{1,12}(k) \end{aligned}$$

其中，$x_1(k)$、$x_{11}(k)$、$x_{12}(k)$、$y_{11}(k)$ 和 $y_{12}(k)$ 分别为制造商 1、运营商 11、运营商 12、客户 11 和客户 12 在周期 k 的周转箱库存水平；$u_1(k)$ 为制造商 1 在周期 k 的周转箱生产量，$u_{11}(k)$ 和 $u_{12}(k)$ 分别为运营商 11 和运营商 12 在周期 k 的周转箱订购量；$u_{1,11}(k)$ 和 $u_{1,12}(k)$ 分别为客户 11 和客户 12 在周期 k 的周转箱还箱量；$w_{11}(k)$ 和 $w_{12}(k)$ 分别为客户 11 和客户 12 在周期 k 的周转箱需求量；g_{11} 和 g_{12} 分别为运营商 11 和运营商 12 向制造商 1 订购周转箱的订购系数；$g_{2,11}$ 为运营商 11 向制造商 2 紧急订购周转箱的紧急订购系数，$g_{2,12}$ 为运营商 12 向制造商 2 紧急订购周转箱的紧急订购系数；$l_{1,12}$ 为运营商 11 从运营商 12 横向转运周转箱的横向转运系数，$l_{1,21}$ 为运营商 12 从运营商 11 横向转运周转箱的横向转运系数。

由图 8.3 可知，系统中仅存在一个包含 R_1、R_2、R_3 和 R_4 的 MORG G_1。对于运营商不同的周转箱库存水平，设计如下的周转箱运作模式：

R_1：对于运营商 11 和运营商 12 的周转箱库存水平均小于各自的安全库存值，运营商 11 和运营商 12 均启动正常订购模式和紧急订购模式。在上述模式下相应的系统系数为：$g_{11} = 0.7$，$g_{12} = 0.7$，$g_{2,11} = 0.3$，$g_{2,12} = 0.3$，$l_{1,12} = 0$，$l_{1,21} = 0$。

R_2：对于运营商 11 的周转箱库存水平小于其安全库存值而运营商 12 的周转箱库存水平大于其理想库存值，运营商 11 同时启动正常订购模式、紧急订购模式和正常横向转运模式（从运营商 12 转运周转箱至运营商 11)；运营商 12 则均不启动正常订购模式和紧急订购模式。在上述模式下相应的系统系数为：$g_{11} = 0.9$，$g_{12} = 0$，$g_{2,11} = 0.1$，$g_{2,12} = 0$，$l_{1,12} = 0.2$，$l_{1,21} = 0$。

R_3：对于运营商 11 的周转箱库存水平大于其理想库存值而运营商 12 的周转箱库存水平小于其安全库存值，运营商 11 均不启动正常订购模式和紧急订购模式；运营商 12 同时启动正常订购模式、紧急订购模式和从正常横向转运模式（从运营商 11 转运周转箱至运营商 12)。在上述模式下相应的系统系数为：$g_{11} = 0$，$g_{12} = 0.9$，$g_{2,11} = 0$，$g_{2,12} = 0.1$，$l_{1,12} = 0$，$l_{1,21} = 0.2$。

R_4：对于运营商 11 与运营商 12 的周转箱库存水平均大于各自的理想库存值，运营商 11 与运营商 12 均不启动正常订购模式和紧急订购模式。在上述模式下相应的系统系数为：$g_{11} = g_{12} = g_{2,11} = g_{2,12} = l_{1,12} = l_{1,21} = 0$。

在 R_1、R_2、R_3 和 R_4 的不同周转箱运作模式下，周转箱 SC 1 的各个基本模型可表示为：

$$
R_1:\begin{cases}
x_1(k+1) = x_1(k) + u_1(k) - (g_{11} + \Delta g_{11})u_{11}(k) - \\
\qquad (g_{12} + \Delta g_{12})u_{12}(k) \\
x_{11}(k+1) = x_{11}(k) + (g_{11} + \Delta g_{11})u_{11}(k) + (g_{2,11} + \Delta g_{2,11}) \\
\qquad u_{11}(k) + (\lambda + \Delta\lambda)u_{1,11}(k) - w_{11}(k) \\
x_{12}(k+1) = x_{12}(k) + (g_{12} + \Delta g_{12})u_{12}(k) + (g_{2,12} + \Delta g_{2,12}) \\
\qquad u_{12}(k) + (\lambda + \Delta\lambda)u_{1,12}(k) - w_{12}(k) \\
y_{11}(k+1) = y_{11}(k) + w_{11}(k) - u_{1,11}(k) \\
y_{12}(k+1) = y_{12}(k) + w_{12}(k) - u_{1,12}(k)
\end{cases}
$$

$$
\begin{aligned}
z(k) = {} & (c_{h1} + \Delta c_{h1})x_1(k) + (c_{h11} + \Delta c_{h11})x_{11}(k) + (c_{h12} + \Delta c_{h12}) \\
& x_{12}(k) + (c_{n1} + \Delta c_{n1})u_1(k) + (c_{m11} + \Delta c_{m11})(g_{11} + \Delta g_{11}) \\
& u_{11}(k) + (c_{m12} + \Delta c_{m12})(g_{12} + \Delta g_{12})u_{12}(k) + (c_{m211} + \Delta c_{m211}) \\
& (g_{2,11} + \Delta g_{2,11})u_{11}(k) + (c_{m212} + \Delta c_{m212})(g_{2,12} + \Delta g_{2,12}) \\
& u_{12}(k) + (c_{d11} + \Delta c_{d11})u_{1,11}(k) + (c_{d12} + \Delta c_{d12})u_{1,12}(k) + \\
& (c_{r11} + \Delta c_{r11})(\lambda + \Delta\lambda)u_{1,11}(k) + (c_{r12} + \Delta c_{r12})(\lambda + \Delta\lambda)
\end{aligned}
$$

$$u_{1,12}(k)+(c_{o11}+\Delta c_{o11})(\eta+\Delta\eta)u_{1,11}(k)+(c_{o12}+\Delta c_{o12})(\eta+\Delta\eta)u_{1,12}(k)$$

$$\boldsymbol{A}_1=\begin{bmatrix}1&0&0&0&0\\0&1&0&0&0\\0&0&1&0&0\\0&0&0&1&0\\0&0&0&0&1\end{bmatrix},\ \boldsymbol{B}_1=\begin{bmatrix}1&-0.7&-0.7&0&0\\0&1&0&0.95&0\\0&0&1&0&0.95\\0&0&0&-1&0\\0&0&0&0&-1\end{bmatrix},$$

$$\boldsymbol{B}_{w1}=\begin{bmatrix}0&0&0\\0&-1&0\\0&0&-1\\0&1&0\\0&0&1\end{bmatrix},\ \boldsymbol{C}_1=[0.002\quad 0.003\quad 0.003\quad 0\quad 0],\ \boldsymbol{D}_1=$$

$[0.0450\quad 0.0595\quad 0.0595\quad 0.0211\quad 0.0211]$。

$$R_2:\begin{cases}x_1(k+1)=x_1(k)+u_1(k)-(g_{11}+\Delta g_{11})u_{11}(k)\\x_{11}(k+1)=x_{11}(k)+(g_{11}+\Delta g_{11})u_{11}(k)+(g_{2,11}+\Delta g_{2,11})\\\qquad u_{11}(k)+(l_{1,12}+\Delta l_{1,12})x_{12}(k)+(\lambda+\Delta\lambda)\\\qquad u_{1,11}(k)-w_{11}(k)\\x_{12}(k+1)=x_{12}(k)+(\lambda+\Delta\lambda)u_{1,12}(k)-(l_{1,12}+\Delta l_{1,12})\\\qquad x_{12}(k)-w_{12}(k)\\y_{11}(k+1)=y_{11}(k)+w_{11}(k)-u_{1,11}(k)\\y_{12}(k+1)=y_{12}(k)+w_{12}(k)-u_{1,12}(k)\end{cases}$$

$$\begin{aligned}z(k)=&(c_{h1}+\Delta c_{h1})x_1(k)+(c_{h11}+\Delta c_{h11})x_{11}(k)+(c_{h12}+\Delta c_{h12})\\&x_{12}(k)+(c_{n1}+\Delta c_{n1})u_1(k)+(c_{m11}+\Delta c_{m11})(g_{11}+\Delta g_{11})\\&u_{11}(k)+(c_{m211}+\Delta c_{m211})(g_{2,11}+\Delta g_{2,11})u_{11}(k)+\\&(c_{c112}+\Delta c_{c112})(l_{1,12}+\Delta l_{1,12})x_{12}(k)+(c_{d11}+\Delta c_{d11})\\&u_{1,11}(k)+(c_{d12}+\Delta c_{d12})u_{1,12}(k)+(c_{r11}+\Delta c_{r11})\\&(\lambda+\Delta\lambda)u_{1,11}(k)+(c_{r12}+\Delta c_{r12})(\lambda+\Delta\lambda)u_{1,12}(k)+\\&(c_{o11}+\Delta c_{o11})(\eta+\Delta\eta)u_{1,11}(k)+(c_{o12}+\Delta c_{o12})\\&(\eta+\Delta\eta)u_{1,12}(k)\end{aligned}$$

$$\boldsymbol{A}_2=\begin{bmatrix}1&0&0&0&0\\0&1&0.2&0&0\\0&0&0.8&0&0\\0&0&0&1&0\\0&0&0&0&1\end{bmatrix},\boldsymbol{B}_2=\begin{bmatrix}1&-0.9&0&0&0\\0&1&0&0.95&0\\0&0&0&0&0.95\\0&0&0&-1&0\\0&0&0&0&-1\end{bmatrix},\boldsymbol{B}_{w2}=$$

$$\begin{bmatrix} 0 & 0 & 0 \\ 0 & -1 & 0 \\ 0 & 0 & -1 \\ 0 & 1 & 0 \\ 0 & 0 & 1 \end{bmatrix}, \quad \boldsymbol{C}_2 = [0.002 \quad 0.003 \quad 0.0148 \quad 0 \quad 0], \quad \boldsymbol{D}_2 =$$

$[0.0450 \quad 0.0585 \quad 0 \quad 0.0211 \quad 0.0211]$。

$$R_3: \begin{cases} x_1(k+1) = x_1(k) + u_1(k) - (g_{12} + \Delta g_{12})u_{12}(k) \\ x_{11}(k+1) = x_{11}(k) + (\lambda + \Delta\lambda)u_{1,11}(k) - (l_{1,21} + \Delta l_{1,21}) \\ \qquad x_{11}(k) - w_{11}(k) \\ x_{12}(k+1) = x_{12}(k) + (g_{12} + \Delta g_{12})u_{12}(k) + (g_{2,12} + \Delta g_{2,12}) \\ \qquad u_{12}(k) + (l_{1,21} + \Delta l_{1,21})x_{11}(k) + (\lambda + \Delta\lambda) \\ \qquad u_{1,12}(k) - w_{12}(k) \\ y_{11}(k+1) = y_{11}(k) + w_{11}(k) - u_{1,11}(k) \\ y_{12}(k+1) = y_{12}(k) + w_{12}(k) - u_{1,12}(k) \end{cases}$$

$$\begin{aligned} z(k) = {} & (c_{h1} + \Delta c_{h1})x_1(k) + (c_{h11} + \Delta c_{h11})x_{11}(k) + (c_{h12} + \Delta c_{h12}) \\ & x_{12}(k) + (c_{n1} + \Delta c_{n1})u_1(k) + (c_{m12} + \Delta c_{m12})(g_{12} + \Delta g_{12}) \\ & u_{12}(k) + (c_{m212} + \Delta c_{m212})(g_{2,12} + \Delta g_{2,12})u_{12}(k) + \\ & (c_{c121} + \Delta c_{c121})(l_{1,21} + \Delta l_{1,21})x_{11}(k) + (c_{d11} + \Delta c_{d11}) \\ & u_{1,11}(k) + (c_{d12} + \Delta c_{d12})u_{1,12}(k) + (c_{r11} + \Delta c_{r11}) \\ & (\lambda + \Delta\lambda)u_{1,11}(k) + (c_{r12} + \Delta c_{r12})(\lambda + \Delta\lambda)u_{1,12}(k) + \\ & (c_{o11} + \Delta c_{o11})(\eta + \Delta\eta)u_{1,11}(k) + (c_{o12} + \Delta c_{o12}) \\ & (\eta + \Delta\eta)u_{1,12}(k) \end{aligned}$$

$$\boldsymbol{A}_3 = \begin{bmatrix} 1 & 0 & 0 & 0 & 0 \\ 0 & 0.8 & 0 & 0 & 0 \\ 0 & 0.2 & 1 & 0 & 0 \\ 0 & 0 & 0 & 1 & 0 \\ 0 & 0 & 0 & 0 & 1 \end{bmatrix}, \boldsymbol{B}_3 = \begin{bmatrix} 1 & 0 & -0.9 & 0 & 0 \\ 0 & 0 & 0 & 0.95 & 0 \\ 0 & 0 & 1 & 0 & 0.95 \\ 0 & 0 & 0 & -1 & 0 \\ 0 & 0 & 0 & 0 & -1 \end{bmatrix}, \boldsymbol{B}_{w3} =$$

$$\begin{bmatrix} 0 & 0 & 0 \\ 0 & -1 & 0 \\ 0 & 0 & -1 \\ 0 & 1 & 0 \\ 0 & 0 & 1 \end{bmatrix}, \quad \boldsymbol{C}_3 = [0.002 \quad 0.0148 \quad 0.003 \quad 0 \quad 0], \quad \boldsymbol{D}_3 =$$

$[0.0450 \quad 0 \quad 0.0585 \quad 0.0211 \quad 0.0211]$。

$$R_4:\begin{cases}x_1(k+1)=x_1(k)+u_1(k)\\x_{11}(k+1)=x_{11}(k)+(\lambda+\Delta\lambda)u_{1,11}(k)-w_{11}(k)\\x_{12}(k+1)=x_{12}(k)+(\lambda+\Delta\lambda)u_{1,12}(k)-w_{12}(k)\\y_{11}(k+1)=y_{11}(k)+w_{11}(k)-u_{1,11}(k)\\y_{12}(k+1)=y_{12}(k)+w_{12}(k)-u_{1,12}(k)\end{cases}$$

$$\begin{aligned}z(k)=&(c_{h1}+\Delta c_{h1})x_1(k)+(c_{h11}+\Delta c_{h11})x_{11}(k)+(c_{h12}+\Delta c_{h12})\\&x_{12}(k)+(c_{n1}+\Delta c_{n1})u_1(k)+(c_{d11}+\Delta c_{d11})u_{1,11}(k)+\\&(c_{d12}+\Delta c_{d12})u_{1,12}(k)+(c_{r11}+\Delta c_{r11})(\lambda+\Delta\lambda)u_{1,11}(k)+\\&(c_{r12}+\Delta c_{r12})(\lambda+\Delta\lambda)u_{1,12}(k)+(c_{o11}+\Delta c_{o11})\\&(\eta+\Delta\eta)u_{1,11}(k)+(c_{o12}+\Delta c_{o12})(\eta+\Delta\eta)u_{1,12}(k)\end{aligned}$$

$$\boldsymbol{A}_4=\begin{bmatrix}1&0&0&0&0\\0&1&0&0&0\\0&0&1&0&0\\0&0&0&1&0\\0&0&0&0&1\end{bmatrix},\ \boldsymbol{B}_4=\begin{bmatrix}1&0&0&0&0\\0&0&0&0.95&0\\0&0&0&0&0.95\\0&0&0&-1&0\\0&0&0&0&-1\end{bmatrix},\ \boldsymbol{B}_{w4}=\begin{bmatrix}0&0&0\\0&-1&0\\0&0&-1\\0&1&0\\0&0&1\end{bmatrix},\ \boldsymbol{C}_4=[0.002\ \ 0.003\ \ 0.003\ \ 0\ \ 0],\ \boldsymbol{D}_4=[0.0450\ \ 0\ \ 0\ \ 0.0211\ \ 0.0211]。$$

不确定参数矩阵设置如下：

$$\boldsymbol{E}_{111}=\boldsymbol{E}_{114}=\begin{bmatrix}0.004&0&0&0&0\\0&0.003&0&0&0\\0&0&0.002&0&0\\0&0&0&0.001&0\\0&0&0&0&0.0015\end{bmatrix},$$

$$\boldsymbol{E}_{112}=\begin{bmatrix}0.004&0&0&0&0\\0&0.003&0.002&0&0\\0&0&0.002&0&0\\0&0&0&0.001&0\\0&0&0&0&0.0015\end{bmatrix},$$

$$E_{113}=\begin{bmatrix}0.004 & 0 & 0 & 0 & 0\\ 0 & 0.003 & 0 & 0 & 0\\ 0 & 0.003 & 0.002 & 0 & 0\\ 0 & 0 & 0 & 0.001 & 0\\ 0 & 0 & 0 & 0 & 0.0015\end{bmatrix},$$

$$E_{121}=\begin{bmatrix}0.003 & 0.002 & 0.0015 & 0 & 0\\ 0 & 0.002 & 0 & 0.001 & 0\\ 0 & 0 & 0.0015 & 0 & 0.0015\\ 0 & 0 & 0 & 0.001 & 0\\ 0 & 0 & 0 & 0 & 0.0015\end{bmatrix},$$

$$E_{122}=\begin{bmatrix}0.003 & 0.002 & 0 & 0 & 0\\ 0 & 0.002 & 0 & 0.001 & 0\\ 0 & 0 & 0 & 0 & 0.0015\\ 0 & 0 & 0 & 0.001 & 0\\ 0 & 0 & 0 & 0 & 0.0015\end{bmatrix},$$

$$E_{123}=\begin{bmatrix}0.003 & 0 & 0.0015 & 0 & 0\\ 0 & 0 & 0 & 0.001 & 0\\ 0 & 0 & 0.0015 & 0 & 0.0015\\ 0 & 0 & 0 & 0.001 & 0\\ 0 & 0 & 0 & 0 & 0.0015\end{bmatrix},$$

$$E_{124}=\begin{bmatrix}0 & 0 & 0 & 0 & 0\\ 0 & 0 & 0 & 0 & 0\\ 0 & 0 & 0 & 0 & 0\\ 0 & 0 & 0 & 0 & 0\\ 0 & 0 & 0 & 0 & 0\end{bmatrix},\ E_{13i}=\begin{bmatrix}0 & 0 & 0\\ 0 & 0.002 & 0\\ 0 & 0 & 0.001\\ 0 & 0.002 & 0\\ 0 & 0 & 0.001\end{bmatrix},$$

$E_{21i}=[0.003\quad 0.002\quad 0.0015\quad 0\quad 0]$,

$E_{221}=[0.001\quad 0.003\quad 0.002\quad 0.0015\quad 0.001]$,

$E_{222}=[0.001\quad 0.003\quad 0\quad 0.0015\quad 0.001]$,

$E_{223}=[0.001\quad 0\quad 0.002\quad 0.0015\quad 0.001]$,

$E_{224}=[0\quad 0\quad 0\quad 0\quad 0]$, $H_{1i}=[0.002]$, $H_{2i}=[0.003]$, $F_{1i}=F_{2i}=\sin(k)\,(i=1\sim 4)$。

当 $\gamma=0.65$ 时，通过求解修改后的定理 1.2 中的式（1.22）和式（1.23），得到了局部公共正定矩阵，所以该周转箱 SC 在多重不确定因素的影响下是鲁棒稳定的。具体的求解结果如下：

$$K_{11}=\begin{bmatrix}0.9755 & 0.6923 & 0.6923 & 0.6602 & 0.6602\\ -0.0134 & 1.0146 & -0.0602 & 0.9855 & -0.0749\\ -0.0134 & -0.0602 & 1.0146 & -0.0749 & 0.9855\\ 0.0056 & -0.0093 & 0.0276 & -1.0191 & 0.0356\\ 0.0057 & 0.0276 & -0.0093 & 0.0356 & -1.0191\end{bmatrix},$$

$$K_{21}=\begin{bmatrix}0.9769 & 0.9019 & 0.2885 & 0.8831 & 0.1651\\ -0.0177 & 0.9931 & 0.2469 & 0.9673 & 0.0786\\ -0.0243 & -0.0425 & 1.5199 & -0.1475 & 1.5431\\ 0.0078 & 0.0011 & -0.0236 & -1.0104 & -0.0394\\ -0.0101 & 0.0670 & 0.1362 & 0.0706 & -1.8247\end{bmatrix},$$

$$K_{31}=\begin{bmatrix}0.9768 & 0.2885 & 0.9019 & 0.1651 & 0.8831\\ -0.0243 & 1.5199 & -0.0425 & 1.5431 & -0.1475\\ -0.0177 & 0.2469 & 0.9931 & 0.0786 & 0.9673\\ 0.0101 & 0.1362 & 0.0670 & -1.8247 & 0.0706\\ 0.0078 & -0.0236 & 0.0011 & -0.0394 & -1.0104\end{bmatrix},$$

$$K_{41}=\begin{bmatrix}1.9722 & 1.2927 & 1.2927 & 1.2813 & 1.2813\\ -0.0256 & 1.6995 & 0.3469 & 1.6634 & 0.2881\\ -0.0256 & 0.3469 & 1.6995 & 0.2881 & 1.6634\\ 0.0105 & 0.1428 & -0.1450 & -1.8879 & -0.1454\\ 0.0105 & -0.1450 & 0.1428 & -0.1454 & -1.8879\end{bmatrix},$$

$$P_{1}=\begin{bmatrix}4.7269 & 0.0031 & 0.0031 & 0.0036 & 0.0036\\ 0.0031 & 5.2015 & 0.0030 & -0.5009 & 0.0060\\ 0.0031 & 0.0030 & 5.2015 & 0.0060 & -0.5009\\ 0.0036 & -0.5009 & 0.0060 & 5.1935 & 0.0054\\ 0.0036 & 0.0060 & -0.5009 & 0.0054 & 5.1935\end{bmatrix}。$$

以下针对 3 种不同的变量的初始值和标称值进行仿真实验。仿真实验 1 至仿真实验 3 中的变量初始值和标称值如表 8.5 所示。

表 8.5　　**仿真实验 1 至仿真实验 3 的初始值和标称值**

	初始值（$\times10^4$个）	标称值（$\times10^4$个）
仿真实验 1	$x_1(0)=-29$， $x_{11}(0)=-19$，$x_{12}(0)=-20$	$\vec{x}_1(k)=42$，$\vec{x}_{11}(k)=21$， $\vec{x}_{12}(k)=24$，$\vec{u}_1(k)=58$， $\vec{u}_{11}(k)=23$，$\vec{u}_{12}(k)=27$

续表

	初始值（×10⁴个）	标称值（×10⁴个）
仿真实验 2	$x_1(0) = -13$， $x_{11}(0) = 22$，$x_{12}(0) = -17$	$\vec{x}_1(k) = 40$，$\vec{x}_{11}(k) = 26$， $\vec{x}_{12}(k) = 22$，$\vec{u}_1(k) = 54$， $\vec{u}_{11}(k) = 29$，$\vec{u}_{12}(k) = 25$
仿真实验 3	$x_1(0) = 23$， $x_{11}(0) = 14$，$x_{12}(0) = 15$	$\vec{x}_1(k) = 42$，$\vec{x}_{11}(k) = 25$， $\vec{x}_{12}(k) = 22$，$\vec{u}_1(k) = 48$， $\vec{u}_{11}(k) = 24$，$\vec{u}_{12}(k) = 21$

① 仿真实验 1。当运营商 11 和运营商 12 的周转箱初始库存水平均小于各自的安全库存值时，为了增加周转箱库存量，运营商 11 和运营商 12 除了各自执行常规的运作模式（供应模式、正常订购模式、回收模式、修复模式和废弃模式）外，还均启动了向制造商 2 订购周转箱的紧急订购模式。如图 8.22 至图 8.24 所示，在上述周转箱运作模式的作用下，制造商 1、运营商 11 和运营商 12 的周转箱库存水平均快速上升。当运营商 11 和运营商 12 的周转箱库存水平均增加到各自的安全库存值和理想库存值之间时，运营商 11 和运营商 12 均取消紧急订购模式，并且各自继续执行常规的运作模式（供应模式、正常订购模式、回收模式、修复模式和废弃模式），周转箱 SC 1 系统则进入了鲁棒稳定状态。

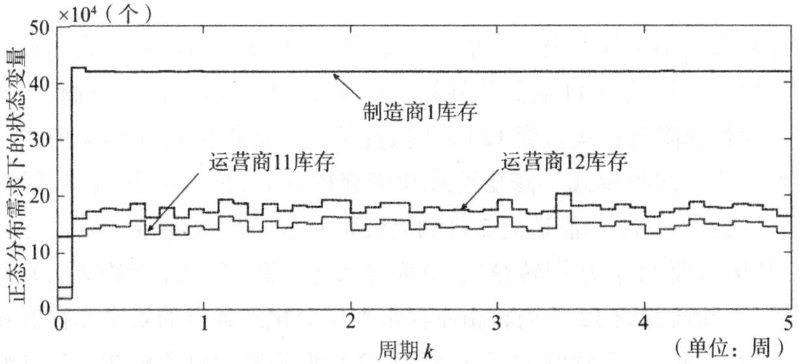

图 8.22　多重不确定下仿真实验 1 中状态变量的变化过程

② 仿真实验 2。仿真实验 2 的仿真结果如图 8.25 至图 8.27 所示。当运营商 11 的周转箱初始库存水平大于其理想库存值而运营商 12 的周转箱

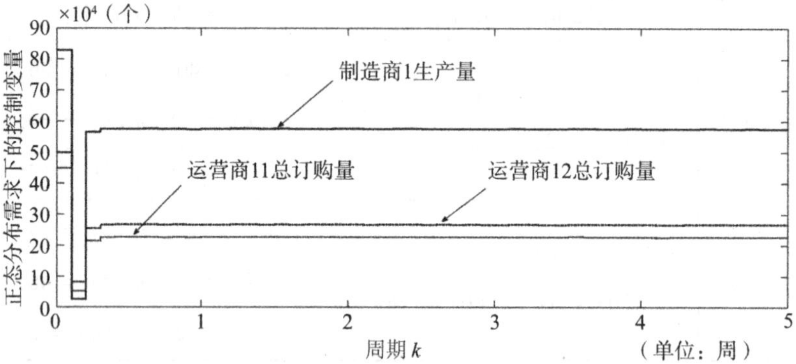

图 8.23 多重不确定下仿真实验 1 中控制变量的变化过程

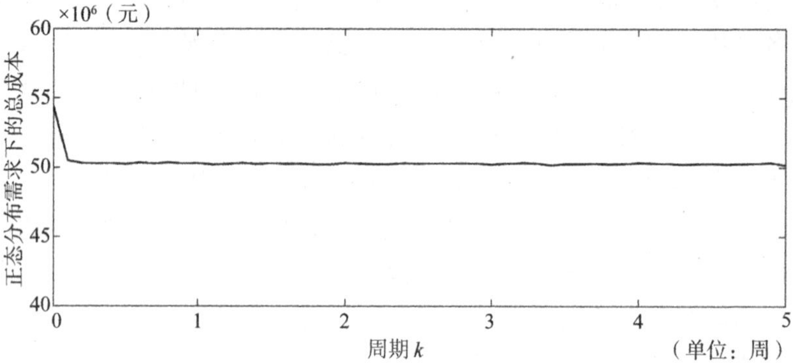

图 8.24 多重不确定下仿真实验 1 中总成本的变化过程

初始库存水平小于其安全库存值时，运营商 11 仅启动供应模式和正常横向转运模式（运营商 11 转运周转箱至运营商 12），进而使运营商 11 的周转箱库存快速降低；运营商 12 除了执行常规的运作模式（供应模式、正常订购模式、回收模式、修复模式和废弃模式）外，还同时启动紧急订购模式（运营商 12 向制造商 2 订购周转箱）和正常横向转运模式（运营商 12 从运营商 11 转运周转箱），进而导致运营商 12 的库存快速上升。当运营商 11 和运营商 12 的周转箱库存水平均变化到各自的安全库存值和理想库存值之间时，运营商 11 和运营商 12 均取消紧急订购模式，各自继续执行常规的运作模式（供应模式、正常订购模式、回收模式、修复模式和废弃模式），周转箱 SC 1 系统则进入了鲁棒稳定状态。

③ 仿真实验 3。仿真实验 3 的仿真结果如图 8.28 至图 8.30 所示。当运营商 11 和运营商 12 的周转箱初始库存水平均大于各自的理想库存值

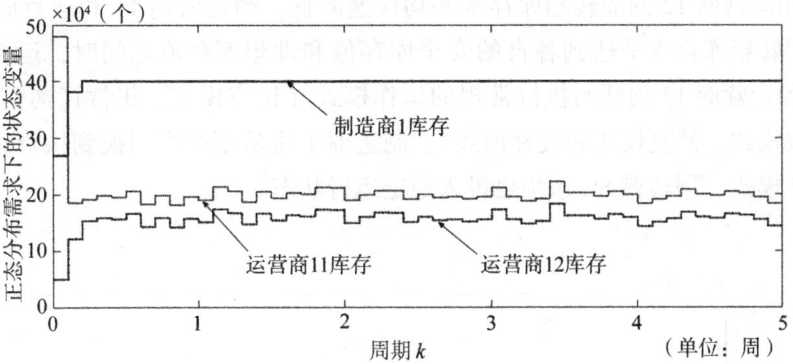

图 8.25　多重不确定下仿真实验 2 中状态变量的变化过程

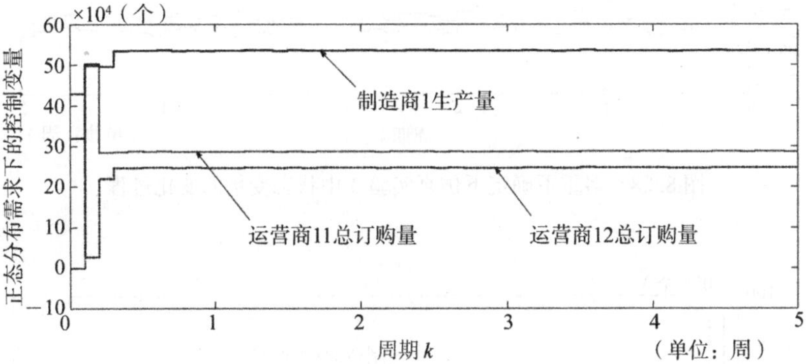

图 8.26　多重不确定下仿真实验 2 中控制变量的变化过程

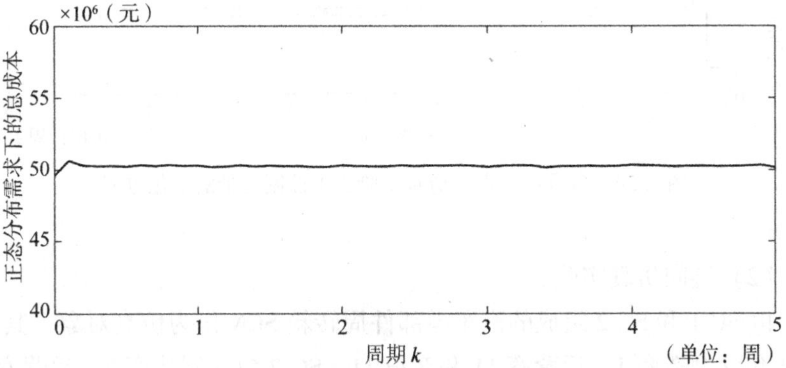

图 8.27　多重不确定下仿真实验 2 中总成本的变化过程

时，运营商 11 和运营商 12 均仅执行供应模式，其导致制造商 1、运营商 11 和运营商 12 的周转箱库存水平均快速降低。当运营商 11 和运营商 12 的周转箱库存水平达到各自的安全库存值和理想库存值之间时，运营商 11 和运营商 12 均开始执行常规的运作模式（供应模式、正常订购模式、回收模式、修复模式和废弃模式），制造商 1 也从不生产切换到执行正常生产模式，周转箱 SC 系统也进入稳定运行状态。

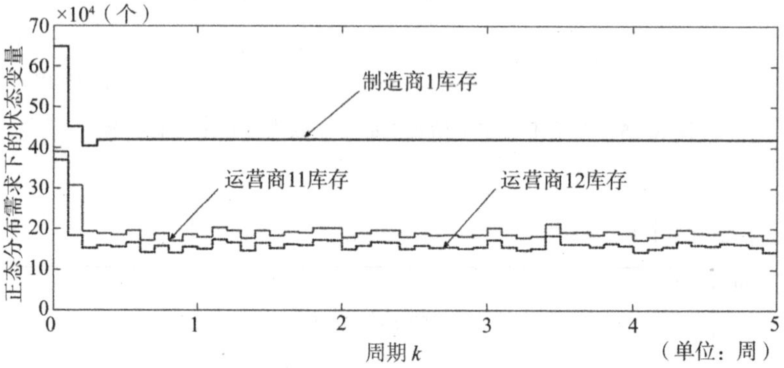

图 8.28　多重不确定下仿真实验 3 中状态变量的变化过程

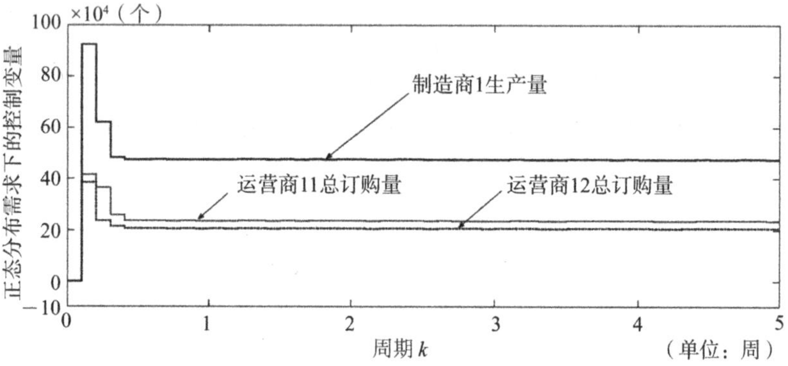

图 8.29　多重不确定下仿真实验 3 中控制变量的变化过程

（2）链间仿真实验。

由 SC 1 和 SC 2 组成的汽车零部件周转箱 SCN 作为仿真对象，其中，SC 1 包含制造商 1、运营商 11 和客户 11，SC 2 包含制造商 2、运营商 21 和客户 21。基于图 8.3，汽车零部件周转箱 SCN 的周转箱库存切换策略设计如下：

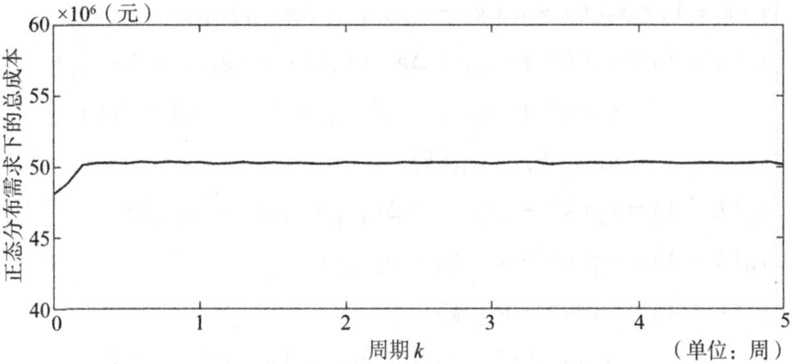

图 8.30 多重不确定下仿真实验 3 中总成本的变化过程

R_1：对于运营商 11 和运营商 21 的周转箱库存水平均低于各自的安全库存值，运营商 11 和运营商 21 均执行常规的运作模式（供应模式、正常订购模式、回收模式、修复模式和废弃模式）。以上用基本模型表示为：

$$\begin{cases} x_1(k+1) = x_1(k) + u_1(k) - u_{11}(k) \\ x_2(k+1) = x_2(k) + u_2(k) - u_{21}(k) \\ x_{11}(k+1) = x_{11}(k) + u_{11}(k) + (\lambda + \Delta\lambda)u_{1,11}(k) - w_{11}(k) \\ x_{21}(k+1) = x_{21}(k) + u_{21}(k) + (\lambda + \Delta\lambda)u_{2,21}(k) - w_{21}(k) \\ y_{11}(k+1) = y_{11}(k) + w_{11}(k) - u_{1,11}(k) \\ y_{21}(k+1) = y_{21}(k) + w_{21}(k) - u_{2,21}(k) \end{cases}$$

$$\begin{aligned} z(k) = {} & c_{h1}x_1(k) + c_{h2}x_2(k) + c_{h11}x_{11}(k) + c_{h21}x_{21}(k) + \\ & c'_{m11}g_{11}u_{11}(k) + c'_{m21}g_{21}u_{21}(k) + c_{n1}u_1(k) + c_{n2}u_2(k) + \\ & c_{d11}u_{1,11}(k) + c_{d21}u_{2,21}(k) + c_{r11}(\lambda + \Delta\lambda)u_{1,11}(k) + \\ & c_{r21}(\lambda + \Delta\lambda)u_{2,21}(k) + c_{o11}(\eta + \Delta\eta)u_{1,11}(k) + \\ & c_{o21}(\eta + \Delta\eta)u_{2,21}(k) \end{aligned}$$

R_2：对于运营商 11 的周转箱库存水平小于其安全库存值而运营商 21 的周转箱库存水平大于其理想库存值，运营商 11 除了执行常规的运作模式（供应模式、正常订购模式、回收模式、修复模式和废弃模式）外，还同时启动紧急订购模式（运营商 11 从制造商 2 紧急订购周转箱）和紧急横向转运模式（运营商 11 从运营商 21 转入周转箱），而运营商 21 除了执行供应模式外，还启动紧急横向转运模式（运营商 21 转运周转箱给运营商 11）。以上用基本模型表示为：

$$\begin{cases} x_1(k+1)=x_1(k)+u_1(k)-(g_{11}+\Delta g_{11})u_{11}(k) \\ x_2(k+1)=x_2(k)+u_2(k)-(g_{2,11}+\Delta g_{2,11})u_{11}(k) \\ x_{11}(k+1)=x_{11}(k)+(g_{11}+\Delta g_{11})u_{11}(k)+(g_{2,11}+\Delta g_{2,11}) \\ \qquad u_{11}(k)+(l_{11,21}+\Delta l_{11,21})x_{21}(k)+(\lambda+\Delta\lambda) \\ \qquad u_{1,11}(k)-w_{11}(k) \\ x_{21}(k+1)=x_{21}(k)-(l_{11,21}+\Delta l_{11,21})x_{21}(k)-w_{21}(k) \\ y_{11}(k+1)=y_{11}(k)+w_{11}(k)-u_{1,11}(k) \\ y_{21}(k+1)=y_{21}(k)+w_{21}(k) \end{cases}$$

$$\begin{aligned} z(k)=&(c_{h1}+\Delta c_{h1})x_1(k)+(c_{h2}+\Delta c_{h2})x_2(k)+(c_{h11}+\Delta c_{h11}) \\ &x_{11}(k)+(c_{h21}+\Delta c_{h21})x_{21}(k)+(c_{m11}+\Delta c_{m11})(g_{11}+\Delta g_{11}) \\ &u_{11}(k)+(c_{m211}+\Delta c_{m211})(g_{2,11}+\Delta g_{2,11})u_{11}(k)+ \\ &(c_{c1121}+\Delta c_{c1121})(l_{11,21}+\Delta l_{11,21})x_{21}(k)+(c_{n1}+\Delta c_{n1})u_1(k)+ \\ &(c_{n2}+\Delta c_{n2})u_2(k)+(c_{d11}+\Delta c_{d11})u_{1,11}(k)+(c_{r11}+\Delta c_{r11}) \\ &(\lambda+\Delta\lambda)u_{1,11}(k)+(c_{o11}+\Delta c_{o11})(\eta+\Delta\eta)u_{1,11}(k) \end{aligned}$$

R_3：对于运营商 11 的周转箱库存水平大于其理想库存值而运营商 21 的周转箱库存水平低于其安全库存值时，运营商 11 除了执行供应模式外，还启动紧急横向转运模式（运营商 11 转运周转箱至制造商 21），而运营商 21 除了执行常规的运作模式（供应模式、正常订购模式、回收模式、修复模式和废弃模式）外，还同时启动紧急订购模式（运营商 21 向制造商 1 紧急订购周转箱）和紧急横向转运模式（运营商 21 从运营商 11 转运周转箱）。

以上用基本模型表示为：

$$\begin{cases} x_1(k+1)=x_1(k)+u_1(k)-(g_{1,21}+\Delta g_{1,21})u_{21}(k) \\ x_2(k+1)=x_2(k)+u_2(k)-(g_{21}+\Delta g_{21})u_{21}(k) \\ x_{11}(k+1)=x_{11}(k)-(l_{21,11}+\Delta l_{21,11})x_{11}(k)-w_{11}(k) \\ x_{21}(k+1)=x_{21}(k)+(g_{21}+\Delta g_{21})u_{21}(k)+(g_{1,21}+\Delta g_{1,21}) \\ \qquad u_{21}(k)+(l_{21,11}+\Delta l_{21,11})x_{11}(k)+ \\ \qquad (\lambda+\Delta\lambda)u_{2,21}(k)-w_{21}(k) \\ y_{11}(k+1)=y_{11}(k)+w_{11}(k) \\ y_{21}(k+1)=y_{21}(k)+w_{21}(k)-u_{2,21}(k) \end{cases}$$

$$\begin{aligned} z(k)=&(c_{h1}+\Delta c_{h1})x_1(k)+(c_{h2}+\Delta c_{h2})x_2(k)+(c_{h11}+\Delta c_{h11}) \\ &x_{11}(k)+(c_{h21}+\Delta c_{h21})x_{21}(k)+(c_{m21}+\Delta c_{m21})(g_{21}+\Delta g_{21}) \end{aligned}$$

$$u_{21}(k)+(c_{m121}+\Delta c_{m121})(g_{1,21}+\Delta g_{1,21})u_{21}(k)+$$
$$(c_{c2111}+\Delta c_{c2111})(l_{21,11}+\Delta l_{21,11})x_{11}(k)+(c_{n1}+\Delta c_{n1})u_1(k)+$$
$$(c_{n2}+\Delta c_{n2})u_2(k)+(c_{d21}+\Delta c_{d21})u_{2,21}(k)+(c_{r21}+\Delta c_{r21})$$
$$(\lambda+\Delta\lambda)u_{2,21}(k)+(c_{o21}+\Delta c_{o21})(\eta+\Delta\eta)u_{2,21}(k)$$

R_4：对于运营商11和运营商21的周转箱库存水平均大于各自的理想库存值，运营商11和运营商21均只执行供应模式。以上用基本模型表示为：

$$\begin{cases}x_1(k+1)=x_1(k)\\x_2(k+1)=x_2(k)\\x_{11}(k+1)=x_{11}(k)-w_{11}(k)\\x_{21}(k+1)=x_{21}(k)-w_{21}(k)\\y_{11}(k+1)=y_{11}(k)+w_{11}(k)\\y_{21}(k+1)=y_{21}(k)+w_{21}(k)\end{cases}$$

$$z(k)=(c_{h1}+\Delta c_{h1})x_1(k)+(c_{h2}+\Delta c_{h2})x_2(k)+$$
$$(c_{h11}+\Delta c_{h11})x_{11}(k)+(c_{h21}+\Delta c_{h21})x_{21}(k)$$

基于以上，多重不确定周转箱SCN的T-S模糊控制模型构建如下：

R_i： If $x_{11}(k)$ is M_{11}^i and $x_{21}(k)$ is M_{21}^i， then

$$\begin{cases}\boldsymbol{x}(k+1)=\sum_{i=1}^{4}h_i[(\boldsymbol{A}_i+\Delta\boldsymbol{A}_i)\boldsymbol{x}(k)+(\boldsymbol{B}_i+\Delta\boldsymbol{B}_i)\boldsymbol{u}(k)+\\\qquad(\boldsymbol{B}_{wi}+\Delta\boldsymbol{B}_{wi})\boldsymbol{w}(k)]\\z(k)=\sum_{i=1}^{4}h_i[(\boldsymbol{C}_i+\Delta\boldsymbol{C}_i)\boldsymbol{x}(k)+(\boldsymbol{D}_i+\Delta\boldsymbol{D}_i)\boldsymbol{u}(k)]\end{cases}$$

设计相应的反馈控制律为：

K^i ：If $x_{11}(k)$ is M_{11}^i and $x_{21}(k)$ is M_{21}^i，then

$$\boldsymbol{u}(k)=-\sum_{i=1}^{4}h_i\boldsymbol{K}_{ic}\boldsymbol{x}(k)$$

设置不同规则下的参数如下：当$i=1$时，$g_{11}=1$；当$i=2$时，$g_{11}=0.9$；当$i=3$，4时，$g_{11}=0$；当$i=1$时，$g_{2,11}=0$；当$i=2$时，$g_{2,11}=0.1$；当$i=3$，4时，$g_{2,11}=0$；当$i=1$时，$g_{21}=1$；当$i=2$，4时，$g_{21}=0$；当$i=3$时，$g_{21}=0.9$；当$i=1$时，$g_{1,21}=0$；当$i=2$时，$g_{1,21}=0.1$；当$i=3$，4时，$g_{1,21}=0$；当$i=1$，2，4时，$l_{21,11}=0$；当$i=3$时，$l_{21,11}=0.2$；当$i=1$，3，4时，$l_{11,21}=0$；当$i=2$时，$l_{11,21}=0.2$。

那么系统参数矩阵可表示如下：

$$A_1=A_4=\begin{bmatrix}1&0&0&0&0&0\\0&1&0&0&0&0\\0&0&1&0&0&0\\0&0&0&1&0&0\\0&0&0&0&1&0\\0&0&0&0&0&1\end{bmatrix},\ A_2=\begin{bmatrix}1&0&0&0&0&0\\0&1&0&0&0&0\\0&0&1&0.2&0&0\\0&0&0&0.8&0&0\\0&0&0&0&1&0\\0&0&0&0&0&1\end{bmatrix},$$

$$A_3=\begin{bmatrix}1&0&0&0&0&0\\0&1&0&0&0&0\\0&0&0.8&0&0&0\\0&0&0.2&1&0&0\\0&0&0&0&1&0\\0&0&0&0&0&1\end{bmatrix},\ B_1=\begin{bmatrix}1&0&-1&0&0&0\\0&1&0&-1&0&0\\0&0&1&0&0.95&0\\0&0&0&1&0&0.95\\0&0&0&0&-1&0\\0&0&0&0&0&-1\end{bmatrix},$$

$$B_2=\begin{bmatrix}1&0&-0.9&0&0&0\\0&1&-0.1&0&0&0\\0&0&1&0&0.95&0\\0&0&0&0&0&0\\0&0&0&0&-1&0\\0&0&0&0&0&0\end{bmatrix},\ B_3=\begin{bmatrix}1&0&0&-0.1&0&0\\0&1&0&-0.9&0&0\\0&0&0&0&0&0\\0&0&0&1&0&0.95\\0&0&0&0&0&0\\0&0&0&0&0&-1\end{bmatrix},$$

$$B_4=0,\ B_{w1}=B_{w2}=B_{w3}=B_{w4}=\begin{bmatrix}0&0&0&0\\0&0&0&0\\0&0&-1&0\\0&0&0&-1\\0&0&1&0\\0&0&0&1\end{bmatrix},$$

$C_1=C_4=[0.002\quad 0.002\quad 0.003\quad 0.003\quad 0\quad 0]$,

$C_2=[0.002\quad 0.002\quad 0.003\quad 0.0154\quad 0\quad 0]$,

$C_3=[0.002\quad 0.002\quad 0.0154\quad 0.003\quad 0\quad 0]$,

$D_1=[0.045\quad 0.045\quad 0.0610\quad 0.0610\quad 0.0211\quad 0.0211]$,

$D_2=[0.045\quad 0.045\quad 0.0585\quad 0\quad 0.0211\quad 0]$,

$D_3=[0.045\quad 0.045\quad 0\quad 0.0585\quad 0\quad 0.0211]$,

$D_4=0$。

不确定参数矩阵表示如下：

$$E_{111}=E_{114}=\begin{bmatrix}0.004&0&0&0&0&0\\0&0.002&0&0&0&0\\0&0&0.003&0&0&0\\0&0&0&0.002&0&0\\0&0&0&0&0.001&0\\0&0&0&0&0&0.0015\end{bmatrix},$$

$$E_{112}=\begin{bmatrix}0.004&0&0&0&0&0\\0&0.002&0&0&0&0\\0&0&0.003&0.002&0&0\\0&0&0&0.002&0&0\\0&0&0&0&0.001&0\\0&0&0&0&0&0.0015\end{bmatrix},$$

$$E_{113}=\begin{bmatrix}0.004&0&0&0&0&0\\0&0.002&0&0&0&0\\0&0&0.003&0.002&0&0\\0&0&0.003&0&0&0\\0&0&0&0&0.001&0\\0&0&0&0&0&0.0015\end{bmatrix},$$

$$E_{121}=\begin{bmatrix}0.003&0&0.002&0&0&0\\0&0.001&0&0.0015&0&0\\0&0&0.002&0&0.001&0\\0&0&0&0.0015&0&0.0015\\0&0&0&0&0.001&0\\0&0&0&0&0&0.0015\end{bmatrix},$$

$$E_{122}=\begin{bmatrix}0.003&0&0.002&0&0&0\\0&0.001&0.002&0&0&0\\0&0&0.002&0&0.001&0\\0&0&0&0&0&0\\0&0&0&0&0.001&0\\0&0&0&0&0&0\end{bmatrix},$$

$$E_{123}=\begin{bmatrix}0.003&0&0&0.0015&0&0\\0&0.001&0&0.0015&0&0\\0&0&0&0&0&0\\0&0&0&0.0015&0&0.0015\\0&0&0&0&0&0\\0&0&0&0&0&0.0015\end{bmatrix},\ E_{124}=\boldsymbol{0},$$

$$E_{13i}=\begin{bmatrix}0&0&0&0\\0&0&0&0\\0&0&0.002&0\\0&0&0&0.001\\0&0&0.002&0\\0&0&0&0.001\end{bmatrix},$$

$E_{21i}=[0.003\quad 0.001\quad 0.002\quad 0.0015\quad 0\quad 0]$,

$E_{221}=[0.001\quad 0.0015\quad 0.003\quad 0.002\quad 0.0015\quad 0.001]$,

$E_{222}=[0.001\quad 0.0015\quad 0.003\quad 0\quad 0.0015\quad 0]$,

$E_{223}=[0.001\quad 0.0015\quad 0\quad 0.002\quad 0\quad 0.001]$,

$E_{224}=\boldsymbol{0}$，$H_{1i}=[0.002]$，$H_{2i}=[0.003]$，

$F_{1i}=F_{2i}=\sin(k)\,(i=1\sim4)$。

当 $\gamma=0.65$ 时，通过求解修改后的定理 1.2 中的式（1.22）和式（1.23），得到了局部公共正定矩阵，所以该周转箱 SCN 在不确定需求的影响下是鲁棒稳定的。具体的求解结果如下：

$$P_1=\begin{bmatrix}6.7135&0.0006&0.0028&0.0002&0.0025&0.0009\\0.0006&6.7135&0.0002&0.0028&0.0009&0.0025\\0.0028&0.0002&7.1222&0.0044&-0.4360&-0.0005\\0.0002&0.0028&0.0044&7.1222&-0.0005&-0.4360\\0.0025&0.0009&-0.4360&-0.0005&7.1154&0.0011\\0.0009&0.0025&-0.0005&-0.4360&0.0011&7.1154\end{bmatrix},$$

$$K_{11}=\begin{bmatrix}0.9563&-0.0445&1.0032&-0.0728&1.0066&-0.0995\\-0.0444&0.9562&-0.0728&1.0032&-0.0995&1.0066\\-0.0341&-0.0347&0.9854&-0.0713&0.9746&-0.0840\\-0.0346&-0.0342&-0.0713&0.9854&-0.0840&0.9747\\0.0150&0.0153&0.0020&0.0300&-1.0163&0.0376\\0.0153&0.0151&0.0300&0.0020&0.0376&-1.0163\end{bmatrix},$$

$$K_{21}=\begin{bmatrix}0.9571&-0.0436&0.8899&1.1251&0.8855&-0.0015\\-0.0172&0.9835&0.0615&0.1156&0.0682&0.1166\\-0.0368&-0.0373&0.9740&0.1646&0.9557&0.0053\\-0.0515&-0.0506&-0.0208&1.3521&-0.0977&1.3964\\0.0162&0.0164&0.0076&0.0170&-1.0071&-0.0030\\0.0216&0.0211&0.0516&0.2149&0.0422&-1.7558\end{bmatrix},$$

$$K_{31}=\begin{bmatrix}0.9835 & -0.0172 & 0.1156 & 0.0615 & 0.1166 & 0.0682\\ -0.0436 & 0.9670 & 0.1251 & 0.8899 & -0.0015 & 0.8855\\ -0.0505 & -0.0515 & 1.3522 & -0.0208 & 1.3964 & -0.0977\\ -0.0372 & 0.0369 & 0.1646 & 0.9740 & 0.0053 & 0.9557\\ 0.0211 & 0.0216 & 0.2149 & 0.0516 & -1.7558 & 0.0422\\ 0.0164 & 0.0163 & 0.0170 & 0.0076 & -0.0030 & -1.0071\end{bmatrix},$$

$$K_{41}=\begin{bmatrix}1.9524 & -0.0501 & 0.6952 & 0.0901 & 0.6608 & 0.0547\\ -0.0500 & 1.9524 & 0.0901 & 0.6952 & 0.0547 & 0.6608\\ -0.0471 & -0.0489 & 1.1757 & 0.1131 & 1.1228 & 0.0515\\ -0.0408 & -0.0472 & 0.1131 & 1.1757 & 0.0515 & 1.1229\\ 0.0192 & 0.0200 & 0.4023 & -0.0086 & -1.6188 & -0.0287\\ 0.0200 & 0.0192 & -0.0086 & 0.4023 & -0.0287 & -1.6188\end{bmatrix}。$$

以下基于三种不同的周转箱库存初始状态进行仿真实验。仿真实验 4 至仿真实验 6 中的变量初始值和标称值如表 8.6 所示。

表 8.6　**多重不确定下仿真实验 4 至仿真实验 6 的初始值和标称值**

	初始值（$\times10^4$个）	标称值（$\times10^4$个）
仿真实验 4	$x_1(0)=-16$，$x_2(0)=-17$， $x_{11}(0)=-21$，$x_{21}(0)=-26$	$\vec{x}_1(k)=28$，$\vec{x}_2(k)=32$， $\vec{x}_{11}(k)=23$，$\vec{x}_{21}(k)=27$， $\vec{u}_1(k)=39$，$\vec{u}_2(k)=42$ $\vec{u}_{11}(k)=25$，$\vec{u}_{21}(k)=29$
仿真实验 5	$x_1(0)=33$，$x_2(0)=-23$， $x_{11}(0)=23$，$x_{21}(0)=-26$	$\vec{x}_1(k)=31$，$\vec{x}_2(k)=35$， $\vec{x}_{11}(k)=25$，$\vec{x}_{21}(k)=29$， $\vec{u}_1(k)=43$，$\vec{u}_2(k)=47$， $\vec{u}_{11}(k)=29$，$\vec{u}_{21}(k)=33$
仿真实验 6	$x_1(0)=24$，$x_2(0)=16$， $x_{11}(0)=17$，$x_{21}(0)=12$	$\vec{x}_1(k)=28$，$\vec{x}_2(k)=32$， $\vec{x}_{11}(k)=23$，$\vec{x}_{21}(k)=27$， $\vec{u}_1(k)=39$，$\vec{u}_2(k)=42$， $\vec{u}_{11}(k)=25$，$\vec{u}_{21}(k)=29$，

① 仿真实验 4。仿真实验 4 的仿真结果如图 8.31 至图 8.33 所示。当

运营商 11 和运营商 21 的周转箱初始库存水平均小于各自的安全库存值时，制造商 1 和制造商 2 均需加大周转箱的产量，同时运营商 11 和运营商 21 也均需加大周转箱的订购量。因此，在周转箱 SCN 系统的运作初期，运营商 11 和运营商 21 均执行常规的运作模式（供应模式、正常订购模式、回收模式、修复模式和废弃模式），而制造商 1 和制造商 2 均启动紧急生产模式。在上述运作模式下，制造商 1、制造商 2、运营商 11 和运营商 21 的周转箱库存水平均快速提升。当运营商 11 和运营商 21 的周转箱库存水平增至各自的安全库存值和理想库存值之间时，制造商 1 和制造商 2 则均从执行紧急生产模式切换到执行正常生产模式，而运营商 11 和运营商 21 均继续执行常规的运作模式（供应模式、正常订购模式、回收模式、修复模式和废弃模式）。进而，周转箱 SCN 系统进入了稳定运行状态。

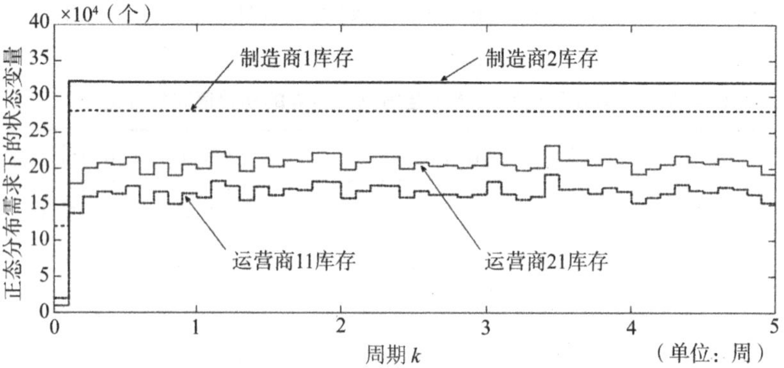

图 8.31　多重不确定下仿真实验 4 中状态变量的变化过程

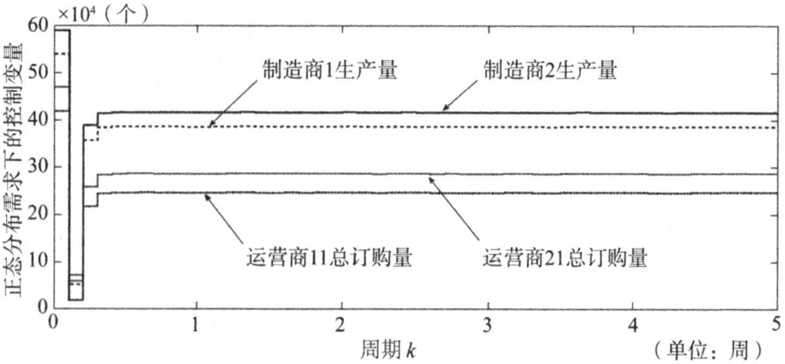

图 8.32　多重不确定下仿真实验 4 中控制变量的变化过程

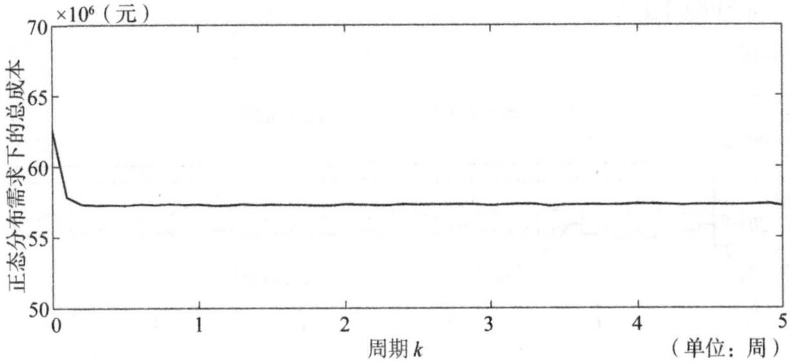

图 8.33　多重不确定下仿真实验 4 中总成本的变化过程

② 仿真实验 5。仿真实验 5 的仿真结果如图 8.34 至图 8.36 所示。对于运营商 11 的周转箱初始库存水平大于其理想库存值而运营商 21 的周转箱初始库存水平小于其安全库存值，运营商 11 不执行任何的订购模式，而运营商 21 则需多方订购周转箱，制造商 1 不执行任何的生产模式，而制造商 2 则需紧急生产。因此，在周转箱 SCN 系统的运作初期，运营商 11 仅执行供应模式和启动紧急横向转运模式（运营商 11 转运周转箱至运营商 21），而运营商 21 除了执行常规的运作模式（供应模式、正常订购模式、回收模式、修复模式和废弃模式）外，还同时启动紧急订购模式（运营商 21 向制造商 1 紧急订购周转箱）和紧急横向转运模式（运营商 21 从运营商 11 转运周转箱），因此，制造商 1 和运营商 11 的周转箱库存水平快速降低，而制造商 2 和运营商 21 的周转箱库存水平快速上升。当运营商 11 和运营商 21 的周转箱库存水平达到各自的安全库存值和理想库存值之间时，运营商 11 和运营商 21 均执行常规的运作模式（供应模式、正常订购模式、回收模式、修复模式和废弃模式），制造商 1 的周转箱生产量和运营商 11 的周转箱订购量由初期的零升至稳定水平，而制造商 2 的周转箱生产量和运营商 21 的周转箱订购量由初期高状态降至稳定水平，进而不确定周转箱 SCN 进入稳定状态。

③ 仿真实验 6。仿真实验 6 的仿真结果如图 8.37 至图 8.39 所示。对于运营商 11 和运营商 21 的周转箱初始库存水平均大于各自的理想库存值，运营商 11 和运营商 21 均不启动任何的订购模式，且制造商 1 和制造商 2 也均不执行任何生产模式。因此，在周转箱 SCN 系统的运作初期，运营商 11 和运营商 21 均仅执行供应模式，那么制造商 1、制造商 2、运

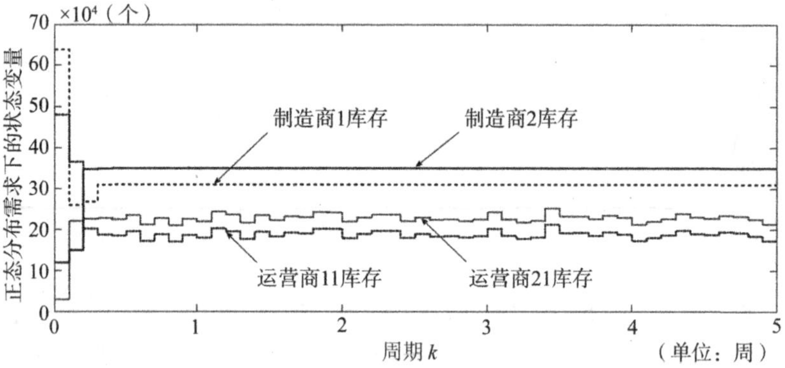

图 8.34　多重不确定下仿真实验 5 中状态变量的变化过程

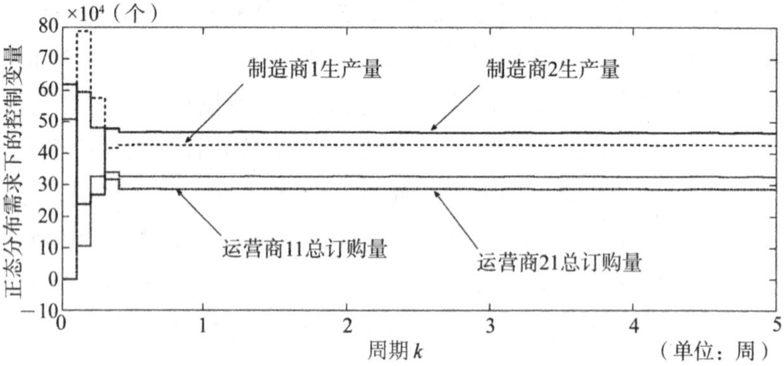

图 8.35　多重不确定下仿真实验 5 中控制变量的变化过程

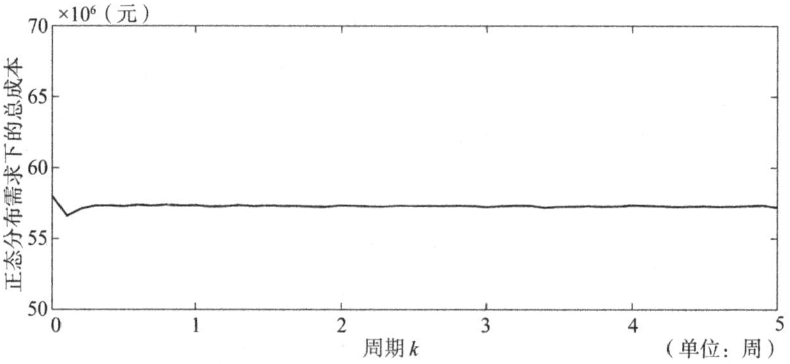

图 8.36　多重不确定下仿真实验 5 中总成本的变化过程

营商 11 和运营商 21 的周转箱库存都快速降低。当运营商 11 和运营商 21 的周转箱库存水平均达到各自的安全库存值和理想库存值之间时，运营商 11 和运营商 21 执行常规的运作模式（供应模式、正常订购模式、回收模式、修复模式和废弃模式），而制造商 1 和制造商 2 也执行正常生产模式，则运营商 11 和运营商 12 的周转箱订购量也从零订购量增加至稳定水平，进而不确定周转箱 SCN 进入稳定状态。

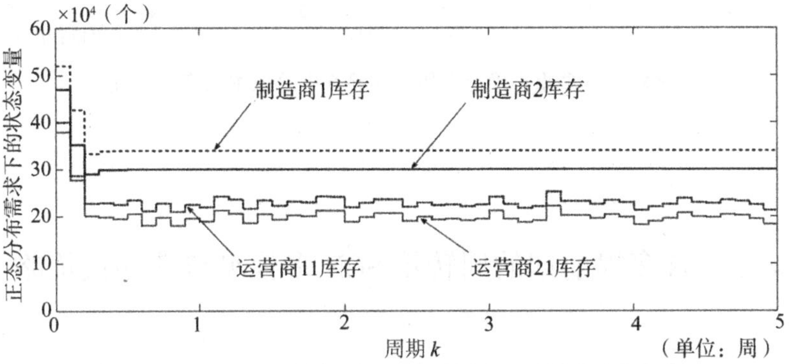

图 8.37　多重不确定下仿真实验 6 中状态变量的变化过程

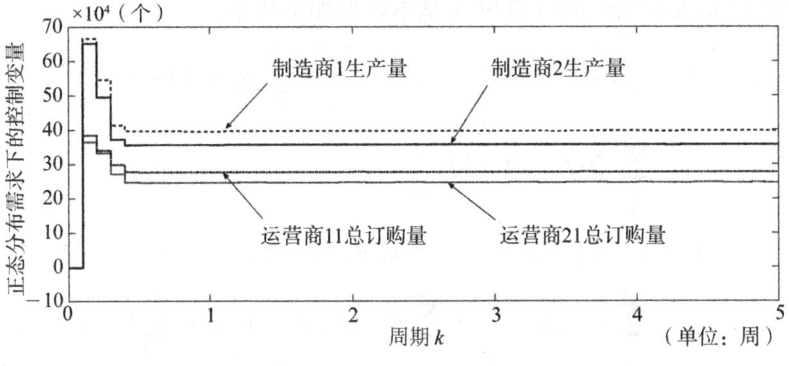

图 8.38　多重不确定下仿真实验 6 中控制变量的变化过程

从图 8.22 至图 8.39 可知：① 无论节点企业的周转箱库存初始状态如何，在库存切换策略的作用下，运营商与制造商最终分别可实现执行正常订购模式和执行正常生产模式；② 对于多重不确定因素的干扰，在鲁棒控制策略下，周转箱 SCN 系统可稳定运行。因此，无论是对于周转箱 SC 还是对于周转箱 SCN，应用周转箱鲁棒切换策略可以实现多重不确定周转箱系统稳定运行。

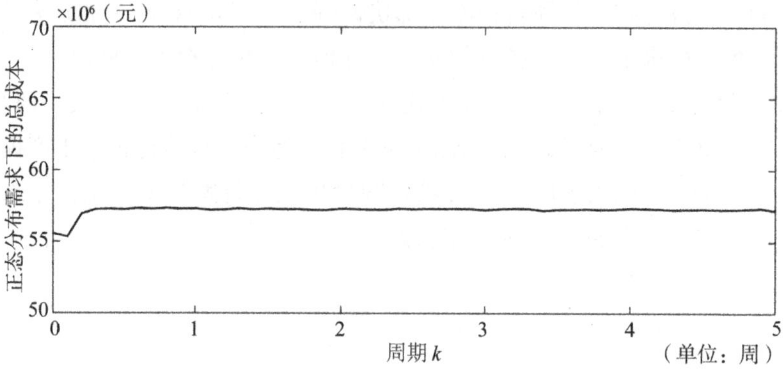

图 8.39　多重不确定下仿真实验 6 中总成本的变化过程

8.3　含多提前期的周转箱 SCN 多模型鲁棒切换策略

8.3.1　含多提前期的周转箱 SCN 基本模型

基于式（8.1）和式（8.2），同时考虑周转箱的订购提前期、生产提前期和还箱提前期的周转箱 SCN 基本模型如下所示：

$$\begin{cases} x_a(k+1) = x_a(k) + u_a(k) + u_a(k-\tau_a) - \sum\limits_{b=1}^{N} g_{ab}u_{ab}(k) - \\ \qquad \sum\limits_{\substack{q=1\\q\neq a}}^{M} \sum\limits_{b=1}^{N} g_{a,\,qb}u_{qb}(k) \\ x_{ab}(k+1) = x_{ab}(k) + g_{ab}u_{ab}(k) + g_{ab}u_{ab}(k-\tau_{ab}) + \\ \qquad \sum\limits_{\substack{q=1\\q\neq a}}^{M} g_{q,\,ab}u_{ab}(k) + \sum\limits_{\substack{q=1\\q\neq a}}^{M} g_{q,\,ab}u_{ab}(k-\tau_{ab}) + \sum\limits_{\substack{s=1\\s\neq b}}^{N} l_{a,\,bs}x_{as}(k) + \\ \qquad \sum\limits_{\substack{q=1\\q\neq a}}^{M} \sum\limits_{s=1}^{N} l_{ab,\,qs}x_{qs}(k) + \lambda u_{a,\,ab}(k) + \lambda u_{a,\,ab}(k-\tau_{a,\,ab}) - \\ \qquad \sum\limits_{\substack{s=1\\s\neq b}}^{N} l_{a,\,sb}x_{ab}(k) - \sum\limits_{\substack{q=1\\q\neq a}}^{M} \sum\limits_{s=1}^{N} l_{qs,\,ab}x_{ab}(k) - w_{ab}(k) \\ y_{ab}(k+1) = y_{ab}(k) + w_{ab}(k) - u_{a,\,ab}(k) \end{cases} \tag{8.11}$$

$$
\begin{aligned}
z(k) = & \sum_{a=1}^{M} c_{ha} x_a(k) + \sum_{a=1}^{M}\sum_{b=1}^{N} c_{hab} x_{ab}(k) + \sum_{a=1}^{M} c_{na} u_a(k) + \\
& \sum_{a=1}^{M} c_{na} u_a(k-\tau_a) + \sum_{a=1}^{M}\sum_{b=1}^{N} c_{mab} g_{ab} u_{ab}(k) + \\
& \sum_{a=1}^{M}\sum_{b=1}^{N} c_{mab} g_{ab} u_{ab}(k-\tau_{ab}) + \sum_{a=1}^{M}\sum_{b=1}^{N}\sum_{\substack{q=1\\ q\neq a}}^{M} c_{mqab} g_{q,\,ab} u_{ab}(k) + \\
& \sum_{a=1}^{M}\sum_{b=1}^{N}\sum_{\substack{q=1\\ q\neq a}}^{M} c_{mqab} g_{q,\,ab} u_{ab}(k-\tau_{ab}) + \sum_{a=1}^{M}\sum_{b=1}^{N}\sum_{\substack{s=1\\ s\neq b}}^{N} c_{cabs} l_{a,\,bs} x_{as}(k) + \\
& \sum_{a=1}^{M}\sum_{b=1}^{N}\sum_{\substack{q=1\\ q\neq a}}^{M}\sum_{\substack{s=1\\ s\neq b}}^{N} c_{cabqs} l_{ab,\,qs} x_{qs}(k) + \sum_{a=1}^{M}\sum_{b=1}^{N} c_{dab} u_{a,\,ab}(k) + \\
& \sum_{a=1}^{M}\sum_{b=1}^{N} c_{dab} u_{a,\,ab}(k-\tau_{a,\,ab}) + \sum_{a=1}^{M}\sum_{b=1}^{N} c_{rab} \lambda u_{a,\,ab}(k) + \\
& \sum_{a=1}^{M}\sum_{b=1}^{N} c_{rab} \lambda u_{a,\,ab}(k-\tau_{a,\,ab}) + \sum_{a=1}^{M}\sum_{b=1}^{N} c_{oab} \eta u_{a,\,ab}(k) + \\
& \sum_{a=1}^{M}\sum_{b=1}^{N} c_{oab} \eta u_{a,\,ab}(k-\tau_{a,\,ab})
\end{aligned}
\tag{8.12}
$$

8.3.2　含多提前期的周转箱 SCN 库存切换策略

本节的含多提前期的周转箱 SCN 库存切换策略与 8.1.2 节所设计的需求不确定下周转箱 SCN 库存切换策略相同。

8.3.3　含多提前期的周转箱 SCN 多模型系统

基于图 8.2 所示的周转箱库存切换策略和式（8.3），以矩阵形式将式（8.11）和式（8.12）表示为含多提前期的周转箱 SCN 的第 i 个模型如下：

$$
\begin{cases}
\boldsymbol{x}(k+1) = \boldsymbol{A}_i \boldsymbol{x}(k) + \boldsymbol{B}_i \boldsymbol{u}(k) + \sum_{a=1}^{M} \boldsymbol{B}_{ia} \boldsymbol{u}(k-\tau_a) + \\
\qquad \sum_{a=1}^{M}\sum_{b=1}^{N} \boldsymbol{B}_{iab} \boldsymbol{u}(k-\tau_{ab}) + \sum_{a=1}^{M}\sum_{b=1}^{N} \boldsymbol{B}_{ia,\,ab} \boldsymbol{u}(k-\tau_{a,\,ab}) + \\
\qquad \boldsymbol{B}_{wi} \boldsymbol{w}(k) \\
z(k) = \boldsymbol{C}_i \boldsymbol{x}(k) + \boldsymbol{D}_i \boldsymbol{u}(k) + \sum_{a=1}^{M} \boldsymbol{D}_{ia} \boldsymbol{u}(k-\tau_a) + \\
\qquad \sum_{a=1}^{M}\sum_{b=1}^{N} \boldsymbol{D}_{iab} \boldsymbol{u}(k-\tau_{ab}) + \sum_{a=1}^{M}\sum_{b=1}^{N} \boldsymbol{D}_{ia,\,ab} \boldsymbol{u}(k-\tau_{a,\,ab})
\end{cases}
\tag{8.13}
$$

其中，$\boldsymbol{u}(k-\tau_a)=[u_1(k-\tau_1),\ \cdots,\ u_a(k-\tau_a),\ \cdots,\ u_M(k-\tau_M)]^T$，$\boldsymbol{u}(k-\tau_{ab})=[u_{11}(k-\tau_{11}),\ \cdots,\ u_{ab}(k-\tau_{ab}),\ \cdots,\ u_{MN}(k-\tau_{MN})]$，$\boldsymbol{u}(k-\tau_{a,\ ab})=[u_{1,\ 11}(k-\tau_{1,\ 11}),\ \cdots,\ u_{a,\ ab}(k-\tau_{a,\ ab}),\ \cdots,\ u_{M,\ MN}(k-\tau_{M,\ MN})]^T$，$\boldsymbol{B}_{ia}$、$\boldsymbol{B}_{iab}$ 和 $\boldsymbol{B}_{ia,\ ab}$ 代表含提前期的各个控制变量的系数矩阵；$\boldsymbol{D}_{ia}$、$\boldsymbol{D}_{iab}$ 和 $\boldsymbol{D}_{ia,\ ab}$ 代表含提前期的各个成本变量的系数矩阵，其他向量和参数矩阵的含义详见 8.1.3 节。

8.3.4 含多提前期的周转箱 SCN 鲁棒控制策略

(1) 周转箱 SCN 模糊控制模型。

基于式 (8.13)，建立如下所示的含提前期的周转箱 SCN 模糊控制模型：

R_i：If $x_1(k)$ is M_1^i，⋯，$x_a(k)$ is M_a^i，⋯，$x_M(k)$ is M_M^i，$x_{11}(k)$ is M_{11}^i，⋯，$x_{ab}(k)$ is M_{ab}^i，⋯，$x_{MN}(k)$ is M_{MN}^i，$y_{11}(k)$ is $\widetilde{M}_{11}^i$，⋯，$y_{ab}(k)$ is $\widetilde{M}_{ab}^i$，⋯，and $y_{MN}(k)$ is $\widetilde{M}_{MN}^i$，then

$$
\begin{cases}
\boldsymbol{x}(k+1)=\boldsymbol{A}_i\boldsymbol{x}(k)+\boldsymbol{B}_i\boldsymbol{u}(k)+\sum\limits_{a=1}^{M}\boldsymbol{B}_{ia}\boldsymbol{u}(k-\tau_a)+\\
\qquad\sum\limits_{a=1}^{M}\sum\limits_{b=1}^{N}\boldsymbol{B}_{iab}\boldsymbol{u}(k-\tau_{ab})+\sum\limits_{a=1}^{M}\sum\limits_{b=1}^{N}\boldsymbol{B}_{ia,\ ab}\boldsymbol{u}(k-\tau_{a,\ ab})+\\
\qquad\boldsymbol{B}_{wi}\boldsymbol{w}(k)\\
z(k)=\boldsymbol{C}_i\boldsymbol{x}(k)+\boldsymbol{D}_i\boldsymbol{u}(k)+\sum\limits_{a=1}^{M}\boldsymbol{D}_{ia}\boldsymbol{u}(k-\tau_a)+\\
\qquad\sum\limits_{a=1}^{M}\sum\limits_{b=1}^{N}\boldsymbol{D}_{iab}\boldsymbol{u}(k-\tau_{ab})+\sum\limits_{a=1}^{M}\sum\limits_{b=1}^{N}\boldsymbol{D}_{ia,\ ab}\boldsymbol{u}(k-\tau_{a,\ ab})\\
\boldsymbol{x}(k)=\boldsymbol{\varphi}(k),\ i=1,\ 2,\ \cdots,\ r,\ k\in\{0,\ 1,\ \cdots,\ N\}
\end{cases}
\tag{8.14}
$$

应用与 1.4.1 节相同的推理方法，式 (8.14) 可转换为：

$$
\begin{cases}
\boldsymbol{x}(k+1)=\sum\limits_{i=1}^{r}h_i\Bigg[\boldsymbol{A}_i\boldsymbol{x}(k)+\boldsymbol{B}_i\boldsymbol{u}(k)+\sum\limits_{a=1}^{M}\boldsymbol{B}_{ia}\boldsymbol{u}(k-\tau_a)+\\
\qquad\sum\limits_{a=1}^{M}\sum\limits_{b=1}^{N}\boldsymbol{B}_{iab}\boldsymbol{u}(k-\tau_{ab})+\sum\limits_{a=1}^{M}\sum\limits_{b=1}^{N}\boldsymbol{B}_{ia,\ ab}\boldsymbol{u}(k-\tau_{a,\ ab})+\\
\qquad\boldsymbol{B}_{wi}\boldsymbol{w}(k)\Bigg]\\
z(k)=\sum\limits_{i=1}^{r}h_i\Bigg[\boldsymbol{C}_i\boldsymbol{x}(k)+\boldsymbol{D}_i\boldsymbol{u}(k)+\sum\limits_{a=1}^{M}\boldsymbol{D}_{ia}\boldsymbol{u}(k-\tau_a)+\\
\qquad\sum\limits_{a=1}^{M}\sum\limits_{b=1}^{N}\boldsymbol{D}_{iab}\boldsymbol{u}(k-\tau_{ab})+\sum\limits_{a=1}^{M}\sum\limits_{b=1}^{N}\boldsymbol{D}_{ia,\ ab}\boldsymbol{u}(k-\tau_{a,\ ab})\Bigg]
\end{cases}
\tag{8.15}
$$

（2）鲁棒控制策略。

对含多提前期的周转箱 SCN 设计如下的反馈控制律：

K^i : If $x_1(k)$ is M_1^i, …, $x_a(k)$ is M_a^i , …, $x_M(k)$ is M_M^i , $x_{11}(k)$ is M_{11}^i , …, $x_{ab}(k)$ is M_{ab}^i , …, $x_{MN}(k)$ is M_{MN}^i , $y_{11}(k)$ is $\widetilde{M}_{11}^i$, …, $y_{ab}(k)$ is $\widetilde{M}_{ab}^i$, …, and $y_{MN}(k)$ is $\widetilde{M}_{MN}^i$, then

$$\begin{cases} \boldsymbol{u}(k) = -\sum_{i=1}^{r} h_i \boldsymbol{K}_i \boldsymbol{x}(k) \\ \boldsymbol{u}(k-\tau_a) = -\sum_{i=1}^{r} h_i \boldsymbol{K}_{ia} \boldsymbol{x}(k-\tau_a) \\ \boldsymbol{u}(k-\tau_{ab}) = -\sum_{i=1}^{r} h_i \boldsymbol{K}_{iab} \boldsymbol{x}(k-\tau_{ab}) \\ \boldsymbol{u}(k-\tau_{a,\,ab}) = -\sum_{i=1}^{r} h_i \boldsymbol{K}_{ia,\,ab} \boldsymbol{x}(k-\tau_{a,\,ab}) \end{cases} \tag{8.16}$$

将式（8.16）带入式（8.15）有：

$$\begin{cases} \boldsymbol{x}(k+1) = \sum_{i=1}^{r}\sum_{j=1}^{r} h_i h_j \Big[(\boldsymbol{A}_i - \boldsymbol{B}_i \boldsymbol{K}_j)\boldsymbol{x}(k) - \sum_{a=1}^{M} \boldsymbol{B}_{ia} \boldsymbol{K}_{ia} \boldsymbol{x}(k-\tau_a) - \\ \qquad \sum_{a=1}^{M}\sum_{b=1}^{N} \boldsymbol{B}_{iab} \boldsymbol{K}_{iab} \boldsymbol{x}(k-\tau_{ab}) - \sum_{a=1}^{M}\sum_{b=1}^{N} \boldsymbol{B}_{ia,\,ab} \boldsymbol{K}_{ia,\,ab} \\ \qquad \boldsymbol{x}(k-\tau_{a,\,ab}) + \boldsymbol{B}_{wi} \boldsymbol{w}(k) \Big] \\ z(k) = \sum_{i=1}^{r}\sum_{j=1}^{r} h_i h_j \Big[(\boldsymbol{C}_i - \boldsymbol{D}_i \boldsymbol{K}_j)\boldsymbol{x}(k) - \sum_{a=1}^{M} D_{ia} \boldsymbol{K}_{ia} \boldsymbol{x}(k-\tau_a) - \\ \qquad \sum_{a=1}^{M}\sum_{b=1}^{N} \boldsymbol{D}_{iab} \boldsymbol{K}_{iab} \boldsymbol{x}(k-\tau_{ab}) - \sum_{a=1}^{M}\sum_{b=1}^{N} \boldsymbol{D}_{ia,\,ab} \boldsymbol{K}_{ia,\,ab} \boldsymbol{x}(k-\tau_{a,\,ab}) \Big] \end{cases} \tag{8.17}$$

为了提出适合含多提前期的周转箱 SCN 的鲁棒控制策略，将定理 2.2 修改如下。

定理 8.1　对于给定的标量 $\gamma > 0$，如果在如下不等式中求解出正定矩阵 $\boldsymbol{P}_c$ 和 $\boldsymbol{Q}_{ac}$ 、矩阵 $\boldsymbol{K}_{ic}$ 、$\boldsymbol{K}_{jc}$ 、$\boldsymbol{K}_{iac}$ 、$\boldsymbol{K}_{iabc}$ 、$\boldsymbol{K}_{ia,\,abc}$ 、$\boldsymbol{K}_{jac}$ 、$\boldsymbol{K}_{jabc}$ 和 $\boldsymbol{K}_{ja,\,abc}$ ，那么具有多提前期和 SFP 输入的周转箱 SCN 多模型系统（8.17）在 H_∞ 性能指标 γ 下鲁棒渐近稳定。

$$\begin{bmatrix} -\boldsymbol{P}_c+\sum_{a=1}^{M}\boldsymbol{Q}_{ac}+\sum_{a=1}^{M}\sum_{b=1}^{N}\boldsymbol{Q}_{abc}+\sum_{a=1}^{M}\sum_{b=1}^{N}\boldsymbol{Q}_{a,\ abc} & * & * & * & * \\ \boldsymbol{0} & -\hat{\boldsymbol{Q}} & * & * & * \\ \boldsymbol{0} & \boldsymbol{0} & -\gamma^2\boldsymbol{I} & * & * \\ \boldsymbol{A}_i-\boldsymbol{B}_i\boldsymbol{K}_{ic} & -\boldsymbol{\Pi}_1 & \boldsymbol{B}_{wi} & -\boldsymbol{I} & * \\ \boldsymbol{C}_i-\boldsymbol{D}_i\boldsymbol{K}_{ic} & -\boldsymbol{\Pi}_2 & \boldsymbol{0} & \boldsymbol{0} & -\boldsymbol{I} \end{bmatrix} < \boldsymbol{0},\ i\in I_c \tag{8.18}$$

$$\begin{bmatrix} -4\boldsymbol{P}_c+4\left(\sum_{a=1}^{M}\boldsymbol{Q}_{ac}+\sum_{a=1}^{M}\sum_{b=1}^{N}\boldsymbol{Q}_{abc}+\sum_{a=1}^{M}\sum_{b=1}^{N}\boldsymbol{Q}_{a,\ abc}\right) & * & * & * & * \\ \boldsymbol{0} & -4\hat{\boldsymbol{Q}} & * & * & * \\ \boldsymbol{0} & \boldsymbol{0} & -4\gamma^2\boldsymbol{I} & * & * \\ \boldsymbol{A}_i-\boldsymbol{B}_i\boldsymbol{K}_{jc}+\boldsymbol{A}_j-\boldsymbol{B}_j\boldsymbol{K}_{ic} & -\boldsymbol{\Phi}_1 & \boldsymbol{B}_{wi}+\boldsymbol{B}_{wj} & -\boldsymbol{I} & * \\ \boldsymbol{C}_i-\boldsymbol{D}_i\boldsymbol{K}_{jc}+\boldsymbol{C}_j-\boldsymbol{D}_j\boldsymbol{K}_{ic} & -\boldsymbol{\Phi}_2 & \boldsymbol{0} & \boldsymbol{0} & -\boldsymbol{I} \end{bmatrix} < \boldsymbol{0},\ i<j,\ i,\ j\in I_c \tag{8.19}$$

其中，I_c 为第 c 个 MORG G_c 中所有的模糊规则的序号集合，$c=1,\ 2,\ \cdots,\ \prod_{a=1}^{M}(m_a-1)+\prod_{a=1}^{M}\prod_{b=1}^{N}(m_{ab}-1)+\prod_{a=1}^{M}\prod_{b=1}^{N}(\widetilde{m}_{ab}-1)$，$m_a$、$m_{ab}$ 和 $\widetilde{m}_{ab}$ 分别代表制造商 a、运营商 ab 和客户 ab 的库存模糊分划数，$\hat{\boldsymbol{Q}}=diag\{\boldsymbol{Q}_{1c}\ \cdots\ \boldsymbol{Q}_{ac}\ \cdots\ \boldsymbol{Q}_{Mc}\ \ \boldsymbol{Q}_{11c}\ \cdots\ \boldsymbol{Q}_{abc}\ \cdots\ \boldsymbol{Q}_{MNc}\ \ \boldsymbol{Q}_{1,\ 11c}\ \cdots\ \boldsymbol{Q}_{a,\ abc}\ \cdots\ \boldsymbol{Q}_{M,\ MNc}\}$，$\boldsymbol{\Pi}_1=[\boldsymbol{B}_{i1}\boldsymbol{K}_{i1c}\ \cdots\ \boldsymbol{B}_{ia}\boldsymbol{K}_{iac}\ \cdots\ \boldsymbol{B}_{iM}\boldsymbol{K}_{iMc}\ \ \boldsymbol{B}_{i11}\boldsymbol{K}_{i11c}\ \cdots\ \boldsymbol{B}_{iab}\boldsymbol{K}_{iabc}\ \cdots\ \boldsymbol{B}_{iMN}\boldsymbol{K}_{iMNc}\ \ \boldsymbol{B}_{i1,\ 11}\boldsymbol{K}_{i1,\ 11c}\cdots\boldsymbol{B}_{ia,\ ab}\boldsymbol{K}_{ia,\ abc}\cdots\boldsymbol{B}_{iM,\ MN}\boldsymbol{K}_{iM,\ MNc}]$，$\boldsymbol{\Pi}_2=[\boldsymbol{D}_{i1}\boldsymbol{K}_{i1c}\ \cdots\ \boldsymbol{D}_{ia}\boldsymbol{K}_{iac}\ \cdots\ \boldsymbol{D}_{iM}\boldsymbol{K}_{iMc}\ \ \boldsymbol{D}_{i11}\boldsymbol{K}_{i11c}\ \cdots\ \boldsymbol{D}_{iab}\boldsymbol{K}_{iabc}\ \cdots\ \boldsymbol{D}_{iMN}\boldsymbol{K}_{iMNc}\ \ \boldsymbol{D}_{i1,\ 11}\boldsymbol{K}_{i1,\ 11c}\ \cdots\ \boldsymbol{D}_{ia,\ ab}\boldsymbol{K}_{ia,\ abc}\cdots\boldsymbol{D}_{iM,\ MN}\boldsymbol{K}_{iM,\ MNc}]$，$\boldsymbol{\Phi}_1=[\boldsymbol{B}_{i1}\boldsymbol{K}_{j1c}+\boldsymbol{B}_{j1}\boldsymbol{K}_{i1c}\cdots\boldsymbol{B}_{ia}\boldsymbol{K}_{jac}+\boldsymbol{B}_{ja}\boldsymbol{K}_{iac}\cdots\ \boldsymbol{B}_{iM}\boldsymbol{K}_{jMc}+\boldsymbol{B}_{jM}\boldsymbol{K}_{iMc}\ \ \boldsymbol{B}_{i11}\boldsymbol{K}_{j11c}+\boldsymbol{B}_{j11}\boldsymbol{K}_{i11c}\ \cdots\ \boldsymbol{B}_{iab}\boldsymbol{K}_{jabc}+\boldsymbol{B}_{jab}\boldsymbol{K}_{iabc}\cdots\boldsymbol{B}_{iMN}\boldsymbol{K}_{jMNc}+\boldsymbol{B}_{jMN}\boldsymbol{K}_{iMNc}\ \ \boldsymbol{B}_{i1,\ 11}\boldsymbol{K}_{j1,\ 11c}+\boldsymbol{B}_{j1,\ 11}\boldsymbol{K}_{i1,\ 11c}\ \cdots\ \boldsymbol{B}_{ia,\ ab}\boldsymbol{K}_{ja,\ abc}+\boldsymbol{B}_{ja,\ ab}\boldsymbol{K}_{ia,\ abc}\ \cdots\ \boldsymbol{B}_{iM,\ MN}\boldsymbol{K}_{jM,\ MNc}+\boldsymbol{B}_{jM,\ MN}\boldsymbol{K}_{iM,\ MNc}]$，$\boldsymbol{\Phi}_2=[\boldsymbol{D}_{i1}\boldsymbol{K}_{j1c}+\boldsymbol{D}_{j1}\boldsymbol{K}_{i1c}\ \cdots\ \boldsymbol{D}_{ia}\boldsymbol{K}_{jac}+\boldsymbol{D}_{ja}\boldsymbol{K}_{iac}\cdots\boldsymbol{D}_{iM}\boldsymbol{K}_{jMc}+\boldsymbol{D}_{jM}\boldsymbol{K}_{iMc}\ \ \boldsymbol{D}_{i11}\boldsymbol{K}_{j11c}+\boldsymbol{D}_{j11}\boldsymbol{K}_{i11c}\cdots\boldsymbol{D}_{iab}\boldsymbol{K}_{jabc}+\boldsymbol{D}_{jab}\boldsymbol{K}_{iabc}\ \cdots\ \boldsymbol{D}_{iMN}\boldsymbol{K}_{jMNc}+\boldsymbol{D}_{jMN}\boldsymbol{K}_{iMNc}\ \ \boldsymbol{D}_{i1,\ 11}\boldsymbol{K}_{j1,\ 11c}+\boldsymbol{D}_{j1,\ 11}\boldsymbol{K}_{i1,\ 11c}\ \cdots\ \boldsymbol{D}_{ia,\ ab}\boldsymbol{K}_{ja,\ abc}+\boldsymbol{D}_{ja,\ ab}\boldsymbol{K}_{ia,\ abc}\cdots\boldsymbol{D}_{iM,\ MN}\boldsymbol{K}_{jM,\ MNc}+\boldsymbol{D}_{jM,\ MN}\boldsymbol{K}_{iM,\ MNc}]$，$a=1,\ 2,\ \cdots,\ M$，$b=1,\ 2,\ \cdots,\ N$。

定理 8.1 所表示的鲁棒控制策略结合 8.1.2 节设计的周转箱库存切换策略，可得到适用于含多提前期的周转箱 SCN 的鲁棒切换策略。

8.3.5　仿真分析

选取与 8.1.5 节相同的汽车零部件周转箱 SCN 作为仿真对象。为了简化表达，τ_1 统一代表所有制造商的生产提前期，τ_2 统一代表所有运营商的订购提前期，τ_3 统一代表所有客户的还箱提前期。

设定本节中的运营商周转箱库存的模糊分划与图 8.3 相同，且各自的安全库存值和理想库存值的设置也与 8.1.5 节相同。设置系统参数如下：$c_{h1}=0.002$，$c_{h2}=0.002$，$c_{h11}=0.0027$，$c_{h12}=0.0027$，$c_{h21}=0.0027$，$c_{n1}=0.042$，$c_{n2}=0.042$，$c_{m11}=0.055$，$c_{m12}=0.055$，$c_{m21}=0.055$，$c_{c112}=0.057$，$c_{c121}=0.057$，$c'_{m11}=0.059$，$c'_{m21}=0.059$，$c_{c1121}=0.06$，$c_{c2111}=0.06$，$c_{m211}=0.061$，$c_{m212}=0.061$，$c_{m121}=0.061$，$c_{d11}=0.002$，$c_{d12}=0.002$，$c_{d21}=0.002$，$c_{r11}=0.02$，$c_{r12}=0.02$，$c_{r21}=0.02$，$c_{o11}=0.002$，$c_{o12}=0.002$，$c_{o21}=0.002$（$\times 10^3$ 元），$\lambda=0.95$，$\eta=0.05$，$\gamma=0.68$，$w_{11}(k)=w_{12}(k)=w_{21}(k)\sim N(6,\ 1^2)$。

（1）链内仿真实验。

在将周转箱 SC 2 中的制造商 2 作为战略供应商的基础上，选择由制造商 1、运营商 11、运营商 12、客户 11 和客户 12 构成的周转箱 SC 1 为研究对象，那么各个节点企业的周转箱库存状态转移方程和系统总成本转移方程可表示如下：

$$
\begin{cases}
x_1(k+1)=x_1(k)+u_1(k)+u_1(k-\tau_1)-g_{11}u_{11}(k)-g_{12}u_{12}(k)\\
x_{11}(k+1)=x_{11}(k)+g_{11}u_{11}(k)+g_{11}u_{11}(k-\tau_2)+g_{2,\ 11}u_{11}(k)+\\
\qquad g_{2,\ 11}u_{11}(k-\tau_2)+l_{1,\ 12}x_{12}(k)+\lambda u_{1,\ 11}(k)+\\
\qquad \lambda u_{1,\ 11}(k-\tau_3)-l_{1,\ 21}x_{11}(k)-w_{11}(k)\\
x_{12}(k+1)=x_{12}(k)+g_{12}u_{12}(k)+g_{12}u_{12}(k-\tau_2)+g_{2,\ 12}u_{12}(k)+\\
\qquad g_{2,\ 12}u_{12}(k-\tau_2)+l_{1,\ 21}x_{11}(k)+\lambda u_{1,\ 12}(k)+\\
\qquad \lambda u_{1,\ 12}(k-\tau_3)-l_{1,\ 12}x_{12}(k)-w_{12}(k)
\end{cases}
$$

$$
\begin{cases}
y_{11}(k+1)=y_{11}(k)+w_{11}(k)-u_{1,\ 11}(k)\\
y_{12}(k+1)=y_{12}(k)+w_{12}(k)-u_{1,\ 12}(k)
\end{cases}
$$

$$
\begin{aligned}
z(k)=\ & c_{h1}x_1(k)+c_{h11}x_{11}(k)+c_{h12}x_{12}(k)+c_{n1}u_1(k)+\\
& c_{n1}u_1(k-\tau_1)+c_{m11}g_{11}u_{11}(k)+c_{m11}g_{11}u_{11}(k-\tau_2)+\\
& c_{m12}g_{12}u_{12}(k)+c_{m12}g_{12}u_{12}(k-\tau_2)+c_{m211}g_{2,\ 11}u_{11}(k)+\\
& c_{m211}g_{2,\ 11}u_{11}(k-\tau_2)+c_{m212}g_{2,\ 12}u_{12}(k)+c_{m212}g_{2,\ 12}u_{12}\\
& (k-\tau_2)+c_{c112}l_{1,\ 12}x_{12}(k)+c_{c121}l_{1,\ 21}x_{11}(k)+c_{d11}u_{1,\ 11}(k)+
\end{aligned}
$$

$$c_{d11}u_{1,11}(k-\tau_3)+c_{d12}u_{1,12}(k)+c_{d12}u_{1,12}(k-\tau_3)+$$
$$c_{r11}\lambda u_{1,11}(k)+c_{r11}\lambda u_{1,11}(k-\tau_3)+c_{r12}\lambda u_{1,12}(k)+$$
$$c_{r12}\lambda u_{1,12}(k-\tau_3)+c_{o11}\eta u_{1,11}(k)+c_{o11}\eta u_{1,11}(k-\tau_3)+$$
$$c_{o12}\eta u_{1,12}(k)+c_{o12}\eta u_{1,12}(k-\tau_3)$$

其中，$x_1(k)$、$x_{11}(k)$、$x_{12}(k)$、$y_{11}(k)$ 和 $y_{12}(k)$ 分别是制造商 1、运营商 11、运营商 12、客户 11 和客户 12 在周期 k 的周转箱库存水平；$u_1(k)$ 是制造商 1 在周期 k 的周转箱生产量；$u_1(k-\tau_1)$ 是具有生产提前期的制造商 1 的周转箱生产量；$u_{11}(k)$ 和 $u_{12}(k)$ 分别是运营商 11 和运营商 12 在周期 k 的周转箱订购量，$u_{11}(k-\tau_2)$ 和 $u_{12}(k-\tau_2)$ 分别是运营商 11 具有订购提前期的周转箱订购量；$u_{1,11}(k)$ 和 $u_{1,12}(k)$ 分别是客户 11 和客户 12 在周期 k 的周转箱还箱量，$u_{1,11}(k-\tau_3)$ 和 $u_{1,12}(k-\tau_3)$ 分别是客户 11 和客户 12 具有还箱提前期的周转箱还箱量；$w_1(k)$ 和 $w_2(k)$ 分别是运营商 11 和运营商 12 在周期 k 的客户的周转箱需求量；g_{11} 和 g_{12} 分别是运营商 11 和运营商 12 从制造商 1 订购周转箱的订购率，$g_{2,11}$ 和 $g_{2,12}$ 分别是运营商 11 和运营商 12 从制造商 2 订购周转箱的订购率，$l_{1,12}$ 是在 SC 1 中运营商 11 从运营商 12 横向转运周转箱的系数，$l_{1,21}$ 是在 SC 1 中运营商 12 从运营商 11 横向转运周转箱的系数。

构建含多提前期的汽车零部件周转箱 SC 模糊控制模型如下所示：

R_i：If $x_{11}(k)$ is M_{11}^i and $x_{12}(k)$ is M_{12}^i, then

$$\begin{cases} \boldsymbol{x}(k+1)=\sum_{i=1}^{4}h_i[\boldsymbol{A}_i\boldsymbol{x}(k)+\boldsymbol{B}_i\boldsymbol{u}(k)+\boldsymbol{B}_{ia}\boldsymbol{u}(k-\tau_1)+ \\ \qquad \boldsymbol{B}_{iab}\boldsymbol{u}(k-\tau_2)+\boldsymbol{B}_{ia,ab}\boldsymbol{u}(k-\tau_3)+\boldsymbol{B}_{wi}\boldsymbol{w}(k)] \\ z(k)=\sum_{i=1}^{4}h_i[\boldsymbol{C}_i\boldsymbol{x}(k)+\boldsymbol{D}_i\boldsymbol{u}(k)+\boldsymbol{D}_{ia}\boldsymbol{u}(k-\tau_1)+ \\ \qquad \boldsymbol{D}_{iab}\boldsymbol{u}(k-\tau_2)+\boldsymbol{D}_{ia,ab}\boldsymbol{u}(k-\tau_3)] \end{cases}$$

其中，$\boldsymbol{x}(k)=[x_1(k), x_{11}(k), x_{12}(k), y_{11}(k), y_{12}(k)]$，$\boldsymbol{u}(k)=[u_1(k), u_{11}(k), u_{12}(k), u_{1,11}(k), u_{1,12}(k)]$。

设置不同规则下的参数如下：当 $i=1$ 时，$g_{11}=0.75$；当 $i=2$ 时，$g_{11}=0.85$；当 $i=3$，4 时，$g_{11}=0$；当 $i=1$ 时，$g_{2,11}=0.25$；当 $i=2$ 时，$g_{2,11}=0.15$；当 $i=3$，4 时，$g_{2,11}=0$；当 $i=1$ 时，$g_{12}=0.75$；当 $i=2$，4 时，$g_{12}=0$；当 $i=3$ 时，$g_{12}=0.85$；当 $i=1$ 时，$g_{2,12}=0.25$；当 $i=2$，4 时，$g_{2,12}=0$；当 $i=3$ 时，$g_{2,12}=0.15$；当 $i=1$，3，4 时，$l_{1,12}=0$；当 $i=2$ 时，$l_{1,12}=0.3$；当 $i=1$，2，4 时，$l_{1,21}=0$；当 $i=3$ 时，$l_{1,21}=0.3$。那么系统参数矩阵可表示如下：

$$A_1 = A_4 = \begin{bmatrix} 1 & 0 & 0 & 0 & 0 \\ 0 & 1 & 0 & 0 & 0 \\ 0 & 0 & 1 & 0 & 0 \\ 0 & 0 & 0 & 1 & 0 \\ 0 & 0 & 0 & 0 & 1 \end{bmatrix},\ A_2 = \begin{bmatrix} 1 & 0 & 0 & 0 & 0 \\ 0 & 1 & 0.3 & 0 & 0 \\ 0 & 0 & 0.7 & 0 & 0 \\ 0 & 0 & 0 & 1 & 0 \\ 0 & 0 & 0 & 0 & 1 \end{bmatrix},$$

$$A_3 = \begin{bmatrix} 1 & 0 & 0 & 0 & 0 \\ 0 & 0.7 & 0 & 0 & 0 \\ 0 & 0.3 & 1 & 0 & 0 \\ 0 & 0 & 0 & 1 & 0 \\ 0 & 0 & 0 & 0 & 1 \end{bmatrix},\ B_1 = \begin{bmatrix} 1 & -0.75 & -0.75 & 0 & 0 \\ 0 & 1 & 0 & 0.95 & 0 \\ 0 & 0 & 1 & 0 & 0.95 \\ 0 & 0 & 0 & -1 & 0 \\ 0 & 0 & 0 & 0 & -1 \end{bmatrix},$$

$$B_2 = \begin{bmatrix} 1 & -0.85 & 0 & 0 & 0 \\ 0 & 1 & 0 & 0.95 & 0 \\ 0 & 0 & 0 & 0 & 0 \\ 0 & 0 & 0 & -1 & 0 \\ 0 & 0 & 0 & 0 & 0 \end{bmatrix},\ B_3 = \begin{bmatrix} 1 & 0 & -0.85 & 0 & 0 \\ 0 & 1 & 0 & 0 & 0 \\ 0 & 0 & 1 & 0 & 0.95 \\ 0 & 0 & 0 & 0 & 0 \\ 0 & 0 & 0 & 0 & -1 \end{bmatrix},$$

$$B_4 = \boldsymbol{0},\ B_{w1} = B_{w2} = B_{w3} = B_{w4} = \begin{bmatrix} 0 & 0 & 0 \\ 0 & -1 & 0 \\ 0 & 0 & -1 \\ 0 & 1 & 0 \\ 0 & 0 & 1 \end{bmatrix},\ B_{1a} = B_{2a} = B_{3a} =$$

$$\begin{bmatrix} 1 & 0 & 0 & 0 & 0 \\ 0 & 0 & 0 & 0 & 0 \\ 0 & 0 & 0 & 0 & 0 \\ 0 & 0 & 0 & 0 & 0 \\ 0 & 0 & 0 & 0 & 0 \end{bmatrix},\ B_{4a} = \boldsymbol{0},\ B_{1ab} = \begin{bmatrix} 0 & 0 & 0 & 0 & 0 \\ 0 & 1 & 0 & 0 & 0 \\ 0 & 0 & 1 & 0 & 0 \\ 0 & 0 & 0 & 0 & 0 \\ 0 & 0 & 0 & 0 & 0 \end{bmatrix},\ B_{2ab} = \begin{bmatrix} 0 & 0 & 0 & 0 & 0 \\ 0 & 1 & 0 & 0 & 0 \\ 0 & 0 & 0 & 0 & 0 \\ 0 & 0 & 0 & 0 & 0 \\ 0 & 0 & 0 & 0 & 0 \end{bmatrix},$$

$$B_{3ab} = \begin{bmatrix} 0 & 0 & 0 & 0 & 0 \\ 0 & 0 & 0 & 0 & 0 \\ 0 & 0 & 1 & 0 & 0 \\ 0 & 0 & 0 & 0 & 0 \\ 0 & 0 & 0 & 0 & 0 \end{bmatrix},\ B_{4ab} = \boldsymbol{0},\ B_{1a,\ ab} = \begin{bmatrix} 0 & 0 & 0 & 0 & 0 \\ 0 & 0 & 0 & 1 & 0 \\ 0 & 0 & 0 & 0 & 1 \\ 0 & 0 & 0 & 0 & 0 \\ 0 & 0 & 0 & 0 & 0 \end{bmatrix},$$

$$B_{2a,\ ab} = \begin{bmatrix} 0 & 0 & 0 & 0 & 0 \\ 0 & 0 & 0 & 1 & 0 \\ 0 & 0 & 0 & 0 & 0 \\ 0 & 0 & 0 & 0 & 0 \\ 0 & 0 & 0 & 0 & 0 \end{bmatrix},\ B_{3a,\ ab} = \begin{bmatrix} 0 & 0 & 0 & 0 & 0 \\ 0 & 0 & 0 & 0 & 0 \\ 0 & 0 & 0 & 0 & 1 \\ 0 & 0 & 0 & 0 & 0 \\ 0 & 0 & 0 & 0 & 0 \end{bmatrix},\ B_{4a,\ ab} = \boldsymbol{0},$$

$\boldsymbol{C}_1 = [0.002 \quad 0.0027 \quad 0.0027 \quad 0 \quad 0]$,
$\boldsymbol{C}_2 = [0.002 \quad 0.0027 \quad 0.0198 \quad 0 \quad 0]$,
$\boldsymbol{C}_3 = [0.002 \quad 0.0198 \quad 0.0027 \quad 0 \quad 0]$,
$\boldsymbol{C}_4 = [0.002 \quad 0.0027 \quad 0.0027 \quad 0 \quad 0]$,
$\boldsymbol{D}_1 = [0.042 \quad 0.0565 \quad 0.0565 \quad 0.0211 \quad 0.0211]$,
$\boldsymbol{D}_2 = [0.042 \quad 0.0559 \quad 0 \quad 0.0211 \quad 0]$,
$\boldsymbol{D}_3 = [0.0420 \quad 0 \quad 0.0559 \quad 0 \quad 0.0211]$,
$\boldsymbol{D}_4 = \boldsymbol{0}$, $\boldsymbol{D}_{1a} = \boldsymbol{D}_{2a} = \boldsymbol{D}_{3a} = [0.042 \quad 0 \quad 0 \quad 0 \quad 0]$,
$\boldsymbol{D}_{4a} = \boldsymbol{0}$, $\boldsymbol{D}_{1ab} = [0 \quad 0.0565 \quad 0.0565 \quad 0 \quad 0]$,
$\boldsymbol{D}_{2ab} = [0 \quad 0.0559 \quad 0 \quad 0 \quad 0]$,
$\boldsymbol{D}_{3ab} = [0 \quad 0 \quad 0.0559 \quad 0 \quad 0]$,
$\boldsymbol{D}_{4ab} = \boldsymbol{0}$, $\boldsymbol{D}_{1a,\ ab} = [0 \quad 0 \quad 0 \quad 0.0211 \quad 0.0211]$,
$\boldsymbol{D}_{2a,\ ab} = [0 \quad 0 \quad 0 \quad 0.0211 \quad 0]$,
$\boldsymbol{D}_{3a,\ ab} = [0 \quad 0 \quad 0 \quad 0 \quad 0.0211]$,
$\boldsymbol{D}_{4a,\ ab} = \boldsymbol{0}$, $a = 1$, $b = 1, 2$。

设计如下的含多提前期的周转箱 SC 系统的库存状态反馈控制律：

K^i ：If $x_{11}(k)$ is M_{11}^i and $x_{12}(k)$ is M_{12}^i , then

$$
\begin{cases}
\boldsymbol{u}(k) = -\sum_{i=1}^{4} h_i \boldsymbol{K}_i \boldsymbol{x}(k) \\
\boldsymbol{u}(k-\tau_1) = -\sum_{i=1}^{4} h_i \boldsymbol{K}_{ia} \boldsymbol{x}(k-\tau_1) \\
\boldsymbol{u}(k-\tau_2) = -\sum_{i=1}^{4} h_i \boldsymbol{K}_{iab} \boldsymbol{x}(k-\tau_2) \\
\boldsymbol{u}(k-\tau_3) = -\sum_{i=1}^{4} h_i \boldsymbol{K}_{ia,\ ab} \boldsymbol{x}(k-\tau_3)
\end{cases}
$$

其中，$a = 1$, $b = 1, 2$。

通过求解定理 8.1 中的式（8.18）和式（8.19），得到了局部公共正定矩阵，所以该周转箱 SC 在不确定需求和多提前期的影响下是鲁棒稳定的。具体的求解结果如下：

$$
\boldsymbol{P}_1 = \begin{bmatrix}
22.3350 & 0.0021 & 0.0021 & 0.0016 & 0.0016 \\
0.0021 & 22.4851 & -0.0045 & 0.0858 & -0.0076 \\
0.0021 & -0.0045 & 22.4851 & -0.0076 & 0.0858 \\
0.0016 & 0.0858 & -0.0076 & 22.4024 & -0.0123 \\
0.0016 & -0.0076 & 0.0858 & -0.0123 & 22.4024
\end{bmatrix},
$$

$$
\boldsymbol{Q}_{11}=\boldsymbol{Q}_{21}=\boldsymbol{Q}_{31}=\begin{bmatrix} 5.5588 & 0 & 0 & 0 & 0 \\ 0 & 5.5579 & 0 & -0.0005 & 0 \\ 0 & 0 & 5.5579 & 0 & -0.0005 \\ 0 & -0.0005 & 0 & 5.5584 & 0.0001 \\ 0 & 0 & -0.0005 & 0.0001 & 5.5584 \end{bmatrix},
$$

$$
\boldsymbol{K}_{11}=\begin{bmatrix} 0.9890 & 0.7985 & 0.7985 & 0.7481 & 0.7481 \\ -0.0059 & 1.0359 & -0.0282 & 1.0096 & -0.0623 \\ -0.0059 & -0.0282 & 1.0359 & -0.0623 & 1.0096 \\ 0.0029 & -0.0185 & 0.0142 & -1.0305 & 0.0317 \\ 0.0029 & 0.0142 & -0.0185 & 0.0317 & -1.0305 \end{bmatrix},
$$

$$
\boldsymbol{K}_{21}=\begin{bmatrix} 0.9919 & 0.8706 & 0.3569 & 0.8648 & 0.1368 \\ -0.0067 & 1.0037 & 0.3370 & 0.9895 & 0.0662 \\ -0.0091 & 0.0603 & 1.4854 & -0.1106 & 1.5353 \\ 0.0034 & -0.0020 & -0.0190 & -1.0202 & 0.0338 \\ 0.0044 & 0.0453 & 0.1091 & 0.0561 & -1.8142 \end{bmatrix},
$$

$$
\boldsymbol{K}_{31}=\begin{bmatrix} 0.9919 & 0.3569 & 0.8706 & 0.1368 & 0.8648 \\ -0.0091 & 1.4854 & 0.0603 & 1.5353 & -0.1106 \\ -0.0067 & 0.3370 & 1.0037 & 0.0662 & 0.9895 \\ 0.0044 & 0.1091 & 0.0453 & -1.8142 & 0.0561 \\ 0.0034 & -0.0190 & -0.0020 & 0.0338 & -1.0202 \end{bmatrix},
$$

$$
\boldsymbol{K}_{41}=\begin{bmatrix} 1.9866 & 1.0408 & 1.0408 & 0.6635 & 0.6635 \\ -0.0101 & 1.5035 & 0.4188 & 1.2451 & 0.2333 \\ -0.0101 & 0.4188 & 1.5035 & 0.2333 & 1.2451 \\ 0.0049 & 0.2524 & -0.1176 & -1.6669 & -0.1419 \\ 0.0049 & -0.1176 & 0.2524 & -0.1419 & -1.6669 \end{bmatrix},
$$

$\boldsymbol{K}_{1a1}=\boldsymbol{K}_{2a1}=\boldsymbol{K}_{3a1}=\boldsymbol{K}_{4a1}=\boldsymbol{K}_{1ab1}=\boldsymbol{K}_{2ab1}=\boldsymbol{K}_{3ab1}=\boldsymbol{K}_{4ab1}=\boldsymbol{K}_{1a,\ ab1}=\boldsymbol{K}_{2a,\ ab1}=\boldsymbol{K}_{3a,\ ab1}=\boldsymbol{K}_{4a,\ ab1}=\boldsymbol{0}$，$a=1$，$b=1$，2。

以下通过三种不同的周转箱库存初始状态进行仿真实验。仿真实验 1 至仿真实验 3 中的变量初始值和标称值如表 8.7 所示。

表 8.7 多提前期下仿真实验 1 至仿真实验 3 的初始值和标称值

	初始值（$\times 10^4$ 个）	标称值（$\times 10^4$ 个）
仿真实验 1	$x_1(0)=-38$, $x_{11}(0)=-22$, $x_{12}(0)=-30$, $x_{1,11}(0)=12$, $x_{1,12}(0)=13$,	$\vec{x}_1(k)=56$, $\vec{x}_{11}(k)=28$ $\vec{x}_{12}(k)=33$, $\vec{x}_{1,11}(k)=4$, $\vec{x}_{1,12}(k)=7$, $\vec{u}_1(k)=68$ $\vec{u}_{11}(k)=29$, $\vec{u}_{12}(k)=34$ $\vec{u}_{1,11}(k)=21$, $\vec{u}_{1,12}(k)=24$
仿真实验 2	$x_1(0)=-25$, $x_{11}(0)=16$, $x_{12}(0)=-21$, $x_{1,11}(0)=-7$, $x_{1,12}(0)=13$,	$\vec{x}_1(k)=51$, $\vec{x}_{11}(k)=30$, $\vec{x}_{1,11}(k)=8$, $\vec{x}_{12}(k)=26$, $\vec{x}_{1,12}(k)=5$, $\vec{u}_1(k)=65$, $\vec{u}_{11}(k)=31$, $\vec{u}_{12}(k)=28$, $\vec{u}_{1,11}(k)=22$, $\vec{u}_{1,12}(k)=20$
仿真实验 3	$x_1(0)=20$, $x_{11}(0)=9$, $x_{12}(0)=11$, $x_{1,11}(0)=2$, $x_{1,12}(0)=1$	$\vec{x}_1(k)=53$, $\vec{x}_{11}(k)=29$, $\vec{x}_{12}(k)=31$, $\vec{x}_{1,11}(k)=2$, $\vec{x}_{1,12}(k)=5$, $\vec{u}_1(k)=60$, $\vec{u}_{11}(k)=27$, $\vec{u}_{12}(k)=32$, $\vec{u}_{1,11}(k)=19$, $\vec{u}_{1,12}(k)=22$

① 仿真实验 1。当运营商 11 和运营商 12 的周转箱初始库存水平均小于各自的安全库存值时，制造商 1 执行正常生产模式，而运营商 11 和运营商 12 除了均执行常规的运作模式（供应模式、正常订购模式、回收模式、修复模式和废弃模式）外，同时启动紧急订购模式。在上述模式的作用下，制造商 1、运营商 11 和运营商 12 的周转箱库存水平均快速上升，同时客户 11 和客户 12 的周转箱库存水平均迅速降低。当运营商 11 和运营商 12 的周转箱库存水平均达到各自的安全库存值和理想库存值之间时，运营商 11 和运营商 12 均取消紧急订购模式，并均继续执行常规的运作模式（供应模式、正常订购模式、回收模式、修复模式和废弃模式），从而周转箱 SC 系统也进入了稳定运行状态。仿真实验 1 的仿真结果如图 8.40 至图 8.42 所示。

② 仿真实验 2。当运营商 11 的周转箱初始库存水平大于其理想库存值而运营商 12 的周转箱初始库存水平小于其安全库存值时，制造商 1 执

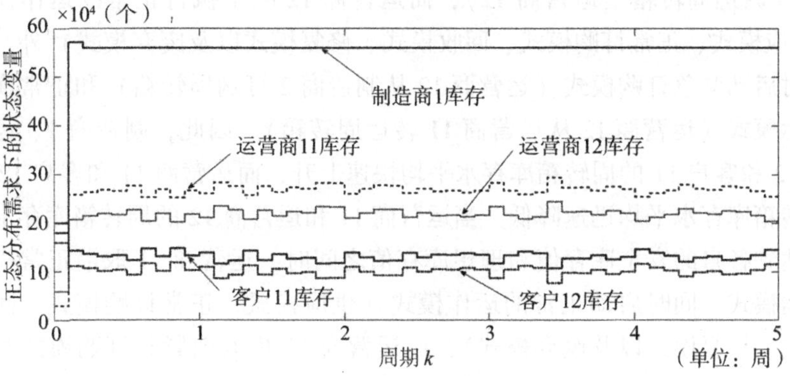

图 8.40　含多提前期的仿真实验 1 中状态变量的变化过程

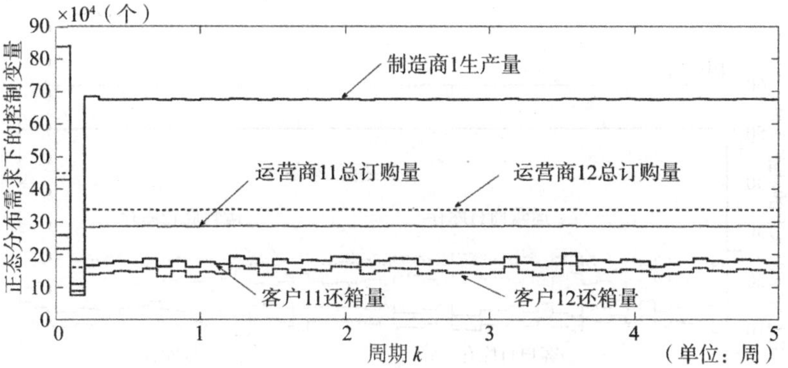

图 8.41　含多提前期的仿真实验 1 中控制变量的变化过程

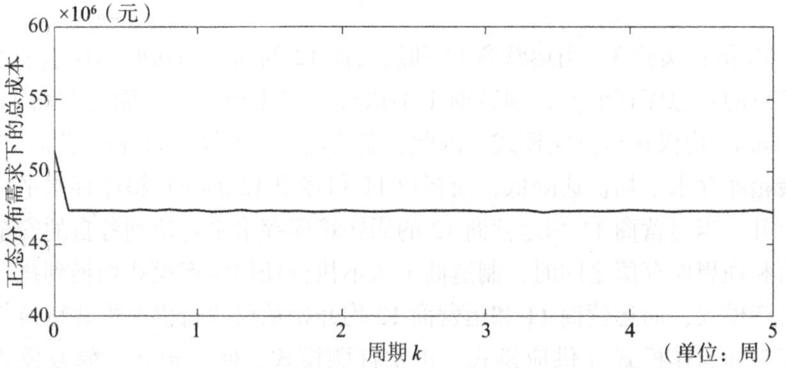

图 8.42　含多提前期的仿真实验 1 中总成本的变化过程

行正常生产模式，运营商11仅执行供应模式和正常横向转运模式（运营商11转运周转箱至运营商12），而运营商12除了执行正常的运作模式（供应模式、正常订购模式、回收模式、修复模式以及废弃模式）外，还同时启动紧急订购模式（运营商12从制造商2订购周转箱）和正常横向转运模式（运营商12从运营商11转运周转箱）。因此，制造商1、运营商12和客户11的周转箱库存水平均快速上升，而运营商11和客户12的周转箱库存水平均迅速降低。当运营商11和运营商12的周转箱库存水平均达到各自的安全库存值和理想库存值之间时，运营商11取消正常横向转运模式，同时启动正常的运作模式（供应模式、正常订购模式、回收模式、修复模式以及废弃模式），而运营商12也取消紧急订购模式和正常横向转运模式，同时启动正常的运作模式（供应模式、正常订购模式、回收模式、修复模式以及废弃模式）。从而周转箱SC系统进入了稳定运行状态。仿真实验2的仿真结果如图8.43至图8.45所示。

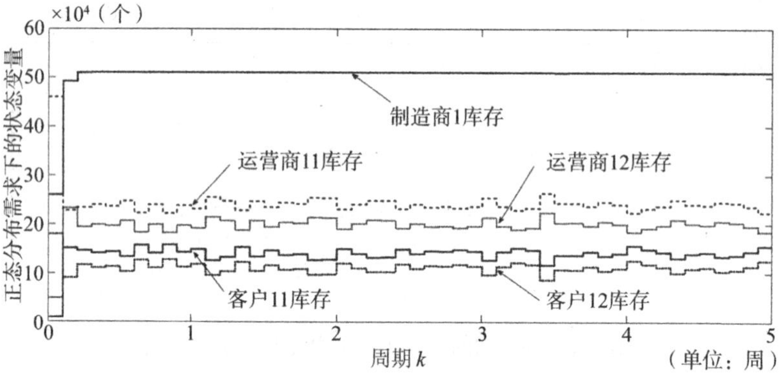

图8.43 含多提前期的仿真实验2中状态变量的变化过程

③ 仿真实验3。当运营商11和运营商12的周转箱初始库存水平均大于各自的理想库存值时，制造商1不执行任何生产模式，而运营商11和运营商12均仅执行供应模式。因此，制造商1、运营商11和运营商12的周转箱库存水平均快速降低，而客户11和客户12的周转箱库存水平均迅速上升。当运营商11和运营商12的周转箱库存水平均达到各自的安全库存值和理想库存值之间时，制造商1从不执行任何生产模式切换到执行正常生产模式，而运营商11和运营商12均开始从仅执行供应模式切换到执行正常的运作模式（供应模式、正常订购模式、回收模式、修复模式以及废弃模式），从而周转箱SC系统的各个变量也稳态变化。仿真实验3的仿真结果如图8.46至图8.48所示。

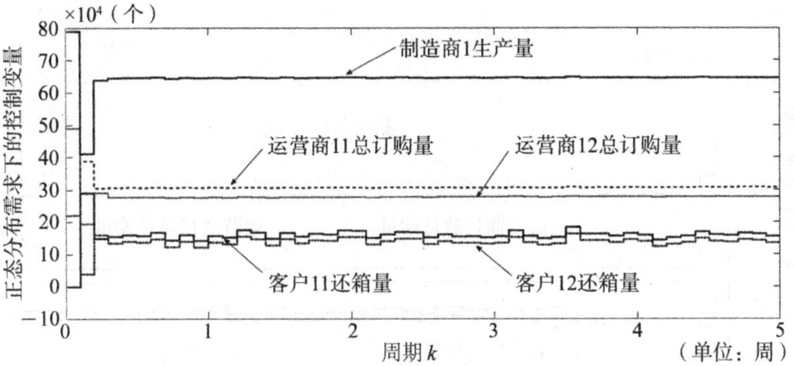

图 8.44 含多提前期的仿真实验 2 中控制变量的变化过程

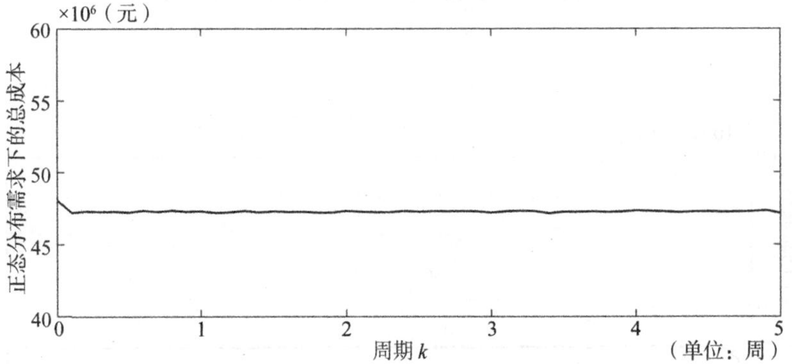

图 8.45 含多提前期的仿真实验 2 中总成本的变化过程

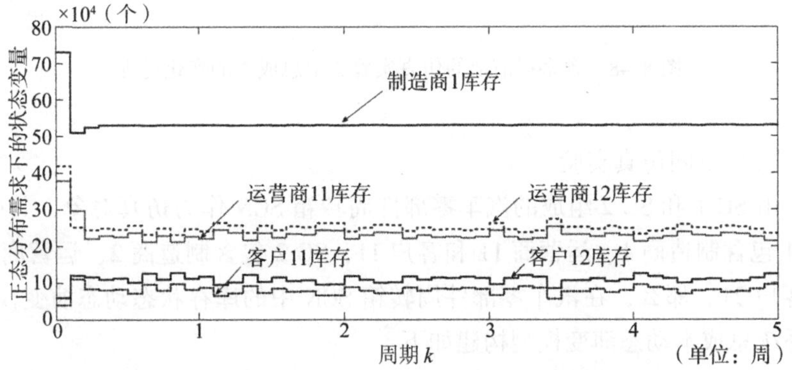

图 8.46 含多提前期的仿真实验 3 中状态变量的变化过程

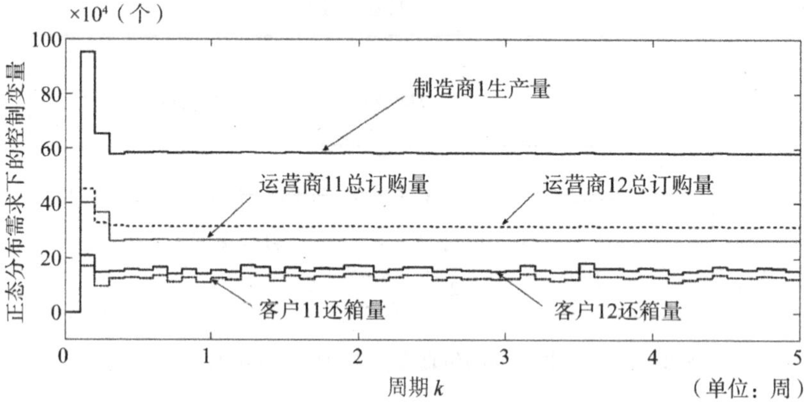

图 8.47　含多提前期的仿真实验 3 中控制变量的变化过程

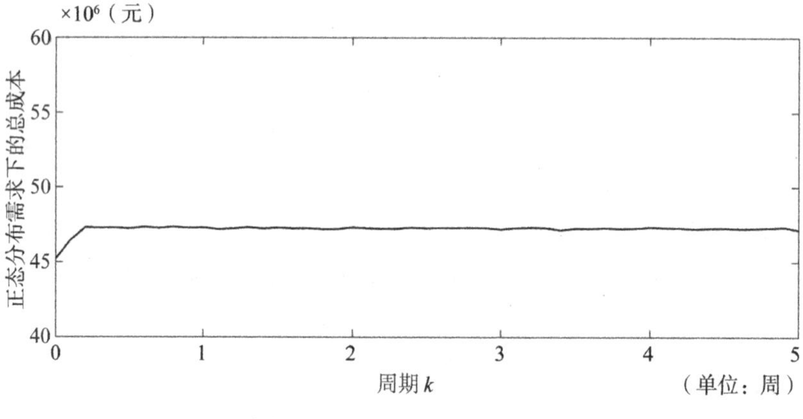

图 8.48　含多提前期的仿真实验 3 中总成本的变化过程

（2）链间仿真实验。

由 SC 1 和 SC 2 组成的汽车零部件周转箱 SCN 作为仿真对象，其中，SC 1 包含制造商 1、运营商 11 和客户 11，SC 2 包含制造商 2、运营商 21 和客户 21。那么，在汽车零部件周转箱 SCN 中的库存状态动态演变模型和系统总成本动态演变模型构建如下：

$$
\begin{cases}
x_1(k+1)=x_1(k)+u_1(k)+u_1(k-\tau_1)-g_{11}u_{11}(k)\\
x_2(k+1)=x_2(k)+u_2(k)+u_2(k-\tau_1)-g_{21}u_{21}(k)\\
x_{11}(k+1)=x_{11}(k)+g_{11}u_{11}(k)+g_{11}u_{11}(k-\tau_2)+g_{2,\ 11}u_{11}(k)+\\
\qquad g_{2,\ 11}u_{11}(k-\tau_2)+l_{11,\ 21}x_{21}(k)+\lambda u_{1,\ 11}(k)+\\
\qquad \lambda u_{1,\ 11}(k-\tau_3)-l_{21,\ 11}x_{11}(k)-w_{11}(k)\\
x_{21}(k+1)=x_{21}(k)+g_{21}u_{21}(k)+g_{21}u_{21}(k-\tau_2)+g_{1,\ 21}u_{21}(k)+\\
\qquad g_{1,\ 21}u_{21}(k-\tau_2)+l_{21,\ 11}x_{11}(k)+\lambda u_{2,\ 21}(k)+\\
\qquad \lambda u_{2,\ 21}(k-\tau_3)-l_{11,\ 21}x_{21}(k)-w_{21}(k)\\
y_{11}(k+1)=y_{11}(k)+w_{11}(k)-u_{1,\ 11}(k)\\
y_{21}(k+1)=y_{21}(k)+w_{21}(k)-u_{2,\ 21}(k)\\
z(k)=c_{h1}x_1(k)+c_{h2}x_2(k)+c_{h11}x_{11}(k)+c_{h21}x_{21}(k)+c_{n1}u_1(k)+\\
\qquad c_{n1}u_1(k-\tau_1)+c_{n2}u_2(k)+c_{n2}u_2(k-\tau_1)+c_{m11}g_{11}u_{11}(k)+\\
\qquad c_{m11}g_{11}u_{11}(k-\tau_2)+c_{m21}g_{21}u_{21}(k)+c_{m21}g_{21}u_{21}(k-\tau_2)+\\
\qquad c_{m211}g_{2,\ 11}u_{11}(k)+c_{m211}g_{2,\ 11}u_{11}(k-\tau_2)+c_{m121}g_{1,\ 21}u_{21}(k)+\\
\qquad c_{m121}g_{1,\ 21}u_{21}(k-\tau_2)+c_{c1121}l_{11,\ 21}x_{21}(k)+c_{c2111}l_{21,\ 11}x_{11}(k)+\\
\qquad c_{d11}u_{1,\ 11}(k)+c_{d11}u_{1,\ 11}(k-\tau_3)+c_{d21}u_{2,\ 21}(k)+\\
\qquad c_{d21}u_{2,\ 21}(k-\tau_3)+c_{r11}\lambda u_{1,\ 11}(k)+c_{r11}\lambda u_{1,\ 11}(k-\tau_3)+\\
\qquad c_{r21}\lambda u_{2,\ 21}(k)+c_{r21}\lambda u_{2,\ 21}(k-\tau_3)+c_{o11}\eta u_{1,\ 11}(k)+\\
\qquad c_{o11}\eta u_{1,\ 11}(k-\tau_3)+c_{o21}\eta u_{2,\ 21}(k)+c_{o21}\eta u_{2,\ 21}(k-\tau_3)
\end{cases}
$$

其中，$x_1(k)$、$x_2(k)$、$x_{11}(k)$、$x_{21}(k)$、$y_{11}(k)$ 和 $y_{21}(k)$ 分别是制造商 1、制造商 2、运营商 11、运营商 21、客户 11 和客户 21 在周期 k 的周转箱库存水平；$u_1(k)$ 和 $u_2(k)$ 分别是制造商 1 和制造商 2 在周期 k 的周转箱生产量；$u_1(k-\tau_1)$ 和 $u_2(k-\tau_1)$ 分别是制造商 1 和制造商 2 具有生产提前期的周转箱生产量；$u_{11}(k)$ 和 $u_{21}(k)$ 分别是运营商 11 和运营商 21 在周期 k 的周转箱订购量，$u_{11}(k-\tau_2)$ 和 $u_{21}(k-\tau_2)$ 分别是运营商具有订购提前期的周转箱订购量；$u_{1,\ 11}(k)$ 和 $u_{2,\ 21}(k)$ 分别是客户 11 和客户 21 在周期 k 的周转箱还箱量，$u_{1,\ 11}(k-\tau_3)$ 和 $u_{2,\ 21}(k-\tau_3)$ 分别是客户 11 和客户 21 具有还箱提前期的周转箱还箱量；$w_1(k)$ 和 $w_2(k)$ 分别是运营商 11 和运营商 21 在周期 k 的客户周转箱需求；g_{11} 是运营商 11 从制造商 1 订购周转箱的订购率，g_{21} 是运营商 21 从制造商 2 订购周转箱的订购率，$g_{2,\ 11}$ 是运营商 11 从制造商 2 订购周转箱的订购率，$g_{1,\ 21}$ 是运营商 21 从制造商 2 订购周转箱的订购率，$l_{11,\ 21}$ 是运营商 11 从运营商 21 处横向转运周转箱的系数，$l_{21,\ 11}$ 是运营商 21 从运营商 11 处横向转运周转箱的系数。

构建含多提前期的周转箱 SCN 模糊模型如下：

R_i：If $x_{11}(k)$ is M_{11}^i and $x_{12}(k)$ is M_{12}^i , then

$$\begin{cases} x(k+1)=\sum_{i=1}^{4}h_i[A_i x(k)+B_i u(k)+B_{ia}u(k-\tau_1)+B_{iab}u(k-\tau_2)+ \\ \qquad B_{ia,\ ab}u(k-\tau_3)+B_{wi}w(k)] \\ z(k)=\sum_{i=1}^{4}h_i[C_i x(k)+D_i u(k)+D_{ia}u(k-\tau_1)+D_{iab}u(k-\tau_2)+ \\ \qquad D_{ia,\ ab}u(k-\tau_3)] \end{cases}$$

其中，$x(k)=[x_1(k),\ x_2(k),\ x_{11}(k),\ x_{21}(k),\ y_{11}(k),\ y_{21}(k)]$，$u(k)=[u_1(k),\ u_2(k),\ u_{11}(k),\ u_{21}(k),\ u_{1,\ 11}(k),\ u_{2,\ 21}(k)]$。

设置不同规则下的参数如下：当 $i=1$ 时，$g_{11}=0.75$；当 $i=2$ 时，$g_{11}=0.85$；当 $i=3$，4 时，$g_{11}=0$；当 $i=1$ 时，$g_{2,\ 11}=0.25$；当 $i=2$ 时，$g_{2,\ 11}=0.15$；当 $i=3$，4 时，$g_{2,\ 11}=0$；当 $i=1$ 时，$g_{12}=0.75$；当 $i=2$，4 时，$g_{12}=0$；当 $i=3$ 时，$g_{12}=0.85$；当 $i=1$ 时，$g_{2,12}=0.25$；当 $i=2$，4 时，$g_{2,12}=0$；当 $i=3$ 时，$g_{2,12}=0.15$；当 $i=1$，3，4 时，$l_{1,12}=0$；当 $i=2$ 时，$l_{1,12}=0.3$；当 $i=1$，2，4 时，$l_{1,21}=0$；当 $i=3$ 时，$l_{1,21}=0.3$。那么系统参数矩阵可表示如下：

$$A_1=A_4=\begin{bmatrix}1&0&0&0&0&0\\0&1&0&0&0&0\\0&0&1&0&0&0\\0&0&0&1&0&0\\0&0&0&0&1&0\\0&0&0&0&0&1\end{bmatrix},\quad A_2=\begin{bmatrix}1&0&0&0&0&0\\0&1&0&0&0&0\\0&0&1&0.3&0&0\\0&0&0&0.7&0&0\\0&0&0&0&1&0\\0&0&0&0&0&1\end{bmatrix},$$

$$A_3=\begin{bmatrix}1&0&0&0&0&0\\0&1&0&0&0&0\\0&0&0.7&0&0&0\\0&0&0.3&1&0&0\\0&0&0&0&1&0\\0&0&0&0&0&1\end{bmatrix},\quad B_1=\begin{bmatrix}1&0&-1&0&0&0\\0&1&0&-1&0&0\\0&0&1&0&0.95&0\\0&0&0&1&0&0.95\\0&0&0&0&-1&0\\0&0&0&0&0&-1\end{bmatrix},$$

$$B_2=\begin{bmatrix}1&0&-0.75&0&0&0\\0&1&-0.25&0&0&0\\0&0&1&0&0.95&0\\0&0&0&0&0&0\\0&0&0&0&-1&0\\0&0&0&0&0&0\end{bmatrix},\quad B_3=\begin{bmatrix}1&0&0&-0.25&0&0\\0&1&0&-0.75&0&0\\0&0&0&0&0&0\\0&0&0&1&0&0.95\\0&0&0&0&0&0\\0&0&0&0&0&-1\end{bmatrix},$$

$$
\boldsymbol{B}_4=\boldsymbol{0},\ \boldsymbol{B}_{w1}=\boldsymbol{B}_{w2}=\boldsymbol{B}_{w3}=\boldsymbol{B}_{w4}=\begin{bmatrix}0&0&0&0\\0&0&0&0\\0&0&-1&0\\0&0&0&-1\\0&0&1&0\\0&0&0&1\end{bmatrix},\ \boldsymbol{B}_{1a}=\boldsymbol{B}_{2a}=\boldsymbol{B}_{3a}=
$$

$$
\begin{bmatrix}1&0&0&0&0&0\\0&1&0&0&0&0\\0&0&0&0&0&0\\0&0&0&0&0&0\\0&0&0&0&0&0\\0&0&0&0&0&0\end{bmatrix},\ \boldsymbol{B}_{4a}=\boldsymbol{0},\ \boldsymbol{B}_{1ab}=\begin{bmatrix}0&0&0&0&0&0\\0&0&0&0&0&0\\0&0&1&0&0&0\\0&0&0&1&0&0\\0&0&0&0&0&0\\0&0&0&0&0&0\end{bmatrix},\ \boldsymbol{B}_{2ab}=
$$

$$
\begin{bmatrix}0&0&0&0&0&0\\0&0&0&0&0&0\\0&0&1&0&0&0\\0&0&0&0&0&0\\0&0&0&0&0&0\\0&0&0&0&0&0\end{bmatrix},\ \boldsymbol{B}_{3ab}=\begin{bmatrix}0&0&0&0&0&0\\0&0&0&0&0&0\\0&0&0&0&0&0\\0&0&0&1&0&0\\0&0&0&0&0&0\\0&0&0&0&0&0\end{bmatrix},\ \boldsymbol{B}_{4ab}=\boldsymbol{0},\ \boldsymbol{B}_{1a,\ ab}=
$$

$$
\begin{bmatrix}0&0&0&0&0&0\\0&0&0&0&0&0\\0&0&0&0&1&0\\0&0&0&0&0&1\\0&0&0&0&0&0\\0&0&0&0&0&0\end{bmatrix},\ \boldsymbol{B}_{2a,\ ab}=\boldsymbol{0},\ \boldsymbol{B}_{3a,\ ab}=\begin{bmatrix}0&0&0&0&0&0\\0&0&0&0&0&0\\0&0&0&0&0&0\\0&0&0&0&0&1\\0&0&0&0&0&0\\0&0&0&0&0&0\end{bmatrix},
$$

$\boldsymbol{B}_{4a,\ ab}=\boldsymbol{0}$，$\boldsymbol{C}_1=\boldsymbol{C}_4=[0.002\quad 0.002\quad 0.0027\quad 0.0027\quad 0]$，

$\boldsymbol{C}_2=[0.002\quad 0.002\quad 0.0027\quad 0.0207\quad 0\quad 0]$，

$\boldsymbol{C}_3=[0.002\quad 0.002\quad 0.0207\quad 0.0027\quad 0]$，

$\boldsymbol{D}_1=[0.042\quad 0.042\quad 0.059\quad 0.059\quad 0.0211\quad 0.0211]$，

$\boldsymbol{D}_2=[0.042\quad 0.042\quad 0.0565\quad 0\quad 0.0211\quad 0]$，

$\boldsymbol{D}_3=[0.042\quad 0.042\quad 0\quad 0.0565\quad 0\quad 0.0211]$，$\boldsymbol{D}_4=\boldsymbol{0}$，

$\boldsymbol{D}_{1a}=\boldsymbol{D}_{2a}=\boldsymbol{D}_{3a}=[0.042\quad 0.042\quad 0\quad 0\quad 0\quad 0]$，$\boldsymbol{D}_{4a}=\boldsymbol{0}$，

$\boldsymbol{D}_{1ab}=[0\quad 0\quad 0.059\quad 0.059\quad 0\quad 0]$，

$\boldsymbol{D}_{2ab}=[0\quad 0\quad 0.0565\quad 0\quad 0\quad 0]$，

$\boldsymbol{D}_{3ab}=[0\quad 0\quad 0\quad 0.0565\quad 0\quad 0]$，

$\boldsymbol{D}_{4ab}=\boldsymbol{0}$，$\boldsymbol{D}_{1a,\ ab}=[0\quad 0\quad 0\quad 0\quad 0.0211\quad 0.0211]$，
$\boldsymbol{D}_{2a,\ ab}=[0\quad 0\quad 0\quad 0\quad 0.0211\quad 0]$，
$\boldsymbol{D}_{3a,\ ab}=[0\quad 0\quad 0\quad 0\quad 0\quad 0.0211]$，$\boldsymbol{D}_{4a,\ ab}=\boldsymbol{0}$，$a=1,\ 2,\ b=1$。
设计如下的周转箱库存状态反馈控制律：
K^i：If $x_{11}(k)$ is M_{11}^i and $x_{21}(k)$ is M_{21}^i，then

$$\begin{cases}\boldsymbol{u}(k)=-\sum_{i=1}^{4}h_i\boldsymbol{K}_i\boldsymbol{x}(k)\\ \boldsymbol{u}(k-\tau_1)=-\sum_{i=1}^{4}h_i\boldsymbol{K}_{ia}\boldsymbol{x}(k-\tau_1)\\ \boldsymbol{u}(k-\tau_2)=-\sum_{i=1}^{4}h_i\boldsymbol{K}_{iab}\boldsymbol{x}(k-\tau_2)\\ \boldsymbol{u}(k-\tau_3)=-\sum_{i=1}^{4}h_i\boldsymbol{K}_{ia,\ ab}\boldsymbol{x}(k-\tau_3)\end{cases}$$

其中，$a=1,\ 2,\ b=1$。

通过求解定理 8.1 中的式（8.18）和式（8.19），得到了局部公共正定矩阵，所以该周转箱 SC 在不确定需求和多提前期的影响下是鲁棒稳定的。具体的求解结果如下：

$$\boldsymbol{P}_1=\begin{bmatrix}22.7620 & 0.0014 & 0.0023 & 0.0023 & 0.0018 & 0.0018\\ 0.0014 & 22.7620 & 0.0023 & 0.0023 & 0.0018 & 0.0018\\ 0.0023 & 0.0023 & 23.0061 & -0.0020 & -0.0286 & -0.0043\\ 0.0023 & 0.0023 & -0.0020 & 23.0061 & -0.0043 & -0.0286\\ 0.0018 & 0.0018 & -0.0286 & -0.0043 & 22.9891 & -0.0070\\ 0.0018 & 0.0018 & -0.0043 & -0.0286 & -0.0070 & 22.9891\end{bmatrix},$$

$$\boldsymbol{Q}_{11}=\boldsymbol{Q}_{21}=\boldsymbol{Q}_{31}=\begin{bmatrix}5.6641 & 0 & 0 & 0 & 0 & 0\\ 0 & 5.6641 & 0 & 0 & 0 & 0\\ 0 & 0 & 5.6625 & 0 & 0.0002 & 0\\ 0 & 0 & 0 & 5.6625 & 0 & 0.0002\\ 0 & 0 & 0.0002 & 0 & 5.6626 & 0\\ 0 & 0 & 0 & 0.0002 & 0 & 5.6626\end{bmatrix},$$

$$\boldsymbol{K}_{11}=\begin{bmatrix}0.9911 & -0.0089 & 1.0637 & 0.0151 & 1.0713 & -0.0557\\ -0.0089 & 0.9911 & 0.0151 & 1.0637 & -0.0557 & 1.0713\\ -0.0069 & -0.0069 & 1.0355 & -0.0092 & 1.0263 & -0.0531\\ -0.0069 & -0.0069 & -0.0092 & 1.0355 & -0.0531 & 1.0263\\ 0.0035 & 0.0035 & -0.0182 & 0.0046 & -1.0391 & 0.0271\\ 0.0035 & 0.0035 & 0.0046 & -0.0182 & 0.0271 & -1.0391\end{bmatrix},$$

$$K_{21}=\begin{bmatrix} 0.9926 & -0.0074 & 0.7797 & 0.2263 & 0.7696 & 0.0385 \\ -0.0042 & 0.9958 & 0.2495 & 0.1593 & 0.2464 & 0.0939 \\ -0.0073 & -0.0073 & 1.0178 & 0.3059 & 0.9891 & 0.0430 \\ -0.0099 & -0.0099 & 0.0777 & 1.4178 & -0.0732 & 1.4623 \\ 0.0037 & 0.0037 & -0.0092 & -0.0031 & -1.0200 & -0.0221 \\ 0.0049 & 0.0049 & 0.0366 & 0.1439 & 0.0372 & -1.7767 \end{bmatrix},$$

$$K_{31}=\begin{bmatrix} 0.9958 & -0.0042 & 0.1593 & 0.2495 & 0.0939 & 0.2464 \\ -0.0074 & 0.9926 & 0.2263 & 0.7797 & 0.0385 & 0.7696 \\ -0.0099 & -0.0099 & 1.4178 & 0.0777 & 1.4623 & -0.0732 \\ -0.0073 & -0.0073 & 0.3059 & 1.0178 & 0.0430 & 0.9891 \\ 0.0049 & 0.0049 & 0.1439 & 0.0366 & -1.7767 & 0.0372 \\ 0.0037 & 0.0037 & -0.0031 & -0.0092 & -0.0221 & -1.0200 \end{bmatrix},$$

$$K_{41}=\begin{bmatrix} 1.9904 & -0.0096 & 0.7950 & 0.3061 & 0.5786 & 0.1830 \\ -0.0096 & 1.9904 & 0.3061 & 0.7950 & 0.1830 & 0.5786 \\ -0.0100 & -0.0100 & 1.3282 & 0.3483 & 1.1382 & 0.1712 \\ -0.0100 & -0.0100 & 0.3483 & 1.3282 & 0.1712 & 1.1382 \\ 0.0049 & 0.0049 & 0.3428 & -0.0882 & -1.6112 & -0.1000 \\ 0.0049 & 0.0049 & -0.0882 & 0.3428 & -0.1000 & -1.6112 \end{bmatrix},$$

$K_{1a1}=K_{2a1}=K_{3a1}=K_{4a1}=K_{1ab1}=K_{2ab1}=K_{3ab1}=K_{4ab1}=K_{1a,\ ab1}=K_{2a,\ ab1}=K_{3a,\ ab1}=K_{4a,\ ab1}=\mathbf{0}$，$a=1,\ 2,\ b=1$。

以下针对三种不同的库存初始状态进行仿真实验。仿真实验 4 至仿真实验 6 中的变量初始值和标称值如表 8.8 所示。

表 8.8　**多提前期下仿真实验 4~仿真实验 6 的初始值和标称值**

	初始值（$\times 10^4$ 个）	标称值（$\times 10^4$ 个）
仿真实验 4	$x_1(0)=-20$，$x_2(0)=-14$， $x_{11}(0)=-22$，$x_{12}(0)=-21$， $x_{1,\ 11}(0)=13$，$x_{1,\ 12}(0)=12$，	$\vec{x}_1(k)=32$，$\vec{x}_2(k)=30$， $\vec{x}_{11}(k)=27$，$\vec{x}_{12}(k)=23$， $\vec{x}_{1,\ 11}(k)=5$，$\vec{x}_{1,\ 12}(k)=3$， $\vec{u}_1(k)=39$，$\vec{u}_2(k)=36$， $\vec{u}_{11}(k)=29$，$\vec{u}_{12}(k)=23$， $\vec{u}_{1,\ 11}(k)=20$，$\vec{u}_{1,\ 12}(k)=18$

续表

	初始值（$\times10^4$个）	标称值（$\times10^4$个）
仿真实验 5	$x_1(0)=11$，$x_2(0)=-18$， $x_{11}(0)=8$，$x_{12}(0)=-21$， $x_{1,11}(0)=-1$，$x_{1,12}(0)=15$，	$\vec{x}_1(k)=35$，$\vec{x}_{12}(k)=33$， $\vec{x}_{11}(k)=29$，$\vec{x}_{12}(k)=25$， $\vec{x}_{1,11}(k)=6$，$\vec{x}_{1,12}(k)=4$， $\vec{u}_1(k)=43$，$\vec{u}_2(k)=40$， $\vec{u}_{11}(k)=31$，$\vec{u}_{12}(k)=28$， $\vec{u}_{1,11}(k)=21$，$\vec{u}_{1,12}(k)=19$
仿真实验 6	$x_1(0)=23$，$x_2(0)=18$， $x_{11}(0)=10$，$x_{12}(0)=12$， $x_{1,11}(0)=2$，$x_{1,12}(0)=3$，	$\vec{x}_1(k)=35$，$\vec{x}_{12}(k)=31$， $\vec{x}_{11}(k)=33$，$\vec{x}_{12}(k)=30$， $\vec{x}_{1,11}(k)=11$，$\vec{x}_{1,12}(k)=8$， $\vec{u}_1(k)=45$，$\vec{u}_2(k)=42$， $\vec{u}_{11}(k)=36$，$\vec{u}_{12}(k)=32$， $\vec{u}_{1,11}(k)=27$，$\vec{u}_{1,12}(k)=24$

① 仿真实验 4。当运营商 11 和运营商 21 的周转箱初始库存水平均小于各自的安全库存值时，制造商 1 和制造商 2 均执行紧急生产模式，而运营商 11 和运营商 12 均执行正常的运作模式（供应模式、正常订购模式、回收模式、修复模式和废弃模式）。因此，制造商 1、运营商 11 和运营商 12 的周转箱库存水平均快速上升，而客户 11 和客户 12 的周转箱库存水平均迅速下降。当运营商 11 和运营商 12 的周转箱库存水平均达到各自的安全库存值和理想库存值之间时，制造商 1 和制造商 2 从执行紧急生产模式切换到执行正常生产模式，而运营商 11 和运营商 12 则继续执行正常的运作模式（供应模式、正常订购模式、回收模式、修复模式和废弃模式），进而系统进入平稳运行阶段。仿真实验 4 的仿真结果如图 8.49 至图 8.51 所示。

② 仿真实验 5。当运营商 11 周转箱初始库存水平大于其理想库存值而运营商 21 的周转箱初始库存水平小于其安全库存值时，制造商 1 和制造商 2 分别执行紧急生产模式和正产生产模式，运营商 11 仅执行供应模式和紧急横向转运模式（运营商 11 转运周转箱至运营商 21），而运营商 21 则除了执行常规的运作模式（供应模式、正常订购模式、回收模式、修复模式和废弃模式）外，同时启动紧急订购模式（运营商 21 向制造商

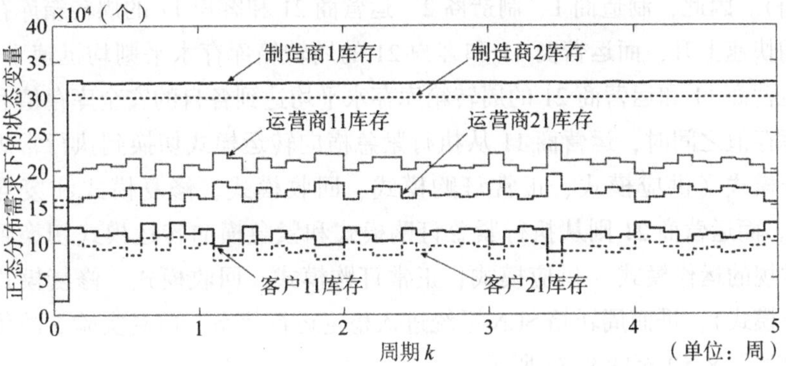

图 8.49 含多提前期的仿真实验 4 中状态变量的变化过程

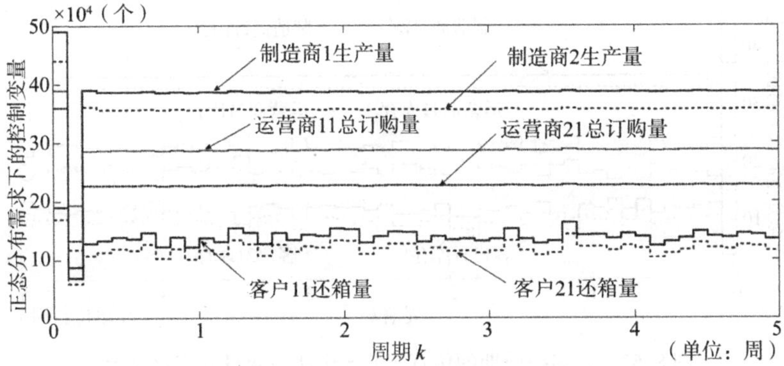

图 8.50 含多提前期的仿真实验 4 中控制变量的变化过程

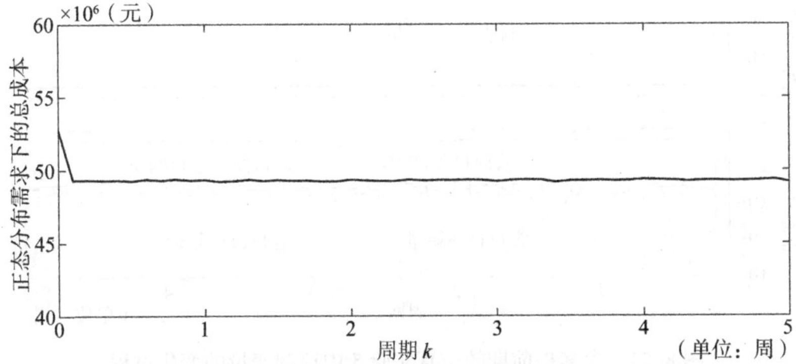

图 8.51 含多提前期的仿真实验 4 中总成本的变化过程

1 紧急订购周转箱）和紧急横向转运模式（运营商 21 从运营商 11 转运周转箱）。因此，制造商 1、制造商 2、运营商 21 和客户 11 的周转箱库存水平均快速上升，而运营商 11 和客户 21 的周转箱库存水平则均迅速下降。当运营商 11 和运营商 21 的周转箱库存水平均达到各自的安全库存值和理想库存值之间时，运营商 11 从执行紧急横向转运模式切换到执行常规的运作模式（供应模式、正常订购模式、回收模式、修复模式和废弃模式），而运营商 21 则从执行紧急订购模式和紧急横向转运模式切换到执行常规的运作模式（供应模式、正常订购模式、回收模式、修复模式和废弃模式），进而周转箱 SCN 系统进入稳定运行状态。仿真实验 5 的仿真结果如图 8. 52 至图 8. 54 所示。

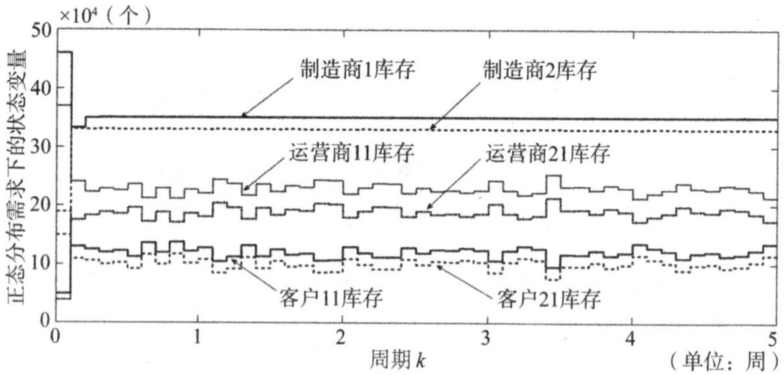

图 8. 52 含多提前期的仿真实验 5 中状态变量的变化过程

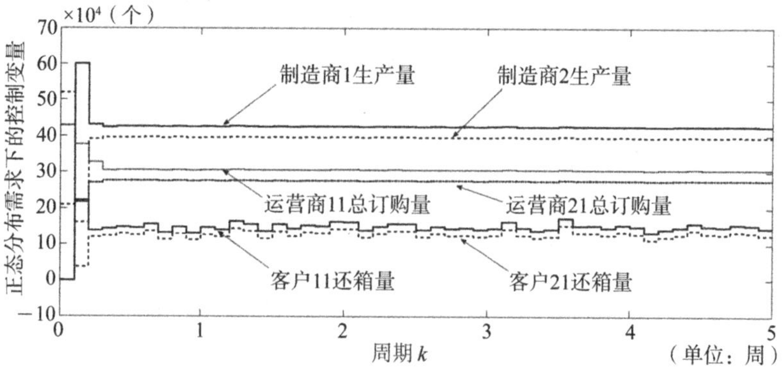

图 8. 53 含多提前期的仿真实验 5 中控制变量的变化过程

③ 仿真实验 6。当运营商 11 和运营商 21 的周转箱初始库存水平均大

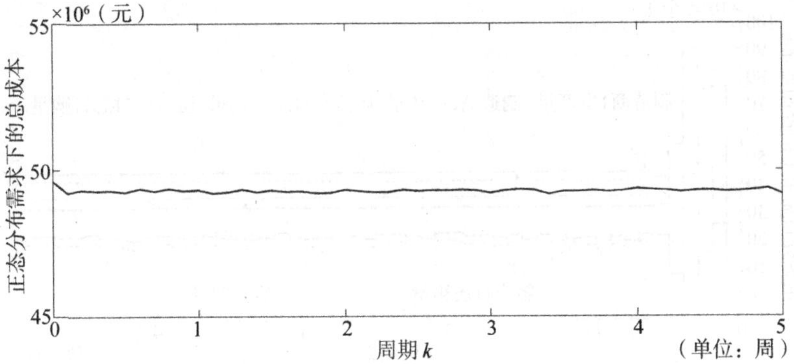

图 8.54　含多提前期的仿真实验 5 中总成本的变化过程

于各自的理想库存值时，制造商 1 和制造商 2 均不执行任何生产模式，而运营商 11 和运营商 12 均仅执行供应模式。因此，制造商 1、制造商 2、运营商 11 和运营商 12 的周转箱库存水平均快速降低，而客户 11 和客户 12 的周转箱库存水平均迅速上升。当运营商 11 和运营商 12 的周转箱库存水平均达到各自的安全库存值和理想库存值之间时，制造商 1 和制造商 2 从不执行任何生产模式切换到执行正常生产模式，而运营商 11 和运营商 12 也从执行供应模式切换到执行常规的运作模式（供应模式、正常订购模式、回收模式、修复模式和废弃模式），进而周转箱 SCN 系统进入稳态运行。仿真实验 6 的仿真结果如图 8.55 至图 8.57 所示。

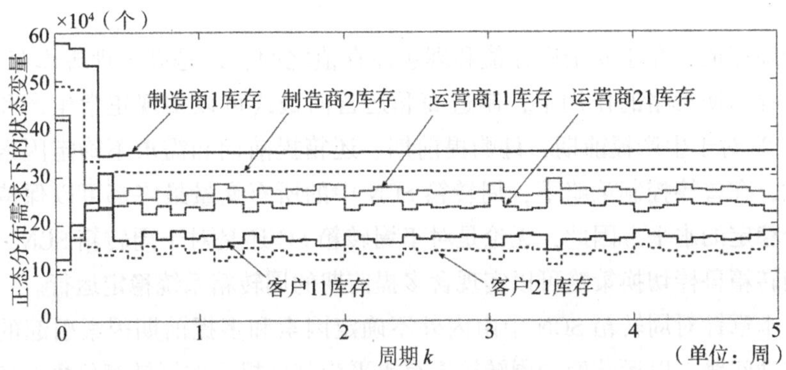

图 8.55　含多提前期的仿真实验 6 中状态变量的变化过程

由图 8.49 至图 8.57 可知：① 无论运营商的周转箱初始库存是低于

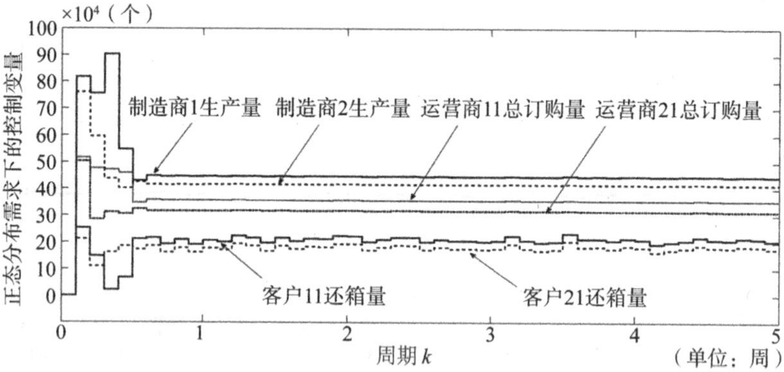

图 8.56　含多提前期的仿真实验 6 中控制变量的变化过程

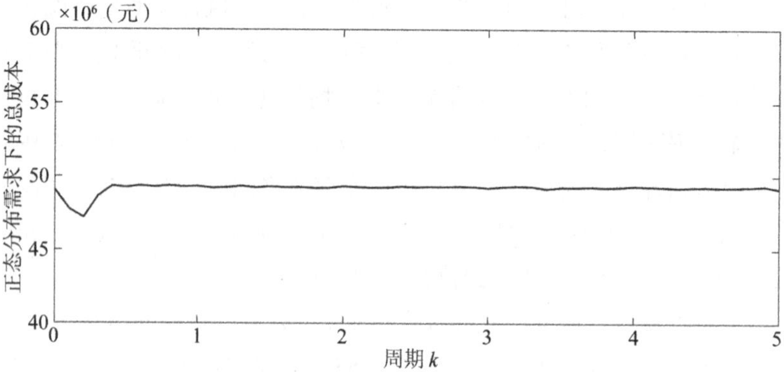

图 8.57　含多提前期的仿真实验 6 中总成本的变化过程

安全库存值、介于安全库存值和理想库存值之间，还是高于理想库存值，在库存切换策略的作用下，制造商和运营商最终可以实现正常生产和订购；② 对于生产提前期、订购提前期、还箱提前期和需求不确定因素的干扰，在鲁棒控制策略下，周转箱 SCN 中的所有变量最终都可以保持在一个稳定的水平。因此，无论是对于周转箱 SC 还是对于周转箱 SCN，应用周转箱鲁棒切换策略可以实现含多提前期的周转箱系统稳定运行。

本章针对周转箱 SCN 中由内外不确定因素和多提前期因素引起的系统波动问题，以运营商的周转箱库存水平为基础提出的周转箱鲁棒切换策略可以为托盘和集装箱等物流载具的平稳运作提供相应的参考。

参考文献

[1] Abbassi A, Alaoui A E H, Boukachour J. Robust optimization of the intermodal freight transport problem: Modeling and solving with an efificient hybrid approach [J]. Journal of Computational Science, 2019, 30: 127-142.

[2] Alavi S H, Jabbarzadeh A. Supply chain network design using trade credit and bank credit: A robust optimization model with real world application [J]. Computers & Industrial Engineering, 2018, 125: 69-86.

[3] Aljazzar S M, Jaber M Y, Haidar L M. Coordination of a three-level supply chain (supplier-manufacturer-retailer) with permissible delay in payments and price discounts [J]. Applied Mathematical Modelling, 2017, 48: 289-302.

[4] Atabaki M S, Mohammadi M, Naderi B. New robust optimization models for closed-loop supply chain of durable products: Towards a circular economy [J]. Computers & Industrial Engineering, 2020, 146: 106520.

[5] Avci M G. Lateral transshipment and expedited shipping in disruption recovery: A mean-CVaR approach [J]. Computers & Industrial Engineering, 2019, 130: 35-49.

[6] Bertsimas D, Thiele A. A robust optimization approach to inventory theory [J]. Operations Research, 2006, 54 (1): 150-168.

[7] Chen K, Xiao T. Outsourcing strategy and production disruption of supply chain with demand and capacity allocation uncertainties [J]. International Journal of Production Economics, 2015, 170: 243-257.

[8] Choi T M, Cai Y J. Impacts of lead time reduction on fabric sourcing in apparel production with yield and environmental considerations [J]. Annals of Operations Research, 2020, 290 (1): 521-542.

[9] Clason C, Rund A, Kunisch K. Nonconvex penalization of switching control of partial differential equations [J]. Systems & Control Letters, 2017, 106: 1-8.

[10] Diabat A, Dehghani E, Jabbarzadeh A. Incorporating location and inventory decisions into a supply chain design problem with uncertain demands and lead times [J]. Journal of Manufacturing Systems, 2017, 43: 139-149.

[11] Ensafian H, Yaghoubi S. Robust optimization model for integrated procurement, production and distribution in platelet supply chain [J]. Transportation Research Part E: Logistics and Transportation Review, 2017, 103: 32-55.

[12] Freidovich L B, Khalil H K. Lyapunov-based switching control of nonlinear systems using high-gain observers [J]. Automatica, 2007, 43 (1): 150-157.

[13] Galal N M, El-Kilany K S. Sustainable agri-food supply chain with uncertain demand and lead time [J]. International Journal of Simulation Modelling, 2016, 15 (3): 485-496.

[14] Garcia C A, Ibeas A, Herrera J, Vilanova R. Inventory control for the supply chain: An adaptive control approach based on the identification of the lead-time [J]. Omega, 2012, 40 (3): 314-327.

[15] Gelsomino L M, de Boer R, Steeman M, Perego A. An optimisation strategy for concurrent supply chain finance schemes [J]. Journal of Purchasing and Supply Management, 2019, 5 (2): 85-196.

[16] Giri B C, Roy B. Modelling supply chain inventory system with controllable lead time under price-dependent demand [J]. The International Journal of Advanced Manufacturing Technology, 2015, 22 (1): 1-11.

[17] Guan X, Chen C. Delay-dependent guaranteed cost control or T-S fuzzy systems with time delays [J]. IEEE Transactions on Fuzzy Systems, 2004, 12 (2): 236-249.

[18] Gupta R K, Bhunia A K, Goyal S K. An application of genetic algorithm in solving an inventory model with advance payment and interval valued inventory costs [J]. Mathematical and computer modelling, 2009, 49 (5-6): 893-905.

[19] Han X J, Feng A M, Zhang B L. Approximate optimal inventory control of supply chain networks with lead time. Proceedings of 27th Chinese Control and Decision Conference, Qingdao, China, May 2015: 4523-4528.

[20] Heidari-Fathian H, Pasandideh S H R. Green-blood supply chain network design: Robust optimization, bounded objective function & Lagrangian relaxation [J]. Computers & Industrial Engineering, 2018, 122: 95-105.

[21] Huang E, Goetschalckx M. Strategic robust supply chain design based on the Pareto-optimal tradeoff between efficiency and risk [J]. European Journal of Operational Research, 2014, 237 (2): 508-518.

[22] Huang X Y, Yan N N, Qiu R Z. Dynamic models of closed-loop supply chain and robust H_∞ control strategies [J]. International Journal of Production Research, 2009, 47 (9): 2279-2300.

[23] Huang J, Yang W S, Tu Y L. Financing mode decision in a supply chain with financial constraint [J]. International Journal of Production Economics, 2020, 220: 107441.

[24] Jabbarzadeh A, Haughton M, Pourmehdi F. A robust optimization model for efficient and green supply chain planning with postponement strategy [J]. International Journal of Production Economics, 2019, 214: 266-283.

[25] Kisomi M S, Solimanpur M, Doniavi A. An integrated supply chain configuration model and procurement management under uncertainty: A set-based robust optimization methodology [J]. Applied Mathematical Modelling, 2016, 40 (17-18): 7928-7947.

[26] Leng M M, Parlar M. Lead-time reduction in a two-level supply chain: Non-cooperative equilibria vs. coordination with a profit-sharing contract [J]. International Journal of Production Economics, 2009, 118 (2): 521-544.

[27] Li Q K, Li Y G, Lin H. H_∞ control of two-time-scale Markovian switching production-inventory systems [J]. IEEE Transactions on Control Systems Technology, 2018, 26 (3): 1065-1073.

[28] Li Y, Liao Y, Hu X, Shen W. Lateral transshipment with partial request and random switching [J]. Omega, 2020, 92: 102134.

[29] Li C, Liu S F. A robust optimization approach to reduce the bullwhip effect of supply chains with rendor order placement lead time delays in an uncertain environment [J]. Applied Mathematical Modelling, 2013, 37 (3): 707-718.

[30] Li X, Marlin T E. Robust supply chain performance via model predictive control [J]. Computers & Chemical Engineering, 2009, 33 (12): 2134-2143.

[31] Li C, Tian X. H_∞ control based on LMIs for a class of time-delay switched system [J]. Journal of Measurement Science and Instrumentation, 2010, 1 (3): 293-296.

[32] Lin Q, Zhao Q, Lev B. Influenza vaccine supply chain coordination under uncertain supply and demand [J]. European Journal of Operational Research, 2022, 297 (3): 930-948.

[33] Liu X D, Zhang Q L. Approaches to quadratic stability conditions and H_∞ control designs for T-S fuzzy systems [J]. IEEE Transactions on Fuzzy Systems, 2003, 11 (6): 830-839.

[34] Liu J, Zhou H, Wang J. The coordination mechanisms of emergency inventory model under supply disruptions [J]. Soft Computing, 2018, 22 (16): 5479-5489.

[35] Mahajan S, Venugopal V. Value of information sharing and lead time reduction in a supply chain with autocorrelated demand [J]. Technology Operation Management, 2011, 2 (1): 39-49.

[36] Mohseni S, Pishvaee M S. Data-driven robust optimization for wastewater sludge-to-biodiesel supply chain design [J]. Computers & Industrial Engineering, 2020, 139: 105944.

[37] Movahed K K, Zhang Z H. Robust design of s, S inventory policy parameters in supply chains with demand and lead time uncertainties [J]. International Journal of Systems Science, 2015, 46 (12): 2258-2268.

[38] Nav H N, Motlagh M R J, Makui A. Robust controlling of chaotic behavior in supply chain networks [J]. Journal of the Operational Research Society, 2017, 68 (6): 711-724.

[39] Niknamfar A H, Niaki S T A, Pasandideh S H R. Robust optimization approach for an aggregate production-distribution planning in a three-

level supply chain [J]. The International Journal of Advanced Manufacturing Technology, 2015, 76 (1-4): 623-634.

[40] Noori-Daryan M, Taleizadeh A A, Jolai F. Analyzing pricing, promised delivery lead time, supplier-selection, and ordering decisions of a multi-national supply chain under uncertain environment [J]. International Journal of Production Economics, 2019, 209: 236-248.

[41] Omrani H, Adabi F, Adabi N. Designing an efficient supply chain network with uncertain data: A robust optimization—data envelopment analysis approach [J]. Journal of the Operational Research Society, 2017, 68 (7): 816-828.

[42] Park S, Lee T E, Sung C S. A three-level supply chain network design model with risk-pooling and lead times [J]. Transportation Research Part E: Logistics and Transportation Review, 2010, 46 (5): 563-581.

[43] Patriarca R, Costantino F, Di Gravio G. Inventory model for a multi-echelon system with unidirectional lateral transshipment [J]. Expert Systems with Applications, 2016, 65: 372-382.

[44] Pirttila M, Virolainen V M, Lind L, Kärri T. Working capital management in the Russian automotive industry supply chain [J]. International Journal of Production Economics, 2020, 221: 107474.

[45] Pishvaee M S, Razmi J, Torabi S. A. Robust possibilistic programming for socially responsible supply chain network design: A new approach [J]. Fuzzy Sets and Systems, 2012, 206 (1): 1-20.

[46] Rahimi-Ghahroodi S, Al Hanbali A, Zijm W H M, Timmer J B. Multi-resource emergency supply contracts with asymmetric information in the after-sales services [J]. International Journal of Production Economics, 2020, 229: 107761.

[47] Rahmani D. Designing a robust and dynamic network for the emergency blood supply chain with the risk of disruptions [J]. Annals of Operations Research, 2019, 283 (7): 613-641.

[48] Sanchez C A, Ventosa-Cutillas A, Seuret A, Gordillo F. Robust switching control design for uncertain discrete-time switched affine systems [J]. International Journal of Robust and Nonlinear Control, 2020, 30 (17): 7089-7102.

[49] Sangaiah A K, Tirkolaee E B, Goli A, Dehnavi-Arani S. Robust

optimization and mixed-integer linear programming model for LNG supply chain planning problem [J]. Soft Computing, 2020, 24: 7885-7905.

[50] Sheffi Y, Rice J B. A supply chain view of the resilient enterprise [J]. MIT Sloan Management Review, 2005, 47 (1): 41-48.

[51] Taleizadeh A A, Niaki S T A, Shafii N, Meibodi R G, Jabbarzadeh A. A particle swarm optimization approach for constraint joint single buyer-single vendor inventory problem with changeable lead time and (r, Q) policy in supply chain [J]. The International Journal of Advanced Manufacturing Technology, 2010, 51 (9-12): 1209-1223.

[52] Tang C S. Perspectives in supply chain risk management [J]. International Journal of Production Economics, 2006, 103 (2): 451-488.

[53] Tang R H, Yang L. Financing strategy in fresh product supply chains under e-commerce environment [J]. Electronic Commerce Research & Applications, 2020, 39: 100911.

[54] Tersine R J, Hummingbird E A. Lead-time reduction: The search for competitive advantage [J]. International Journal of Operations & Production Management, 1995, 15 (2): 8-18.

[55] Wang X, Disney S M. Mitigating variance amplification under stochastic lead-time: The proportional control approach [J]. European Journal of Operational Research, 2017, 256 (1): 151-162.

[56] Wang Z Q, Wang Q, Lai Y, Liang C J. Drivers and outcomes of supply chain finance adoption: An empirical investigation in China [J]. International Journal of Production Economics, 2020, 220: 107453.

[57] Wei Y, Zhu S, Chen F. Robust control of supply chain networks with multiple lead times and demand uncertainties [J]. IFAC-Papers On Line, 2019, 52 (13): 784-789.

[58] Wu Y B, Wang Y Y, Xu X, Chen X F. Collect payment early, late, or through a third party's reverse factoring in a supply chain [J]. International Journal of Production Economics, 2019, 218: 245-259.

[59] Vijayashree M, Uthayakumar R. Two-echelon supply chain inventory model with controllable lead time [J]. International Journal of System Assurance Engineering and Management, 2015, 3 (1): 1-14.

[60] Xie L. Output feedback H_∞ control of systems with parameter uncertainty

[J]. International Journal of Control, 1996, 63 (4): 741-750.

[61] Xie L, Ma J, Goh M. Supply chain coordination in the presence of uncertain yield and demand [J]. International Journal of Production Research, 2021, 59 (14): 4342-4358.

[62] Xiu Z H, Ren, G. Stability analysis and systematic design of Takagi-Sugeno fuzzy control systems [J]. Fuzzy Sets and Systems, 2005, 151 (1): 119-138.

[63] Xu X, Thuong T X, Kim H S, You S S. Optimising supply chain management using robust control synthesis [J]. International Journal of Logistics Economics and Globalisation, 2018, 7 (3): 277-291.

[64] Yan N N, Sun B W, Zhang H, Liu C Q. A partial credit guarantee contract in acapital-constrained supply chain: Financing equilibrium and coordinating strategy [J]. International Journal of Production Economics, 2016, 173: 122-133.

[65] Yuan X, Bi G, Zhang B, Yu Y. Option contract strategies with risk-aversion and emergency purchase [J]. International Transactions in Operational Research, 2020, 27 (6): 3079-3103.

[66] Zemzam A, Alami J E, Alami N E. Stabilization of two-echelon supply networks with uncertain demand, multiple delays and switching topology using robust control [J]. International Journal of Dynamics and Control, 2019, 7 (1): 388-404.

[67] Zhang B, Xu S. Delay-dependent robust H_∞ control for uncertain discrete-time fuzzy systems with time-varying delays [J]. IEEE Transactions on Fuzzy systems, 2009, 17 (4): 809-823.

[68] Zhang S T, Zhao X W, Zhang J T. Stability and stabilization of discrete Takagi-Sugeno fuzzy time-delay system based on maximal overlapped-rules group [J]. Journal of Systems Engineering and Electronics, 2016, 27 (1): 201-210.

[69] Zheng M, Lin J, Yuan X M, Pan E. Impact of an emergency order opportunity on supply chain coordination [J]. International Journal of Production Research, 2019, 57 (11): 3504-3521.

[70] 崔家保，王效俐．运输时间不确定与上游可控提前期的供应链优化与协调 [J]．物流技术，2009，28 (12)：175-178，187.

[71] 方新，蹇明，靳留乾，周亚军．考虑提前期压缩的 Newsvendor 型产

品供应链契约协调模型［J］. 管理工程学报, 2017, 31 (3): 174-182.

［72］刚号, 唐小我, 唐利苹, 郭益盈. 延迟支付下供应链的运作机制及协调策略［J］. 系统工程学报, 2019, 28 (2): 392-398.

［73］葛汝刚, 黄小原. 具有外包选择的闭环供应链切换模型及其鲁棒控制［J］. 计算机集成制造系统, 2009, 15 (10): 2012-2016.

［74］靖可, 唐亮, 徐家旺. 时滞不确定三层动态供应链系统 H_∞ 鲁棒控制［J］. 系统工程, 2016, 34 (11): 125-130.

［75］李进. 低碳环境下闭环供应链网络设计多目标鲁棒模糊优化问题［J］. 控制与决策, 2018, 33 (2): 293-300.

［76］李娟, 黄培清, 赵晓敏. 需求和提前期不确定下的两级供应链系统研究［J］. 工业工程与管理, 2007 (3): 32-36.

［77］李庆奎, 李梅, 贾新春. 具有 Markov 跳变参数的闭环供应链系统切换控制［J］. 自动化学报, 2015, 41 (12): 2081-2091.

［78］李新军, 王建军, 达庆利. 供应中断情况下基于备份供应商的应急决策分析［J］. 中国管理科学, 2016, 24 (7): 63-71.

［79］李怡娜, 徐学军. 信息不对称条件下可控提前期供应链协调机制研究［J］. 管理工程学报, 2011, 25 (3): 194-199.

［80］林强, 贺勇, 李心竹. 供应商存在供应风险时供应链融资模式选择研究［J］. 运筹与管理, 2019, 28 (2): 167-173.

［81］刘园, 陈浩宇, 任淮源. 中小企业供应链融资模式及风险管理研究［J］. 经济问题, 2016 (5): 57-61.

［82］刘春玲, 黎继子, 孙祥龙, 祁玉兰. 基于 Robust 优化的多链库存系统动态切换模型及仿真［J］. 系统仿真学报, 2012, 24 (7): 1465-1473.

［83］刘浪, 史文强, 冯良清. 多因素扰动情景下应急数量弹性契约的供应链协调［J］. 中国管理科学, 2016, 24 (7): 163-176.

［84］刘春玲, 孙林夫, 黎继子. 多级集群式供应链跨链库存合作及鲁棒优化算法［J］. 控制理论与应用, 2009, 26 (9): 1046-1050.

［85］刘会新, 王红卫, 费奇. 一类库存控制系统的稳定性分析［J］. 计算机集成制造系统, 2004, 10 (11): 1396-1401.

［86］刘家国, 王军进, 周锦霞, 刘璠. 不确定性环境下不同补货策略的供应链契约协调研究［J］. 中国管理科学, 2019, 27 (9): 68-79.

［87］马士华, 吴智荣, 刘保山. 考虑保质期的两级供应链 MTS-MTO 提前

期优化研究［J］. 控制与决策, 2019, 34（1）: 129-136.
［88］彭红军. 产出不确定的供应链应收账款抵押融资策略［J］. 系统管理学报, 2016, 25（6）: 1163-1169.
［89］邱若臻, 黄小原. 两级供应链动态模型及其鲁棒 H_∞ 控制［J］. 控制工程, 2008, 15（1）: 9-14.
［90］邱若臻, 张洁, 范君艺. 基于经济增加值的供应链销售与运营计划鲁棒优化模型［J］. 管理工程学报, 2018, 32（2）: 218-227.
［91］申强, 徐莉莉, 杨为民, 刘笑冰, 侯云先. 需求不确定下双渠道供应链产品质量控制研究［J］. 中国管理科学, 2019, 27（3）: 128-136.
［92］唐亮, 靖可. H_∞ 鲁棒控制下动态供应链系统牛鞭效应优化［J］. 系统工程理论与实践, 2012, 32（1）: 155-163.
［93］王宗润, 田续燃, 陈晓红. 核心企业回购担保下的保兑仓融资决策［J］. 中国管理科学, 2016, 24（11）: 162-169.
［94］汪传旭, 许长延. 两级供应链中短生命周期产品应急转运策略［J］. 管理科学学报, 2015, 18（9）: 61-71.
［95］王文杰, 张春雨. 柔性供应链中供应商选择模型［J］. 东华大学学报, 2009, 35（5）: 592-608.
［96］徐君群. 动态供应链网络的 H_∞ 控制［J］. 管理科学学报, 2012, 15（9）: 58-63.
［97］曾顺秋, 骆建文, 钱佳. 可控提前期下基于交易信用契约的供应链协调模型［J］. 管理工程学报, 2014, 28（2）: 93-99.
［98］张曙红. 基于鲁棒控制的闭环供应链交互库存补货策略［J］. 中国管理科学, 2015, 23（S1）: 525-530.
［99］张宝琳, 刘丽萍, 魏丽. 基于组合预测的供应链系统建模及其鲁棒状态反馈镇定［J］. 控制与决策, 2017, 32（4）: 695-702.
［100］朱雷, 黎建强, 汪明. 不确定条件下应急管理人力供应链多功能资源配置鲁棒优化问题［J］. 系统工程理论与实践, 2015, 35（3）: 736-742.